DER ANTEIL DER LAIEN AN DER BISCHOFSWAHL

KANONISTISCHE STUDIEN UND TEXTE

begründet von

DR. ALBERT M. KOENIGER †

o. ö. Professor des Kirchenrechts und der Kirchenrechtsgeschichte
an der Universität Bonn

——————————— Band 29 ———————————

MÜLLER

DER ANTEIL DER LAIEN AN DER BISCHOFSWAHL

VERLAG B. R. GRÜNER—AMSTERDAM 1977

DER ANTEIL DER LAIEN
AN DER
BISCHOFSWAHL

Ein Beitrag zur Geschichte der Kanonistik
von Gratian bis Gregor IX.

VON

HUBERT MÜLLER

VERLAG B. R. GRÜNER—AMSTERDAM 1977

ISBN 90 6032 048 4

Als Habilitationsschrift auf Empfehlung des Fachbereichs Katholische Theologie der Universität Würzburg gedruckt mit Unterstützung der Deutschen Forschungsgemeinschaft.

PRINTED IN HUNGARY

VORWORT

Die vorliegende Arbeit ist im Sommersemester 1975 vom Fachbereich Katholische Theologie der Universität Würzburg als Habilitationsschrift angenommen worden.

Herzlichen Dank sage ich Herrn Professor Dr. Rudolf Weigand, der diese Untersuchung mit freundschaftlichem Wohlwollen begleitet und durch seine reichen Fachkenntnisse auf dem Gebiet der klassischen Kanonistik entscheidend gefördert hat. Für die Erstellung des Zweitgutachtens bin ich Herrn Professor Dr. Klaus Ganzer dankbar, auf dessen Forschungsergebnisse aus der Geschichte der Bistumsbesetzungen diese Studie verschiedentlich zurückgreifen konnte. Wertvolle literarhistorische Hinweise verdanke ich Herrn Professor Dr. Alfons M. Stickler SDB, Präfekt der Biblioteca Apostolica Vaticana, und Herrn Professor Dr. Dr. Stephan Kuttner, University of California Berkeley.

Die Benutzung des Handschriften-Mikrofilmmaterials ermöglichten mir dankenswerterweise das Institute of Medieval Canon Law in Berkeley/USA, das Institut de Recherche et d'Histoire des Textes in Paris, das Kanonistische Institut der Universität München, das Kanonistische Seminar der Universität Freiburg im Breisgau sowie das Kirchenrechtliche Seminar der Universität Würzburg. Für die Unterstützung und Zuvorkommenheit, die ich in den von mir konsultierten Bibliotheken des In-und Auslandes gefunden habe, danke ich den Vorständen der Handschriftenabteilungen samt ihren Mitarbeiterinnen und Mitarbeitern, vor allem Herrn Direktor Dr. Hans Thurn, Universitätsbibliothek Würzburg.

Besonderen Dank schulde ich dem Oberhirten meiner Heimatdiözese Osnabrück, Herrn Bischof Dr. Helmut Hermann Wittler, für die wohl-

wollende Förderung, die ich durch ihn erfahren habe. Mein Dank gilt ferner Herrn Professor Dr. Dr. Heinrich Flatten, Universität Bonn, für die Aufnahme dieser Arbeit in die Reihe „Kanonistische Studien und Texte" sowie dem Verlag B. R. Grüner, Amsterdam, für die mühevolle Drucklegung. Dank gebührt schließlich der Deutschen Forschungsgemeinschaft für die Gewährung eines Habilitandenstipendiums und eines Druckkostenzuschusses.

Oberzell bei Würzburg, den 3. Februar 1976   Hubert Müller

INHALT

QUELLENVERZEICHNIS

a) Ungedruckte Quellen

(In Klammern die für die jeweilige Handschrift verwendete Sigle)

Abbreviatio decreti „Exceptiones evangelicarum": Wien 2221 fol. 62v–120v (Wa); Wien 2179 (Wb);

Alanus Anglicus, Glossenapparat „Ius naturale", 1. Rezension: Paris B. N. lat. 3909 (Pa); Seo de Urgel 113 (2009) (S); 2. Rezension: Paris B. Maz. 1318 (Pb); Paris B. N. lat. 15393 (Pc);

Ambrosius, Summa titulorum decretalium: Roma B. Casanatense 1910 fol. 39–72v (R); Fulda D.10 fol. 10–45v (Fb); Venezia B. Marciana lat. class. IV. 25 (= 2321) fol. 23–71v;

Bartholomäus von Brescia, Glossenapparat zum Dekret (= Glossa ordinaria): Vat. lat. 1365; Vat. lat. 1366; München lat. 14005; Wien 2057; Wien 2060*; Wien 2070; Wien 2102;

Bazianus, Quaestionen: Wien 1064 fol. 81–91;

Benencasa von Arezzo, Casus zum Dekret: Roma B. Casanatense 1910 fol. 111–169v (R); Zwettl 297 fol. 1–85v (Z);

Bernhard von Compostela (der Ältere), Glossenapparat zum Dekret: Gniezno 28 (G);

Bernhard von Compostela (der Ältere), Quaestionen: Zwettl 162 fol. 173–178v (Z); Wien 2163 fol. 86v–90v (W);

Bernhard von Pavia, Summa de electione: Paris B. N. lat. 1566 fol. 69vb–78v (P); Amiens 377 fol. 148v–151ra (A); Ivrea B. Capit. VIII (67) fol. 46vb–47v;

Bernhard von Pavia, Summa titulorum decretalium: Vat. lat. 2691 fol. 21–44v (V); Roma B. Vallicelliana C.44 (R);

Commentum Atrebatense: s. Notae Atrebatenses;

Damasus, Brocarda: Wien 2080 fol. 122rb–126v (W); Vat. Borghes. lat. 261 fol. 45–52v (V); Fulda D.10 fol. 72–78 (Fb);

Damasus, Quaestionen: Klosterneuburg 656 fol. 1–18 (K); Vat. Borghes. lat. 261 fol 19–44v (V); Wien 2080 fol. 107v–118v (W);

Damasus, Summa decretalium: Wien 2080 fol. 97–107v (W); Vat. Pal. lat. 656 fol. 159–174 (V); Roma B. Casanatense 1910 fol. 75–90v (R);

Decretum Gratiani: s. Glossen zum Dekret;

Decretum Gratiani abbreviatum in versibus: Kremsmünster 168 fol. 67rb–79;

Decretum versificatum: Bamberg Can. 48 fol. 175rb–176;

Distinctio „Ius naturale primo modo dicitur": Halle Ye 52 I fol. 9vb; Bamberg Can. 17 fol. 94;

Distinctiones „Consuetudo" (= Summa Gallicana–Bambergensis): Bamberg Can. 17 fol. 96–103v; 178–180v;

Distinctiones Halenses (–Bambergenses): s. Summa „Permissio quedam";

Distinctiones Monacenses: München lat. 16084 fol. 38v–62 (M); Troyes 640 fol. 146–164v (T);

Evrard von Ypern, Breviarium decreti seu Summula quaestionum decretalium: Reims 689 fol. 1–74v (R);

Excerpta „Abstinentia ciborum curat corpus": Wien 2185 fol. 1–193 (W);

Flores decreti „Humanum duobus regitur": Wien 2163 fol. 1–24ra;

Fragmentum Cantabrigiense: Cambridge Univ. Libr. Addit. 3321 vol. 1 fol. 4–35v;

Fragmentum Wigorniense: Worcester Q.70 fol.1–40v (W);

Glossa Duacensis: s. Glossenapparat „Set dic quod in omnibus";

Glossa ordinaria zum Dekret: s. Johannes Teutonicus;

Glossa Palatina: s. Laurentius Hispanus;

Glossae Stuttgardienses: s. Summa „Et est sciendum";

Glossen zum Dekret: Admont 23; Admont 48; Antwerpen M.13; Arras 500 (592); Bamberg Can. 13; Berlin Phillips 1742; Bernkastel-Kues 223; Biberach B 3515; Cambridge Gonville and Caius College 676 (283); Douai 590; Douai 592; Erlangen 342; Firenze B. Med. Laur. S. Croce IV sin. 1.; Gniezno 28; Heiligenkreuz 43; Heiligenkreuz 44; Leipzig Haenel 18; Liège B. de l'Univ. 127 E; London Brit. Libr. Stowe 378; Madrid B. Fund. Láz. Gald. 440; Madrid B. N. 251; München lat. 4505; München lat. 10244; München lat. 14024; München lat.27337; München lat. 28174; München lat. 28175; New York Pierpont Morgan Libr. 446; Paris B. N. lat. 3888; Paris B. N. lat. 3905 B; Paris B. N. nouv. acq. lat. 1576; Pommersfelden 142; Poznań 28; Roma B. Angelica 1270; Salzburg a XII 9; Seo de Urgel 113 (2009); Trier Seminarbibl. 8; Trier Stadtbibl. 906; Vat. Chis. E. VII 206; Vat. lat. 1366; Vat. lat. 1367; Vat. lat. 2494; Vat. lat. 2495; Vat. Ross. lat. 595; Wien 2057; Wien 2060*; Wien 2070; Wien 2102; Wolfenbüttel Helmst. 33; Zwettl 31;

Glossenapparat „Animal est substantia" (= Summa Bambergensis): Bamberg Can. 42 fol. 100–107; 29–99; 108–119 (B); Bernkastel-Kues 223 (K); Liège B. de l'Univ. 127 E (L);

Glossenapparat „Ecce uicit leo": Paris B. N. nouv. acq. lat. 1576 (P); St. Florian XI 605 (F);

Glossenapparat „Ordinaturus magister", 1. Rezension: Erlangen 342 (E); Vat. Ross. lat. 595 (V); 2. Rezension: München lat. 10244 (Ma); München lat. 27337 (Mb);

Glossenapparat „Set dic quod in omnibus" (= Glossa Duacensis): Douai 592 (Da);

Honorius, Summa decretalium quaestionum: Zwettl 162 fol. 179–213 (Z); Bamberg Can. 45 fol. 23–39 (B);

Huguccio von Pisa, Summe zum Dekret: Vat. Arch. Cap. Bas. S. Pietro C.114 (Va); Vat. Borghes. lat. 272 (Vb); Vat. lat. 2280 (Vc);

Johannes Bassianus, Quaestionen: Wien 2077 fol. 83v–84v;

Johannes Teutonicus, Glossenapparat zum Dekret (= Glossa ordinaria): Bamberg Can. 13 (B); Vat. lat. 1367 (V); Wien 2082 (W);

XII

Johannes von Faenza, Summe zum Dekret: Vat. Borghes. lat. 162 (Va); Vat. Borghes. lat. 71 (Vb); Bamberg Can. 37 (B); Roma B. Casanatense 1105 fol. 1–197va (C);

Johannes von Tynemouth, Glossenapparat zum Dekret: Cambridge Gonville and Caius College 676 (283) (C);

Laborans, Compilatio decretorum: Vat. Arch. Cap. Bas. S. Pietro C.110 (V);

Laurentius Hispanus, Glossenapparat zum Dekret (= Glossa Palatina): Vat. Reg. lat. 977 (Va); Vat. Pal. lat. 658 (Vb);

Notabilien „Argumentum a minori per negationem": Fulda D.10 fol. 82–87v (Fb);

Notabilien zu den Compilationes I–III „Potius uidendum est": Vat. Borghes. lat. 261 fol. 111–121v (V);

Notabilien zur Compilatio I. „Nota mulieribus": Wien 2080 fol. 134v–138v (W);

Notae Atrebatenses (= Commentum Atrebatense): Arras 271 (1064) fol. 149–160va (A);

Odo von Dover, Summe zum Dekret: London Brit. Libr. Cotton. Vitell. A III;

Omnibonus, Abbreviatio decreti: Paris B. N. lat. 3886; Köln W f. 248;

Paucapalea, Summe zum Dekret: Worcester Q.70 fol. 97–173 (W);

Paulus Ungarus, Notabilien zur Compilatio II. „Nota quod non possumus": Vat. Borghes. lat. 261 fol. 76–80 (V);

Paulus Ungarus, Notabilien zur Compilatio III. „Nota quod tituli decretalium": Vat. Borghes. lat. 261 fol. 80–90 (V);

Petrus Hispanus, Glossenapparat zur Compilatio I.: Würzburg M.p.th.f. 122 fol. 17–26v;

Petrus von Benevent (?), Summe zum Dekret: s. Summa Reginensis;

Petrus von Blois (der Jüngere), Speculum iuris canonici: Bamberg Can. 17 fol. 63v–74v (B);

Pseudo-Rufin: s. Summa „Conditio ecclesiastice religionis";

Quaestionen: Bamberg Can. 45 fol. 41–56v (B); Fulda D.7 fol. 25–92; 145v–155v (Fa); Fulda D.10 fol. 59–68 (Fb); Klosterneuburg 656 fol. 19–33v (K); Wien 2163 fol. 75–85ra; 91–95v (W); Zwettl 162 fol. 123–144v (Z);

Quaestiones Monacenses: s. Summa quaestionum „Queritur utrum quicquid est contra ius naturale sit peccatum mortale";

Raimund von Peñafort, Summa iuris: Vat. Borghes. lat. 261 fol. 91–102v (V);

Richard de Mores, Casus decretalium: München lat. 16083 fol. 36–52v (M); Würzburg M.p.th.f. 122 fol. 1–16v (W);

Richard de Mores, Distinktionen zum Dekret: Vat. lat. 2691 fol. 1–20 (V); Zwettl 162 fol. 105–122 (Z);

Richard de Mores, Glossenapparat zur Compilatio I: Vat. Pal. lat. 696 (V); Bamberg Can. 20 fol. 1–54va (B);

Richard de Mores, Summa quaestionum: Zwettl 162 fol. 145–173ra (Z); Montecassino 396 p. 191–247a;

Sighard von Cremona, Summe zum Dekret: München lat. 4555 (M); Vat. Pal. lat. 653 fol. 65v–112 (V); Wien 2166 (W);

Simon von Bisignano, Summe zum Dekret: Augsburg I fol. 1–72 (A); Bamberg Can. 38 fol. 2–54 (B); Roma B. Casanatense 1105 fol. 199–222v (C); Paris B. N. lat. 3934 A fol. 56–101v (P); Rouen 710 fol. 64–117v (R);

Stephan von Tournai, Summe zum Dekret: Alençon 134 (133) fol. 1–162v (A);

Summa Alenconensis: Alençon 134 (133) fol. 163–196v (A);

Summa „Antiquitate et tempore": Göttingen Iur. 159 (G);

Summa Bambergensis: s. Glossenapparat „Animal est substantia";

Summa „Boni a Deo patre": München lat. 16084 fol. 74–77;

Summa Bruxelliensis: s. Summa „Iuste iudicate filii hominum";

Summa Cassinensis: Montecassino 396 p. 113–190;

Summa Coloniensis: s. Summa „Elegantius in iure diuino";

Summa „Conditio ecclesiastice religionis": Vat. Pal. lat. 678 fol. 5–33v;

Summa „Cum in tres partes": Paris B. N. lat. 16540;

Summa „De iure canonico tractaturus" (= Summa Laudunensis): Laon 371bis fol. 83–170v (La);

Summa „De multiplici iuris diuisione": London Lambeth Palace 139 fol. 152–159; 144–151 (L);

Summa Duacensis: s. Summa „Induent sancti";

Summa „Dubitatur a quibusdam": Arras 271 (1064) fol. 162–177v;

Summa „Elegantius in iure diuino" (= Summa Coloniensis): Wien 2125 fol. 11–154;

Summa „Et est sciendum" (= Glossae Stuttgardienses): Stuttgart hist.f. 419 fol. 34–49 (S); Rouen 710 fol. 118–141 (R);

Summa Gallicana-Bambergensis: s. Distinctiones „Consuetudo";

Summa „In nomine": Oxford Oriel College 53 fol. 256–267;

Summa „Induent sancti" (= Summa Duacensis): Luxembourg 135 fol. 174–206 (L); Douai 649 fol. 96–140v (Db);

Summa „Inperatorie maiestati" (= Summa Monacensis): München lat. 16084 fol. 1–9; 11–16; 18–27 (M);

Summa „Inter cetera": Leiden Vulc. 48 fol. 9–24;

Summa „Iuditiorum instrumenta": München lat. 16084 fol. 28–29;

Summa „Ius aliud diuinum": Milano H.94 sup. fol. 73r. 74–80v. 81v (M);

Summa „Iuste iudicate filii hominum" (= Summa Bruxelliensis): Bruxelles B. Royale 1407–9 fol. 1–90;

Summa Laudunensis: s. Summa „De iure canonico tractaturus";

Summa Lipsiensis: s. Summa „Omnis qui iuste iudicat";

Summa Monacensis: s. Summa „Inperatorie maiestati";

Summa „Omnis qui iuste iudicat" (= Summa Lipsiensis): Leipzig 986 (L); Rouen 743 (R);

Summa „Permissio quedam" (= Distinctiones Halenses): Halle Ye 52 I fol. 1–9v (H); Bamberg Can. 17 fol. 75–94 (B);

Summa Posnaniensis: s. Wilhelm von Gascogne;

Summa „Prima primi uxor Ade": London Brit. Libr. Royal 11 D.II fol. 321–332 (L);

Summa quaestionum „Queritur utrum quicquid est contra ius naturale sit peccatum mortale": München lat. 16083 fol. 52v–73v;

Summa quaestionum „Quesitum est de condicionibus": Douai 649 fol. 43–59 (Db);

Summa „Quamuis leges seculares": Paris Bı Ste. Geneviève 342 fol. 185–187;

Summa „Questio si iure naturali": Halle Ye 52 I fol. 10; Arras 271 fol. 180–187v;

Summa „Quid sit symonia": Liège B. du Gr. Sém. 6 N.15;

Summa „Quoniam omissis centum distinctionibus": Verdun B. M. 35;

Summa „Quoniam status ecclesiarum": Paris B. N. lat. 16538;

Summa Reginensis: Vat. Reg. lat. 1061 fol. 1–24 (R);

Summa „Reuerentia sacrorum canonum": Erfurt Amplon. quart. 117 fol. 116–140v (E);

Summa „Sicut uetus testamentum": Firenze B. N. Conv. soppr. G.IV 1736 fol. 1–64v (F);

Summa „Tractaturus magister": Paris B. N. lat. 15994 (P);

Summa Turicensis: Zürich C.97 II fol. 64v–73; 5–64; 73–76 (Z);

Tankred, Glossenapparat zur Compilatio I. (= Glossa ordinaria): Vat. lat. 1377 fol. 2–98v;

Tankred, Glossenapparat zur Compilatio II. (= Glossa ordinaria): Vat. lat. 1377 fol. 101–145v;

Tankred, Glossenapparat zur Compilatio III. (= Glossa ordinaria): Vat. lat. 1377 fol. 148–279v;

Vincentius Hispanus, Glossen zur Compilatio III. (im Glossenapparat des Tankred): Vat. lat. 1377 fol. 148–279v;

Wilhelm von Gascogne, Glossenapparat zum Dekret (= Summa Posnaniensis): Poznań 28 fol. 105–220 (P);

b) Gedruckte Quellen

Acta et Documenta Concilio Oecumenico Vaticano II apparando: Series I (Antepraeparatoria) I–IV (16 Vol.), Typ. Pol. Vat. 1960–1961;

Acta Synodalia Sacrosancti Concilii Oecumenici Vaticani Secundi II–III, Città del Vaticano 1972–1975;

Bernardi Papiensis (Faventini Episcopi), Summa Decretalium, hrsg. von. E. A. T. Laspeyres, Regensburg 1860 (Graz 1956);

Bernardi Summa de electione, hrsg. von E. A. T. Laspeyres: a.a.0. 307–323;

Codex Iuris Canonici, Typ. Pol. Vat. 1917;

Collectio Lipsiensis: Quinque Compilationes Antiquae nec non Collectio Canonum Lipsiensis 189–208;

Conciliorum Oecumenicorum Decreta, hrsg. vom Istituto per le Scienze Religiose, Bologna[3] 1973;

Consilium pro publicis ecclesiae negotiis, De promovendis ad episcopatum in ecclesia latina: AAS 64 (1972) 386–391;

Corpus Iuris Canonici I–II, hrsg. von E. Friedberg, Leipzig 1879/81 (Graz 1959);

Corpus Iuris Civilis. III. Novellae, hrsg. von R. Schoell–W. Kroll, Berlin[4] 1912;

Decretales Pseudo-Isidorianae et Capitula Angilramni, hrsg. von P. Hinschius, Leipzig 1863 (Aalen 1963);

Didascalia et Constitutiones Apostolorum I, hrsg. von F. X. Funk, Paderborn 1905 (1959);

Die Apostolischen Väter. Eingeleitet, herausgegeben, übertragen und erläutert von J. A. Fischer, München 1956;

Die Canones-Sammlungen zwischen Gratian und Bernhard von Pavia, hrsg. von E. Friedberg, Leipzig 1897 (Graz 1958);

Die Summa Decretorum des Magister Rufinus, hrsg. von H. Singer, Paderborn 1902 (Aalen-Paderborn 1963);

Die Summa des Paucapalea über das Decretum Gratiani, hrsg. von J. F. von Schulte, Gießen 1890 (Aalen 1965);

Die Summa Magistri Rolandi nachmals Papstes Alexander III., hrsg. von F. Thaner, Innsbruck 1874 (Aalen 1962);

Die Summa magistri Rufini zum Decretum Gratiani, hrsg. von J. F. von Schulte, Gießen 1892;

Die Zwölfapostellehre. Aus dem Griechischen übertragen, eingeleitet und erklärt von L. A. Winterswyl, Freiburg[2] 1954;

Enchiridion Symbolorum, Definitionum et Declarationum de rebus fidei et morum, hrsg. von H. Denzinger, überarbeitet von A. Schönmetzer SI (editio 34 emendata), Barcinone – Friburgi Brisgoviae – Romae – Neo Eboraci 1967;

Gemeinsame Synode der Bistümer in der Bundesrepublik Deutschland. 5. Vollversammlung. PROTOKOLL 22–26. Mai 1974, Bonn o. J.;

Gemeinsame Synode der Bistümer in der Bundesrepublik Deutschland. 7. Vollversammlung. PROTOKOLL 7–11. Mai 1975, Bonn o. J.;

Gottofredo da Trani, Summa super titulis decretalium, Lyon 1519 (Aalen 1968);

La Tradition Apostolique de Saint Hippolyte, hrsg. von B. Botte OSB, Münster 1963;

Les Statuta Ecclesiae Antiqua, hrsg. von C. Munier, Paris 1960;

Magistri Gandulphi Bononiensis Sententiarum libri quattuor, hrsg. von J. von Walter, Wien – Breslau 1924;

Migne, J. P., Patrologiae cursus completus...series graeca, Paris 1857–1866;

Migne, J. P., Patrologiae cursus completus...series latina, Paris 1844 ff;

Patres Apostolici I, hrsg. von F. X. Funk, Tübingen[2] 1906;

Paul VI., Apostolische Konstitution „Regimini Ecclesiae universae" vom 15.8.1967: AAS 59 (1967) 885–928;

Paul VI., Motu proprio „Ecclesiae Sanctae" vom 6.8. 1966: AAS 58 (1966) 757–782;

Paul VI., Motu proprio „Matrimonia mixta" vom 31.3. 1970: AAS 62 (1970) 257–263;

Paul VI., Motu proprio „Sollicitudo omnium Ecclesiarum" vom 24.6. 1969: AAS 61 (1969) 473–484;

Petri Blesensis opusculum de distinctionibus in canonum interpretatione adhibendis, sive ut auctor voluit Speculum Iuris Canonici, hrsg. von T. E. Reimarus, Berlin 1837;

Pius XII., Motu proprio „Cleri sanctitati" vom 2.6. 1957: AAS 49 (1957) 433–603;

Quaestiones Stuttgardienses: Die Summa Magistri Rolandi nachmals Papstes Alexander III. nebst einem Anhange Incerti Auctoris Quaestiones, hrsg. von F. Thaner, Innsbruck 1874 (Aalen 1962), 237–303;

Quinque Compilationes Antiquae nec non Collectio Canonum Lipsiensis, hrsg. von E. Friedberg, Leipzig 1882 (Graz 1956);

Regesta Pontificum Romanorum a condita Ecclesia ad annum post Christum natum 1198 I–II, hrsg. von P. Jaffé, 2. Auflage von S. Loewenfeld–F. Kaltenbrunner–P. Ewald unter der Leitung von G. Wattenbach, Berlin 1885–1888 (Graz 1956);

Regesta Pontificum Romanorum inde ab a. post Christum natum 1198 ad a. 1304 I–II, hrsg. von A. Potthast, Berlin 1874–1875 (Graz 1957);

Sacrorum Conciliorum nova et amplissima collectio, hrsg. von J. D. Mansi, Firenze 1759–1798 (Paris 1901–1927);

San Raimundo de Penyafort, Summa iuris, hrsg. von J. Rius Serra, Barcelona 1945;

Schema decreti de pastorali episcoporum munere in ecclesia. Textus recognitus et modi, Typ. Pol. Vat. 1965;

Schemata constitutionum et decretorum de quibus disceptabitur in concilii sessionibus. Series tertia, Typ. Pol. Vat. 1962, 67–90;

S. Congregatio Consistorialis, Dekret „Ratio" vom 25.7. 1916: AAS 8 (1916) 400–404;

Stephan von Doornick, Die Summa über das Decretum Gratiani, hrsg. von J. F. von Schulte (Teilausgabe), Gießen 1891 (Aalen 1965);

Summa „Elegantius in iure diuino" seu Coloniensis I, hrsg. von G. Fransen unter Mitarbeit von S. Kuttner, New York 1969;

SYNODE. Amtliche Mitteilungen der Gemeinsamen Synode der Bistümer in der Bundesrepublik Deutschland, hrsg. vom Sekretär der Gemeinsamen Synode der Bistümer in der Bundesrepublik Deutschland, München – Bonn 1970–1976;

The Summa Parisiensis on the Decretum Gratiani, hrsg. von T. P. McLaughlin CSB, Toronto 1952;

Vaticanum II, „Christus Dominus": AAS 58 (1966) 673–696;

Vaticanum II, „Lumen Gentium": AAS 57 (1965) 5–75.

Vaticanum II, „Orientalium Ecclesiarum": AAS 57 (1965) 76–89;

LITERATURVERZEICHNIS

a) Literarhistorische Literatur

A ZEDELGEM, A., OFMCap, Commentationes historiae iuris canonici: CollFr 14 (1944) 188–259;

ARGNANI, J., Johannes Faventinus glossator: Apollinaris 9 (1936) 418–443; 640–658;

BANFI, F., Paolo Dalmata detto Ungaro: Archivio storico per la Dalmazia 27 (1939) 43–61; 133–150;

BARRACLOUGH, G., Rezension: S. Kuttner, Repertorium der Kanonistik (1140–1234), Città del Vaticano 1937: EHR 53 (1938) 492–495;

BERNHEIM, E., Das unechte Dekret Hadrians I. im Zusammenhang mit den unechten Dekreten Leos VIII. als Dokumente des Investiturstreites: FDG 15 (1885) 618 ff;

BERTRAM, M., Some Additions to the ‚Repertorium der Kanonistik': BMCL 4 (1974) 9–16;

BIDAGOR, R., SI, Contribution española al estudio del Decretum Gratiani: StG II 529–539;

BROCCHIERI, E., Sicardo di Cremona e la sua opera letteraria, Cremona 1958;

CANTELAR RODRIGUEZ, F., Bernardus Papiensis: ‚Doctor meus Hugo': Huguccio de Pisa o Hugo de San Victor?: ZSavRGkan 55 (1969) 448–457;

CANTELAR RODRIGUEZ, F., El matrimonio de herejes. Bifurcacion del impedimentum disparis cultus y divorcio por herejia, Salamanca 1972;

CATALANO, G., Contributo alla biografia di Uguccione di Pisa: Il Diritto Ecclesiastico 65 (1954) 3–67;

CATALANO, G., Impero, Regno e Sacerdozio nel pensiero di Uguccio da Pisa, Milano² 1959;

CONGAR, Y., OP, Maître Rufin et son De bono pacis: RSPhTh 41 (1957) 428–444;

DE GROOT, E. M., Doctrina de iure naturali et positivo humano in Summa Bambergensi (DD. 1–20), Druten 1970;

DEL RE, N., I Codici Vaticani della „Summa Decretorum" di Uguccione da Pisa, Roma 1938;

DELHAYE, P., Étienne de Tournai: DHGE XV 1274–1278;

DELHAYE, P., Morale et droit canonique dans la „Summa" d'Ètienne de Tournai: StG I 435–449;

DÉNES, G. M., I notabili di Paolo Ungaro canonista bolognese del secolo XIII., Roma 1944;

EHEIM, F., Die Handschriften des Decretum Gratiani in Österreich: StG VII 125–173;

FEINE, H. E., Gliederung und Aufbau des Decretum Gratiani: StG I 351–370;

FEINE, H. E., Kirchliche Rechtsgeschichte. Die katholische Kirche, Köln–Wien⁵ 1972;

FISCHER, H., Die lateinischen Pergamenthandschriften der Universitätsbibliothek Erlangen I, Erlangen 1928;

FRANSEN, G., Deux collections de ,questiones': Tr 21 (1965) 492–510;

FRANSEN, G., La date du Décret de Gratien: RHE 51 (1956) 521–531;

FRANSEN, G., La structure des ,Quaestiones disputatae' et leur classement: Tr 23 (1967) 516–534;

FRANSEN, G., Les ,questiones' des canonistes: Tr 12 (1956) 566–592; 13 (1957) 481–501; 19 (1963) 516–531; 20 (1964) 495–502;

FRANSEN, G., Manuscrits canoniques conservés en Espagne: RHE 49 (1954) 152–156;

FRANSEN, G., Manuscrits des décrétistes dans les bibliothèques liégeoises: StG I 289–302;

FRANSEN, G., Un Commentaire au „De consecratione": Tr 13 (1957) 508 f;

GARCÍA Y GARCÍA, A., OFM, Laurentius Hispanus. Datos biográficos y estudio crítico de sus obras, Roma–Madrid 1956;

GARCÍA Y GARCÍA, A., OFM, Los manuscritos del Decreto de Graciano en las Bibliotecas y Archivos de España: StG VIII 159–193;

GARCÍA Y GARCÍA, A., OFM, Nuevos manuscritos del Decreto de Graciano en España: Études d'Histoire du Droit Canonique dédiées à Gabriel Le Bras I 117–128;

GARCÍA Y GARCÍA, A., OFM, Valor y proyección histórica, de la obra juridica de San Raimundo de Peñafort: REDC 18 (1963) 233–251;

GAUDEMET, J., L'élection épiscopale d'après les canonistes de la deuxième moitié du XII. siècle: Le Istituzioni ecclesiastiche della Societas Christiana dei secoli XI–XII 476–489;

GERBENZON, P., Bertram of Metz the Author of ,Elegantius in iure diuino' (Summa Coloniensis)?: Tr 21 (1965) 510 f;

GILLMANN, F., Des Codex Halensis Ye 52 Glossenbruchstück zur Compilatio I.: AkathKR 108 (1928) 482–536 (Sonderdruck: Mainz 1929);

GILLMANN, F., Die Abfassungszeit der Dekretglosse des Clm 10244: AkathKR 92 (1912) 201–224;

GILLMANN, F., Die Abfassungszeit der Dekretsumme Huguccios: AkathKR 94 (1914) 233–251;

GILLMANN, F., Die Dekretglossen des Cod. Stuttgart. hist. f.419: AkathKR 107 (1927) 192–250;

GILLMANN, F., Die Heimat und die Entstehungszeit der Summa Monacensis: AkathKR 102 (1922) 25 ff;

GILLMANN, F., Einteilung und System des Gratianischen Dekretes nach den alten Dekretglossatoren bis Johannes Teutonicus einschließlich: AkathKR 106 (1926) 472–574;

GILLMANN, F., Nochmals über die Abfassungszeit der Dekretglosse des Clm 10244: AkathKR 94 (1914) 436–443;

GILLMANN, F., Richardus Anglicus als Glossator der Compilatio I.: AkathKR 107 (1927) 575–655 (erweiterter Sonderdruck: Mainz 1928);

GILLMANN, F., Über die Abfassungszeit der Dekretglosse des Clm 10244: AkathKR 93 (1913) 448–459;

GILLMANN, F., Zur Lehre der Scholastik vom Spender der Firmung und des Weihesakramentes, Paderborn 1920;

GILLMANN, F., Zur Inventarisierung der kanonistischen Handschriften aus der Zeit von Gratian bis Gregor IX.: ders., Des Johannes Galensis Apparat zur Compilatio III. in der Universitätsbibliothek Erlangen, Mainz 1938, 54–94;

GILLMANN, F.–RÖSSER, E., Der Prager Codex XVII A 12 (früher I B I) und der Dekretapparat des Laurentius Hispanus: AkathKR 126 (1954) 3–43; italienisch: StG VII 391–445;

HARING, N. M., The Cistercian Everard of Ypres and His Appraisal of the Conflict between St. Bernhard and Gilbert of Poitiers: MS 17 (1955) 143–172;

HECKEL, R. von, Die Dekretalensammlungen des Gilbertus und Alanus nach den Weingartener Handschriften: ZSavRGkan 29 (1940) 116–357;

HEITMEYER, H., Sakramentenspendung bei Häretikern und Simonisten nach Huguccio, Roma 1964;

HOLTZMANN, W., Zu den Dekretalen bei Simon von Bisignano: Tr 18 (1962) 450–459;

JUNCKER, J., Die Collectio Berolinensis: ZSavRGkan 13 (1924) 284–426;

JUNCKER, J., Die Summa des Simon von Bisignano und seine Glossen: ZSavRGkan 15 (1926) 326–500;

JUNCKER, J., Summen und Glossen: ZSavRGkan 14 (1925) 384–474;

KANTOROWICZ, H., Damasus: ZSavRGkan 16 (1927) 332–341;

KEJŘ, J., Apparat au Décret de Gratien „Ordinaturus" source de la „Summa decretorum" de Huguccio: StG XII 143–164;

KEJŘ, J., La genèse de l'apparat „Ordinaturus" au Décret de Gratien: Proceedings of the Second International Congress of Medieval Canon Law 45–53;

KESSLER, P.–J., Wiener Novellen: StG XII 89–110;

KUTTNER, S., An Interim Checklist of Manuscripts: Tr 11 (1955) 439–448; 12 (1956) 560–566; 13 (1957) 467–471;

KUTTNER, S., Annual Report: Tr 13 (1957) 463–466; 15 (1959) 449–452; 24 (1968) 489–493; 25 (1969) 481–485; 26 (1970) 427–433; BMCL 3 (1973) S. IX–XVI;

KUTTNER, S., Bernardus Compostellanus Antiquus: Tr 1 (1943) 277–340;

KUTTNER, S., Brief Notes. The Third Part of Stephen of Tournai's Summa: Tr 14 (1958) 502–505; Varia: Tr 14 (1958) 509;

KUTTNER, S., Eine Dekretsumme des Johannes Teutonicus: ZSavRGkan 21 (1932) 141–189;

KUTTNER, S., Emendationes et notae variae: Tr 22 (1966) 471–482;

KUTTNER, S., Graziano: l'uomo e l'opera: StG I 15–29;

KUTTNER, S., Johannes Teutonicus, das vierte Laterankonzil und die Compilatio quarta: Miscellanea A. Mercati V 608–634;

KUTTNER, S., Kanonistische Schuldlehre von Gratian bis auf die Dekretalen Gregors IX., Città del Vaticano 1935 (1961);

KUTTNER, S., Les débuts de l'école canoniste française: SDHI 4 (1938) 192–204;

KUTTNER, S., Notes on a Projected Corpus of Twelfth–Century Decretal Letters: Tr 6 (1948) 345–351;

KUTTNER, S., Notes on Manuscripts: Tr 17 (1961) 533–542;

KUTTNER, S., Notes on the Presentation of Text and Apparatus in Editing Works of the Decretists and Decretalists: Tr 15 (1959) 452–464;

KUTTNER, S., Notes on the Roman Meeting, on Planning and Method: Tr 11 (1955) 431–439;

KUTTNER, S., Réflexions sur les Brocards des Glossateurs: Mélanges Joseph de Ghellinck II 767–792;

KUTTNER, S., Repertorium der Kanonistik (1140–1234). Prodromus Corporis Glossarum I, Città del Vaticano 1937 (1972);

KUTTNER, S., The Barcelona Edition of St. Raymond's First Treatise on Canon Law: Seminar 8 (1950) 52–67;

KUTTNER, S., The Collection of Alanus: a concordance of its two Recensions: RSDI 26 (1953) 39–55;

KUTTNER, S., The ‚Extravagantes' of the Decretum in Biberach: BMCL 3 (1973) 61–71;

KUTTNER, S., The Father of the Science of Canon Law: The Jurist 1 (1941) 2–19;

KUTTNER, S., Verso un Corpus di texti medievali di Diritto Canonico: StG V 106–112;

KUTTNER, S., Zur Biographie des Sicardus von Cremona: ZSavRGkan 25 (1936) 476 ff;

KUTTNER, S., Zur Entstehungsgeschichte der Summa de casibus poenitentiae des hl. Raymund von Penyafort: ZSavRGkan 39 (1953) 419–434;

KUTTNER, S.–RATHBONE, E., Anglo–Norman Canonists of the Twelfth Century: Tr 7 (1949/51) 279–358;

LANDAU, P., Die Entstehung des kanonischen Infamiebegriffs von Gratian bis zur Glossa ordinaria, Köln–Graz 1966;

LANDAU, P., Jus Patronatus. Studien zur Entwicklung des Patronats im Dekretalenrecht und der Kanonistik des 12. und 13. Jahrhunderts, Köln–Wien 1975;

LANDGRAF, A. M., Einführung in die Geschichte der theologischen Literatur der Frühscholastik unter dem Gesichtspunkt der Schulenbildung, Regensburg 1948;

LANDGRAF, A. M., Laborantis cardinalis opuscula, Bonn 1932;

LAZZARINI, A., Gratianus de Urbeveteri: StG IV 1–15;

LEFÈBVRE, C., Les gloses à la ‚Compilatio Prima' et les problèmes qu'elles soulèvent: Proceedings of the Second International Congress of Medieval Canon Law 63–70;

LEFÈVRE, C. (-Le Bras, G.-Rambaud, J.), Histoire du Droit et des Institutions de l'Église en Occident. VII. L'Age Classique 1140–1348. Sources et Théorie du Droit, Paris 1965;

LEONARDI, C., La vita e l'opera di Uguccione da Pisa decretista: StG IV 39–120;

LIOTTA, F., Baziano: Dizionario biografico degli italiani VII 313 ff;

LIOTTA, F., La continenza dei chierici nel pensiero canonistico classico. Da Graziano a Gregorio IX., Milano 1971;

MAASSEN, F., Beiträge zur Geschichte der juristischen Literatur des Mittelalters, insbesondere der Dekretisten–Literatur des zwölften Jahrhunderts: SAW 24 (1857) 4–84;

MAASSEN, F., Paucapalea: SAW 31 (1859) 449–516;

MARTÍN AVEDILLO, J. A., OFM, Estado actual de la investigacion sobre el canonista Ambrosius: Proceedings of the Third International Congress of Medieval Canon Law 103–111;

MARTÍN AVEDILLO, J. A., OFM, Influjo del canonista Ambrosius en S. Raimundo de Peñafort: REDC 26 (1970) 329–355;

MARTÍN AVEDILLO, J. A., OFM, La ,Summa super titulis decretalium' del canonista Ambrosius: ZSavRGkan 54 (1968) 57–94;

MCLAUGHLIN, T. P., CSB, The „Extravagantes" in the „Summa" of Simon of Bisignano: MS 20 (1958) 167–176;

MEIJERS, E. M., Ricardus Anglicus et R. de Lacy: Tijdschrift voor Rechtsgeschiedenis 20 (1952) 89 f;

MOHLBERG, L. C., Mittelalterliche Handschriften. Katalog der Handschriften der Zentral–Bibliothek Zürich I, Zürich 1951;

NÖRR, K. W., Die Summen „De iure naturali" und „De multiplici iuris diuisione": ZSavRGkan 48 (1962) 138–163;

NÖRR, K. W., Summa Posnaniensis: Tr 17 (1961) 543 f;

OTT, L., Hat Magister Rufinus die Sentenzen des Petrus Lombardus benützt?: Scholastik 33 (1958) 234–247;

PACAUT, M., Alexandre III., Paris 1956;

PENNINGTON, K., A ,Consilium' of Johannes Teutonicus: Tr 26 (1970) 435 ff;

PENNINGTON, K., The Legal Education of Pope Innocent III.: BMCL 4 (1974) 70–77;

PENNINGTON, K., The Manuscripts of Johannes Teutonicus' Apparatus to Compilatio tertia: Considerations on the Stemma: BMCL 4 (1974) 17–31;

PIERGIOVANNI, V., La punibilità degli innocenti nel diritto canonico dell'età classica I–II, Milano 1971–1974;

PLÖCHL, W. M., Geschichte des Kirchenrechts I–III, Wien–München² 1960–1970;

PROSDOCIMI, L., La „Summa Decretorum" di Uguccione da Pisa. Studi preliminari per una edizione critica: StG III 351–374;

RAMBAUD, J., Les paleae dans le Décret de Gratien: Proceedings of the Second International Congress of Medieval Canon Law 23–44;

RAMBAUD, J., L'étude des manuscrits du Décret de Gratien conservés en France: StG I 119–145;

RAMING, I., Der Ausschluß der Frau vom priesterlichen Amt. Gottgewollte Tradition oder Diskriminierung? Eine rechtshistorisch-dogmatische Untersuchung der Grundlagen von Kanon 968 § 1 des Codex Iuris Canonici, Köln–Wien 1973;

SCHMITZ, H., Appellatio extraiudicialis. Entwicklungslinien einer kirchlichen Gerichtsbarkeit über Verwaltungsakte im Zeitalter der klassischen Kanonistik (1140–1348), München 1970;

SCHULTE, J. F. von, Die Geschichte der Quellen und Literatur des canonischen Rechts von Gratian bis auf die Gegenwart I–II, Stuttgart 1875–1880 (Graz 1956);

SCHULTE, J. F. von, Die Glosse zum Dekret Gratians von ihren Anfängen bis auf die jüngsten Ausgaben: Denkschriften der kaiserlichen Akademie der Wissenschaften phil.-hist. Cl.21/2 (1872) 1–99;

SCHULTE, J. F. von, Die Summa Decreti Lipsiensis des Codex 986 der Leipziger Universitätsbibliothek: SAW 68 (1871) 37–54;

SCHULTE, J. F. von, Iter Gallicum: SAW 59 (1868) 355–496;

SCHULTE, J. F. von, Zur Geschichte der Literatur über das Dekret Gratians: SAW 63 (1869) 299 ff; 64 (1870) 93 ff; 65 (1870) 21 ff;

SEPPELT, F. X., Geschichte der Päpste von den Anfängen bis zur Mitte des 20. Jahrhunderts III, München² 1956;

SINGER, H., Die Dekretalensammlung des Bernardus Compostellanus antiquus: SAW 171/2 (1914) 1–119;

SQUICCIARDINI, D., Il privilegio paolino in un testo inedito di Uguccione da Pisa (saec. XII): Apollinaris 45 (1972) 84–125; 306–338;

STICKLER, A. M., SDB, Alanus Anglicus als Verteidiger des monarchischen Papsttums: Salesianum 21 (1959) 346–406;

STICKLER, A. M., SDB, Decretisti bolognesi dimenticati: StG III 375–410;

STICKLER, A. M., SDB, Decretistica Germanica adaucta: Tr 12 (1956) 593–605;

STICKLER, A. M., SDB, Der Dekretist Willielmus Vasco und seine Anschauungen über das Verhältnis der beiden Gewalten: Études d'Histoire du Droit Canonique dédiées à Gabriel Le Bras I 705–728;

STICKLER, A. M., SDB, Der Kaiserbegriff des Bernardus Compostellanus: StG XV 103–124;

STICKLER, A. M., SDB, Die „Glossa Duacensis" zum Dekret Gratians (Cod. ms. 592 der Bibl. Municipale Douai): Speculum Iuris et Ecclesiarum 385–409;

STICKLER, A. M., SDB, Die Zweigliedrigkeit der Kirchengewalt bei Laurentius Hispanus: Ius sacrum 181–206;

STICKLER, A. M., SDB, Ergänzungen zur Traditionsgeschichte der Dekretistik: BMCL 1 (1971) 73–79;

STICKLER, A. M., SDB, Historia Iuris Canonici Latini. I. Historia Fontium, Torino 1950;

STICKLER, A. M., SDB, Il decretista Laurentius Hispanus: StG IX 461–549;

STICKLER, A. M., SDB, Iter Helveticum: Tr 14 (1958) 462–484;

STICKLER, A. M., SDB, La genesi degli apparati di glosse dei decretisti, presupposto fondamentale della critica del loro testo: La critica del testo 771–781;

STICKLER, A. M., SDB, Problemi di ricerca e di edizione per Uguccione da Pisa e nella decretistica classica: Congrès de droit canonique médiéval 111–122;

STICKLER, A. M., SDB, Rezension: R. Weigand, Die bedingte Eheschließung im kanonischen Recht, München 1963: MonEccl 89 (1964) 307–310;

STICKLER, A. M., SDB, Sacerdotium et Regnum nei decretisti e primi decretalisti. Considerazioni metodologiche di ricerca e testi: Salesianum 15 (1953) 575–612;

STICKLER, A. M., SDB, Zur Entstehungsgeschichte und Verbreitung des Dekret-apparates „Ordinaturus Magister Gratianus": StG XII 111–141;

STICKLER, A. M., SDB, Zur Kirchengewalt in den Glossen der Hs. lat. 3905 B der Bibl. Nat. Paris: Divinitas 11 (1967) 459–470 (= Miscellanea A. Combes II 63–73);

TAILLAR, E. F. J., Notice de Manuscrits concernant la législation du moyen-âge: Memoires de la société royale et centrale d'agriculture, sciences et arts du departement du Nord, séant à Douai 1843–1844, S. 223–360;

THEINER, A., Disquisitiones criticae in praecipuas Canonum et Decretalium collectiones, Roma 1836;

THURN, H., Die Handschriften der Universitätsbibliothek Würzburg. I. Die Ebracher Handschriften, Wiesbaden 1970;

TIERNEY, B., Two Anglo–Norman Summae: Tr 15 (1959) 483–491;

VAN DE KERCKHOVE, M., La notion de juridiction dans la doctrine des Décrétistes et des premiers Décrétalistes de Gratien (1140) à Bernard de Bottone (1250): Études franciscaines 49 (1937) 420–455;

VAN HOVE, A., Prolegomena ad Codicem Iuris Canonici, Mechelen–Roma² 1945;

VAN HOVE, A., Quae Gratianus contulerit methodo scientiae canonicae: Apollinaris 21 (1948) 12–24;

VETULANI, A., Le Décret de Gratien et les premiers Décrétistes à la lumière d'une source nouvelle: StG VII 273–354;

VETULANI, A., Les manuscrits du Décret de Gratien et des oeuvres de Décrétistes dans les bibliothèques polonaises: StG I 217–288;

VETULANI, A.–URUSZCZAK, W., L'œuvre d'Omnebene dans le Ms 602 de la Bibliothèque municipale de Cambrai: Proceedings of the Fourth International Congress of Medieval Canon Law 11–26;

WARICHEZ, J., Étienne de Tournai et son temps: 1128–1203, Tournai–Paris 1937;

WEIGAND, R., Das Gewohnheitsrecht in frühen Glossen zum Dekret Gratians: Ius Populi Dei I 91–101;

WEIGAND, R., Der erste Glossenapparat zum Dekret: ‚Ordinaturus Magister': BMCL 1 (1971) 31–41;

WEIGAND, R., Die bedingte Eheschließung im kanonischen Recht. I. Teil: Die Entwicklung der bedingten Eheschließung im kanonischen Recht. Ein Beitrag zur Geschichte der Kanonistik von Gratian bis Gregor IX., München 1963;

WEIGAND, R., Die Dekrethandschrift B 3515 des Spitalarchivs Biberach an der Riss: BMCL 2 (1972) 76–81;

WEIGAND, R., Die Glossen des Cardinalis (Magister Hubald?) zum Dekret Gratians, besonders zu C.27 q.2: BMCL 3 (1973) 73–95;

XXIV

WEIGAND, R., Die Naturrechtslehre der Legisten und Dekretisten von Irnerius bis Accursius und von Gratian bis Johannes Teutonicus, München 1967;

WEIGAND, R., Neue Mitteilungen aus Handschriften: Tr 21 (1965) 480–491;

WEIGAND, R., Quaestionen aus der Schule des Rolandus und Metellus: AkathKR 138 (1969) 82–94;

WEIGAND, R., Rezension: Summa Coloniensis, ed. G. Fransen adlaborante S. Kuttner, New York 1969: AkathKR 139 (1970) 682–685;

WEIGAND, R., Rezension: Thurn, H., Die Handschriften der Universitätsbibliothek Würzburg. I. Die Ebracher Handschriften, Wiesbaden 1970: Anzeiger für Deutsches Altertum und Deutsche Literatur LXXXIII 131–134;

WEIGAND, R., Welcher Glossenapparat zum Dekret ist der erste?: AkathKR 139 (1970) 459–481;

WEIGAND, R., Zur Exkommunikation bei den Glossatoren: ZSavRGkan 56 (1970) 396–405;

WEIMAR, P., Die legistische Literatur und die Methode des Rechtsunterrichts der Glossatorenzeit: Ius Commune II 43–83;

WEITZEL, J., Begriff und Erscheinungsform der Simonie bei Gratian und den Dekretisten, München 1967;

WOLTER, H., SI, Das Papsttum auf der Höhe seiner Macht (1198–1216): HKG III/2 171–236;

ZAPP, H., Paleae-Listen des 14. u. 15. Jahrhunderts: ZSavRGkan 59 (1973) 83–111;

ZELIAUSKAS, J., SDB, De excommunicatione vitiata apud glossatores (1140–1350), Zürich 1967;

b) Thematische Literatur

ALBERIGO, G., Wahl – Konsens – Rezeption im christlichen Leben: Concilium 8 (1972) 477–483;

AYMANS, W., Das synodale Element in der Kirchenverfassung, München 1971;

AYMANS, W., Kollegium und kollegialer Akt im kanonischen Recht, München 1969;

AYMANS, W., „Volk Gottes" und „Leib Christi" in der Communio-Struktur der Kirche: TThZ 81 (1972) 321–334;

BACHT, H., SI, Vom Lehramt der Kirche und in der Kirche: Catholica 25 (1971) 144–167;

BARTELINK, G., „Electio" und „consensus" im christlichen Sprachgebrauch (bis etwa 600): Concilium 8 (1972) 556–559;

BELOW, G. von, Die Entstehung des ausschließlichen Wahlrechts der Domkapitel. Mit besonderer Rücksicht auf Deutschland, Leipzig 1883;

BENSON, R. L., Election by Community and Chapter. Reflections on Co-Responsibility in the Historical Church: The Jurist 31 (1971) 54–80;

BENSON, R. L., The Bishop-Elect. A Study in Medieval Ecclesiastical Office, Princeton 1968;

BERTRAM, M., Die Abdankung Papst Cölestins V. (1294) und die Kanonisten: ZSavRGkan 56 (1970) 1–101;

BERTRAMS, W., SI, De mente legislatoris quoad interpretationem can.105 Codicis Iuris Canonici: PerRMCL 48 (1959) 65–76;

BERTRAMS, W., SI, Die Bedeutung des 2. Vatikanischen Konzils für das Kirchenrecht: ÖAKR 23 (1972) 125–162;

BEYER, J., SI, Laïcat ou peuple de Dieu: La Chiesa dopo il Concilio II/1 233–247;

BIEMER, G., Die Bischofswahl als neues Desiderat kirchlicher Praxis: ThQ 149 (1969) 171–184;

BREUNING, W., Zum Verständnis des Priesteramtes vom „Dienen" her: Lebendiges Zeugnis Heft 1 (1969) 24–40;

BRÜCK, H., Die Erzbischofswahl in Freiburg und die badische Regierung, Mainz 1869;

BRUGGAIER, L., Die Besetzung der bischöflichen Stühle in Deutschland auf Grund der Konkordate für Reich und Länder: Miscellanea A. Vermeersch I 355–375;

CAMELOT, P.–T., Die Lehre von der Kirche. Väterzeit bis ausschließlich Augustinus (HDG III/3b), Freiburg–Basel–Wien 1970;

CAPPELLARI, M., OSBCam, Il Trionfo della Santa Sede e della Chiesa contro gli assalti dei Novatori combattuti e respinti colle stesse loro armi, Venezia 1837;

CLAUDE, D., Die Bestellung der Bischöfe im merowingischen Reiche: ZSavRGkan 49 (1963) 1–75;

CLAVADETSCHER, O. P., Zur Bischofseinsetzung im 9. Jahrhundert: ZSavRGkan 42 (1956) 388–392;

CONGAR, Y., OP, Der Laie. Entwurf einer Theologie des Laientums, Stuttgart² o.J.;

CONGAR, Y., OP, Die Lehre von der Kirche. Von Augustinus bis zum Abendländischen Schisma (HDG III/3c), Freiburg–Basel–Wien 1971;

CONGAR, Y., OP, Die Rezeption als ekklesiologische Realität: Concilium 8 (1972) 500–514;

CONGAR, Y., OP, La „réception" comme réalité ecclésiologique: RSPhTh 56 (1972) 369–403;

CONZELMANN, H., Die Apostelgeschichte, Tübingen 1963;

CORDES, P. J., Sendung zum Dienst. Exegetisch-historische und systematische Studien zum Konzilsdekret „Vom Dienst und Leben der Priester", Frankfurt 1972;

DAHM, G., Deutsches Recht. Die geschichtlichen und dogmatischen Grundlagen des geltenden Rechts. Eine Einführung, Stuttgart–Berlin–Köln–Mainz² 1963;

DANEELS, F., OPraem, De participatione laicorum in Ecclesiae muneribus iuxta „Schema emendatum Legis Ecclesiae Fundamentalis": PerRMCL 62 (1973) 117–131;

DANEELS, F., OPraem, De subiecto officii ecclesiastici attenta doctrina Concilii Vaticani II. Suntne laici officii ecclesiastici capaces?, Roma 1973;

DE LUCA, L., L'accettazione popolare della legge canonica nel pensiero di Graziano e dei suoi interpreti: StG III 193–276;

DEUSSEN, G., Weisen der Bischofswahl im 1. Clemensbrief und in der Didache: ThGl 62 (1972) 125–135;

DIAS, P. V., Kirche. In der Schrift und im 2. Jahrhundert (HDG III/3a), Freiburg–Basel–Wien 1974;

Die Einheit der Kirche in der Dynamik des Zweiten Vatikanums: Orientierung 33 (1969) 100–110;

DOMBOIS, H., Das Recht der Gnade. Ökumenisches Kirchenrecht I, Witten 1961;

DORDETT, A., Kirche zwischen Hierarchie und Demokratie, Wien 1974;

DORN, L. A.–DENZLER, G., Tagebuch des Konzils. Die Arbeit der dritten Session, Nürnberg–Eichstätt 1965;

DUPUY, B. D., OP, Theologie der kirchlichen Ämter: Mysterium Salutis IV/2 488–525;

EBERS, J. G., Das Devolutionsrecht vornehmlich nach katholischem Kirchenrecht, Stuttgart 1906;

EIDENSCHINK, J. A., OSB, The Election of Bishops in the Letters of Gregory The Great, Washington 1945;

ELSENER, F., Der Codex Iuris Canonici im Rahmen der europäischen Kodifikationsgeschichte: Vom Kirchenrecht zur Kirchenordnung? 27–53;

FEINE, H. E., Die Besetzung der Reichsbistümer vom Westfälischen Frieden bis zur Säkularisation 1648–1803, Stuttgart 1921;

FINNEGAN, J. T., The Present Canonical Practice in the Catholic Church: The Choosing of Bishops 85–102;

FLEINER, F., Staat und Bischofswahl im Bistum Basel, Leipzig 1897;

FRANSEN, P., L'autorité des conciles: Problèmes de l'autorité 59–100;

FRIEDBERG, E., Der Staat und die Bischofswahlen in Deutschland I–II, Leipzig 1874;

FRIES, H., Wandel des Kirchenbildes und dogmengeschichtliche Entfaltung: Mysterium Salutis IV/1 223–279;

FUCHS, V., Der Ordinationstitel von seiner Entstehung bis auf Innozenz III., Bonn 1930 (Amsterdam 1963);

FUNK, F. X., Das Papstwahldekret in c.28 Dist.63: Kirchengeschichtliche Abhandlungen und Untersuchungen I 460–478;

FUNK, F. X., Die Bischofswahl im christlichen Altertum und im Anfang des Mittelalters: Kirchengeschichtliche Abhandlungen und Untersuchungen I 23–39;

FÜRST, C. G., Kirchenrecht oder Kirchenordnung? Zur Ideengeschichte der kirchlichen Rechtsordnung: Ius et salus animarum 43–57;

FÜRST, C. G., Zur Rechtslehre Gratians: ZSavRGkan 57 (1971) 276–284;

GANSHOF, M. F.–L., Note sur l'élection des évêques dans l'empire romain au IVe et pendant la première moitié du Ve siècle: RIDA 5 (1950) 467–498;

GANZER, K., Das Mehrheitsprinzip bei den kirchlichen Wahlen des Mittelalters: ThQ 147 (1967) 60–87;

GANZER, K., Päpstliche Gesetzgebungsgewalt und kirchlicher Konsens. Zur Verwendung eines Dictum Gratians in der Concordantia Catholica des Nikolaus von Kues: Von Konstanz nach Trient 171–188;

GANZER, K., Papsttum und Bistumsbesetzungen in der Zeit von Gregor IX. bis Bonifaz VIII. Ein Beitrag zur Geschichte der päpstlichen Reservationen, Köln–Graz 1968;

GANZER, K., Zur Beschränkung der Bischofswahl auf die Domkapitel in Theorie und Praxis des 12. und 13. Jahrhunderts: ZSavRGkan 57 (1971) 22–82; 58 (1972) 166–197;

GAREIS, C.–ZORN, P., Staat und Kirche in der Schweiz, Zürich 1877–1878;

GAUDEMET, J., L'élection épiscopale d'après les canonistes de la deuxième moitié du XII. siècle: Le Istituzioni ecclesiastiche della Societas Christiana dei secoli XI–XII 476–489;

GERHARTZ, J. G., SI, Demokratisierung in der Kirche: Theologische Akademie VI 88–114;

GESELBRACHT, F., Das Verfahren bei den deutschen Bischofswahlen in der zweiten Hälfte des 12. Jahrhunderts, Leipzig 1905;

GILCHRIST, J., The Reception of Pope Gregory VII. into the Canon Law (1073–1141): ZSavRGkan 59 (1973) 35–82;

GIOBBIO, A., Lezioni di diplomazia ecclesiastica dettate nella Pontificia Accademia dei Nobili Ecclesiastici II, Roma 1901;

GNILKA, J., Der Philipperbrief, Freiburg–Basel–Wien 1968;

GÖLLER, E., Die Bischofswahl bei Origenes: Ehrengabe deutscher Wissenschaft 603–616;

GREINACHER, N., Der Vollzug der Kirche im Bistum: HPTh III 59–110;

GRILLMEIER, A., SI, Kommentar zum zweiten Kapitel der Kirchenkonstitution: LThK Das Zweite Vatikanische Konzil I 176–207;

GRILLMEIER, A., SI, Konzil und Rezeption. Methodische Bemerkungen zu einem Thema der ökumenischen Diskussion der Gegenwart: ThPh 45 (1970) 321–352;

GRILLMEIER, A., SI, Wandernde Kirche und werdende Welt, Köln 1968;

GRYSON, R., Les élections ecclésiastiques au IIIe siècle: RHE 68 (1973) 353–404;

HAENCHEN, E., Die Apostelgeschichte, Göttingen[5] 1965;

HÄGERMANN, D., Untersuchungen zum Papstwahldekret von 1059: ZSavRGkan 56 (1970) 157–193;

HAINZ, J., Ekklesia. Strukturen paulinischer Gemeinde-Theologie und Gemeinde-Ordnung, Regensburg 1972;

HAMER, J., OP, L'Église est une communion, Paris 1962;

HASENFUSS, J., Das Kirchenbild von der Theologia Wirceburgensis bis H. Schell: Ortskirche–Weltkirche 213–229;

HAUCK, A., Die Bischofswahlen unter den Merowingern, Erlangen 1883;

HEFELE, C. J. von, Conciliengeschichte I, Freiburg[2] 1873;

HEFELE, C. J. von, Die Bischofswahlen in den ersten christlichen Jahrhunderten: Beiträge zur Kirchengeschichte, Archäologie und Liturgik I 140–144;

HEGGELBACHER, O., Geschichte des frühchristlichen Kirchenrechts bis zum Konzil von Nizäa 325, Freiburg/Schweiz 1974;

HEIMERL, H., Das Kirchenrecht im neuen Kirchenbild: Ecclesia et Ius 1–24;

HEIMERL, H., Einige formale Probleme des postkonziliaren Rechtes: ÖAKR 24 (1973) 139–159;

HEIMERL, H., Grundordnung und Normengefüge im Katholischen Kirchenrecht: ÖAKR 25 (1974) 195–237;

HEIMERL, H., Ist der Laienbegriff noch aktuell?: La Chiesa dopo il Concilio II/2 797–806;

HEIMERL, H., Laienbegriffe in der Kirchenkonstitution des Vatikanum II: Concilium 2 (1966) 630–634;

HERRMANN, E., Das staatliche Veto bei Bischofswahlen nach dem Rechte der oberrheinischen Kirchenprovinz, Heidelberg 1869;

HERRMANN, H., Die Neuordnung der Bischofswahl: eine weitere Surrogatlösung: Diakonia 3 (1972) 417 ff;

HERRMANN, H., Überlegungen zum Auftrag einer nachkonziliaren Codexrevision: Diaconia et Ius 275–285;

HILLING, N., Das Dekret der Konsistorialkongregation „Ratio" vom 25. Juli 1916 über die Besetzung der Bischofsstühle in Nordamerika: AkathKR 97 (1917) 301–312;

HINSCHIUS, P., System des katholischen Kirchenrechts mit besonderer Rücksicht auf Deutschland II–III/1, Berlin 1878–1879 (Graz 1959);

HIRSCHEL, J., Das Recht der Regierungen bezüglich der Bischofswahlen in Preussen und der oberrheinischen Kirchenprovinz, Mainz 1870;

HOFFMANN, G., Wahlen und Ämterbesetzung in der Kirche: Festschrift für E. Ruppel 164–196;

HOFMEISTER, A., Das Wormser Konkordat. Zum Streit um seine Bedeutung: Forschungen und Versuche zur Geschichte des Mittelalters und der Neuzeit 64–148;

HOLLERBACH, A., Neuere Entwicklungen des katholischen Kirchenrechts, Karlsruhe 1974;

HÜNERMANN, P., Diakonat – Ein Beitrag zur Erneuerung des kirchlichen Amtes?: Dokumentation DIACONIA XP 9 (1974) Heft 1, S.5–62;

IMBART DE LA TOUR, P., Les élections épiscopales dans l'Église de France du IXᵉ au XIIᵉ siècle, Paris 1890;

INSTINSKY, H., Consensus universorum: Hermes 75 (1940) 265–278;

KAISER, M., Kann die Kirche demokratisiert werden?: Lebendiges Zeugnis Heft 1 (1969) 5–23;

KANTOROWICZ, E. H., Laudes regiae, Berkeley 1946;

KASPER, W., Einführung in den Glauben, Mainz 1972;

KASPER, W., Zum Problem der Rechtgläubigkeit in der Kirche von morgen: Kirchliche Lehre – Skepsis der Gläubigen 37–96;

KEMPF, F., Pier Damiani und das Papstwahldekret von 1059: AHP 2 (1964) 73–89;

KETTELER, W. E. von, Das Recht der Domcapitel und das Veto der Regierungen bei den Bischofswahlen in Preussen und der oberrheinischen Kirchenprovinz, Mainz 1868;

KINDERMANN, A., Das landesfürstliche Ernennungsrecht, Warnsdorf 1933;

KLEINHEYER, B., Die Priesterweihe im römischen Ritus. Eine liturgiegeschichtliche Studie, Trier 1962;

KLEINHEYER, B., Konsens im Gottesdienst. Aphoristische Anmerkungen: Concilium 8 (1972) 489–494;

KLINGEL, V., SDB, Die päpstliche Autorität nach Johann Caspar Barthel (1697–1771). Ein Beitrag zur Würzburger Kanonistik des 18. Jahrhunderts, Roma 1972;

KLOSTERMANN, F., Desiderate zur Reform des Laienrechtes: ThPQ 115 (1967) 334–348;

KLOSTERMANN, F., Gemeinde – Kirche der Zukunft I, Freiburg–Basel–Wien 1974;

KOLPING, A., Antworten auf provokatorische Fragen einer „Bilanz": MThZ 25 (1974) 235–259;

KÖTTING, B., Bischofsamt und Bischofswahl: Fragen der Kirche heute 111–122;

KÖTTING, B., Rezension: J. Martin, Die Genese des Amtspriestertums, Freiburg–Basel–Wien 1972: ThRv 69 (1973) 183–188;

KOTTJE, R., Die Wahl der kirchlichen Amtsträger. Geschichtliche Tatsachen und Erfahrungen: Concilium 7 (1971) 196–200;

KOTTJE, R.–RISSE, H. T., Wahlrecht für das Gottesvolk? Erwägungen zur Bischofs- und Pfarrerwahl, Düsseldorf 1969;

KRÄMER, P., Dienst und Vollmacht in der Kirche. Eine rechtstheologische Untersuchung zur Sacra Potestas-Lehre des II. Vatikanischen Konzils, Trier 1973;

KRAUSE, H. G., Das Papstwahldekret von 1059 und seine Rolle im Investiturstreit, Roma 1960;

KROESCHELL, K., Haus und Herrschaft im frühen deutschen Recht. Ein methodischer Versuch, Göttingen 1968;

KÜNG, H., Mitentscheidung der Laien in der Kirchenleitung und bei kirchlichen Wahlen: ThQ 149 (1969) 147–165;

KÜNG, H., Unfehlbar? Eine Anfrage, Zürich–Einsiedeln–Köln 1970;

KÜPPERS, W., Rezeption. Prolegomena zu einer systematischen Überlegung: Konzile und die Ökumenische Bewegung 81–104;

LEGRAND, H.–M., Der theologische Sinn der Bischofswahl nach ihrem Verlauf in der alten Kirche: Consilium 8 (1972) 494–500;

LEHMANN, K., Wandlungen der neuen „politischen Theologie": IKZ Communio 2 (1973) 385–399;

LEITMAIER, C., Der Laie in der Kirche im Mittelalter und im 20. Jahrhundert: ZSavRGkan 39 (1953) 28–45;

LESSING, E., Konsensus in der Kirche, München 1973;

LINDEN, P., Der Tod des Benefiziaten in Rom. Eine Studie zu Geschichte und Recht der päpstlichen Reservationen, Bonn 1938 (Amsterdam 1964);

XXX

LINK, L., Die Besetzung der kirchlichen Ämter in den Konkordaten Papst Pius XI., Bonn 1942;

LÖBMANN, B., Die Bedeutung des Zweiten Vatikanischen Konzils für die Reform des Kirchenrechts: Ius sacrum 83–98;

LÖHRER, M., OSB, Die Hierarchie im Dienst des christlichen Volkes: De Ecclesia II 9–23;

LONGNER, I., Beiträge zur Geschichte der oberrheinischen Kirchenprovinz, Tübigen 1863;

LOTTER, F., Designation und angebliches Kooptationsrecht bei Bischofserhebungen: ZSavRGkan 59 (1973) 112–150;

LUBAC, H. de, SI, Quellen kirchlicher Einheit, Einsiedeln 1974;

MAGNI, C., Ricerche sopra le elezioni episcopali in Italia durante l'alto medio evo I–II, Roma 1928–1930;

MAY, G., Demokratisierung der Kirche. Möglichkeiten und Grenzen, Wien–München 1971;

MAY, G., „Normative Kraft des faktischen Glaubens" als Weg zur Einheitskirche der Zukunft?: AkathKR 142 (1973) 3–16;

MAY, G., Rezension: I Laici nella „Societas Christiana" dei secoli XI e XII, Milano 1968: ZSavRGkan 56 (1970) 437–446;

MAYER-PFANNHOLZ, A., Der Wandel des Kirchenbildes in der Geschichte: ThGl 33 (1941) 22–34;

MCBRIEN, R. P., A Preliminary Ecclesiological Statement: The Choosing of Bishops 11–20;

MEJER, O., Das Veto deutscher protestantischer Staatsregierungen gegen katholische Bischofswahlen, Rostock 1866;

MERKLEIN, H., Das kirchliche Amt nach dem Epheserbrief, München 1973;

MERZBACHER, F., Römisches Recht und Romanistik im Mittelalter: HJ 89 (1969) 1–32;

MÖHLER, J. A., Die Einheit in der Kirche oder das Prinzip des Katholizismus, dargestellt im Geiste der Kirchenväter der drei ersten Jahrhunderte, Tübingen² 1843, hrsg. von J. R. Geiselmann, Köln–Olten 1957;

MOMMSEN, T., Römisches Staatsrecht III/1, Leipzig³ 1887 (Darmstadt 1963);

MÖRSDORF, K., Altkatholisches „Sakramentsrecht"?: StG I 483–502;

MÖRSDORF, K., Das eine Volk Gottes und die Teilhabe der Laien an der Sendung der Kirche: Ecclesia et Ius 99–119;

MÖRSDORF, K., Das neue Besetzungsrecht der bischöflichen Stühle unter besonderer Berücksichtigung des Listenverfahrens, Bonn–Köln–Berlin 1933;

MÖRSDORF, K., Die Rechtssprache des Codex Iuris Canonici, Paderborn 1937 (1967);

MÖRSDORF, K., Diözese: Sacramentum Mundi I 885–903;

MÖRSDORF, K., Einleitung und Kommentar zum Dekret über die Hirtenaufgabe der Bischöfe in der Kirche: LThK Das Zweite Vatikanische Konzil II 127–247;

MÖRSDORF, K., L'autonomia della chiesa locale: La Chiesa dopo il Concilio I 163–185;

MÖRSDORF, K., Lehrbuch des Kirchenrechts I–II, München–Paderborn–Wien[11] 1964–1967;

MOSIEK, U., Der Laie als Jurisdiktionsträger?: ÖAKR 25 (1974) 3–15;

MOSIEK, U., Verfassungsrecht der Lateinischen Kirche. I. Grundfragen, Freiburg 1975;

MÜHLECK, K., Dynamische Gemeinschaft. Zur Lehre Hermann Schells über die Kirche, München–Paderborn–Wien 1973;

MÜLLER, H., Rezeption und Konsens in der Kirche. Eine Anfrage an die Kanonistik: ÖAKR 27 (1976) 3–21;

MÜLLER, H., Zum Verhältnis zwischen Episkopat und Presbyterat im Zweiten Vatikanischen Konzil. Eine rechtstheologische Untersuchung, Wien 1971;

MÜLLER, K., Die älteste Bischofswahl und -weihe in Rom und Alexandrien: ZNW 28 (1929) 274–296;

NEUMANN, J., Eine Verfassung für die Freiheit. Revision des Kirchlichen Gesetzbuches oder Reform des Kirchenrechts?: Wort und Wahrheit 23 (1968) 387–400;

NEUMANN, J. (u.a.), Unitatis vincula. Zum päpstlichen Gesandtschaftswesen: Diakonia/Der Seelsorger 1(1970) 135–141;

NEUMANN, J., Wahl und Amtszeitbegrenzung nach kanonischem Recht: ThQ 149 (1969) 117–132;

NIKOLASCH, F., Bischofswahl durch alle. Konkrete Vorschläge, Graz 1973;

OEHLER, K., Der Consensus omnium als Kriterium der Wahrheit in der antiken Philosophie und der Patristik. Eine Studie zur Geschichte des Begriffs der Allgemeinen Meinung: ders., Antike Philosophie und byzantinisches Mittelalter. Aufsätze zur Geschichte des griechischen Denkens, München 1969, 234–271;

O'MEARA, T. F., Emergence and Decline of Popular Voice in the Selection of Bishops: The Choosing of Bishops 21–32;

PACAUT, M., Louis VII. et les élections épiscopales dans le royaume de France, Paris 1957;

PARSONS, A. J., Canonical Elections, Washington 1939;

PERUGINI, A., De episcoporum electione in iure concordatario tempore decretalium: Acta congressus internationalis Romae 1934 III 173–186;

PFAFF, V., Der Vorgänger: Das Wirken Coelestins III. aus der Sicht von Innozenz III.: ZSavRGkan 60 (1974) 121–167;

PHILLIPS G., Lehrbuch des Kirchenrechts I, Regensburg 1845;

PICHLER, A., Die wahren Hindernisse und die Grundbedingungen einer durchgreifenden Reform der katholischen Kirche, Leipzig 1870;

POSPISHIL, V. J., The Law on Persons, Philadelphia 1960;

POTTMEYER, H. J., Unfehlbarkeit und Souveränität. Die päpstliche Unfehlbarkeit im System der ultramontanen Ekklesiologie des 19. Jahrhunderts, Mainz 1975;

PROSDOCIMI, L., Lo stato di vita laicale nel diritto canonico dei secoli XI e XII: I Laici nella „Societas Christiana" dei secoli XI e XII 56–82;

RAAB, H., Johann Kaspar Barthels Stellung in der Diskussion um die Concordata Nationis Germanicae. Ein Beitrag zur Würzburger Kanonistik im 18. Jahrhundert: Herbipolis iubilans 599–616;

RAHNER, K., SI, Das neue Kirchenbild: GuL 39 (1966) 7–11;

RAHNER, K., SI, Ist Kircheneinigung dogmatisch möglich?: ThQ 153 (1973) 103–118;

RAHNER, K., SI, Kommentar zum dritten Kapitel der Kirchenkonstitution, Artikel 18–27: LThK Das Zweite Vatikanische Konzil I 210–246;

RATZINGER, J., Das neue Volk Gottes. Entwürfe zur Ekklesiologie, Düsseldorf² 1970;

RATZINGER, J., Zur Frage nach dem Sinn des priesterlichen Dienstes: GuL 41 (1968) 347–376;

REGATILLO, E. F., Institutiones Iuris Canonici I, Santander 1961;

ROLAND, E., Les chanoines et les élections épiscopales du XIᵉ au XIVᵉ siècle, Aurillac 1909;

RÖSCH, A., Der Einfluß der deutschen protestantischen Regierungen auf die Bischofswahlen, Freiburg 1900;

ROSMINI, A., Die fünf Wunden der Kirche. Kritische Ausgabe, hrsg. von C. Riva, Paderborn 1971;

ROUCO-VARELA, A. M., Die katholische Reaktion auf das „Kirchenrecht I" Rudolf Sohms. Ein Beitrag zur Geschichte der katholischen theologischen Grundlegung des Kirchenrechts: Ius sacrum 15–52;

SÄGMÜLLER, J. B., Die Bischofswahl bei Gratian, Köln 1908;

SÄGMÜLLER, J. B., Die Papstwahl durch das Kardinalskolleg als Prototyp der Bischofswahl durch das Domkapitel: ThQ 97 (1915) 321–336;

SAIER, O., „Communio" in der Lehre des Zweiten Vatikanischen Konzils. Eine rechtsbegriffliche Untersuchung, München 1973;

SCHLIER, H., Die Einheit der Kirche nach dem Neuen Testament: Catholica 14 (1960) 161–177; Besinnung auf das Neue Testament, Freiburg–Basel–Wien 1964, 176–192;

SCHMID, P., Der Begriff der kanonischen Wahl in den Anfängen des Investiturstreits, Stuttgart 1926;

SCHMITZ, H., Die Gesetzessystematik des Codex Iuris Canonici Liber I–III, München 1963;

SCHMITZ, H., Die Neuordnung der Kandidatenauswahl für den bischöflichen Dienst in der Lateinischen Kirche. Einführung und Kommentar: Kleriker- und Weiherecht 113–131;

SCHMITZ, H., Kommentar zu dem Motuproprio über die Päpstlichen Gesandten: Motuproprio über die Aufgaben der Legaten des römischen Papstes 17–38;

SCHMITZ, H., Plädoyer für Bischofs- und Pfarrerwahl. Kirchenrechtliche Überlegungen zu ihrer Möglichkeit und Ausformung: TThZ 79 (1970) 230–249;

SCHNACKENBURG, R., Die Mitwirkung der Gemeinde durch Konsens und Wahl im Neuen Testament: Concilium 8 (1972) 484–489;

SCHNACKENBURG, R., Ortsgemeinde und „Kirche Gottes" im ersten Korintherbrief: Ortskirche–Weltkirche 32–47;

SCHULTE, J. F. von, Die Rechtsfrage des Einflusses der Regierung bei den Bischofswahlen in Preussen mit Rücksicht auf die oberrheinische Kirchenprovinz, Giessen 1869;

SIEGRIST, J., Das Consensus-Modell. Studien zur Interaktionstheorie und zur kognitiven Sozialisation, Stuttgart 1970;

SOCHA, H., SAC, „Helfer und Schützer der Bischöfe". Die Stellung des Nuntius nach geltendem Recht: ThGl 65 (1975) 60–75;

SOCHA, H., SAC, Rezension: F. Daneels, De subiecto officii ecclesiastici attenta doctrina Concilii Vaticani II, Roma 1973: AkathKR 142 (1973) 627–632;

SOHM, R., Das altkatholische Kirchenrecht und das Dekret Gratians, München–Leipzig 1918 (Darmstadt 1967);

SOHM, R., Kirchenrecht I–II, Leipzig 1892 – München–Leipzig 1923;

SPEIGL, J., Cyprian über das iudicium Dei bei der Bischofseinsetzung: RQ 69 (1974) 30–45;

STAN, L., Über die Rezeption der Beschlüsse der ökumenischen Konzile seitens der Kirche: Konzile und die Ökumenische Bewegung 72–80;

STAUDENMAIER, F. A., Geschichte der Bischofswahlen, mit besonderer Berücksichtigung der Rechte und des Einflusses christlicher Fürsten auf dieselben, Tübingen 1830;

STOCKMEIER, P., Gemeinde und Bischofsamt in der alten Kirche: ThQ 149 (1969) 133–146;

STÜRNER, W., Das Papstwahldekret von 1059 und die Wahl Nikolaus' II.: ZSavRGkan 59 (1973) 417 ff;

STÜRNER, W., „Salvo debito honore et reverentia". Der Königsparagraph im Papstwahldekret von 1059: ZSavRGkan 54 (1968) 1–56;

STUTZ, U., Der Geist des CIC, Stuttgart 1918;

STUTZ, U., Der neueste Stand des deutschen Bischofswahlrechtes. Mit Exkursen in das Recht des 18. und 19. Jahrhunderts, Stuttgart 1909;

STUTZ, U., Rezension: R. Sohm, Das altkatholische Kirchenrecht und das Dekret Gratians, München–Leipzig 1918: ZSavRGkan 8 (1918) 238–246;

SYBEL, F. von, Das Recht des Staates bei den Bischofswahlen in Preussen, Hannover und der oberrheinischen Kirchenprovinz unter besonderer Berücksichtigung der Praxis, Bonn 1873;

THILS, G., La communauté ecclésiale sujet d'action et sujet de droit: RThL 4 (1973) 443–468;

TRIPPEN, N., Das Domkapitel und die Erzbischofswahlen in Köln 1821–1929, Köln–Wien 1972;

TRUSEN, W., Anfänge des gelehrten Rechts in Deutschland. Ein Beitrag zur Geschichte der Frührezeption, Wiesbaden 1962;

ULLMANN, W., Die Bischofswahl und die französischen Könige im 9. und 10. Jahrhundert: Concilium 8 (1972) 520–523;

VERMEERSCH, A., SI – CREUSEN, I., SI, Epitome Iuris Canonici I^8–II^7, Mechliniae–Romae–Parisiis–Brugis 1954–1963;

WAENCKER, O. von, Das Recht in Bezug auf die Bischofswahlen in der oberrheinischen Kirchenprovinz, Freiburg 1869;

WALF, K., Das bischöfliche Amt in der Sicht josephinischer Kirchenrechtler, Köln–Wien 1975;

WEILER, A., Nikolaus von Kues (1440) über Wahl, Zustimmung und Annahme als Forderungen für die Kirchenreform: Concilium 8 (1972) 528–531;

WEINZIERL, K., Kirchliche Strafen im Dekret Gratians: Ecclesia et Ius 677–689;

WERNZ, F. X., SI – VIDAL, P., SI, Ius Canonicum II, Romae³ 1943;

WIEACKER, F., Privatrechtgeschichte der Neuzeit unter besonderer Berücksichtigung der deutschen Entwicklung, Göttingen² 1967;

WOJNAR, M. M., The Participation of the Clergy and Laity in the Election of Bishops According to the Discipline of the Oriental Catholic Churches: The Choosing of Bishops 61–73;

WOOD, S., English Monasteries and their Patrons in the Thirteenth Century, London 1955;

WRETSCHKO, A. von, Der Einfluss der fremden Rechte auf die deutschen Königswahlen bis zur goldenen Bulle: ZSavRGgerm 20 (1899) 164–207;

WRETSCHKO, A. von, Der Traktat des Laurentius de Somercote, Kanonikus von Chicester, über die Vornahme von Bischofswahlen, entstanden im Jahre 1254, Weimar 1907;

WRETSCHKO, A. von, Die Electio communis bei den kirchlichen Wahlen im Mittelalter: DZKR 11 (1902) 321–392;

WRETSCHKO, A. von, Ein Traktat des Kardinals Hostiensis mit Glossen betreffend die Abfassung von Wahldekreten bei der Bischofswahl: DZKR 17 (1907) 73–88;

ZERFASS, R., Der Streit um die Laienpredigt, Freiburg–Basel–Wien 1974;

ZOLLITSCH, R., Amt und Funktion des Priesters. Eine Untersuchung zum Ursprung und zur Gestalt des Presbyterats in den ersten zwei Jahrhunderten, Freiburg–Basel–Wien 1974;

Zwischen Ortskirche und Weltkirche. Die Vollversammlung der römischen Bischofssynode (I): HerKorr 28 (1974) 591–597;

Zwischen Weltkirche und Ortskirche. Die Vollversammlung der römischen Bischofssynode (II): HerKorr 28 (1974) 649–656.

c) Nachschlage- und Sammelwerke

Acta congressus internationalis Romae 1934 III, Roma 1936;
Annuario Pontificio per l'anno 1969, Città del Vaticano 1969;
Anzeiger für Deutsches Altertum und Deutsche Literatur LXXXIII, Wiesbaden 1972;

Beiträge zur Kirchengeschichte, Archäologie und Liturgik I, Tübingen 1864;

Congrès de droit canonique médiéval, Louvain 1959;
Corpus scriptorum ecclesiasticorum latinorum, Wien 1866 ff;

De Ecclesia. Beiträge zur Konstitution „Über die Kirche" des Zweiten Vatikanischen Konzils II, hrsg. von G. Baraúna OFM, Freiburg–Basel–Wien–Frankfurt 1966;
Diaconia et Ius (Festschrift H. Flatten), hrsg. von H. Heinemann–H. Herrmann–P. Mikat, München–Paderborn–Wien 1973;
Dictionnaire de Droit Canonique I–VII, hrsg. von R. Naz, Paris 1935–1965;

Dictionnaire de Spiritualité, Ascétique et Mystique V, hrsg. von M. Viller, Paris 1962–1964;
Dizionario biografico degli italiani VII, Roma 1965;

Ecclesia et Ius (Festschrift A. Scheuermann), hrsg. von K. Siepen–J. Weitzel–P. Wirth, München–Paderborn–Wien 1968;
Ehrengabe deutscher Wissenschaft (Festschrift Johann Georg Herzog zu Sachsen), hrsg. von F. Feßler, Freiburg 1920;
Études d'Histoire du Droit Canonique dédiées à Gabriel Le Bras I, Paris 1965;

Fehlbar? Eine Bilanz, hrsg. von H. Küng, Zürich–Einsiedeln–Köln 1973;
Festschrift für E. Ruppel, hrsg. von H. Brunotte–K. Müller–R. Smend, Hannover–Berlin–Hamburg 1968;
Forschungen und Versuche zur Geschichte des Mittelalters und der Neuzeit (Festschrift D. Schäfer), Jena 1915 (Darmstadt 1962);
Fragen der Kirche heute, hrsg. von A. Exeler, Würzburg 1971;

Handbuch der Dogmengeschichte III/3a–d, hrsg. von M. Schmaus–A. Grillmeier SI–L. Scheffczyk, Freiburg–Basel–Wien 1970–1974;
Handbuch der Kirchengeschichte III/2, hrsg. von H. Jedin, Freiburg–Basel–Wien 1968;
Handbuch der Pastoraltheologie I–V, hrsg. von F. Klostermann–K. Rahner SI–H. Schild, Freiburg–Basel–Wien 1964–1972;
Herbipolis iubilans. 1200 Jahre Bistum Würzburg, hrsg. von der Vorstandschaft des Würzburger Diözesangeschichtsvereins, Würzburg 1952;
HEUMANN, H.–SECKEL, E., Handlexikon zu den Quellen des römischen Rechts, Graz¹⁰ 1958;

I Laici nella „Societas Christiana" dei secoli XI e XII. Atti della terza Settimana internazionale di studio, Milano 1968;
Il Concilio Vaticano II Vol. III–IV, hrsg. von G. Caprile SI, Roma 1966;
Ius Commune. Veröffentlichungen des Max-Planck-Instituts für Europäische Rechtsgeschichte I–IV, hrsg. von H. Coing, Frankfurt 1967–1972;
Ius et salus animarum (Festschrift B. Panzram), hrsg. von U. Mosiek–H. Zapp, Freiburg 1972;
Ius Populi Dei I–III (Festschrift R. Bidagor SI), hrsg. von U. Navarrete SI, Roma 1972;
Ius sacrum (Festschrift K. Mörsdorf), hrsg. von A. Scheuermann–G. May, München–Paderborn–Wien 1969;

Kirchengeschichtliche Abhandlungen und Untersuchungen I, Paderborn 1879 (Frankfurt 1972);
Kirchenlexikon XI, hrsg. von H. J. Wetzer–B. Welte, Freiburg 1899;
Kirchenlexikon XII, hrsg. von F. Kaulen, Freiburg² 1901;
Kirchliche Lehre – Skepsis der Gläubigen, Freiburg–Basel–Wien 1970;
Kleriker- und Weiherecht. Sammlung neuer Erlasse, Trier 1974;
Konzile und die Ökumenische Bewegung, Genf 1968;
KÖSTLER, R., Wörterbuch zum Codex Iuris Canonici, München 1927;

La Chiesa dopo il Concilio. Atti del Congresso Internazionale di Diritto Canonico I–II/1–2, Milano 1972;
La critica del testo. Atti del Secondo Congresso Internazionale della Società Italiana di Storia del Diritto, Firenze 1971;

Le Istituzioni ecclesiastiche della „Societas Christiana" dei secoli XI–XII. Papate, cardinalato ed episcopato. Atti della quinta Settimana internazionale di studio, Milano 1974;
Lexikon für Theologie und Kirche, hrsg. von J. Höfer–K. Rahner SI I–X (und Register), Freiburg² 1957–1967;
Lexikon für Theologie und Kirche. Das Zweite Vatikanische Konzil I–III, Freiburg–Basel–Wien 1966–1968;

Mélanges Joseph de Ghellinck II, Gembloux 1951;
Memoires de la société royale et centrale d'agriculture, sciences et arts du departement du Nord, séant à Douai 1843–1844, Douai 1844;
Miscellanea A. Combes II, Roma 1967;
Miscellanea A. Mercati V, Città del Vaticano 1946;
Miscellanea A. Vermeersch I, Roma 1935;
Motuproprio über die Aufgaben der Legaten des römischen Papstes, kommentiert von K. Ganzer und H. Schmitz, Trier 1970;
Mysterium Salutis IV/1–2, hrsg. von J. Feiner–M. Löhrer OSB, Einsiedeln–Zürich–Köln 1972–1973;

OCHOA, X., CMF, Index verborum cum documentis Concilii Vaticani Secundi, Roma 1967;
OCHOA, X., CMF–DIEZ, A., CMF, Indices Canonum, Titulorum et Capitulorum Corporis Iuris Canonici, Roma 1964;
OCHOA, X., CMF–DIEZ, A., CMF, Indices Titulorum et Legum Corporis Iuris Civilis, Roma 1965;
Ortskirche – Weltkirche (Festschrift J. Döpfner), hrsg. von H. Fleckenstein–G. Gruber–G. Schwaiger–E. Tewes, Würzburg 1973;

Problèmes de l'autorité, Paris 1962;
Proceedings of the Fourth International Congress of Medieval Canon Law, hrsg. von S. Kuttner, Città del Vaticano 1976;
Proceedings of the Second International Congress of Medieval Canon Law, hrsg. von S. Kuttner–J. J. Ryan, Città del Vaticano 1965;
Proceedings of the Third International Congress of Medieval Canon Law, hrsg. von S. Kuttner, Città del Vaticano 1971;

RAHNER, K., SI–RATZINGER, J., Episkopat und Primat, Freiburg² 1963;
RATZINGER, J.–MAIER, H., Demokratie in der Kirche. Möglichkeiten, Grenzen, Gefahren, Limburg 1970;
Reallexikon für Antike und Christentum, hrsg. von. T. Klauser, Stuttgart 1941 (1950) ff;

Sacramentum Mundi I, hrsg. von K. Rahner SI–A. Darlap, Freiburg–Basel–Wien 1967;
Speculum Iuris et Ecclesiarum (Festschrift W. M. Plöchl), hrsg. von H. Lentze–I. Gampl, Wien 1967;
Staatslexikon. Recht-Wirtschaft-Gesellschaft I–VIII, hrsg. von der Görresgesellschaft, Freiburg⁶ 1957–1963;
Studies in Co-responsibility: The Jurist 31 (1971) 1–293;

The Choosing of Bishops, hrsg. von W. W. Basset, Hatford 1971;
Theologische Akademie VI, hrsg. von K. Rahner SI–O. Semmelroth SI, Frankfurt 1969;

Vaticanum Secundum II–III/2, hrsg. von O. Müller, Leipzig 1965–1967;
Vom Kirchenrecht zur Kirchenordnung?, Einsiedeln–Zürich–Köln 1968;
Von Konstanz nach Trient. Beiträge zur Geschichte der Kirche von den Reformkon-
    zilien bis zum Tridentinum (Festschrift A. Franzen), hrsg. von R. Bäumer,
    München–Paderborn–Wien 1972;

Zum Problem Unfehlbarkeit. Antworten auf die Anfrage von H. Küng, hrsg. von
    K. Rahner SI, Freiburg–Basel–Wien 1971.

ABKÜRZUNGSVERZEICHNIS

Zu den in der 2. Auflage des Lexikon für Theologie und Kirche (I 16*–48*; II; VI 14 f) gebrauchten Abkürzungen, die auch in dieser Untersuchung Verwendung finden, kommen folgende hinzu:

a.	ante
A.	Authentica
a.a.O.	am angegebenen Ort
add.	addit, addunt
AHP	Archivium Historiae Pontificiae
Anm.	Anmerkung
App.	Appendix
ar(g).	argumentum
Ausg.	Ausgabe
Bd.	Band
betr.	betreffend
BMCL	Bulletin of Medieval Canon Law
bzw.	beziehungsweise
c.	canon, capitulum, causa, constitutio
C.	Causa, Codex
CahCivM	Cahiers de Civilisation Médiévale
CIC	Codex Iuris Canonici
Cod.	Codex
Comp.	Compilatio
Comp.Al.	Compilatio Alani
Comp.Gilb.	Compilatio Gilberti
Comp.Rom.	Compilatio Romana
d(ist).	Distinctio
D.	Distinctio
de con(s).	de consecratione
ders.	derselbe
DG	Dictum Gratiani
d.h.	das heißt
Diakonia	Diakonia. Internationale Zeitschrift für die Praxis der Kirche
dies.	dieselbe
Dig.	Digestae
ebd.	ebenda
evtl.	eventuell

f	folgend
ff(.)	folgende, (Digestae)
fol.	folio
ggf.	gegebenenfalls
HDG	Handbuch der Dogmengeschichte
HKG	Handbuch der Kirchengeschichte
hrsg.	herausgegeben
Hs(s).	Handschrift(en)
IKZ Communio	Internationale Katholische Zeitschrift „Communio"
Inst.	Institutiones
IOpers	Ius orientale personale („Cleri sanctitati")
l.	liber
lat.	latinus
LThK	Lexikon für Theologie und Kirche, 2. Auflage
m.a.W.	mit anderen Worten
MonEccl	Monitor Ecclesiasticus
NCE	New Catholic Encyclopedia
Nov.	Novellae
om.	omittitur
p.	pagina, post
pr.	principium
q (Q).	quaestio
r	recto
REDC	Revista Española de Derecho Canónico
RHDFE	Revue historique de droit français et étranger
RIDA	Revue internationale des droits de l'antiquité
RSDI	Revista di storia del diritto italiano
RThL	Revue théologique de Louvain
s.	siehe
S.	Seite
SAW	Sitzungsberichte der kaiserlichen Akademie der Wissenschaften in Wien, philosophisch-historische Klasse
SDHI	Studia et documenta historiae et iuris
Sp.	Spalte
SYNODE	SYNODE. Amtliche Mitteilungen der Gemeinsamen Synode der Bistümer in der Bundesrepublik Deutschland
t(y).	titulus
Typ.Pol.Vat.	Typis Polyglottis Vaticanis
u.a.	unter anderem(n), und andere
usw.	und so weiter

v	verso
v.	verbum, von
Vat.	(Biblioteca Apostolica) Vaticana
vgl.	vergleiche
Vol.	Volumen
z.B.	zum Beispiel
zit.	zitiert

EINFÜHRENDER TEIL

1. DIE BISCHOFSWAHL IN DER LITERATUR UND IN DER GESCHICHTE

1.1. *Literaturübersicht und Aufgabenstellung*

Die Bischofswahl, die nach dem Zweiten Vatikanischen Konzil als Desiderat innerkirchlicher Reform von neuem die Aufmerksamkeit auf sich gelenkt hat[1], ist in der kanonistischen Literatur der letzten hundert Jahre unter verschiedenerlei Rücksicht Gegenstand eingehender wissenschaftlicher Erörterungen gewesen und hat die angesehensten Vertreter der Kirchenrechtswissenschaft beschäftigt: ein beredtes Zeugnis für ihre Bedeutsamkeit und zugleich für ihre Problematik!

Ein Rückblick auf die wichtigste Literatur des genannten Zeitraumes läßt vier Schwerpunkte in der wissenschaftlichen Behandlung dieser Thematik erkennen:

a) In der zweiten Hälfte des 19. Jahrhunderts gilt das Interesse im deutschen Sprachraum vorwiegend den durch die Konventionen zwischen dem Apostolischen Stuhl und den deutschen Regierungen hervorgerufenen Streitfragen des neu eingeführten Bischofswahlrechts und den häufig in Wahlkonflikten offen zu Tage tretenden *staatskirchenrechtlichen* Problemen. Nach einem Urteil von U. Stutz[2] hat im vergangenen Jahrhundert kaum ein anderes Thema aus dem Bereich des Staatskirchenrechts die kanonistische Literatur so sehr beschäftigt wie die Bischofswahl und die Mitwirkung des Staates an ihr. Grundlegend sind hier die zwei Bände von E. Friedberg, Der Staat und die Bischofswahlen in Deutschland, Leipzig 1874, bedeutsam sodann auch O. Mejer, Das Veto deutscher protestantischer Staatsregierungen gegen katholische Bischofswahlen, Rostock 1866; J. F. v. Schulte, Die Rechtsfrage des Einflusses der Regierung bei den Bischofswahlen in Preussen mit Rücksicht auf die oberrheinische Kirchenprovinz, Giessen 1869; O. v. Waencker, Das Recht in Bezug auf die Bischofswahlen in der oberrheinischen Kirchen-

---

[1] G. Biemer, Die Bischofswahl als neues Desiderat kirchlicher Praxis: ThQ 149 (1969) 171–184.

[2] U. Stutz, Der neueste Stand des deutschen Bischofswahlrechtes 3.

provinz, Freiburg 1869; F. v. Sybel, Das Recht des Staates bei den Bischofswahlen in Preussen, Hannover und der oberrheinischen Kirchenprovinz, mit besonderer Berücksichtigung der Praxis, Bonn 1873; P. Hinschius, System des katholischen Kirchenrechts II 657–690. Von den in verantwortlichen kirchlichen Stellungen tätigen Persönlichkeiten, die sich in die Auseinandersetzung eingeschaltet haben, verdienen insbesondere folgende Werke Erwähnung: I. Longner, Beiträge zur Geschichte der oberrheinischen Kirchenprovinz, Tübingen 1863; W. E. v. Ketteler, Das Recht der Domcapitel und das Veto der Regierungen bei den Bischofswahlen in Preussen und der oberrheinischen Kirchenprovinz, Mainz 1868; E. Herrmann, Das staatliche Veto bei Bischofswahlen nach dem Rechte der oberrheinischen Kirchenprovinz, Heidelberg 1869; H. Brück, Die Erzbischofswahl in Freiburg und die badische Regierung, Mainz 1869; J. Hirschel, Das Recht der Regierungen bezüglich der Bischofswahlen in Preussen und der oberrheinischen Kirchenprovinz, Mainz 1870; A. Rösch, Der Einfluß der deutschen protestantischen Regierungen auf die Bischofswahlen, Freiburg 1900.[3] Mit dem Bischofswahlrecht dieses Zeitraums in der Schweiz befassen sich namentlich die Arbeiten von C. Gareis–P. Zorn, Staat und Kirche in der Schweiz I–II, Zürich 1877–1878, sowie F. Fleiner, Staat und Bischofswahl im Bistum Basel, Leipzig 1897. Aus der Sicht der vatikanischen Diplomatie wird das Bischofswahlrecht von A. Giobbio, Lezioni di diplomazia ecclesiastica dettate nella Pontificia Accademia dei Nobili Ecclesiastici II, Roma 1901, dargestellt.

b) Eine neue Epoche in der kanonistischen Literatur über das Bischofswahlrecht leitet U. Stutz mit seinem Werk: Der neueste Stand des deutschen Bischofswahlrechtes, Stuttgart 1909, ein, nachdem es um die Jahrhundertwende in der Kirchenrechtswissenschaft hinsichtlich des Bischofswahlrechtes für einige Jahre recht still geworden war. Diese Studie ist durch einen vorher kaum beachteten Erlaß des Staatssekretariates vom 20.7.1900 an die deutschen Wahlkapitel veranlaßt und sucht die wissenschaftliche Behandlung des Bischofswahlrechtes auf das laufende zu bringen und zu vertiefen. Dem gleichen Ziel, nämlich die gesetzgeberische Entwicklung des Wahlrechts in den ersten Jahrzehnten dieses Jahrhunderts wissenschaftlich aufzuarbeiten und damit das jeweils aktuell geltende Recht zu interpretieren, widmen sich anschließend weitere *rechtssystematische* Darstellungen, von denen der Beitrag von N. Hilling, Das Dekret der Konsistorialkongregation „Ratio" vom 25. Juli 1916 über die Besetzung der Bischofsstühle in Nordamerika:

---

[3] Weitere Literatur s. bei U. Stutz, a.a.O. 3–12.

AkathKR 97 (1917) 301–312, und vor allem die juristische Promotionsschrift von K. Mörsdorf, Das neue Besetzungsrecht der bischöflichen Stühle unter besonderer Berücksichtigung des Listenverfahrens, Bonn– Köln–Berlin 1933, hervorzuheben sind: der Beitrag von N. Hilling, da er ein Dokument interpretiert, das für die Weiterentwicklung des Besetzungsrechtes der bischöflichen Stühle zahlreicher Länder Bedeutsamkeit erlangen sollte; das Werk von K. Mörsdorf, da es außer der gemeinrechtlichen Regelung der Bistumsbesetzung sowohl die Entwicklung des sogenannten Listenverfahrens in den einzelnen Ländern als auch die konkaordtsrechtlich mit zahlreichen Regierungen getroffenen Vereinbarungen systematisch darstellt. Die nach dem Reichskonkordat in Deutschland herrschende rechtliche Situation schildert L. Bruggaier, Die Besetzung der bischöflichen Stühle in Deutschland auf Grund der Konkordate für Reich und Länder: Miscellanea A. Vermeersch I 355– 375. Im größeren Zusammenhang der kirchlichen Ämterbesetzung hat die Regelung der Bischofsbestellung in verschiedenen Ländern eine zusammenfassende Darstellung in der theologischen Promotionsschrift von L. Link, Die Besetzung der kirchlichen Ämter in den Konkordaten Papst Pius XI., Bonn 1942, 198–310, gefunden, die über den im Titel angedeuteten Rahmen hinaus auch das vor dem Pontifikat Pius XI. geltende Staatskirchenrecht berücksichtigt.

c) Einen eigenen Schwerpunkt in der Literatur über die Bischofswahl bilden die *historischen* Untersuchungen zu diesem Thema, von denen die inzwischen größtenteils überholte Arbeit von F. A. Staudenmaier, Geschichte der Bischofswahlen, mit besonderer Berücksichtigung der Rechte und des Einflusses christlicher Fürsten auf dieselben, Tübingen 1830, als einzige Monographie eine Gesamtübersicht über die Entwicklung in den einzelnen Ländern von der frühen Kirche bis zum 19. Jahrhundert vorlegt. Einen ausführlichen Überblick über die Geschichte der Bischofswahlen bieten auch einige kanonistische Handbücher, von denen die umfangreiche Darstellung bei P. Hinschius, System des katholischen Kirchenrechts II 512–613 herrausragt. Aus der geradezu unübersehbaren Flut der Einzeluntersuchungen, die zumeist zeitlich und (oder) örtlich begrenzt sind, verdienen vor allem folgende Arbeiten wegen ihres Allgemeinbezugs genannt zu werden: P. Imbart de la Tour, Les élections épiscopales dans l'Église de France du IXe au XIIe siècle, Paris 1890; E. Roland, Les chanoines et les élections épiscopales du XIe au XIVe siècle, Aurillac 1909; C. Magni, Ricerche sopra le elezioni episcopali in Italia durante l'alto medio evo I–II, Roma 1928–1930; A. Perugini, De episcoporum electione in iure concordatario tempore decretalium:

Acta congressus internationalis Romae 1934 III 173–186; A. Kindermann, Das landesfürstliche Ernennungsrecht, Warnsdorf 1933. Aufschlußreich für das Bischofswahlrecht im allgemeinen sind auch zwei deutsche Habilitationsschriften: H. E. Feine, Die Besetzung der Reichsbistümer vom Westfälischen Frieden bis zur Säkularisation 1648–1803, Stuttgart 1921, und K. Ganzer, Papsttum und Bistumsbesetzungen in der Zeit von Gregor IX. bis Bonifaz VIII., Köln–Graz 1968. Für das rechte Verständnis des Wahlbegriffs ist die begriffsgeschichtliche Studie von P. Schmid, Der Begriff der kanonischen Wahl in den Anfängen des Investiturstreits, Stuttgart 1926, hilfreich. Den komplexen Vorgang der Bischofswahl in der Geschichte erhellen ein Aufsatz von A. v. Wretschko, Die Electio communis bei den kirchlichen Wahlen im Mittelalter: DZKR 11 (1902) 321–392, und die Dissertation von F. Geselbracht, Das Verfahren bei den deutschen Bischofswahlen in der zweiten Hälfte des 12. Jahrhunderts, Leipzig 1905. R. L. Benson, The Bishop-Elect, Princeton 1968, geht der Frage nach den konstitutiven Elementen der Bischofsbestellung im Mittelalter nach.

d) Eine neue Zielsetzung hat die literarische Beschäftigung mit der Bischofswahl seit dem Zweiten Vatikanum, insofern das Interesse nicht mehr der Interpretation des geltenden Rechts gilt, sondern aus dem erneuerten konziliaren Kirchenverständnis die Forderung nach Mitwirkung des gesamten Gottesvolkes bei der Besetzung kirchlicher Ämter und nach Wiedereinführung der Bischofswahl abgeleitet wird. Dieses Desiderat innerkirchlicher Erneuerung, das Y. Congar[4] bereits ein Jahrzehnt vor der Kirchenversammlung vorbereitet hat, wird in zahlreichen Publikationen, die für eine „Demokratisierung" der Kirche plädieren, erhoben. Theologen und Kanonisten, wissenschaftliche Vereinigungen (z. B. The Canon Law Society of America) und wissenschaftliche Zeitschriften (z. B. ThQ 149 (1969) Heft 2; The Jurist 31 (1971) Heft 1; Concilium 8 (1972) Heft 8/9) haben diesem Thema in der nachkonziliaren Epoche ihre besondere Aufmerksamkeit gewidmet, um die Grundlagen für eine Reaktivierung des Bischofswahlrechts zur Verfügung zu stellen. Vorschläge, wie dem Anliegen Rechnung getragen werden kann, unterbreiten u. a. R. Kottje–H. T. Risse, Wahlrecht für das Gottesvolk?, Düsseldorf 1969; H. Schmitz, Plädoyer für Bischofs- und Pfarrerwahl: TThZ 79 (1970) 230–249; B. Kötting, Bischofsamt und Bischofswahl: Fragen der Kirche heute 111–122; F. Nikolasch, Bischofswahl durch alle, Graz–Wien–Köln 1973. Alle diese Beiträge verfolgen das Ziel, eine

---

[4] Y. Congar, Der Laie 387–393.

Änderung des universalkirchlichen Rechtes anzuregen und das gesamte Gottesvolk, sowohl Kleriker als auch Laien, wieder an der Bestellung des Bischofs zu beteiligen, nachdem eine Mitwirkung von Laien seit dem 2. Laterankonzil 1139 nicht mehr vorgesehen[5] und seit Gregor IX. in der ersten Hälfte des 13. Jahrhunderts gesetzlich total ausgeschlossen ist[6], eine Regelung, die durch Jahrhunderte hindurch aufrechterhalten wurde und auch in den Codex Iuris Canonici Eingang gefunden hat[7], die aber auf Grund des Zweiten Vatikanischen Konzils einer Überprüfung bedarf, bei der die historischen Erfahrungen in der Praxis[8] und die kanonistische Doktrin in gleicher Weise zu berücksichtigen sind.

Vor diesem nachkonziliar gegebenen Hintergrund wendet sich die vorliegende Untersuchung ausschließlich der *kanonistischen Doktrin* jener geschichtlichen Epoche (zwischen dem 2. Laterankonzil und Gregor IX.) zu, in der sich die entscheidende Wende im Bischofswahlrecht vollzog und das Laienelement aus der Bischofswahl endgültig ausgeschlossen wurde, nämlich der Dekretistik und frühen Dekretalistik, um den in der genannten Periode verbleibenden Anteil der Laien an der Bischofswahl, *soweit er in Lehre und Gesetzgebung dieser Zeit zur Sprache kommt*[9], aufzuzeigen und ekklesiologisch zu würdigen, ehe abschließend daraus einige Anregungen für die nach dem Zweiten Vatikanischen Konzil anstehende Reform des Kirchenrechts abgeleitet werden, die den ekklesiologischen Gehalt des dekretistischen Befundes für eine veränderte Situation der Kirche auswerten.

Auf die Bedeutung der Dekretisten gerade in der Frage nach der Wählerschaft des Bischofs hat erstmals K. Ganzer aufmerksam gemacht, der in einem Zeitschriftenartikel über Theorie und Praxis der Bischofswahl im Mittelalter aus einigen ausgewählten dekretistischen Werken literarische Zeugnisse über die Wähler des Bischofs vorstellt[10], und zwar

---

[5] Vgl. Decretum Gratiani D.63 c.35: Ausg. E. Friedberg, Corpus Iuris Canonici I 247.
[6] Vgl. X.1.6.56: Ausg. E. Friedberg, Corpus Iuris Canonici II 95.
[7] Vgl. c.166 CIC.
[8] Vgl. N. Trippen, Das Domkapitel und die Erzbischofswahlen in Köln 1821–1929, S.518. Da sich die vorliegende rechtsgeschichtliche Arbeit *auf die Darstellung der von den klassischen Kanonisten vertretenen Lehrmeinungen beschränkt*, muß die Entwicklung des faktischen historischen Geschehens, das zuweilen von der theoretischen Diskussion erheblich abweicht, gänzlich außer Betracht bleiben.
[9] Daß die Praxis der Bischofswahl mit der rechtlichen Lehre nicht immer übereinstimmt, sondern häufig mit Phasenverschiebungen zu rechnen ist, hat K. Ganzer am Beispiel der Erzdiözesen Trier und Köln aufgezeigt (Zur Beschränkung der Bischofswahl auf die Domkapitel: ZSavRGkan 58 (1972) 166–197).
[10] K. Ganzer, Zur Beschränkung der Bischofswahl auf die Domkapitel: ZSavRGkan 57 (1971) 22–82.

entsprechend dem Titel seines Beitrags unter dem Formalaspekt der Beschränkung des Wahlrechts auf die Domkapitel. Was jedoch weiterhin aussteht und in der vorliegenden Arbeit angestrebt wird, ist eine umfassende, die auf Grund des derzeitigen Standes der dekretistischen Forschung erreichbaren Quellen berücksichtigende Untersuchung, die ihr Augenmerk vornehmlich auf den Anteil der Laien an der Bischofswahl legt, angefangen vom Dekret Gratians, das bald nach dem für die anstehende Frage bedeutsamen 2. Laterankonzil (1139) verfaßt ist und mit der wissenschaftlich-juristischen Durchdringung des kirchlichen Rechts überhaupt erst beginnt, bis hin zur entscheidenden Dekretale Gregors IX., die die Laien von der Wahl ausschließt.

Von den bei wissenschaftsgeschichtlichen Darstellungen möglichen zwei Methoden, der literarhistorischen und der systematischen[11], bedient sich diese Arbeit der *literarhistorischen*, weil die Sachthematik bewußt eng begrenzt ist und die Edition der zumeist nur handschriftlich vorliegenden Texte einen integralen Bestandteil der Arbeit bildet. Wenn bei dieser Methode auch notwendigerweise eine gewisse Schwerfälligkeit in der Darstellung in Kauf genommen werden muß, so läßt sie anderseits jedoch die Individualität der einzelnen Autoren stärker hervortreten und ihre literarische Abhängigkeit voneinander leichter erkennen, womit der Erforschung der dekretistischen Quellen wohl der größere Dienst erwiesen ist. Um auf den Vorteil der *systematischen* Methode, eine synthetische Erkenntnis der Problemlage und des Diskussionsstandes unter den Autoren einer bestimmten Zeit zu haben, nicht ganz verzichten zu müssen, wird das Ergebnis der Untersuchung am Ende einer jeden Epoche systematisch kurz zusammengefaßt.

Die Edition der handschriftlichen Texte legt die für die Ausgabe dekretistischer und dekretalistischer Werke vorgesehenen Richtlinien zugrunde.[12] Nach Möglichkeit werden für die Textwiedergabe wenigstens zwei Handschriften herangezogen, deren Varianten aber nicht unbedingt vollständig angeführt werden, sondern nur sofern es aus literarischen oder thematischen Gründen geboten scheint. Die Ergänzung von Texten und die Verifizierung zitierter Stellen werden durch Klammern angezeigt. Die Aussagen in den Quellen, die direkt den Anteil der Laien an der Wahl betreffen, sind in ihrem lateinischen Wortlaut in den fortlaufenden Text der Untersuchung aufgenommen, während die Aussagen über die Rolle

---

[11] S. Kuttner, Kanonistische Schuldlehre S. XVII.
[12] S. Kuttner, Notes on the Presentation of Text and Apparatus: Tr 15 (1959) 452–464.

der Kleriker nur zusammenfassend referiert und die entsprechenden Quellentexte als Beleg in den Anmerkungen zitiert werden.

Einer kurzen Begründung bedarf die Verwendung des Begriffs „*Laie*", auf die trotz des ihm anhaftenden negativen Elementes[13] und der damit verbundenen Problematik[14] hier nicht verzichtet werden kann, da es für diesen Begriff im verfassungsrechtlichen Sinne, wie er in dieser Untersuchung gebraucht wird[15] (- die von den Klerikern unterschiedenen Glieder der Kirche[16]), noch keinen gleichwertigen Ersatz gibt. Die bisher gelegentlich geäußerten Alternativvorschläge[17] können zwar für die Verkündigung ganz nützlich sein, helfen aber in der Kirchenrechtswissenschaft nicht weiter, da sie der juristischen Exaktheit entbehren. Außerdem ist zu bedenken, daß der mittelalterliche Laienbegriff entsprechend dem Verhältnis von Kirche und Staat im Mittelalter neben dem „gläubigen Volk" vor allem die staatliche Autorität meint[18], also in erster Linie ein politischer Begriff ist. Denn in der mittelalterlichen „Societas Christiana" bildet die gesamte politische Gemeinschaft das Volk Gottes, in dem alle, die nicht zum Klerus gehören, im ekklesiologischen Sinne Laien sind.[19]

1.2. Geschichtlicher Überblick

Zum rechten Verständnis und zur richtigen Einordnung der Lehre Gratians und in seinem Gefolge der der Dekretisten über den Anteil der Laien an der Bischofswahl erscheint es angebracht, in einem kurzen geschichtlichen Überblick einige gemeinsame Linien in der nach Ort und

---

[13] Y. Congar, Der Laie 21–51; ders., Laie: LThK VI 733 ff; J. Beyer, Laïcat ou peuple de Dieu: La Chiesa dopo il Concilio II/1 233–247.

[14] H. Heimerl, Laienbegriffe in der Kirchenkonstitution des Vatikanum II: Concilium 2 (1966) 630–634.

[15] Vgl. c.107 CIC und „Lumen Gentium" 43b (AAS 57 (1965) 50).

[16] K. Mörsdorf, Lehrbuch des Kirchenrechts I 557 ff. Eine positive Definition des Begriffs „Laie" versucht U. Mosiek, Der Laie als Jurisdiktionsträger?: ÖAKR 25 (1974) 15.

[17] F. Klostermann, Desiderate zur Reform des Laienrechtes: ThPQ 115 (1967) 334–348; H. Heimerl, Ist der Laienbegriff noch aktuell?: La Chiesa dopo il Concilio II/2 797–806.

[18] Gratian spricht in der D.63 von „fidelis populus" (DG p.c.25) und „principes atque imperatores" (DG a.c.28): Ausg. E. Friedberg, Corpus Iuris Canonici I 243. Vgl. auch C. Leitmaier, Der Laie in der Kirche im Mittelalter und im 20. Jahrhundert: ZSavRGkan 39 (1953) 28–45.

[19] L. Prosdocimi, Lo stato di vita laicale nel diritto canonico dei secoli XI e XII: I Laici nella „Societas Christiana" dei secoli XI e XII 63.

Zeit sehr unterschiedlich verlaufenen Entwicklung der Bestellung zum Bischofsamt aufzuzeigen, damit die Voraussetzungen und Quellen deutlich werden, aus denen Gratian geschöpft hat.

Die Geschichte der Wahl kirchlicher Amtsträger reicht bis zum Neuen Testament zurück.[1] Neben der Auswahl und Bestellung durch Apostel (Apg. 14,23) und Apostelschüler (Tit. 1,5) ist in der Urgemeinde von Jerusalem auch von Wahlen die Rede. Nach dem vom Verfasser der Apostelgeschichte gestalteten, aber nicht frei erfundenen Bericht über die Ersatzwahl des Matthias durch Los (Apg. 1,15–26) versammelt Petrus außer seinen Kollegen auch alle Brüder, damit sie an der Ergänzung des Zwölferkreises beteiligt sind. Die Versammelten werden über den Grund der Maßnahme unterrichtet, stellen die zwei Bewerber auf oder stimmen der Aufstellung wenigstens zu, und erkennen das Ergebnis als Entscheidung des Herrn an.[2] Bei der Aufstellung des Kreises der Sieben (Apg. 6,1–6) stellt der Verfasser die Sache so dar, daß eine Vollversammlung einberufen und dieser die Nominierung von sieben Männern für den vorgesehenen Dienst vorgeschlagen wird. Die versammelte Gemeinde stimmt zu und wählt die Männer aus, die namentlich genannt werden.[3] Bei anderen Gemeinden ist aus den neutestamentlichen Schriften nicht klar ersichtlich, wie die Amtsträger in ihre Tätigkeit eingewiesen wurden, obgleich in Philippi die Episkopen und Diakone den Eindruck erwecken (Phil. 1,1; 2,25–29), daß sie durch Wahl der Gemeinde (mit Bestätigung durch den Apostel?) bestellt sind.[4]

Der 1. Klemensbrief (gegen Ende des ersten Jahrhunderts), der Wirrnissen in Korinth zu begegnen sucht, läßt erkennen, daß die Vorsteher unter Zustimmung der gesamten Gemeinde eingesetzt sind[5]: „Daß nun

---

[1] Zum Folgenden s. R. Schnackenburg, Die Mitwirkung der Gemeinde durch Konsens und Wahl im Neuen Testament: Concilium 8 (1972) 484–489.

[2] H. Conzelmann, Die Apostelgeschichte 23 ff; E. Haenchen, Die Apostelgeschichte 122–130.

[3] H. Conzelmann, a.a.O. 43 f; E. Haenchen, a.a.O. 213–217; R. Zollitsch, Amt und Funktion des Priesters 53. R. Sohm schreibt zur Bestellung der Sieben: „Die nach Acta 6 auf Aufforderung der Apostel von der Gemeinde gewählten Diakone (nach Bultmann Repräsentanten der hellenistischen Juden-Christen) werden den Aposteln vorgestellt (6,6) und danach durch Handauflegen geweiht. Diese Vorstellung hat nur Sinn, wenn damit die Billigung und Anerkennung der Apostel eingeholt wird. Die Apostel rezipieren. Die Gemeinde handelt nicht ohne die Apostel. Aber diese handeln ebenfalls nicht ohne die Gemeinde (Act. 15, 22)." (Kirchenrecht II 143)

[4] J. Gnilka, Der Philipperbrief 35–39.

[5] C. J. v. Hefele, Die Bischofswahlen in den ersten christlichen Jahrhunderten 140; F. X. Funk, Die Bischofswahl im christlichen Altertum 23 f; K. Müller, Die älteste Bischofswahl und -weihe in Rom und Alexandrien: ZNW 28 (1929) 276 f; P. Stockmeier, Gemeinde und Bischofsamt in der alten Kirche: ThQ 149 (1969) 136 f; G.

die, die von jenen oder hernach von anderen angesehenen Männern unter Zustimmung der gesamten Gemeinde eingesetzt wurden, die untadelig der Herde Christi in Demut dienten, friedlich und großherzig, und von allen lange Zeit hindurch ein (gutes) Zeugnis bekamen, daß diese vom Dienst abgesetzt werden, halten wir nicht für recht."[6] Es geht dem Verfasser hier um die Verdeutlichung des großen Unrechts, das die Gemeinde durch die Absetzung bewährter Presbyter auf sich lädt, zu deren Bestellung sie in ihrer Gesamtheit selbst zugestimmt hat. Der Brief spricht der Gemeinde beim Vorgang der Amtseinsetzung die Rolle der Zustimmung zu, die mit Rücksicht auf andere urchristliche Quellen und orientalische Überlieferungen allerdings kaum als konstitutiv angesehen werden kann.

Im Unterschied zum 1. Klemensbrief bietet die (wohl etwas später geschriebene) Didache[7], in der vorgängig jeder Strukturierung die Gemeinde als solche im Vordergrund steht und als verantwortlich Handelnde erscheint, einen geradezu umgekehrten Einsetzungsmodus, indem die Wahl der Bischöfe (und Diakone) in die Hand der Gemeinde gelegt wird, die selbst für geeignete Bischöfe zu sorgen hat: „Erwählt euch daher Episkopen und Diakone, die des Herrn würdig sind, gütige Männer, frei von Habsucht, wahrhaftig und erprobt."[8] Ob die Gewählten durch die Wahl bereits im Amt sind oder wer die Amtseinsetzung vornimmt und welche theologischen Zusammenhänge mit diesem Auftrag gegeben sind, darüber schweigt sich das Dokument aus.

Die in der ersten Hälfte des 3. Jahrhunderts geschriebene Didaskalie[9] verfügt für den Fall, daß in einer kleineren Gemeinde ein älterer Kandidat für das Bischofsamt fehlt, ein jüngerer jedoch vorhanden ist, dieser solle bestellt werden, falls ihm alle das erforderliche gute Zeugnis ausstellen, so daß die gesamte Gemeinde durch Zeugnisgeben an der Einsetzung beteiligt ist.[10] In der Kirchenordnung des Hippolyt von Rom

---

Deussen, Weisen der Bischofswahl: ThGl 62 (1972) 125–131; P. V. Dias, Kirche 116; F. Lotter, Designation und angebliches Kooptationsrecht: ZSavRGkan 59 (1973) 113–116; R. Zollitsch, Amt und Funktion des Priesters 103 f.

[6] 1 Kor. 44,3: PG 1,298 f; deutsch: J. A. Fischer, Die Apostolischen Väter 81.

[7] F. X. Funk, Die Bischofswahl im christlichen Altertum 24; G. Deussen, Weisen der Bischofswahl: ThGl 62 (1972) 131–134; P. V. Dias, Kirche 119; R. Zollitsch, Amt und Funktion des Priesters 142.

[8] Didache 15,1: Ausg. F. X. Funk, Patres Apostolici I 33 und 35; deutsch: L. A. Winterswyl, Die Zwölfapostellehre 31.

[9] F. X. Funk, Die Bischofswahl im christlichen Altertum 25.

[10] Didaskalie 2,1,3; „Si autem in parochia modica ordinandus est episcopus et non invenitur, qui tempora aetatis iam transisse videatur et testimonium habere et sapiens, est autem iuvenis et testimonium habet ab eis, qui cum eodem sunt, quia dignus est ad

(†235)[11] nimmt die Gemeinde entscheidenden Anteil an der Bischofsbestellung: „Als Bischof werde geweiht, wer vom gesamten Volk gewählt wurde; er sei untadelig. Wenn sein Name bekanntgegeben und er angenommen ist, soll sich das Volk mit dem Presbyterium und den Bischöfen, die anwesend sind, an einem Sonntag versammeln. Mit Zustimmung aller sollen diese ihm dann die Hände auflegen."[12] Nach Hippolyt wählt die Gemeinde den Bischof und nimmt ihn an; in ihrer Gegenwart empfängt der Erwählte durch die Handauflegung der versammelten Bischöfe die Konsekration.

Die Mitwirkung der gesamten Gemeinde verlangt auch Origenes († 253/54)[13], insofern die Anwesenheit des Volkes erforderlich ist: „Licet ergo Dominus de constituendo pontifice praecepisset, et Dominus elegisset, tamen convocatur et synagoga. Requiritur enim in ordinando sacerdote et praesentia populi, ut sciant omnes, et certi sint, quia qui praestantior est ex omni populo, qui doctior, qui sanctior, qui in omni virtute eminentior, ille eligitur ad sacerdotium, et hoc astante (sic) populo, ne qua postmodum retractatio cuiquam, ne quis scrupulus resideret."[14]

Besonders aufschlußreich für die Bedeutung, die der Mitwirkung der Gemeinde bei der Bischofsbestellung zukommt, ist Cyprian von Karthago († 254)[15], der, obgleich er die Stellung der kirchlichen Hierarchie stark

---

episcopatum, et per iuvenilem aetatem per mansuetudinem et bonam conversationem senectutem ostendit, probetur et, si ab omnibus tale testimonium habet, constituatur (episcopus) in pace." (Ausg. F. X. Funk, Didascalia et Constitutiones Apostolorum I 32)

[11] K. Oehler, Der Consensus omnium 257; H.-M. Legrand, Der theologische Sinn der Bischofswahl: Concilium 8 (1972) 496; F. Nikolasch, Bischofswahl durch alle 25; F. Lotter, Designation und angebliches Kooptationsrecht: ZSavRGkan 59 (1973) 118.

[12] Traditio Apostolica 2: Ausg. B. Botte, La Tradition Apostolique de Saint Hippolyte 4. Die Ansicht, nach der Kirchenordnung des Hippolyt werde der Bischof möglicherweise vom Volk nur durch Akklamation bestätigt (B. Kleinheyer, Die Priesterweihe im römischen Ritus 24), die R. Zollitsch sich zueigen macht (Amt und Funktion des Priesters 244), wird durch den Wortlaut des Textes nicht gedeckt und von B. Kötting (gegen J. Martin) zurückgewiesen (ThRv 69 (1973) 187), obgleich die Akklamation als Wahlform in der Antike durchaus nicht eine passive Rolle bedeutet, sondern zumindest auch das Recht auf Ablehnung eines Kandidaten einschließt (T. Klauser, Acclamation: RAC I 216–233).

[13] F. X. Funk, Die Bischofswahl im christlichen Altertum 25 f; E. Göller, Die Bischofswahl bei Origenes: Ehrengabe deutscher Wissenschaft 611 f; F. Lotter, Designation und angebliches Kooptationsrecht: ZSavRGkan 59 (1973) 118 f.; O. Heggelbacher, Geschichte des frühchristlichen Kirchenrechts 75.

[14] In Leviticum Homilia VI 3: PG 12,469.

[15] P. Stockmeier, Gemeinde und Bischofsamt in der alten Kirche: ThQ 149 (1969) 137–140; T. F. O'Meara, Emergence and Decline of Popular Voice in the Selection of Bishops: The Choosing of Bishops 25 f; F. Nikolasch, Bischofswahl durch alle 25 f; F. Lotter, Designation und angebliches Kooptationsrecht: ZSavRGkan 59

hervorhebt[16], dennoch der Gemeinde das Recht beläßt, bei der Wahl des Bischofs aktiv mitzuwirken. In seinem Brief an Antonianus, in dem er den Nachweis zu erbringen sucht, daß Cornelius rechtmäßiger Bischof von Rom ist, heißt es: „Erhoben aber wurde Cornelius zum Bischof auf Grund des Urteils Gottes und seines Gesalbten, auf Grund des Zeugnisses fast aller Kleriker, auf Grund der Abstimmung des damals anwesenden Volkes und der Zustimmung altbewährter Bischöfe und wackerer Männer in einem Zeitpunkt, wo noch kein anderer vor ihm aufgestellt, wo die Stelle des Fabianus, das heißt: die Stelle Petri und der Sitz des bischöflichen Stuhles noch frei war."[17] Und über die Einsetzung des Bischofs Sabinus schreibt Cyprian: „Auf Grund der Abstimmung der gesamten Gemeinde und des Urteils der Bischöfe, die sich persönlich eingefunden und die sich in einem Schreiben an Euch über ihn geäußert hatten, wurde ihm das Bischofsamt übertragen und ihm anstelle des Basilides die Hand aufgelegt."[18] An anderer Stelle schließlich nennt Cyprian drei Elemente bei der Bischofserhebung: divinum iudicium, populi suffragium, coepiscoporum consensus.[19] Der Anteil des Volkes wird als suffragium bezeichnet, ein Terminus, der im römischen Recht die Abstimmung der Bürger in den Komitien meint.[20] Während C. J. v. Hefele diese Ausdrucksweise als eine „Art Wahlrecht" interpretiert[21], erklärt F. X. Funk: „Die Stellen lassen in ihrer Gesamtheit keinen Zweifel übrig, daß der Gemeinde nicht bloß ein Vorschlagsrecht, sondern ein Wahlrecht im vollen Sinne des Wortes zukam."[22] Es handelt sich zwar nicht um ein Stimmrecht im Sinne der modernen Demokratie[23], wohl aber um eine konstitutive Rolle, die dem Volk bei der Einsetzung des Bischofs zufiel.[24] Wie aus dem Brief Cyprians an die spanischen Kirchen von Leon, Astorga und Merida

(1973) 119–126; R. Gryson, Les élections ecclésiastiques au IIIe siècle: RHE 68 (1973) 377 f; J. Speigl, Cyprian über das iudicium Dei bei der Bischofseinsetzung: RQ 69 (1974) 30–45.

[16] K. Oehler, Der Consensus omnium 258 f; P.-T. Camelot, Die Lehre von der Kirche 18–27.

[17] Epistula 55,8: CSEL 3/2,629 f.

[18] Epistula 67,5: CSEL 3/2,739.

[19] Epistula 59,5: CSEL 3/2,672.

[20] T. Mommsen, Römisches Staatsrecht III/1 402.

[21] C. J. v. Hefele, Die Bischofswahlen in den ersten christlichen Jahrhunderten 141.

[22] F. X. Funk, Die Bischofswahl im christlichen Altertum 28.

[23] R. Kottje, Die Wahl der kirchlichen Amtsträger: Concilium 7 (1971) 196.

[24] P. Stockmeier, Gemeinde und Bischofsamt in der alten Kirche: ThQ 149 (1969) 139. J. Speigl sieht im suffragium der Gemeinde näherhin die Aufstellung der Kandidatenliste und im consensus der Mitbischöfe, in dem sich das iudicium Gottes für die anstehende Einsetzung offenbart, die eigentliche Entscheidung. (Cyprian über das iudicium Dei bei der Bischofseinsetzung: RQ 69 (1974) 37 ff)

hervorgeht, galt dieses Verfahren nicht nur in Afrika, sondern für fast alle Provinzen.[25] Cyprian mißt der aktiven Mitwirkung des Volkes bei der Wahl solche Bedeutung zu, daß er sie auf göttliche Anordnung zurückführt.[26]

Auch Papst Julius (337–352)[27] verlangt die Beteiligung des Volkes, damit die Einsetzung eines Bischofs rechtmäßig ist. Unter Berufung auf die Tradition spricht er der Bestellung eines gewissen Gregor zum Bischof von Alexandrien die Rechtmäßigkeit ab, da er nicht durch Bischöfe, Klerus und Volk benannt ist.[28]

Die Synode von Ankyra (314)[29] erkennt der Gemeinde in Auseinandersetzungen um die Berufung eines Bischofs sogar das entscheidende Gewicht zu: „Wenn Bischöfe gewählt, aber von der Parochie, wofür sie ernannt waren, nicht angenommen wurden, und in andere Parochien eindringen, den dort Aufgestellten Gewalt antun und Unruhen gegen sie erregen wollen, so sollen sie aus der Gemeinschaft ausgeschlossen werden. Wenn aber solche da, wo sie bislang Presbyter waren, im Presbyterium bleiben wollen, so sollen sie der Würde nicht verlustig gehen."[30] Die Synode ergreift für den Fall, daß ein Bischof für eine bestimmte Diözese erwählt, aber von dieser nicht akzeptiert wird, Partei zugunsten der Gemeinde. Das Kriterium für den Entscheid bildet der Wille der Gemeinde.

Andere Synoden des vierten Jahrhunderts zielen darauf ab, die Mitwirkung der Konprovinzialbischöfe entsprechend der Metropolitanverfassung zu urgieren.[31] Die Synode von Arles (314) verlangt, daß keiner

---

[25] Epistula 67,5: „Propter quod diligenter de traditione diuina et apostolica obseruatione seruandum est et tenendum quod apud nos quoque et fere per prouincias uniuersas tenetur, ut ad ordinationes rite celebrandas et eam plebem cui praepositus ordinatur episcopi eiusdem prouinciae proximi quique conueniant et episcopus deligatur plebe praesente, quae singulorum uitam plenissime nouit et uniuscuiusque actum de eius conuersatione perspexit. ." (CSEL 3/2,739).

[26] Epistula 67,4: „Quod et ipsum uidemus de diuina auctoritate descendere, ut sacerdos plebe praesente sub omnium oculis deligatur et dignus adque idoneus publico iudicio ac testimonio conprobetur, sicut in Numeris. .coram omni synagoga iubet Deus constitui sacerdotem, id est instruit et ostendit ordinationes sacerdotales non nisi sub populi adsistentis conscientia fieri oportere, ut plebe praesente uel detegantur malorum crimina uel bonorum merita praedicentur et sit ordinatio iusta et legitima quae omnium suffragio et iudicio fuerit examinata. . ." (CSEL 3/2,738).

[27] F. Nikolasch, Bischofswahl durch alle 27.

[28] Athanasius, Apologia contra Arianos 30: PG 25,298 f.

[29] P. Stockmeier, Gemeinde und Bischofsamt in der alten Kirche: ThQ 149 (1969) 144.

[30] C. J. v. Hefele, Conciliengeschichte I 237.

[31] F. X. Funk, Die Bischofswahl im christlichen Altertum 28 f. F. Lotter, der die Behauptung D. Claudes widerlegt, derzufolge aus frühchristlichen Quellen die Desig-

einen Bischof allein konsekriere, sondern weitere sieben oder wenigstens weitere drei Bischöfe hinzuziehe.[32] Das Konzil von Nizäa (325) fordert die Anwesenheit aller Bischöfe der Provinz, wenigstens aber die von drei Konprovinzialbischöfen sowie die schriftliche Zustimmung der Abwesenden.[33] Die Synode von Antiochien (341) verbietet die Besetzung eines Bischofssitzes bei Abwesenheit des Metropoliten.[34] Auch die Synode von Laodicea (um 380) trifft die Anordnung, daß ein Bischof durch das Urteil des Metropoliten und der Nachbarbischöfe berufen werden soll.[35] Daß dabei die Gemeinde nicht ausgeschaltet ist, ergibt sich aus der Synode von Antiochien, die das von ihr ausgesprochene Verbot auch dann aufrechterhält, wenn das ganze Volk gewählt hat.

Anderseits ist das Schweigen der Synoden in bezug auf die Mitwirkung der Gemeinde aber symptomatisch für eine Entwicklung, die der Festigung der hierarchischen Ordnung dient und das Wahlrecht der Gemeinde vor allem im Osten verkürzt, zumal seit dem durch Konstantin eingeleiteten Massenzustrom zum Christentum eine Wahl durch das gesamte Volk in großen Gemeinden schwierig geworden ist.[36] Im 5. Jahrhundert wird die Teilnahme des Volkes im Osten durch das Eingreifen der Kurialbehörden, der Senatoren und anderer einflußreicher Persönlichkeiten

---

nation des Nachfolgers durch den Amtsinhaber und ein seit frühester Zeit mit dem Wahlrecht der Gemeinden konkurrierendes Kooptationsrecht der Konprovinzialbischöfe abzuleiten ist (D. Claude, Die Bestellung der Bischöfe im merowingischen Reiche: ZSavRGkan 49 (1963) 1–75), zeigt auf, daß es bei der Mitwirkung der Konprovinzialen an der Bischofsbestellung im 4. Jahrhundert nicht um Teilnahme an der Wahl geht, die Klerus und Volk zukommt, sondern um Beteiligung an der Wahlbestätigung und Weihe, die in Frage gestellt war und von den Konzilien verlangt wurde (F. Lotter, Designation und angebliches Kooptationsrecht: ZSavRGkan 59 (1973) 126 ff).

[32] 1. Synode von Arles c.20: „De his qui usurpant sibi quod soli debeant episcopos ordinare, placuit ut nullus hoc sibi praesumat, nisi assumptis secum aliis septem episcopis. Si tamen non potuerit septem, infra tres non audeat ordinare." (Mansi 2,474).

[33] 1. Konzil von Nizäa c.4: „Episcoporum convenit maxime quidem ab omnibus qui sunt in provincia episcopis ordinari. Si autem hoc difficile fuerit, aut propter instantem necessitatem, aut propter itineris longitudinem tribus tamen omnimodis in idipsum convenientibus, et absentibus quoque pari modo decernentibus, et per scripta consentientibus, tunc ordinatio celebretur. Firmitas autem eorum quae geruntur, per unamquanque provinciam metropolitano tribuatur episcopo." (Mansi 2,679).

[34] 1. Synode von Antiochien c.16: „Si quis vacans episcopus in vacantem ecclesiam irrumpens, sedem arripuerit absque perfecta synodo, is sit ejectus, etiamsi omnis populus, quem invasit, eum elegerit. Si autem illa perfecta synodus, cui una quoque adest metropolitanus." (Mansi 2,1315).

[35] Synode von Laodicea c.12: „Ut episcopi metropolitanorum et eorum, qui sunt circumcirca, episcoporum judicio, in ecclesiastico magistratu constituantur, diu examinati, et in ratione fidei, et in rectae rationis dispensatione." (Mansi 2,565).

[36] R. Kottje, Die Wahl der kirchlichen Amtsträger: Concilium 7 (1971) 197.

stark eingeschränkt.[37] Die Novellen Justinians (564) erwähnen als Wähler nur noch die Kleriker und vornehmen Laien, die dem Metropoliten geeignete Persönlichkeiten vorschlagen können, von denen dieser den Würdigsten unter Mitwirkung der Konprovinzialbischöfe weiht.[38] Das ursprüngliche Wahlrecht wird in ein Vorschlagsrecht umgewandelt, die Masse des Volkes ist ausgeschaltet. Gegen die häufigen Eingriffe der Kaiser in die Besetzung von Bistümern[39] setzt sich das zweite Konzil von Nizäa (787)[40] zur Wehr, indem es die Bischofsernennung durch Fürsten für nichtig erklärt und die Bischofswahl mit Berufung auf c.4 des 1. Konzils von Nizäa (!) ausschließlich den Konprovinzialbischöfen zuerkennt[41], die im Osten fortan drei Kandidaten vorschlagen, von denen der Metropolit den Würdigsten ordiniert.[42] Der Ausschluß der Gemeinde von der Bischofswahl ist im Osten zu einem guten Teil bedingt durch die Reaktion der Synoden auf Übergriffe der staatlichen Autorität.

Im Abendland verläuft die weitere Entwicklung anders und führt auch zu einem anderen Ergebnis. Solange das Wahlrecht der Gemeinde besteht, verbleibt dem gesamten Volk ein Anteil an der Wahl.[43] Aus dem vierten Jahrhundert bietet nicht nur der bekannte Vorgang der Wahl des Ambrosius zum Bischof von Mailand ein anschauliches Zeugnis für die Beteiligung des Volkes, sondern auch dessen ausführliche Darlegung über die Bischofswahl in seinem Brief an die Gemeinde von Vercelli (396).[44] Danach nehmen an der kanonischen Wahl sowohl die Gläubigen der

---

[37] M. F.-L. Ganshof, Note sur l'élection des évêques: RIDA 5 (1950) 467–498.
[38] Nov. 123,1: „Sancimus igitur, quotiens opus fuerit episcopum ordinare, clericos et primates civitatis, cuius futurus est episcopus ordinari, mox in tribus personis decreta facere propositis sacrosanctis evangeliis.." (Ausg. R. Schoell–W. Kroll 594); Nov. 137,2: „..sancimus, ut quoties episcopum creari opus sit, clerici et primores ciuitatis, cuius episcopus creandus est, conveniant.." (Ausg. R. Schoell–W. Kroll 696 f)
[39] T. F. O'Meara, Emergence and Decline of Popular Voice in the Selection of Bishops: The Choosing of Bishops 26 ff.
[40] F. X. Funk, Die Bischofswahl im christlichen Altertum 33.
[41] 2. Konzil von Nizäa c.3: „Omnem electionem quae fit a magistratibus, episcopi, vel presbyteri, vel diaconi, irritam manere...Oportet enim eum qui est promovendus ad episcopatum ab episcopis eligi, quemadmodum a sanctis patribus Nicaenae decretum est..." (Mansi 13,748 f). Vgl. O. Heggelbacher, Geschichte des frühchristlichen Kirchenrechts 79.
[42] PG 155,398.
[43] F. X. Funk, Die Bischofswahl im christlichen Altertum 34. F. Lotter: „Von der spätestens zu Beginn des 3. Jahrhunderts festliegenden Vorstellung eines Prinzips der kanonischen Wahl durch Klerus und Volk der Bischofsstadt ist bis in das 6. Jahrhundert hinein im Westen grundsätzlich nicht abgewichen worden." (ZSavRGkan 59 (1973) 148)
[44] R. Kottje, Die Wahl der kirchlichen Amtsträger: Concilium 7 (1971) 196 f; F. Nikolasch, Bischofswahl durch alle 27.

Stadt als auch die Bischöfe der Provinz teil, deren Mitwirkung seit dem Nizänum auch im Westen für unerläßlich gehalten wird und deren Urteil nach Ambrosius letztlich entscheidend ist. Aber sie können nicht einen Kandidaten ordinieren, der nicht die Zustimmung des Volkes hat. Entweder bestätigen die Bischöfe die Wahl des Volkes, oder dieses stimmt dem Vorschlag der Bischöfe zu.[45]

Im 5. Jahrhundert stellen zwei römische Bischöfe sehr eindrucksvoll den Anteil des Volkes an der Bischofswahl heraus. Papst Cölestin I. (422–432) verficht in einem Brief an die Bischöfe Galliens den Grundsatz, daß niemand gegen den Willen der Gemeinde zum Bischof bestellt werden darf, daß vielmehr die Zustimmung von Klerus und Volk vorliegen muß.[46] Die gleiche Überzeugung bringt Papst Leo der Große (440–461) in einem Brief an den Bischof von Thessalonike zum Ausdruck: „Wenn es sich um die Wahl des Hohenpriesters handelt, soll man den vorziehen, auf den sich in einträchtigem Verlangen die übereinstimmende Meinung von Klerus und Volk gerichtet hat... Nur achte man darauf, daß niemand von denen geweiht werde, die man nicht gewollt und erbeten hat, damit das Volk, dessen Ansicht man überging, seinen Bischof nicht mißachtet und haßt und damit die Religion in ihm nicht mehr abnehme, als es zuträglich ist, weil es nicht den zum Bischof haben konnte, den es selber gewollt hatte."[47] In einem Brief an den Bischof von Narbonne stellt Leo der Große fest, daß es keinen Grund gibt, jemanden als Bischof einzusetzen, der nicht vom Klerus gewählt, vom Volk erbeten und von den Bischöfen der Provinz mit Zustimmung des Metropoliten geweiht worden ist.[48] Unter Berufung auf alte Gebräuche (!) verlangt er in einem Schreiben an die Bischöfe der Provinz Vienne, daß vor der Einsetzung eines Bischofs die Vorschläge der Bürger, das Zeugnis des Volkes, das Gutachten der Vornehmen und die Wahl des Klerus einzuholen sind.[49] Als

---

[45] Epistula 63: PL 16,1189–1220.
[46] Epistula 2,5: „Nullus invitis detur episcopus. Cleri, plebis et ordinis, consensus ac desiderium requiratur." (PL 50,434)
[47] PL 54,673 f.
[48] PL 54,1203: „Nulla ratio sinit ut inter episcopos habeantur qui nec a clericis sunt electi, nec a plebibus sunt expetiti, nec a provincialibus episcopis cum metropolitani judicio consecrati."
[49] PL 54,632: „Exspectarentur certe vota civium, testimonia populorum; quaereretur honoratorum arbitrium, electio clericorum, quae in sacerdotum solent ordinationibus ab his qui noverunt Patrum regulas, custodiri." In der Aufgliederung des Volkes in mehrere soziale Gruppen sieht F. Lotter die Tendenz, das Gewicht des Votums unterer Schichten zu mindern, um einer zu starken Einflußnahme der Masse zu begegnen, ohne dabei das kanonische Prinzip der Bischofswahl durch Klerus und Volk grundsätzlich in Frage zu stellen (ZSavRGkan 59 (1973) 142).

Begründung führt er das Prinzip an: „Wer allen vorstehen soll, muß auch von allen gewählt werden!"[50] Auch die Statuta Ecclesiae Antiqua gegen Ende des 5. Jahrhunderts bekennen sich zur Mitwirkung des Volkes: „Der Bischof soll mit Zustimmung von Klerus und Volk und unter Beteiligung aller Bischöfe der Provinz, vor allem in Gegenwart oder im Auftrag des Metropoliten geweiht werden."[51] Den Anteil des Volkes zu dieser Zeit faßt Y. Congar knapp zusammen: „Das Volk und der niedere Klerus hatten eine doppelte Aufgabe: für einen Kandidaten Zeugnis zu geben (testimonium) und den höheren Klerus um seine Weihe zu bitten (petitio). Die Entscheidung (iudicium) lag bei den Provinzbischöfen und dem Metropoliten."[52]

Die weitere Entwicklung im Frühmittelalter verläuft in den einzelnen Ländern nicht einheitlich. Wahlrecht und Wahlverlauf sind von Ort zu Ort, bisweilen auch von Wahl zu Wahl verschieden. Von größter Bedeutung wird auch im Westen die Einflußnahme des Königs, die zuerst im christianisierten Merowingerreich einsetzt und das Wahlrecht der Konprovinzialbischöfe und der Gemeinde nahezu zu einem bloßen Vorschlagsrecht umfunktioniert.[53] Mehrere Synoden des 6. Jahrhunderts setzen sich gegen die Übergriffe der staatlichen Autorität zur Wehr und bestehen auf Einhaltung der traditionellen Form, die Klerus und Volk des Bistums ein Mitspracherecht garantiert. Besonders deutlich ist die Sprache der 3. Synode von Paris im Jahre 557: „Kein Bischof soll gegen den Willen der Bürger geweiht werden, sondern nur der, den die Wahl seitens Volk und Klerus in vollkommener Freiheit verlangt. Keiner soll durch Befehl des Fürsten aufgedrängt werden oder auf Grund einer Bedingung gegen den Willen des Metropoliten oder der Provinzbischöfe."[54]

Auch Papst Gregor der Große (590–604) ist auf die Freiheit der Bischofswahlen bedacht, wie aus seinen Briefen hervorgeht. Nicht nur in der Kirchenprovinz Rom, in der er als Metropolit auf die Bestätigung

---

[50] PL 54,634: „Qui praefuturus est omnibus, ab omnibus eligatur."
[51] Ausg. Munier 78.
[52] Y. Congar, Der Laie 391 Anm. 50.
[53] D. Claude, Die Bestellung der Bischöfe im merowingischen Reiche: ZSavRGkan 49 (1963) 18 f. Die Studie von D. Claude untersucht eine Vielzahl konkreter Bischofseinsetzungen und ergänzt die Monographie von A. Hauck, Die Bischofswahlen unter den Merowingern, Erlangen 1883, vor allem um das Material aus dem späten 7. Jahrhundert. – Den Konprovinzialbischöfen war auf den Synoden von Orléans 533 (Mansi 8,836) und 538 (Mansi 9,12) die Teilnahme an der Wahl des Metropoliten zugestanden worden.
[54] Mansi 9,746 f.

und Konsekration der Bischöfe größten Wert legt, sondern auch im übrigen Italien, in Gallien, Britannien und Afrika betrachtet er es als den Normalfall, daß die Einwohner der verwaisten Diözese den neuen Bischof wählen und alle zustimmen.[55] Den Bischöfen Illyriens schreibt er, daß er sich über die Wahl des Johannes zum Bischof von Salona freue, da in dieser Wahl die Zustimmung aller vorliege.[56] Zahlreiche Briefe Gregors des Großen ins Frankenreich fordern die Könige zu „kanonischem Verhalten" bei der Besetzung der Bischofsstühle auf, ohne allerdings Erfolg zu haben. Die Synode von Paris im Jahre 614 bestimmt, daß ein neuer Bischof durch den Metropoliten und die Konprovinzialbischöfe unter Zustimmung von Klerus und Volk der Diözese zu wählen ist. Da ein Bestätigungsrecht des Königs nicht erwähnt wird, pocht Chlotar II. darauf in seinem Edikt, das teilweise eine Ausführungsbestimmung zu den Beschlüssen der Pariser Synode darstellt, so daß eine Bischofsbestellung vom Willen des Königs abhängig bleibt. Metropolit und Mitbischöfen erkennt er nur das Recht der Konsekration zu. Als um die Mitte des 7. Jahrhunderts die Macht vom König auf die Hausmeier übergeht, übernehmen diese auch die Übung der Merowingerkönige, Männer ihrer Wahl zu Bischöfen weihen zu lassen, so daß die Praxis der Bistumsbesetzungen ohne Bruch beibehalten wird.[57] Karl der Große kennt nur die königliche Ernennung des Bischofs, die er den kirchlichen Interessen entsprechend vornimmt[58] und als Ausfluß der ihm von Gott gegebenen Gewalt versteht.[59] Ludwig der Fromme gesteht zwar die von der Reichssynode zu Aachen 817 wiederum geforderte Wahl der Bischöfe durch Klerus und Volk der Diözese zu[60], aber die Praxis verläuft weiterhin in anderer Richtung und erreicht ihr Extrem im Eigenkirchenwesen, durch das die Bistümer zu Kirchen des Reiches werden, die der König

---

[55] J. A. Eidenschink, The Election of Bishops in the Letters of Gregory The Great 19–68.
[56] Epistula 2,22: „Quia ergo ex epistolis quas ad nos per Maximianum presbyterum et Andream diaconum direxistis, in persona Joannis fratris et coepiscopi nostri consensum omnium vestrum et serenissimi principis convenisse cognovimus voluntatem, magna nos exsultatio habuit talem, Deo auctore, ad sacerdotii officium fuisse provectum, qui dignus cunctorum est electionis judicio comprobatus." (PL 77,557 f)
[57] D. Claude, Die Bestellung der Bischöfe im merowingischen Reiche: ZSavRGkan 49 (1963) 47–57.
[58] P. Hinschius, System des katholischen Kirchenrechts II 523.
[59] J. G. Ebers, Das Devolutionsrecht vornehmlich nach katholischem Kirchenrecht 74.
[60] „adsensum ordini ecclesiastico praebuimus, ut scilicet episcopi per electionem cleri et populi secundum statuta canonum de propria diocesi, remota personarum et munerum acceptione, ob vitae meritum et sapientiae donum eligantur, ut exemplo et verbo sibi subiectis usquequaque prodesse valeant." (MGLL 1, 206).

den Bischöfen zu Lehen gibt.[61] Kirchlicherseits kämpft vor allem Hinkmar von Reims gegen das einseitige königliche Ernennungsrecht und setzt sich für die freie Bischofswahl durch Klerus und Volk ein.[62] Papst Nikolaus I. (858–867) fordert 863 die Bischöfe im Reiche Lothars auf, die Wahl durch Klerus und Volk entsprechend den heiligen Canones zu erwirken.[63] Solche Bemühungen sind jedoch bei der politisch bedeutsamen Stellung der Bischöfe, denen in der Mitte des 10. Jahrhunderts durch Otto I. auch noch königliche Hoheitsrechte übertragen werden, von vornherein utopisch, muß doch der König notwendig ein Interesse daran haben, daß nur ein Mann seines Vertrauens ein vakantes Bistum erhält.[64]

Erst die im 11. Jahrhundert einsetzende Reformbewegung, die besonders unter Gregor VII. (1073–1085) und seinen Nachfolgern Einfluß gewinnt, leitet eine neue Entwicklung in der Geschichte der Bistumsbesetzungen ein.[65] Nach der Neuordnung des Papstwahlrechtes im Jahre 1059, das vorzugsweise den Kardinälen zugesprochen wird, während Volk und Klerus von Rom zur Wahl ihre Zustimmung geben[66], will die Fastensynode von 1080 den königlichen Einfluß auf die Bischofswahlen ausschal-

---

[61] P. Imbart de la Tour, Les élections épiscopales 336 ff; B. Kötting, Bischofsamt und Bischofswahl: Fragen der Kirche heute 116 f; W. Ullmann, Die Bischofswahl und die französischen Könige im 9. und 10. Jahrhundert: Concilium 8 (1972) 520.

[62] P. Hinschius, System des katholischen Kirchenrechts II 527 f. Unter dem Einfluß Hinkmars und auf sein Betreiben hin greift die Synode von Valence (855) das Thema Bischofswahl auf und findet den „Kompromiß", Klerus und Volk das Wahlrecht zuzuerkennen, seine Ausübung in concreto aber von der Genehmigung des Königs (congé d'élire) abhängig zu machen: „..placuit, ut si quando alicujus civitatis episcopus a vocatione Domini decesserit, et a gloriosissimo principe supplicando postuletur, ut canonicam electionem clero et populo ipsius civitatis permittere dignetur. Atque ita aut in clero, aut in dioecesi certe ipsa, vel si opus sit, in vicinia ipsius probata et officio digna persona quaeratur, quae inventa consensu totius cleri et populi ad honorem Dei civitati ipsi praeficiatur." (Mansi 15,7)

[63] Epistula 63: PL 119, 822; Mansi 15,350.

[64] Für Rätien weist O. P. Clavadetscher nach, daß in der zweiten Hälfte des 9. und zu Beginn des 10. Jahrhunderts die Einsetzung der Bischöfe Sache des Königs ist, was eine formale Wahl nicht ausschließt (Zur Bischofseinsetzung im 9. Jahrhundert: ZSavRGkan 42 (1956) 388–392). In Frankreich tritt im 10. Jahrhundert an die Stelle der königlichen Gewalt teilweise die Gewalt lokaler aristokratischer Machthaber. (Vgl. W. Ullmann, Die Bischofswahl und die französischen Könige im 9. und 10. Jahrhundert: Concilium 8 (1972) 522). Das Verfahren bei der Besetzung der Bistümer um die Jahrtausendwende schildert P. Hinschius, System des katholischen Kirchenrechts II 535–538.

[65] Zum Folgenden s. P. Hinschius, System des katholischen Kirchenrechts II 558–578 und 601–607; K. Ganzer, Zur Beschränkung der Bischofswahl auf die Domkapitel: ZSavRGkan 57 (1971) 23–33; 58 (1972) 196 f.

[66] Decretum Gratiani D.23 c.1: Ausg. E. Friedberg, Corpus Iuris Canonici I 77.

ten und zugleich dem Papst, der seit dem 9. Jahrhundert öfter in Bistums-besetzungen eingriff, ein Mitspracherecht mit Klerus und Volk der Diözese sichern.[67] Das Wormser Konkordat von 1122, das den Investiturstreit mit einem Kompromiß beendet, sieht die kanonische Wahl in Gegenwart des Königs vor[68], weshalb das 1. Laterankonzil von 1123, auf dem der Friedensschluß zwischen Kaiser Heinrich V. und Papst Calixt II. behandelt wird, die Bestimmung trifft, daß niemand zum Bischof geweiht werden darf, der nicht kanonisch gewählt ist.[69]

Aus der neu getroffenen Regelung ergeben sich zwei Konsequenzen, die für das Verständnis der weiteren Entwicklung im Bischofswahlrecht bedeutsam sind:

a) Es gelingt zwar die zukunftsträchtige und hilfreiche Unterscheidung zwischen Kirche und Staat, zugleich bahnt sich aber die folgenschwere Zuordnung der Kleriker zur Kirche sowie der Laien zum Staat an. „Damit nimmt für die kommende Zeit die Aufteilung in zwei getrennte Gruppen ihren Anfang: einerseits der Anhang, der sich hinter dem Papst versammelte – Bischöfe, Kleriker, Mönche –, und andererseits das Volk hinter dem Kaiser: Fürsten, Ritter, Bauern, Männer und Frauen; jene widmeten sich den geistlichen, himmlischen Dingen, diese den zeitlichen, irdischen.”[70] Welche Konsequenzen das für die Laien in bezug auf die Bischofswahl, die in die alleinige Zuständigkeit der Kirche zurückverwiesen ist, haben muß, liegt auf der Hand. Obgleich in der gregorianischen Reform bei den an der kanonischen Wahl zu Beteiligenden das Volk weiterhin mitgenannt wird, entsteht doch die Tendenz, den Anteil

---

[67] „Quoties defuncto pastore alicuius ecclesie alius est ei canonice subrogandus instantia visitatoris episcopi, qui ei ab apostolica vel metropolitana sede directus est, clerus et populus, remota omni seculari ambitione, timore atque gratia apostolicae sedis vel metropolitani sui consensu pastorem sibi secundum Deum eligat.” (Mansi 20,533)

[68] „. . . concedo electiones episcoporum et abbatum Teutonici regni, qui ad regnum pertinent, in praesentia tua fieri, absque simonia et aliqua violentia; ut si qua inter partes discordia emerserit, metropolitani et conprovincialium consilio vel iudicio saniori parti assensum et auxilium praebeas.” (A. Hofmeister, Das Wormser Konkordat: Forschungen und Versuche zur Geschichte des Mittelalters und der Neuzeit 147)

[69] 1. Laterankonzil c.3: „Nullus in episcopum nisi canonice electum consecret.” (Conciliorum Oecumenicorum Decreta 190).

[70] Y. Congar, Die Lehre von der Kirche 74; ähnlich in mehreren Beiträgen des Sammelwerkes I Laici nella „Societas Christiana” dei secoli XI e XII, Milano 1968 (Besprechung von G. May: ZSavRGkan 56 (1970) 437–446); vgl. auch R. Zerfaß, Der Streit um die Laienpredigt 183 ff, der u.a. die Lehre des Humbert von Silva Candida (um die Mitte des 11. Jahrhunderts) referiert: die Laien sollten ausschließlich die negotia saecularia besorgen und die Kleriker sich nur den negotia ecclesiastica widmen (ebd.).

des Volkes herunterzuspielen und möglichst zurückzudrängen.[71] Nach Placidus von Nonantula soll die eigentliche Wahl sogar einzig und allein dem Klerus zustehen, während das Volk um seines Seelenheiles willen demütig zustimmen und gehorchen muß.[72]

b) Die Wiederherstellung des kirchlichen Wahlrechts beinhaltet die Umwandlung einer bloßen Zustimmungsberechtigung in eine eigentliche Stimmberechtigung, die nicht der Gesamtheit von Klerus und Volk überlassen bleiben kann, sondern notwendigerweise die Herausbildung fester Wahlgremien begünstigt.[73] Diese Entwicklung vollzieht sich zu Beginn des 12. Jahrhunderts so rasch, daß das 2. Laterankonzil von 1139 sich gezwungen sieht, einer Einschränkung des Wählerkreises ausschließlich auf die Kathedralkapitel entgegenzuwirken, indem es unter der Sanktion des Anathems und der Nichtigkeit der Wahl den Ausschluß anderer Kleriker (viri religiosi) von der Wahl verbietet.[74] Vom Anteil des Volkes (und von der Gegenwart des Königs) bei der Wahl wird zwar nicht gesprochen, aber daraus kann nicht geschlossen werden, das Konzil wolle sie gänzlich ausschalten; denn es spricht nur vom geistlichen Wählerkreis.[75]

Aufschlußreich wird es nun sein zu sehen, welche Bedeutung Gratian in seiner kurz nach dem 2. Laterankonzil fertiggestellten „Concordia discordantium canonum", mit der die Epoche der klassischen Kanonistik anhebt, den Laien bei der Bischofswahl beimißt.

---

[71] P. Hinschius, System des katholischen Kirchenrechts II 602; E. Roland, Les chanoines et les élections épiscopales 52 f.

[72] „Vere enim haec fictio disciplinae est, cum quisque ideo se putat sacrandum, quia a populo electus et a rege investitus est, cum disciplina spiritus sancti sit, unumquemque pastorem solummodo pro salute animarum pure et simpliciter ab omnibus clericis eligi, quibus consentire omnes filii illius ecclesiae, quae ordinanda est, et obedire pro salute animarum devotissime debent." (PL 163,652)

[73] P. Schmid, Der Begriff der kanonischen Wahl 38 f und 200 f.

[74] K. Ganzer, Zur Beschränkung der Bischofswahl auf die Domkapitel: ZSavRGkan 57 (1971) 30.

[75] A. Hofmeister, Das Wormser Konkordat: Forschungen und Versuche zur Geschichte des Mittelalters und der Neuzeit 102 f.

HAUPTTEIL

2. DER ANTEIL DER LAIEN AN DER BISCHOFSWAHL IN DER DEKRETISTIK UND FRÜHEN DEKRETALISTIK

2.1. Gratian[1],

der in seinem um 1140 verfaßten Dekret[2] den Versuch unternimmt, das gesamte Rechtsmaterial der voraufgehenden Jahrhunderte, soweit es in seiner Zeit von Belang ist, systematisch zu erfassen und die einander widersprechenden oder widersprüchlich scheinenden rechtlichen Bestimmungen, die teilweise von überholten, früheren Verhältnissen abhängig sind, zu harmonisieren[3], behandelt die Bischofswahl[4] in den Distinctiones

---

[1] Über Gratian s. S. Kuttner, The Father of the Science of Canon Law: The Jurist 1 (1941) 2–19; ders., Graziano: l'uomo e l'opera: StG I 15–29; A. Lazzarini, Gratianus de Urbeveteri: StG IV 1–15; A. M. Stickler, Gratian: LThK IV 1168 f (mit weiterer Literatur).

[2] Ausgabe: E. Friedberg, Corpus Iuris Canonici I, Leipzig 1879 (Graz 1959). Zur Datierung des Dekrets s. G. Fransen, La date du Décret de Gratien: RHE 51 (1956) 521–531; A. Vetulani, Le Décret de Gratien et les premiers Décrétistes: StG VII 337 f; R. Weigand, Die bedingte Eheschließung 97 Anm. 2. Zur inhaltlichen Gliederung des Dekrets s. H. E. Feine, Gliederung und Aufbau des Decretum Gratiani: StG I 351–370. Zum formalen Aufbau des Dekrets s. J. Rambaud, Histoire du Droit et des Institutions VII 78–99.
Der Systematik im Dekret Gratians widmet R. Sohm eine glanzvolle laudatio: „Als Ganzes genommen aber ist sein Werk von vollendeter systematischer Kunst. In seinem System des kanonischen Rechts entwickelt Gratian den Begriff des kanonischen Rechts. Höhere systematische Leistung gibt es nicht. Das Wesen des behandelten Gegenstandes ist zum Gesetz seiner künstlerischen Gestaltung geworden. Die Idee, die der Stoff selber in sich trägt, ist befreit und in die Herrschaft über die Gesamtdarstellung eingesetzt, so daß in allen Einzelheiten, in jedem Tropfen des Ozeans der Rechtssätze das Licht des Geistes sich widerspiegelt, der das Ganze geschaffen hat." (Das altkatholische Kirchenrecht und das Dekret Gratians 57)

[3] Vgl. A. M. Stickler, Corpus Iuris Canonici: LThK III 65 f; Y. Congar, Die Lehre von der Kirche 92.

[4] Zur Bischofswahl bei Gratian vgl. G. v. Below, Die Entstehung des ausschließlichen Wahlrechts der Domkapitel 7 f; J. B. Sägmüller, Die Bischofswahl bei Gratian 13–19; A. J. Parsons, Canonical Elections 47–51; M. Pacaut, Louis VII. et les élections épiscopales dans le royaume de France 37–41; R. L. Benson, The Bishop-Elect 23–35; K. Ganzer, Zur Beschränkung der Bischofswahl auf die Domkapitel: ZSavRGkan 57 (1971) 33–37; R. L. Benson, Election by Community and Chapter: The Jurist 31 (1971) 64–67.

61–65[5], von denen sich D.62 und D.63 speziell mit der Wählerschaft befassen.[6]

Zunächst führt Gratian in D.61 c.13 als Argument für seine These, daß auswärtige Kleriker fähigen Kandidaten der eigenen Kirche nicht vorzuziehen sind, das für die Bestellung eines Bischofs grundlegende und allgemein anerkannte Prinzip aus einem Brief Cölestins I. an, wonach ein Bischof nicht gegen den Willen von Klerus und Volk eingesetzt werden soll: „Nullus inuitis detur episcopus."[7]

Dieser negativ formulierte Grundsatz markiert nicht nur eine Grenze, die bei der Bestellung der Bischöfe nicht überschritten werden darf, sondern beinhaltet auch eine positive Mitwirkung von Klerus und Volk. So antwortet Gratian zu Beginn der Distinctio 62 auf die Frage, von wem die Bischöfe zu wählen und zu konsekrieren sind[8]: „Electio clericorum est, consensus plebis."[9]

Für diese Lehre, nach der die Wahl Sache des Klerus ist und dem Volk ein Konsensrecht zusteht, führt er drei Texte an, die in ihrer Beweiskraft allerdings sehr unterschiedlich sind und den mit dem Begriff „Konsens" bezeichneten Anteil des Volkes durchaus nicht einheitlich bestimmen. Zuerst zitiert Gratian eine Stelle Leos des Großen, in der diejenigen nicht als rechtmäßige Bischöfe betrachtet werden, die nicht vom Klerus gewählt und nicht vom Volk erbeten sind.[10]

---

[5] Als Hinführung zu diesem Thema dient D.60 c.4: „Non eligatur in episcopum nisi in sacris ordinibus constitutus", nachdem vorher von den erforderlichen Voraussetzungen auf seiten der Kandidaten die Rede war.

[6] Bedeutsam sind darüber hinaus einige weitere Stellen des Dekrets, die in anderem Zusammenhang diese Fragen streifen: D.23 c.2 § 3; D.51 c.5 § 1; D.66 c.1 § 1; C.8 q. 1 c.15 u.a.

[7] D.61 c.13. Zum Geltungsbereich dieses Grundsatzes vgl. A. v. Wretschko, Der Einfluss der fremden Rechte auf die deutschen Königswahlen: ZSavRGgerm 20 (1899) 178; F. Geselbracht, Das Verfahren bei den deutschen Bischofswahlen 132 ff; P. Schmid, Der Begriff der kanonischen Wahl 38. Die Fortsetzung der Briefstelle Cölestins I. (PL 50,434) verwendet Gratian in D.63 c.26 als Nachweis dafür, daß es nicht Sache des Volkes ist, den Bischof zu wählen, sondern zur Wahl die Zustimmung zu geben.

[8] Wahl und Konsekration gelten als konstitutive Elemente der Bischofsbestellung: „Sicut uiri et mulieris digna coniunctio unum facit matrimonium, et sicut duorum copulatio unum perficit corpus, ita ... electio et consecratio unum faciunt episcopum." (D.40 c.8). Vgl. dazu die Auffassung R. Sohms über die inhaltliche Identität von Wahl und Weihe in der frühen Kirche (Das altkatholische Kirchenrecht und das Dekret Gratians 212–247), die sich zwar folgerichtig in seine Konzeption des „altkatholischen" Kirchenrechts einfügt, die jedoch nicht den geschichtlichen Gegebenheiten entspricht, sondern a priori konstruiert ist (U. Stutz, Rezension: ZSavRGkan 8 (1918) 238–246; K. Mörsdorf, Altkatholisches „Sakramentsrecht"?: StG I 483–502).

[9] D.62 pr.

[10] D.62 c.1; vgl. oben 1.2 Anm. 48.

Unabdingbare Voraussetzung für die Bestellung eines Bischofs ist demnach, daß er vom Volk erbeten wird. Gerade das Gegenteil scheint der zweite Text auszusagen, der einem Brief Cölestins I. an die Bischöfe Apuliens und Kalabriens entnommen ist, nach dem das Volk nicht vorauszugehen, sondern zu folgen hat[11], der in seinem ursprünglichen Zusammenhang aber nicht auf die Wahl bezogen ist: „Docendus est populus, non sequendus, nos quoque, si nesciunt, eos quid liceat quidue non liceat commonere, non his consensum prebere debemus."[12] Das dritte Zitat schließlich aus dem 1. Laterankonzil im Jahre 1123, das nur einen kanonisch Gewählten als Empfänger der Bischofskonsekration zuläßt: „Nullus in episcopum nisi canonice electum consecret"[13], ist nicht eigentlich ein Beleg für die eingangs aufgestellte These, sondern läßt in diesem Zusammenhang lediglich erkennen, daß nach Gratian die kanonische Wahl zwei Elemente umfaßt: Wahl durch die Kleriker und Konsens von seiten des Volkes, ohne daß allerdings an dieser Stelle geklärt wird, welche Kleriker wahlberechtigt sind, und worin das Konsensrecht des Volkes besteht, sowie welche Rolle es spielt.

„Aber damit ist Gratian nicht zufrieden", schreibt J. B. Sägmüller. „Er dringt in die Frage nach der wirklichen Natur der Anteilnahme des Volkes an der Bischofswahl viel tiefer ein als seine kanonistischen Vorgänger. Dieser Vertiefung dient die D.63"[14], die in formaler Hinsicht ein Meisterstück der Dialektik und ein ausgezeichnetes Modell der Methode Gratians darstellt.[15] Sie enthält vier Teile. Der erste Teil, der die Überschrift trägt[16]: „Laici uero nullo modo se debent inserere electioni"[17], weist anhand von acht Texten, die zumeist von Synoden und Päpsten stammen und die Teilnahme der Laien an der Bischofswahl verbieten[18],

---

[11] Das Summarium von D.62 c.2 lautet: „Populus non debet preire, sed subsequi."
[12] D.62 c.2.
[13] D.62 c.3.
[14] J. B. Sägmüller, Die Bischofswahl bei Gratian 13.
[15] Zur Methode Gratians s. S. Kuttner, The Father of the Science of Canon Law: The Jurist 1 (1941) 14 f; A. Van Hove, Quae Gratianus contulerit methodo scientiae canonicae: Apollinaris 21 (1948) 17 ff; A. M. Stickler, Historia Iuris Canonici Latini I 208 ff.
[16] Die Überschrift bezieht sich nicht auf die gesamte D.63 (so irrtümlicherweise K. Ganzer, Zur Beschränkung der Bischofswahl auf die Domkapitel: ZSavRGkan 57 (1971) 34), sondern lediglich auf den ersten Teil dieser Distinctio, was für die Interpretation der Lehre Gratians nicht unerheblich ist; es folgt nämlich im zweiten Teil umfangreiches Quellenmaterial zum Beweis der entgegengesetzten These, ehe im DG p.c.25 die Harmonisierung und damit die Ansicht Gratians erscheint.
[17] D.63 pr.
[18] Die Summarien von D.63 c.1–c.8 lauten: c.1 – Laici electioni pontificum se ipsos non inserant; c.2 – De eodem; c.3 – Electioni episcoporum inperator interesse non

die Richtigkeit der sehr entschieden formulierten These nach, daß sich Laien in keiner Weise in die Wahl einmischen dürfen.[19] Demgegenüber stellt Gratian im zweiten Teil siebzehn Texte zusammen[20], die in irgendeiner Weise, zum Teil sogar sehr massiv, die Mitwirkung des Volkes bzw. der Fürsten verlangen[21], so daß sich zwei einander widersprechende Aussagen, jeweils durch eine lange Quellenreihe belegt, wie zwei Streitkolonnen gegenüberstehen[22], die entsprechend dem Titel des Dekrets[23] miteinander in Einklag zu bringen sind. Gratian stellt sich dieser Aufgabe im DG p.c.25:

„Quibus exemplis et premissis auctoritatibus liquido colligitur, laicos non excludendos esse ab electione, neque principes esse reiciendos ab ordinatione ecclesiarum. Sed quod populus iubetur electioni interesse, non precipitur aduocari ad electionem faciendam, sed ad consensum electioni adhibendum. Sacerdotum enim (ut in fine superioris capituli Stephani Papae legitur) est electio, et fidelis populi est humiliter consentire. Desiderium ergo plebis requiritur an clericorum electioni concordet.

---

debet; c.4 – Apostolica auctoritate, non regio fauore episcopus est eligendus; c.5 – Non recipiatur a conprouincialibus qui regia ordinatione episcopale culmen adipiscitur; c.6 – De eodem; c.7 – Irrita sit electio episcopi, aut presbiteri a principibus facta; c.8 – Non eligantur a populo, qui sunt promouendi ad clerum.

[19] Gratian stellt im Anschluß an die acht Argumente zusammenfassend fest: „His omnibus auctoritatibus laici excluduntur ab electione sacerdotum, atque iniungitur eis necessitas obediendi, non libertas inperandi." (D.63 DG p.c.8)

[20] Die in c.22 und c.23 ausgesprochenen Privilegien Hadrians I. für Karl den Großen und Leos VIII. für Otto I. sind Fälschungen aus der Zeit des Investiturstreits (E. Bernheim, Das unechte Dekret Hadrians I. im Zusammenhang mit den unechten Dekreten Leos VIII. als Dokumente des Investiturstreites: FDG 15 (1885) 618 ff), wurden aber von Gratian noch nicht als solche erkannt; vgl. auch D.63 DG p.c.34.

[21] Die Summarien von D.63 c.9 – c.25 lauten: c.9 – Voluntas principis in ordinatione pontificis desideratur; c.10 – Clerus et populus pontificis electioni intersit; c.11 – In electione episcopi populus debet adesse; c.12 – De eodem; c.13 – De eodem; c.14 – De eodem; c.15 – Sacra principis ordinandis est necessaria; c.16 – Papa rogat Augustos, ut Reatinam ecclesiam cuidam electo dignenter concedere; c.17 – Regis precepto ab Apostolico Colonus Reatinae ecclesiae ordinatur episcopus; c.18 – Inperatoris epistola in electionis confirmatione desideratur; c.19 – Clericorum et ciuium uoluntate metropolitanus est ordinandus; c.20 – Cum clero et populo archipresbiteri fiat electio; c.21 – Electus in Romanum Pontificem non ordinetur, nisi eius decretum inperatori primum representetur; c.22 – Inperator ius habet eligendi Pontificem; c.23 – Electio Romani Pontificis ad ius pertinet inperatoris; c.24 – Precepto principum Maximo remittitur, quod absque apostolica auctoritate ordinatur; c.25 – In episcoporum electione principis desideratur assensus.

[22] Vgl. J. B. Sägmüller, Die Bischofswahl bei Gratian 14.

[23] Der ursprüngliche Titel des Dekrets, der von Gratian selbst stammt (A. M. Stickler: LThK III 65), lautet: „Concordia discordantium canonum" (A. M. Stickler, Historia Iuris Canonici Latini I 204).

28

Tunc enim in ecclesia Dei rite preficietur antistes, cum populus pariter in eum acclamauerit, quem clerus communi uoto elegerit."[24]

Diese Interpretation der Quellen, die eine Mitwirkung des Volkes bzw. der Fürsten bei der Wahl vorsehen, ermöglicht es Gratian, in der Frage der Wählerschaft einen mittleren Weg einzuschlagen[25]: Auf der einen Seite setzt er sich dafür ein, daß die eigentliche Wahl ausschließlich Sache der Kleriker ist, so daß die Laien bei der Bischofswahl keine entscheidende Rolle spielen, auf der anderen Seite zieht er aus den angeführten Texten aber doch die minimalistische Konsequenz, daß die Laien von der Bischofswahl nicht gänzlich auszuschließen sind. Er schwächt den Anteil der Laien an der Wahl, der in den Quellen teilweise als consensus[26], electio[27], confirmatio[28], voluntas[29] und assensus[30] bezeichnet wird, von vornherein generalisierend als „Teilnahme" („interesse") ab[31], die nicht zum Vollzug der Wahl berechtigt, sondern dazu, der Wahl zuzustimmen. Diese abschwächende Tendenz wird bei der weiteren Ausführung über den Konsens der Laien beibehalten, insofern dieser demütig zu leisten ist, womit in etwa die Linie von D.62 c.2 erreicht ist: „Docendus est populus, non sequendus", und lediglich der Feststellung dient, ob der Wunsch des Volkes mit der Wahl der Kleriker übereinstimmt. Er soll durch einmütige Akklamation des Volkes geschehen, die zur Wahl durch die Kleriker hinzukommen muß, damit jemand in rechter Weise zum Bischof bestellt ist. Der Konsens des Volkes bei der Bischofswahl wird also von Gratian näherhin als desiderium und somit als ein Recht charakterisiert, zugleich aber auch als humiliter consentire sowie acclamare in electum, wodurch er geradezu als eine Pflicht des Volkes erscheint.[32] Als Beleg für diese abschwächende Interpretation der Quellentexte und damit als Beweis für die von ihm eingenommene Position zitiert Gratian zwei Zeugnisse, die seines Erachtens den Nachweis dafür liefern, daß es nicht Sache des Volkes ist, den Bischof zu wählen, sondern der Wahl zuzustimmen[33], wobei allerdings der Text Cölestins I. auch den Anteil des Klerus lediglich Konsens nennt: „Cleri, plebisque consensus et desi-

---

[24] D.63 DG p.c.25.
[25] Vgl. R. L. Benson, The Bishop-Elect 33.
[26] D.63 c.9, c.10, c.11, c.12, c.26.
[27] D.63 c.13, c.14, c.20, c.23.
[28] D.63 c.18.
[29] D.63 c.10, c.29.
[30] D.63 c.25.
[31] Vgl. J. B. Sägmüller, Die Bischofswahl bei Gratian 14 f.
[32] Vgl. auch P. Schmid, Der Begriff der kanonischen Wahl 200.
[33] Vgl. das Summarium von D.63 c.26: Plebis non est eligere, sed electioni consentire.

derium requiratur"[34], während umgekehrt der zweite Text von Leo I. den Anteil der Laien an der Bischofswahl gar nicht als Konsens bezeichnet, sondern als vota ciuium, testimonia populorum, honoratorum arbitrium.[35]

Gratian geht dann im dritten und vierten Teil der Distinctio 63 eigens auf den Einfluß der Fürsten bzw. der Kaiser und Könige bei der Bischofswahl ein, deren Sonderrechte nach seiner Ansicht wegen der Gefahr von Häresien und Schismen eingeführt wurden und dem Ziele dienten, die kirchlichen Wahlen durch die staatliche Autorität vor dem Zugriff der Häretiker und Schismatiker zu schützen und zugleich den Fürsten Gelegenheit zu geben, als ergebene Söhne dem Gewählten als ihrem geistlichen Vater ihre Zustimmung zu bezeugen und ihm in allem beizustehen.[36] Als Beleg dient das Papstwahldekret der römischen Synode von 898.[37]

Nachdem Gratian auf diese Weise die gesetzliche Stellung der Fürsten in kirchlichen Wahlen als bloße Zustimmung sehr niedrig angesetzt und auf das Niveau des Konsensrechtes des Volkes reduziert hat[38], stellt er fest, daß die Kaiser im Laufe der Zeit ihre Privilegien mißbraucht und sich nicht mit einer Zustimmung zur Wahl begnügt haben, sondern eigenmächtig Bischofsstühle besetzen wollten. Darum seien Gesetze erlassen worden, die einen Wahleingriff der Fürsten ablehnten. Die Papstwahlen habe man zwar zuletzt in Anwesenheit kaiserlicher Legaten durchgeführt, jedoch ohne diese zu befragen. Schließlich hätten die Kaiser von frommem Geist erfüllt auf ihre Privilegien verzichtet und die Kirche mit reichen Geschenken bedacht.[39] Als Beweis führt Gratian

---

[34] D.63 c.26.

[35] D.63 c.27. Gratian bricht das Zitat aus dem Brief Leos I. an die Bischöfe der Provinz Vienne unmittelbar vor dem bedeutsamen Prinzip des kirchlichen Wahlrechts ab: „Qui praefuturus est omnibus, ab omnibus eligatur" (PL 54,634), das Gratian nur in stark eingeschränkter Form in sein Dekret aufnimmt: „...ille (i.e. archiepiscopus) qui preest ab omnibus episcopis, quibus preest debet constitui." (D.66 c.1 § 1)

[36] D.63 DG a.c.28: „...Representabatur ergo electio catholicorum principibus, ut eorum auctoritate roborata nullus hereticorum uel scismaticorum auderet contraire, et ut ipsi principes tamquam deuotissimi filii in eum consentirent, quem sibi in patrem eligi uiderent, et ei in omnibus suffragatores existerent..."

[37] D.63 c.28. Vgl. dazu F. X. Funk, Das Papstwahldekret in c.28 Dist. 63: Kirchengeschichtliche Abhandlungen und Untersuchungen I 460–478.

[38] Vgl. J. B. Sägmüller, Die Bischofswahl bei Gratian 16.

[39] D.63 DG a.c.29: „Verum, quia inperatores quandoque modum suum ignorantes non in numero consentientium, sed primi distribuentium, immo exterminantium esse uoluerunt, frequenter etiam in hereticorum perfidiam prolapsi catholicae matris ecclesiae unitatem inpugnare conati sunt, sanctorum Patrum statuta aduersus eos prodierunt, ut semet electioni non insererent, et quisquis eorum suffragio ecclesiam

mehrere Texte an, in denen frühmittelalterliche Kaiser eine kanonische Wahl garantieren[40], und als Ergebnis hält er fest, daß auf Grund der genannten Quellen die Kaiser auf jene Sonderrechte verzichtet hätten, die Papst Hadrian dem Kaiser Karl und Papst Leo dem deutschen König Otto I.[41] in bezug auf die Papstwahl zugestanden hätten.[42] Nach Gratian verbleiben also den Fürsten keinerlei Rechte mehr in kirchlichen Wahlen, auch nicht dem deutschen König, dem das Wormser Konkordat 1122 Präsenz bei der Wahl zuerkannt hatte.[43]

Die Lehre Gratians zielt auf völligen Ausschluß der staatlichen Macht von der Bischofswahl, während sie auf den Konsens „des gläubigen Volkes"[44] bei der rechtmäßigen Bestellung eines Bischofs nicht verzichtet, ohne ihn allerdings an dieser Stelle noch einmal aufzugreifen oder gar zu präzisieren. Gratian bricht vielmehr seine umfangreiche Erörterung über den Anteil der Laien an der Bischofswahl ohne eine zusammenfassende positive Darstellung des verbleibenden Laienelementes ab und zieht aus dem bisherigen Beweisgang das Fazit, daß die Wahl ausschließlich Sache der Kleriker ist, um sich noch kurz der Frage zuzuwenden,

---

obtineret anathematis uinculo innodaretur... Postremo presentibus legatis inperatorum et inconsultis electiones Romanorum Pontificum leguntur celebratae, et tandem idem inperatores religioso mentis affectu prefatis priuilegiis renunciauerunt, multa insuper donaria ecclesiae Dei conferentes."

[40] D.63 c.29: Inconsultis legatis inperatoris Adrianus (II.) ad Pontificatum eligitur; c.30: Romani Pontificis electio a Lodoico Romanis conceditur; c.31: Electio et consecratio Romani Pontificis non nisi iuste et canonice fieri debet; c.32: Ab inperatore uel nunciis eius electioni Romani Pontificis nullum generetur obstaculum; c.33: Iuramentum Ottonis, quod fecit domino Papae Iohanni; c.34: Liberum sit clero et populo de propria diocesi episcopum eligere. E. Friedberg führt c.31 und c.32 in seiner Dekretausgabe als Paleae (Sp.245), bemerkt dazu aber jeweils: „..dubitemus num inter paleas sit computandus." (Sp.245 f Anm.342 und Anm.344; ähnlich auch Sp. XIII f). Das von J. Rambaud erstellte Verzeichnis (Histoire du Droit et des Institutions VII 109) nennt D.63 c.31 und c.32 jedoch nicht. Auch in den von H. Zapp bekanntgemachten Paleae-Listen (Hss. Freiburg, Universitätsbibliothek 169; Bamberg Can.15 fol.309va–314ra), die bisweilen erheblich voneinander abweichen, sind sie nicht enthalten (Paleae-Listen des 14. und 15. Jahrhunderts: ZSavRGkan 59 (1973) 83–111). Über die Paleae im Dekret Gratians s. außer den genannten Arbeiten auch J. Rambaud, L'étude des manuscrits du Décret de Gratien conservés en France: StG I 133–139; dies., Les paleae dans le Décret de Gratien: Proceedings of the Second International Congress of Medieval Canon Law 23–44.

[41] Vgl. oben 2.1 Anm. 20.

[42] D.63 DG p.c.34: „Ex his constitutionibus et pacto Lodowici inperatoris deprehenditur, inperatores illis renunciasse priuilegiis, que de electione summi Pontificis Adrianus Papa Karolo inperatori, et ad imitacionem eius Leo Papa Ottoni I. regi Theutonicorum fecerat."

[43] Vgl. oben 1.2 Anm. 68.

[44] Vgl. D.63 DG p.c.25: „fidelis populi".

welche Kleriker die Bischofswahl vorzunehmen haben: nur die Kleriker der Kathedralkirche[45] oder auch alii religiosi der Stadt? Seine Antwort lautet: Wie die Papstwahl nicht allein von den Kardinälen vorgenommen wird, sondern auch von alii religiosi clerici, so sind auch die Bischöfe nicht ausschließlich von den Kanonikern, sondern unter Mitwirkung von alii religiosi clerici zu wählen[46], wie es Innozenz II. auf dem 2. Laterankonzil unter Androhung des Anathems festgelegt hat.[47] Wer mit diesen alii religiosi gemeint ist, und wie sich deren Mitwirkung bei der Wahl gestalten soll, gibt Gratian nicht an.[48] Er klärt abschließend lediglich die Frage, was bei einer zwiespältigen Wahl zu geschehen hat.[49] Unter Berufung auf Leo den Großen erkennt er die Entscheidung dem Metropoliten zu und setzt sich damit über das Wormser Konkordat hinweg, das dieses Recht ggf. dem deutschen König einräumte.[50] Obwohl die gestellte Frage damit beantwortet ist, setzt Gratian das Zitat Leos des Großen fort: „tantum

---

[45] Gratian behauptet, zwei frühere Konzilien hätten die Wahl des Bischofs durch den Klerus der Kathedrale für hinreichend erklärt: „. . . Sed (sicut in breuiatione canonum Fulgentii, Cartaginensis ecclesiae diaconi, inuenitur) septimo concilio Nicensi et Macerensi concilio statutum est, ut ad eligendum episcopum sufficiat ecclesiae matricis arbitrium. . ." (D. 63 DG p.c.34). Es sind aber die beiden Synoden mit der ihnen von Gratian zugeschriebenen Bestimmung nicht zu identifizieren (vgl. J. B. Sägmüller, Die Bischofswahl bei Gratian 18 f Anm. 4; K. Ganzer, Die Beschränkung der Bischofswahl auf die Domkapitel: ZSavRGkan 57 (1971) 37). Das 2. Nizänum (787) jedenfalls enthält nicht den ihm zugeschriebenen Canon, sondern reserviert die Wahl eines neuen Bischofs den Konprovinzialbischöfen (s. oben 1.2 Anm. 41). Von den Dekretisten ist der Irrtum Gratians nicht erkannt worden (s. unten 2.5.10).
[46] „. . . Nunc autem sicut electio summi Pontificis non a Cardinalibus tantum, immo etiam ab aliis religiosis clericis auctoritate Nicolai Papae est facienda, ita et episcoporum electio non a canonicis tantum, sed etiam ab aliis religiosis clericis, sicut in generali sinodo Innocentii Papae Romae habita constitutum est." (D.63 DG p.c.34). Über die exemplarische Bedeutung der Papstwahl für den Wählerkreis bei der Bischofswahl vgl. J. B. Sägmüller, Die Papstwahl durch das Kardinalskolleg als Prototyp der Bischofswahl durch das Domkapitel: ThQ 97 (1915) 321–336.
[47] Das Summarium von D.63 c.35 lautet: „Absque religiosorum uirorum consilio canonici maioris ecclesiae episcoporum non eligant." Im Unterschied zur Exkommunikation, die nach Gratian nur von der brüderlichen Gemeinschaft trennt (C.3 q.4 c.12), reißt das Anathem vom Leib Christi, der Kirche, los. (K. Weinzierl, Kirchliche Strafen im Dekret Gratians: Ecclesia et Ius 689)
[48] Vgl. K. Ganzer, Zur Beschränkung der Bischofswahl auf die Domkapitel: ZSavRGkan 57 (1971) 37.
[49] D.63 DG a.c.36: „Nunc ergo queritur, si uota eligentium in duas se diuiserint partes, quis eorum sit preferendus alteri?"
[50] D.63 c.36: „Si forte, quod nec reprehensibile, nec inreligiosum iudicamus, uota eligentium in duas se diuiserint partes, is metropolitani iudicio alteri preferatur, qui maioribus iuuatur studiis et meritis. ." Den einschlägigen Text des Wormser Konkordates s. oben 1.2 Anm. 68.

ut nullus detur inuitis et non petentibus, ne plebs inuita episcopum non optatum contempnat, aut oderit."[51]

Mit diesem fundamentalen Grundsatz des kirchlichen Wahlrechts, den Gratian seinem Traktat über die Wählerschaft des Bischofs vorangestellt hatte[52], schließt er diesen auch ab und erhärtet damit zumindestens indirekt seine frühere Aussage, daß die Laien nicht völlig von der Wahl auszuschließen sind.[53]

Welche Rolle der Anteil der Laien, im Dekret Gratians als Konsens bezeichnet, bei der Wahl spielt, wird zwar auch am Ende der Distinctio 63 nicht ausgesprochen, kann nunmehr aber wenigstens annähernd aus dem erschlossen werden, was Gratian unter Wahl versteht, da diese beiden Begriffe wegen ihrer engen Verbindung untereinander sich gegenseitig bedingen.[54] Aus c.35 und c.36 geht hervor, daß das vieldeutige Wort electio[55], das in der Geschichte einem starken Bedeutungswandel unterlegen ist, bei Gratian nicht mehr wie in der Zeit vor ihm im Sinne von zustimmen gemeint ist, sondern sich dem modernen Sprachgebrauch im Sinne von abstimmen nähert. Wenn allein den Kanonikern und den übrigen religiosi clerici der Stadt das Wahlrecht zugesprochen wird[56] und es bei der Wahl zur Stimmenteilung kommen kann[57], dann setzt das eine Abstimmung voraus, wenn auch die Form des Wahlverfahrens nicht ersichtlich wird. Von diesem Verständnis der Wahl, die nach Gratian den Klerikern vorbehalten ist, fällt ein Licht auf den Begriff des Konsenses, dem Gratian an keiner Stelle eine spezifische Wirkung zuschreibt, so daß es sehr fraglich erscheint, ob der Konsens des Volkes für die Bestellung des Bischofs noch eine konstitutive Bedeutung hat[58] wie in früheren Zeiten etwa bei der electio per inspirationem, bei der Konsens durch Akklamation und Wahl zusammenfallen[59], wie das berühmte Beispiel

---

[51] D.63 c.36.
[52] Vgl. D.61 c.13.
[53] Vgl. D.63 DG p.c.25.
[54] Vgl. G. Bartelink, „Electio" und „consensus" im christlichen Sprachgebrauch (bis etwa 600): Concilium 8 (1972) 556–559.
[55] Zur Zeit des Investiturstreits lassen sich allein drei Hauptbedeutungen des Wortes unterscheiden: „electio steht einmal für Wahl im Sinne von Auswahl, dann für Wahl im Sinne von Erwählung, Einsetzung, endlich für Wahl im Sinne von Huldigung (laudatio). . Die acclamatio des nachwählenden Klerus und Volkes ist noch ebenso gut electio als die petitio oder Vorwahl des Königs oder eines Kreises bevorzugter Wähler." (P. Schmid, Der Begriff der kanonischen Wahl 14 f)
[56] Vgl. D.63 c.35.
[57] Vgl. D.63 c.36.
[58] Vgl. G. v.Below, Die Entstehung des ausschließlichen Wahlrechts der Domkapitel 7 f; R. L. Benson, The Bishop-Elect 35 f.
[59] Vgl. E. H. Kantorowicz, Laudes regiae 118 ff.

der Wahl des Ambrosius zum Bischof von Mailand zeigt[60], das Gratian zwar wiederholt anführt[61], mit dem er sich aber unter dieser Rücksicht nicht befaßt.

Zusammenfassend läßt sich über den Anteil der Laien an der Bischofswahl im Dekret Gratians sagen[62]:

a) Die rechtmäßige Bestellung der Bischöfe umfaßt außer der Konsekration[63] zwei Elemente: Wahl durch den Klerus, näherhin durch die Kanoniker und übrigen religiosi clerici der Stadt, und Konsens durch das Volk.

b) Den Fürsten und Königen kommt keine Beteiligung an der Wahl mehr zu.

c) Das gläubige Volk ist von der Bischofswahl nicht auszuschließen, sondern hat durch Akklamation seine Zustimmung zur Wahl zu geben, damit feststeht, daß Wunsch des Volkes und Wahl der Kleriker übereinstimmen.

d) In jeweils verschiedenem Zusammenhang führt Gratian am Anfang und am Ende seines Traktates über die Bischofswahl das allgemein anerkannte Prinzip des kirchlichen Wahlrechts an, wonach dem Volk nicht gegen seinen Willen ein Bischof aufgezwungen werden darf.

---

[60] Vgl. Paulinus, Vita S. Ambrosii 6: „Per idem tempus, mortuo Auxentio Arianae perfidiae episcopo. . cum populus ad seditionem surgeret in petendo episcopo, essetque illi cura sedandae seditionis, ne populus civitatis in periculo sui verteretur, perrexit ad ecclesiam: ibique cum alloqueretur plebem, subito vox fertur infantis in populo sonuisse Ambrosium episcopum. Ad cuius vocis sonum totius populi ora conversa sunt, acclamantis Ambrosium episcopum; ita qui antea turbulentissime dissidebant, quia et Ariani sibi et Catholici sibi episcopum cupiebant, superatis alterutris, ordinari, repente in hunc unum mirabili et incredibili concordia consenserunt." (PL 14,28 f)

[61] Vgl. D.61 DG a.c.9 § 1; D.61 DG p.c.11; D.63 DG p.c.25; D.63 DG a.c.28.

[62] Wie weit Gratian mit dem Programm der gregorianischen Reform, deren zentrale Anliegen er in seinem Dekret aufgegriffen hat, im einzelnen übereinstimmt, ist eine außerordentlich komplexe Frage, die auch in bezug auf die Bischofswahl einer eigenen Untersuchung bedarf (vgl. R. L. Benson, The Bishop-Elect 34 f Anm.60). Von den 23 Texten aus Briefen und Erlassen Papst Gregors VII., die Gratian in sein Dekret aufgenommen hat, betrifft keiner die Bischofswahl (vgl. J. Gilchrist, The Reception of Pope Gregory VII. into the Canon Law (1073–1141): ZSavRGkan 59 (1973) 66 ff). In sich widersprüchlich ist die Ansicht J. B. Sägmüllers, der einerseits behauptet, Gratian habe durch seine Lehre die von Gregor VII. erhobene Forderung: „Clerus et populus eligat!" vollständig verneint (Die Bischofswahl bei Gratian 17), der anderseits aber Gratian auch in der Wahlrechtsfrage einen „ausgesprochenen Gregorianer" nennt (a.a.O. 19).

[63] Gratian handelt über die Konsekration in D.64 und D.65.

2.2. Die Anfänge der Dekretistik in der Schule von Bologna (1145–1175)

Das Dekret Gratians bildet nicht nur den Abschluß einer rechtsgeschichtlichen Epoche[1], deren kompilatorische und konziliatorische Tätigkeit es systematisch zusammenfaßt, sondern leitet auch eine neue Entwicklung ein[2], insofern es in der Dekretistik selbst Gegenstand wissenschaftlicher Bearbeitung wird. Wie die Lehre Gratians über den Anteil der Laien an der Bischofswahl in den Werken der Dekretisten[3] kommentiert und weitergeführt wird, ist im Folgenden näher zu untersuchen.

2.2.1. Paucapalea[4],

Schüler Gratians und Verfasser der ersten Summe zum Dekret[5] (1140/48), kommt in seinen Ausführungen über die Bischofswahl entsprechend der Anlage seines Werkes nur flüchtig auf den Wählerkreis und die Rolle der Laien bei der Wahl zu sprechen. In Anlehnung an Gratian stellt er zu D.62 in lakonischer Kürze fest:

(D.62) „Electio episcopi clericorum est, consensus plebis et laicorum[a)], ut Leo et Coelestinus aiunt."[6]

a) et laicorum *om.* W.

Laien dürfen an der Wahl nur teilnehmen, um ihren Konsens auszudrücken, heißt es zu D.63:

(D.63) „Laici vero electioni nullo modo se inserere[a)] debent, nisi ad consensum praebendum, ut in cap. illo (1) nullus laicor."[7]

a) electioni nullo modo se inserere] nullo modo electioni interesse W.

In welcher Form die Konsensabgabe geschieht, wird jedoch nicht ersichtlich, obwohl Paucapalea folgende Dekretale Papst Eugens III.[8] anführt, um den Vorgang der Bischofswahl zu illustrieren:

---

[1] Gegen die Ansicht R. Sohms, der im Dekret Gratians ausschließlich das Ende einer Entwicklung sieht (Das altkatholische Kirchenrecht und das Dekret Gratians 3–61), s. die Kritik von U. Stutz: ZSavRGkan 8 (1918) 240 und F. Gillmann, Einteilung und System des Gratianischen Dekretes: AkathKR 106 (1926) 472–574.
[2] Vgl. A. M. Stickler, Historia Iuris Canonici Latini I 201.
[3] Vgl. C. Lefèbvre, Histoire du Droit et des Institutions VII 266–305.
[4] Über Paucapalea s. F. Maassen, Paucapalea: SAW 31 (1859) 449–516; J. F. v.Schulte, Die Geschichte der Quellen und Literatur I 109–114; S. Kuttner, Repertorium 125 ff; R. Naz, Paucapalea: DDC VI 1268 f; S. Kuttner, Bernardus Compostellanus Antiquus: Tr 1 (1943) 280 Anm. 9; K. Weinzierl, Paucapalea: LThK VIII 197.
[5] Ausgabe: J. F. v. Schulte, Die Summa des Paucapalea über das Decretum Gratiani, Gießen 1890 (Aalen 1965); Hs. Worcester Q.70 fol. 97–173 (W).
[6] Ausg. Schulte 39; W fol. 116rb.
[7] Ausg. Schulte 39; W fol. 116rb.
[8] Vgl. Collectio Lipsiensis: Quinque Compilationes Antiquae nec non Collectio Canonum Lipsiensis 197; Jaffé 9658.

(D.63 c.2) „Iustitiae ratio exigit et antiqua[a] ecclesiae consuetudo obtinuit, ut defuncto cuiuslibet ciuitatis episcopo clerici iuxta sanctorum patrum decreta in unum conueniant atque spiritus sancti gratia inuocata honestam personam sibi in pastorem concorditer[a] eligant. Electio autem celebrata romano pontifici sive metropolitano proprio cum electorum subscriptionibus repraesentanda est, ut[b] illius iudicio, cuius interest manum ei consecrationis imponere, si idonea est, approbetur, si minus canonica, reprobetur."[9]

[a] om. W; [b] ut] in W.

In dieser Schilderung finden die Laien keine Erwähnung. Während die Wahl der Kleriker anschließend der Bestätigung durch den Papst oder Metropoliten bedarf, ist von einer Stellungnahme des Volkes etwa in Form des Konsenses überhaupt keine Rede, was auf völlige Bedeutungslosigkeit des Konsensrechtes schließen läßt.

Festzuhalten ist jedoch die grundlegende Aussage der von Paucapalea zitierten Dekretale über das Recht auf Bischofswahl, das als Erfordernis der Gerechtigkeit bezeichnet und auf alte kirchliche Gewohnheit zurückgeführt wird.

2.2.2. Die Summa „Sicut uetus testamentum"[10] (1148/59)

übernimmt wortwörtlich[11] wie auch in anderen Fällen[12] die Darstellung über die Bischofswahl von Paucapalea[13], so daß sich eine Wiedergabe des Textes erübrigt.

2.2.3. Die Summa „Ius aliud diuinum"[14] (1148/59)

faßt in ihrem streng summierenden Stil[15] das Bischofswahlrecht wie folgt zusammen:

---

[9] Ausg. Schulte 39 f; W fol. 116va.

[10] Hs. Firenze B. N. Conv.soppr.G IV 1736 fol.1–64v (F); vgl. dazu S. Kuttner, Bernardus Compostellanus Antiquus: Tr 1 (1943) 279 Anm.1; ders.: Tr 11 (1955) 435 und 440; 13 (1957) 465; 15 (1959) 452.

[11] Vgl. F fol.11ra.

[12] Vgl. J. Zeliauskas, De excommunicatione vitiata S. XXV und 5* f; F. Liotta, La continenza dei chierici 42 f Anm.40.

[13] Vgl. oben 2.2.1.

[14] Hs. Milano H.94 sup. fol.73r.74–80v.81v (M); fol.73v und 81r sind nicht beschrieben! Das Summenfragment endet: „.. Set si ignorante domino licet ei intra anni spartium (!) seruilem fortunam probare et seruum suum recipere uerum si non clericus set" (fol. 81vb). In den Angaben S. Kuttners (Tr 11 (1955) 440) wird fol.81v ausgelassen.

[15] Vgl. R. Weigand, Die Naturrechtslehre 143 Anm. 7.

„Set alii pontifices a canonicis maioris ecclesie nec non religiosis parrochie clericis et consensu totius cleri[a], principis et populi de eadem ecclesia, ut supra diximus, uel parrochia sunt eligendi habita tamen consideratione, ne populus et princeps ita se eleccioni interserant, ut preire uelint, non subsequi. Principis enim uel populi non est eligere, set eleccioni[b] consentire... Quid si uota eligentium in duas se diuiserint partes? Is iuditio metropolitani est preferendus, qui maioribus iuuatur studiis et meritis ita tamen, ut nullus episcopus[c] detur inuitis."[16]

[a] clerici M; [b] eleccionis M; [c] nullis episcopis M.

Außer der Wahl durch die Kanoniker der Kathedralkirche und durch religiosi clerici der Pfarrei verlangt diese aus der Schule Paucapaleas stammende Summe den Konsens des gesamten Klerus, des Fürsten und des Volkes der betreffenden Kirche. Daß Konsens lediglich die Zustimmung zur erfolgten Wahl bedeutet, geht aus dem ausdrücklichen Hinweis hervor, darauf zu achten, daß Volk und Fürst sich nicht in der Weise einschalten, daß sie vorher auf die Wahl Einfluß nehmen, da sie nicht zu wählen, sondern der Wahl zuzustimmen haben. Bei der Papstwahl erkennt der Autor jedoch den Laien – wenn auch zahlenmäßig nur wenigen – entsprechend dem Dekret Nikolaus II.[17] für den Fall, daß die Wahl wegen Behinderung außerhalb Roms stattfinden muß, ein Teilnahmerecht zu:

„Eleccio a cardinalibus episcopis et religiosis clericis et catholicis laicis licet paucis extra urbem, ubi conuenerint, fiat.."[18]

Ohne die jeweilige Rolle zu beschreiben, werden Kardinalbischöfe, religiosi clerici und katholische Laien in einer Linie nebeneinander als Teilnehmer an der Papstwahl genannt.

2.2.4. Die Summa Alenconensis[19] (1153/59),

die wie die beiden vorhergehenden ebenfalls von Paucapalea abhängt, kommentiert nur zwei Stellen der D.63: Zum DG p.c.34, das aus den zahlreichen Quellen den Verzicht der Kaiser auf ihre Privilegien bei

---

[16] M fol.77va/b.
[17] Vgl. D.23 c.1 § 5.
[18] M fol.77va.
[19] Hs. Alençon 134 (133) fol. 163–196v (A). Die von J. F. v. Schulte vertretene (SAW 59 (1868) 452) und von S. Kuttner zunächst übernommene (Repertorium 125 und 133) Ansicht, es handele sich in dieser Handschrift um die Summe des Paucapalea, hat sich nach einer Mitteilung S. Kuttners als irrtümlich erwiesen: „the work proves to be a more elaborate Summa, although based to a considerable extent on the text of Paucapalea." (Tr 15 (1959) 452). Die Entstehungszeit um die Mitte der fünfziger Jahre ergibt sich daraus, daß einerseits das Sentenzenwerk des Petrus Lombardus, der

kirchlichen Wahlen folgert, stellt sie fest, daß hier aus den angeführten Texten aber nicht entnommen werde, was den Kaisern eingeräumt und an anderer Stelle auch dargestellt sei, nämlich die Investitur der Bischöfe:

(D.63 DG p.c.34) v. deprehenditur: „Set non deprehenditur illud, quod concessum est infra Di.e. c.In sinodo (c.23) scilicet quod inperatores habebant inuestituras episcoporum. Set quod minus hic dicitur, supplet infra, contra xvi. q.vii. Quoniam (c.13)."[20]

Beim Grundsatz, daß dem Volk nicht gegen seinen Willen ein Bischof aufgezwungen werden soll, unterscheidet diese unzusammenhängende Summe zwischen einem begründeten und unbegründeten Widerspruch sowie mit Verweis auf D.79 c.8[21] zwischen Dissens bei der Wahl und bei der Weihe:

(D.63 c.36) v. inuitis: „Set refert ratione an non contradicant, item infra Di.lxxix. Si duo (c.8) contra, set aliud in eligendo aliud in ordinando."[22]

2.2.5. Roland Bandinelli,

der spätere Papst Alexander III.[23], bietet in seinem vor 1148 verfaßten Stroma[24] zum ersten Dekretteil lediglich eine knappe Inhaltsangabe[25], in der er für die Bischofswahl den Grundsatz Cölestins I. festhält, wonach das Volk zu belehren, ihm aber nicht zu folgen ist:

(D.62) „A quibus eligendi vel consecrandi sint episcopi, et quod docendus sit populus non sequendus."

(D.63) „Utrum laici debeant electionibus episcoporum interesse, et qualiter sunt exclusi imperatores, quive ipsis Romanis pontificibus de regalibus concesserunt, et si vota eligentium fuerint diversa."[26]

---

namentlich genannt wird (A fol. 189va), dem Verfasser bekannt ist, daß anderseits die Dekretsumme Rufins aber noch keine Berücksichtigung findet (P. Landau, Jus Patronatus 8 f).

[20] A fol.171rb.
[21] D.79 c.8: „Si duo forte contra fas temeritate concertancium fuerint ordinati, nullum ex eis futurum sacerdotem permittimus, sed illum solum in sede apostolica permansurum censemus, quem ex numero clericorum noua ordinatione diuinum iudicium et uniuersitatis consensus elegerit."
[22] A fol.171rb.
[23] Zur Bibliographie s. A. Van Hove, Prolegomena 434 Anm.2; M. Pacaut, Alexandre III., Paris 1956; ders., Roland Bandinelli: DDC VII 702–726; G. Schwaiger, Alexander III.: LThK I 315 f (mit weiterer Literatur).
[24] Ausgabe: Die Summa Magistri Rolandi nachmals Papstes Alexander III., hrsg. v. F. Thaner, Innsbruck 1874 (Aalen 1962).
[25] S. Kuttner, Repertorium 128.
[26] Ausg. Thaner 9.

2.2.6. Die *Summa Turicensis*[27],

die von Roland Bandinelli abhängig, aber von einem anderen Autor eigenständig verfaßt ist, gibt sich nicht damit zufrieden, daß in der Summe Rolands der erste Teil nur rubrikenmäßig abgetan wird, sondern behandelt ihn, wenn auch ebenfalls nur kurz und auszugsweise, so doch selbständig und in neuer Form.[28] Die Darstellung über die Bischofswahl geht nicht eigentlich auf eine glossierende Tätigkeit zurück, die sich reflektierend oder interpretierend mit dem gegebenen Legalstoff beschäftigt, sondern ist epitomierender Natur, insofern sie aus dem Dekret Gratians eine Textauswahl trifft und diese Auszüge in Form einer Abbreviation wiedergibt.[29] Aufschlußreich ist daher lediglich, welche Texte aus der Vorlage übernommen und welche außer acht gelassen sind[30], um die Akzentsetzung des Verfassers zu erkennen. Nach Übernahme des Dictum „Electio clericorum est, consensus plebis" und der Briefstelle

---

[27] Die Hs. Zürich C.97 II (Z) enthält fol.5–64: Pars II; fol.64v–73: Pars I; fol.73–76: Pars III. Zu dieser Handschrift s. L. C. Mohlberg, Mittelalterliche Handschriften. Katalog der Handschriften der Zentral-Bibliothek Zürich I 51 und 359.

[28] A. M. Stickler, Iter Helveticum: Tr 14 (1958) 466 ff.

[29] Nach S. Kuttner spricht man von einer „Abbreviatio", wenn der Epitomator sich unter Wahrung der systematischen Ordnung seiner Vorlage auf Auswahl, Verkürzung und Umstellung von Quellenstücken beschränkt, während im Falle der Verwendung von Texten zum Aufbau einer systematisch völlig abweichenden Quellensammlung von „Transformatio" die Rede ist (Repertorium 257). Eine noch „einfachere Literaturgattung" als die Dekretabbreviationen bilden der ,Flores decreti' scil. Gratiani „Humanum duobus regitur" in der Hs. Wien 2163 fol. 1–24ra, die aus dem Wahlrecht des Dekrets ihrem Titel entsprechend nur einige „Stilblüten" enthalten: (D.62) „Docendus est populus non sequendus. Celestinus papa." (D.63) „Clerici plebisque consensus et desiderium requiratur. Leo papa. Vota ciuium, testimonia populorum, honoratorum arbitrium, eleccio clericorum in ordinacionibus sacerdotum constituantur. In sinodo Innocentii pape. Obeuntibus sane episcopis ultra tres menses uacare ecclesiam sanctorum patrum prohibent sancciones. In Niceno contra." (fol.3vb). Daß die Dekretistik sich auch der Poesie bedient hat, beweisen das Decretum Gratiani abbreviatum in versibus in der Hs. Kremsmünster 168 fol.67rb–79 sowie das Decretum versificatum in der Hs. Bamberg Can.48 fol.175rb–176, eine versifizierte Inhaltsangabe der beiden ersten Teile des Dekrets, mit folgenden Zeilen über die Bischofswahl:
„..Ambrosius, Nicholaus in hac laicusque seuerus
   Presulat ecclesie fiat de corpore presul
   Non recipit laicos electio presulis ullos
   Id quod secunda probat nec non id tercia laudat.." (fol.175va)
Weitere epitomierende Schriften zum Dekret (Exzerpt, Abbreviation, Versifikation) s. bei M. Bertram, Some Additions: BMCL 4 (1974) 12 f und 15.

[30] Im einzelnen übernimmt die Summa Turicensis aus dem Dekret Gratians wörtlich folgende Texte über die Bischofswahl: D.62 pr. (Electio clericorum est, consensus plebis); c.1 (..collatum); c.3; D.63 pr.; c.7; DG a.c.28; c.28; DG a.c.29; c.29; c.30; DG p.c.34; c.35; DG a.c.36; c.36.

Leos des Großen über die drei Elemente bei der Bischofsbestellung[31] bringt die Summa Turicensis lediglich die Inscriptio zum ersten Teil der D.63: „Laici uero nullo modo se debent electioni inserere" mit einer dazugehörenden Belegstelle[32], ohne den zweiten Teil mit den Texten, die die Mitwirkung der Laien bei der Bischofswahl vorsehen[33], zu berücksichtigen und DG p.c.25 mit der Harmonisierung Gratians zu beachten. Das Interesse des Autors gilt eindeutig dem dritten und vierten Teil der Distinctio 63[34], deren Texte in großem Umfang übernommen werden: Offensichtlich ein Zeichen dafür, daß die Rechte der Fürsten bei der Bischofswahl und die Ausschaltung ihres Einflusses als Problem und drängendes Anliegen betrachtet werden.

2.2.7. Die Abbreviatio decreti „Exceptiones evangelicarum"[35]

zeigt die gleiche Tendenz. Nach der Gegenüberstellung einiger ausgewählter Quellen, die teils die Mitwirkung des Königs bei der Bischofswahl verbieten und teils sie verlangen, referiert diese Abbreviation die Interpretation Gratians über Ursprung und Verlust der Mitwirkungsrechte der staatlichen Autorität:

(D.63) „Laici electioni pontificum se ipsos non inserant. Nicolaus: Apostolica auctoritate non regio fauore episcopus est eligendus. Ex ui sinod.: Irrita sit electio episcopi a principibus facta. Econtra Gregorius Iohanni episcopo[a] scribit: Voluntas principis in ordinatione desideratur pontificis. Gelasius: In electione episcopi populus adesse debet. Item Stephanus: Imperatoris epistola in electionis confirmatione desideratur. Leo papa: Electio Romani pontificis ad ius pertinet imperatoris. Solutio: Representabatur quondam electio pontificum principibus, ut eorum auctoritate roborata[b] nullus hereticorum uel scismaticorum auderet contraire[c]. Verum quia imperatores quandoque modum suum ignorantes catholice matris unitatem impugnare conati sunt, scismaticorum patrum statuta prodierunt, ut et semet electioni non insererent et quisquis eorum suffragio ecclesiam obtineret anathematis uinculo innodaretur. Vnde

---

[31] Z fol.70v.
[32] Z fol.70v.
[33] Vgl. D.63 c.9–c.25.
[34] Vgl. D.63 DG a.c.28–c.36, von denen lediglich c.31–c.33 ausgelassen sind.
[35] Hss. Wien 2221 fol. 62v–120v (Wa): vgl. S. Kuttner, Repertorium 260; Wien 2179 (Wb): ist überschrieben „Liber distinctionum" und beginnt mit den Worten des Dekrets „Humanum genus duobus regitur." Zur literarischen Form der Abbreviation s. S. Kuttner, Repertorium 257 ff.

40

Lodowicus et Otto imperatores renuntiauerunt illis priuilegiis, que de electione summi pontificis Adrianus papa Karolo et ad imitationem eius Leo papa Ottoni primo regi theutonicorum fecerat. Ex concilio Africano[d]: Ad eligendum pontificem sufficiat ecclesie matricis[e] arbitrium. Verum hec constitutio auctoritate Nicolai et Innocentii abrogata est, qui ita decreuerunt. Absque religiosorum uirorum consilio canonici maioris ecclesie non eligant. . ."[36]

[a] episcopo *om.* Wb; [b] roborate Wa; [c] contraire] eis communicare Wb; [d] Ex concilio Africano] Econtra Africanus Wb; [e] matris Wb.

Den Texten im Dekret Gratians über die Teilnahme des gläubigen Volkes an der Bestellung des Bischofs schenkt diese Abbreviation keine Beachtung. Der Rat der religiosi viri soll jedoch von den wählenden Kanonikern eingeholt werden.

2.2.8. Omnibonus[37],

der etwa zur gleichen Zeit wie Roland Bandinelli in Bologna wirkt und der einzige namentlich bekannte Verfasser einer Dekretabbreviation ist, legt in diesem seinem (1156 entstandenen ?) Werk zum Wahlrecht einen Auszug aus dem Dekrettext[38] ohne jede paraphrasierende oder annotierende Tendenz vor. Im Unterschied zu anderen Abbreviationen, die gegenüber den Dicta Gratiani teilweise sehr frei verfahren und „sie bisweilen durch eigene summierende, distinguierende, solvierende Paragraphen ersetzen"[39], erfaßt Omnibonus von D.62 und D.63 des Dekrets

---

[36] Wa fol. 75v.
[37] Über Omnibonus und die von ihm verfaßte Abbreviatio decreti s. J. F. v.Schulte, Die Geschichte der Quellen und Literatur I 119 ff; S. Kuttner, Repertorium 259 f; A. M. Landgraf, Einführung in die Geschichte der theologischen Literatur 66 f; W. M. Plöchl, Geschichte des Kirchenrechts II 507; L. Ott, Omnebene: LThK VII 1154; M. Bertram, Some Additions: BMCL 4 (1974) 12; A. Vetulani-W. Uruszczak, L'œuvre d'Omnebene dans le Ms 602 de la Bibliothèque municipale de Cambrai: Proceedings of the Fourth International Congress of Medieval Canon Law 11–26.
[38] Die Abbreviatio decreti des Omnibonus (Hss. Paris B.N.lat.3886; Köln W f.248), die Pars I in 26 (!) Distinctiones einteilt (vgl. die Tabelle für D.1–8 und D.26 bei J. F. v. Schulte, Die Geschichte der Quellen und Literatur I 250 f), erfaßt in D.21 (zum Teil gekürzt) folgende Dekretstellen über die Bischofswahl: D.62 pr., c.1, DG p.c.2, c.3; D.63 pr., c.1, c.6, c.7, c.8, DG p.c.8, DG a.c.9, c.10, c.13, c.18, c.19, c.20, DG p.c.25, c.12 (!), c.27, DG a.c.28, DG a.c.29, c.30, c.33, DG a.c.35, c.35, DG a.c.36, c.36. Auffällig ist die Einordnung von D.63 c.12: Während Gratian diesen Text Papst Stephans als Beleg für den 2. Teil seiner D.63 anführt, zieht Omnibonus ihn erst als Beweis für die Harmonisierung Gratians im Anschluß an DG p.c.25 heran, wofür die ausdrückliche Zitation des Textes in diesem Dictum Gratiani ausschlaggebend sein dürfte.
[39] S. Kuttner, Repertorium 258.

auch die Dicta[40], so daß er sich in der Frage nach der Wählerschaft des Bischofs und dem Anteil der Laien an der Bischofsbestellung einfachhin Gratian anschließt, ohne eine Nuancierung vorzunehmen oder einen Gesichtspunkt besonders hervorzuheben.

2.2.9. Das Fragmentum Wigorniense[41] *(1148/59),*

das in einigen Teilen[42] von Paucapalea abhängig ist[43], bringt eine ausgewogene Zusammenfassung der Lehre Gratians über die Bischofswahl, ohne einerseits wichtige Aspekte zu unterschlagen, ohne aber auch anderseits neue Anregungen zu bieten[44]:

(D.62) „§ Quod cleri pontificum sit electio, plebique conueniat petitio;

---

[40] Die Behauptung J. F. v.Schultes, daß diese Dekretabbreviation einzelne Stellen hinzufügt und in den Übergängen vielfach länger und abweichend von Gratian die Kapitel einleitet (Die Geschichte der Quellen und Literatur I 121), trifft nicht für den Wahlrechtsteil zu (vgl. auch oben 2.2 Anm.38).

[41] Hs. Worcester Q.70 fol.1–40v (W). Das Fragmentum Wigorniense beginnt in D.23 und endet mit C.2 (S. Kuttner, Repertorium 130).

[42] Z.B. zu D.29–D.35 (S. Kuttner–E. Rathbone, Anglo–Norman Canonists: Tr 7 (1949/51) 292 Anm. 2).

[43] S. Kuttner–E. Rathbone, Anglo–Norman Canonists: Tr 7 (1949/51) 292. Die von S. Kuttner zunächst geäußerte Vermutung, das Fragmentum Wigorniense könnte zur gleichen Dekretsumme gehören wie das Fragmentum Cantabrigiense (Repertorium 130 f), dürfte auf Grund späterer Forschungsergebnisse über die unterschiedliche Herkunft der beiden Fragmente (G. Barraclough: EHR 53 (1938) 493 Anm. 3; S. Kuttner–E. Rathbone: Tr 7 (1949/51) 292) nicht mehr aufrechtzuerhalten sein. Ein wichtiges Unterscheidungsmerkmal ist auch darin zu sehen, daß das Fragmentum Cantabrigiense im Gegensatz zum Fragmentum Wigorniense durchgehend Rolandus zitiert, so daß R. Weigand die in der Cambridger Handschrift enthaltene Summe für eine Nachschrift der Vorlesung des Rolandus hält, der nicht mit Roland Bandinelli identisch ist, sondern ein anderer Magister gleichen Namens in den fünfziger (und sechziger?) Jahren in Bologna war (Die bedingte Eheschließung 123 ff), während ein Einfluß dieses Magisters auf das Fragmentum Wigorniense nicht bekannt ist. Das Fragmentum Cantabrigiense, das nur von C.23 q.8 c.27 bis C.35 reicht (S. Kuttner, Repertorium 130), enthält nicht das Wahlrecht. Ebenso befassen sich auch die mit dem Fragmentum Cantabrigiense teilweise verwandten Quaestiones Stuttgardienses (G.Fransen, La structure des ‚Quaestiones disputatae' et leur classement: Tr 23 (1967) 516–534; R. Weigand, Quaestionen aus der Schule des Rolandus und Metellus: AkathKR 138 (1969) 82–94) nicht mit der Bischofswahl. Von den 36 Quaestiones, die sich vorwiegend auf das Weihe- und Eherecht beziehen, ist nur Quaestio 30 aus dem Wahlrecht genommen. Sie erörtert das Problem, ob die Kanoniker ohne Zustimmung des Bischofs jemanden ins Kapitel wählen können (Ausg. Thaner 283–288).

[44] Vgl. auch die Beobachtung von R. L. Benson, The Bishop-Elect 57 f Anm. 3. Die Ergebnisse des reichhaltigen Werkes von R. L. Benson sind teilweise ausgewertet in einem Beitrag von J. Gaudemet, L'élection épiscopale d'après les canonistes de la deuxième moitié du XII siècle: Le Istituzioni ecclesiastiche della Societas Christiana dei secoli XI–XII 476–489.

assignat tamen maioris ecclesie specialiter incumbit sicut decreto xxiii.
dist. ostenditur et subsequenti Innocentii, quod est Obeuntibus (D.63
c.35)."

(D.63) „§ De laicis quod sese non debeant inserere electioni, pluribus
auctoritatibus comprobatur, quamuis multis contrariis demonstretur
summi pontificis et aliorum episcoporum electionem uel confirmationem
ad ius regium pertinere, populum quoque electioni pontificis uel metropolitani interesse debere, quorum decretorum, si diligenter causam insti-
tutionis et casum attendas, inuenies ea aliis non esse contraria, quia quod
dicitur populum interesse debere intelligitur non ad auctoritatem pre-
standam, set ad consensum adhibendum, quia docendus est populus non
sequendus. Quod uero constitutionibus Romanorum pontificum electionem episcoporum imperatoribus traditas inuenimus, causa fuit dissen-
sio hereticorum et persequutio qui persequendo ecclesiam ecclesiasticas
electiones fieri non permittebant aut factas, inquantum poterant, distur-
babant et ideo reges interesse iussi sunt, ut quod spirituales non poterant,
manu regia conprimeretur. Verum quia postea ipsi reges reperti sunt non
defensores, set ecclesiarum persequutores et ius electionis in totum sibi
ascribentes sequentes etiam propria lucra non que Dei fuerant merito
auctoritate sequentium patrum ab eisdem electionibus sunt exclusi, sicut
iudei primum curialium munerum immunitatem habuerunt legem et
sacerdotium et hoc quamdiu legislatorem dilexerunt que omnia merito
amiserunt, postquam oderunt precipue et cum Ludouicus Romanus
imperator ipsis renuntiasse legatur."[45]

Mit Gratian nennt diese Summe den Anteil des Volkes bei der Bischofs-
wahl[46] „petitio" und sieht den Sinn der Teilnahme an der Wahl in der
Erteilung des Konsenses verwirklicht. Der Entzug der ursprünglich zum
Schutz der kirchlichen Wahlen eingeführten Rechte der Kaiser und
Könige wird wegen deren Mißbrauchs als gerechtfertigt bezeichnet. Die
einzige weiterführende Interpretation in dieser Darstellung wird mit der
Klärung des Konsensbegriffes gegeben, insofern dieser in Gegensatz zum
Autoritätsbegriff gesetzt wird, womit dem Volk bei der Wahl jeder
wirksame Einfluß abgesprochen ist.[47]

---

[45] W fol.14ra–va.

[46] Was im Fragmentum Wigorniense unter Wahl zu verstehen ist, wird zu D.61 gesagt:
„Electio uero est, cum illa consensio id est consensus, qui precessit de persona eligenda,
confirmatur decreto omnium subscriptionibus corroborato." (W fol.14ra)

[47] Von D.63 befaßt sich das Summenfragment außerdem eigens mit c.25 und c.36,
wobei der Kommentar zu c.36 für den Fall einer zwiespältigen Wahl ähnlich wie die
Summa Alenconensis D.79 c.8 als Konträrstelle heranzieht und den Widerspruch
dadurch auflöst, daß er ebenfalls zwischen Dissens bei der Wahl und bei der Weihe

dessen Summe zum Dekret[49] (1157/59) das erste umfangreiche Werk der Bologneser Schule darstellt, das die summierende und glossierende Methode miteinander verbindet[50] und für den Mischtyp der Apparat-Summen richtungweisend ist[51], präzisiert das Konsensrecht des Volkes dahin gehend, daß es in der Zustimmung zu der von den Klerikern bereits erfolgten Wahl besteht.[52] Der Konsens soll sich in der guten Bezeugung des treu ergebenen Volkes äußern, nicht aber in leidenschaftlichem Lärm:

(C.8 q.1 c.16) „‚Si ergo' usque ‚Nulla hic populi acclamatio'. Supra signatur contrarium capit.prox. (15) in illo verbo: ‚et hoc attestante populo'. Sed ibi devoti populi testificatio bona laudatur, hic strepitus ex carnali favore proveniens reprobatur."[53]

Den Grundsatz, wonach einer Kirche nicht gegen ihren Willen ein Bischof aufgezwungen werden darf, bezieht er nur auf die Kleriker und läßt er nicht gelten, wenn diese überhaupt keinen Bischof wollen, oder wenn sie einen guten zurückweisen und dafür einen schlechten fordern.[54] Rufin verlangt, daß die Wahl des Bischofs hauptsächlich denen überlassen

---

unterscheidet, zugleich aber auch weitere Interpretationsmöglichkeiten anbietet: (D.63 c.36) v.Si forte: „In lxxix.dist. contra Si duo (c.8); sol(utio): hoc quando electi sunt in diuisione set non ordinati, illud quando utrumque; uel hoc cum sit summi pontificis preiudicat illi cum sit regis; uel illud secundum sua tempora loquiter, scilicet quando per reges Romani pontificis procedebat electio; uel aliter quando unaqueque pars putat se bene facere, scilicet quia zelo Dei facit quod facit non temeritate, non dolo, non conspiratione aliqua, non fauore alicuius persone, illud quando certum set eos dissentire aliqua illarum causarum, et hoc colligitur per decretum lxxxxvii.dist. Victor (c.2) et per decretum octaue cause q.i. Nec nouum (c.17) uel aliter ut supra dictum est xxiii. dist. cap.i." (W fol.14va)

[48] Über Rufin s. die Einleitung in der Ausg. Singer S. VII–CLXXXIII; S. Kuttner, Repertorium 131 f; A. Van Hove, Prolegomena 434; Y. Congar, Maître Rufin et son De bono pacis: RSPhTh 41 (1957) 428–444; L. Ott, Hat Magister Rufinus die Sentenzen des Petrus Lombardus benützt?: Scholastik 33 (1958) 234–247; R. L. Benson, Rufin: DDC VII 779–784; D. Lindner, Rufinus: LThK IX 92 f; M. Bertram, Some Additions: BMCL 4 (1974) 16.

[49] Ausgabe: Die Summa Decretorum des Magister Rufinus, hrsg. v. H. Singer, Paderborn 1902 (Aalen–Paderborn 1963).

[50] S. Kuttner, Repertorium 132.

[51] Ders., a.a.O. 123 ff.

[52] (D.62 pr.) „Dicit itaque in subiecta distinctione quod clericorum est eligere et populi electioni facte consentire." (Ausg. Singer 154)

[53] Ausg. Singer 296 f.

[54] (D.61 c.13) „Nullus etc. episcopus, determinate hic vel ille, detur clericis invitis, i.e. nolentibus eum. ‚Determinate' ideo dixerim, quia si generaliter vel nullum vellent vel recusato bono malum episcopum desiderarent, contrarium ab eorum voluntate fieri deberet." (Ausg. Singer 153 f)

bleibt, deren Kirche der zu Wählende vorstehen soll[55], womit wohl die Kanoniker der Kathedrale gemeint sind[56], ohne daß dieses ausgesprochen wird.[57] Über den Anteil der Laien an der Bischofswahl schreibt Rufin:

(D.63 pr.) „Semel in proxima supra distinctione tradiderat quod clerici debent eligere et laici consentire; nunc autem prolixiori stilo, qualiter hoc fieri oportet, subiungit, non sine partium contradictione pertransiens... Quamvis autem laici electionem prohibeantur facere, tamen si qui honorabiles sunt inter eos vel religiosi, non debet sine eorum arbitrio et consilio fieri electio. Sciendum ergo quod in electione episcopi hec quinque maxime attenduntur: Vota civium, testimonium populorum, arbitrium onoratorum vel religiosorum, electio clericorum, confirmatio metropolitani et coepiscoporum. De primis quattuor habetur ibi: ‚Vota' (c.27), ‚Obeuntibus' (c.35), infra ead.dist.; de quinto ead.dist. cap. Non licet (8) et infra Cs.I. q.I. Ordinationes (c.113)."[58]

Nach der Zusammenfassung der Lehre Gratians ist hier das Verständnis der Wahl von Bedeutung, bei der nach Rufin in Weiterentwicklung einer Briefstelle Leos des Großen[59] fünf Komponenten zusammenwirken: die Wünsche der Bürger, das Zeugnis des Volkes, das Urteil der Vornehmen und Religiosen, die Wahl der Kleriker sowie die Bestätigung des Metropoliten und der übrigen Bischöfe.[60] Wenn die sehr differenziert zum Ausdruck gebrachten Rechte der genannten Laiengruppen auch nicht inhaltlich gegeneinander abgegrenzt werden[61], so wird doch sichtbar, daß ihnen eine unterschiedliche Bedeutung zukommt, insofern die Vornehmen und Religiosen auf keinen Fall von einer beratenden Mitwirkung bei der Wahl auszuschließen sind, deren arbitrium und consilium vielmehr immer einzuholen sind[62], womit ein wirksamer Einfluß dieser

---

[55] (D.61 pr.) „Et episcopi electio ipsis potissimum offertur, in quorum ecclesia proficiendus est qui eligitur." (Ausg. Singer 153)

[56] Vgl. K. Ganzer, Zur Beschränkung der Bischofswahl auf die Domkapitel: ZSavRGkan 57 (1971) 40.

[57] D.63 c.35 und c.36 kommentiert Rufin überhaupt nicht.

[58] Ausg. Singer 154 f.

[59] Vgl. D.63 c.27.

[60] Über den Wahlbegriff bei Rufin und insbesondere über die Bedeutung der Wahlbestätigung vgl. R. L. Benson, The Bishop-Elect 56–89.

[61] K. Ganzer, Zur Beschränkung der Bischofswahl auf die Domkapitel: ZSavRGkan 57 (1971) 39.

[62] Der Wortlaut bei Rufin läßt auf eine Befugnis der Vornehmen und Religiosen bei der Wahl schließen, die sich dem consilium im Sinne c.105 CIC nähert (R. Köstler, Wörterbuch zum CIC 89 f), ohne daß unbedingt die Rechtsfigur des „Beispruchrechtes Dritter" gegeben (vgl. K. Mörsdorf, Die Rechtssprache des CIC 86 ff; ders., Lehrbuch des Kirchenrechts I 229–232) und die auch im geltenden Recht der lateinischen Kirche

beiden Gruppen gegeben ist, während alle übrigen lediglich zur Zustimmung der Wahl zusammenkommen, wie der Kommentar zu D.63 c.27 sagt:

(D.63 c.27) „Vota etc. usque plebis. Et teneatur conventus ordinis et plebis, ut scil. illuc conveniant plebes et de omni ordine fideles ad consensum electionis."[63]

Nach Rufin verbleibt also neben dem recht bedeutungslosen Konsens des gesamten Volkes im arbitrium und consilium der Vornehmen und Religiosen ein gewichtiges Laienelement bei der Bischofswahl.

2.2.11. Stephan von Tournai[64]

bringt in seiner kurz nach 1160 verfaßten Summe zum Dekret[65] zwei verschiedene Beschreibungen der zur Bischofswahl gehörenden Komponenten. Zur D.62 übernimmt er aus dem Dekret Gratians die Vorstellung Leos des Großen[66]:

(D.62 pr.) „Episcopum clerus debet eligere, populus consentire, metropolitanus cum suis suffraganeis ordinare. De clericis autem maioris ecclesie intelligendum est ita tamen, ne alios clericos religiosos excludant[a]. Potest autem esse casus, in quo non currentibus his tribus fit electio, scil. clericis vel[b] inter se, vel cum populo dissentientibus et metropolitano partes suas interponente."[67]

a) excludant] presumant A; b) vel om. A.

Die drei Elemente – Wahl durch den Klerus, Konsens von seiten des Volkes und Weihe durch den Metropoliten und dessen Suffragane –

---

noch umstrittene Frage der Rechtswirksamkeit (vgl. W. Bertrams, De mente legislatoris quoad interpretationem can.105 CIC: PerRMCL 48 (1959) 65–76) einer solchen Handlung ohne Einholen des consilium zu stellen ist.

[63] Ausg. Singer 158.

[64] Zu Stephan von Tournai s. S. Kuttner, Repertorium 133–136; J. Warichez, Étienne de Tournai et son temps: 1128–1203, Tournai–Paris 1937; G. Lepointe, Étienne de Tournai: DDC V 487–492; P. Delhaye, Morale et droit canonique dans la „Summa" d'Étienne de Tournai: StG I 435–449; S. Kuttner, Brief Notes. The Third Part of Stephen of Tournai's Summa: Tr 14 (1958) 502–505; P. Delhaye, Étienne de Tournai: DHGE XV 1274–1278; D. Lindner, Stephan v. Tournai: LThK IX 1047f; R. Weigand, Die bedingte Eheschließung 135 Anm. 1; F. Liotta, La continenza dei chierici 81 Anm. 1 und 2.

[65] Teilausgabe: Stephan von Doornick, Die Summa über das Decretum Gratiani, hrsg. v. J. F. v. Schulte, Gießen 1891 (Aalen 1965); Hs. Alençon 134 (133) fol. 1–62v (A). A enthält Pars I und II (S. Kuttner, Repertorium 133); die Summe endet mit C.36 q.2 DG a.c.7: „...scilicet qui uel cum sorore uxoris uel cum propria sciens peccauit penitentiam egerit deletum peccatum est et iam desiit" (fol. 162vb).

[66] Vgl. D.62 c.1.

[67] Teilausg. Schulte 89.

präzisiert Stephan von Tournai dahin gehend, daß unter „Klerus" im Sinne des 2. Laterankonzils[68] das Domkapitel zu verstehen ist, ohne die übrigen clerici religiosi auszuschließen, und daß der Fall eintreten kann, daß die Wahl auch ohne den Gleichklang der drei Komponenten stattfindet: dann nämlich, wenn die Kleriker untereinander oder mit dem Volk (!) uneins sind und der Metropolit einschreitet. Stephan mißt hier also dem Anteil des Volkes an der Wahl durchaus einige Bedeutung zu und stellt einen eventuellen Widerspruch des Volkes auf eine Stufe mit dem Dissens von Klerikern, der ein Eingreifen des Metropoliten und dessen Entscheidung erforderlich machen.[69] Anders verfährt Stephan bei der D.63, wo er fünf Komponenten der Wahl im Anschluß an Rufin aufzählt, ohne diesem allerdings in der Interpretation zu folgen und dem Urteil der Vornehmen im Unterschied zum Konsens des Volkes ein eigenes Gewicht beizumessen:

(D.63 pr.) „Hic ostenditur laicos non debere se ingerere electioni episcoporum, principaliter scil., nam populus consentire debet clericis eligentibus. Non ergo populus auctoritatem praestat electioni, sed consentiendo obsequitur clero eligenti. Quod vero dicitur, imperatores in electione apostolici ius habere debere, i.e. quod vel ipsi eum eligere vel electioni per se aut per legatos suos debent[a)] interesse et consentire, ex tempore intelligitur... Nota, V considerari in electione episcopi quantum ad eligentes, scil. vota civium, testimonia populorum, arbitrium honoratorum, electio[b)] clericorum, confirmatio[c)] metropolitani et coepiscoporum. De primis IV habetur infra D.e. Vota (c.27)[d)], de quinto infra C.1 q.1 Ordinationes (c.113)[d)], et in hac e.D. Non licet (c.8)[d)]..."[70]

a) deberet Teilausg. Schulte; b) electionem Teilausg. Schulte; c) confirmationem Teilausg. Schulte; d) Verifizierung fehlt in der Teilausg. Schulte.

Hier erklärt Stephan den Konsens des Volkes als Gehorsam gegenüber dem wählenden Klerus und betont ausdrücklich wie das Fragmentum Wigorniense[71], daß der Konsens zur Wahl keinerlei Autorität hinzufügt. Wohl kann den Laien jedoch die Aufgabe zufallen, etwaige Machenschaften gegen die Wahl des Klerus zu unterbinden[72]:

(D.63 c.2) „...laicum, scil. interesse et auctoritate sua, si qui sunt adversarii, reprimere."[73]

---

[68] Vgl. D.63 c.35.
[69] Vgl. D.63 c.36.
[70] Teilausg. Schulte 89.
[71] Vgl. oben 2.2.9.
[72] K. Ganzer, Zur Beschränkung der Bischofswahl auf die Domkapitel: ZSavRGkan 57 (1971) 41.
[73] Teilausg. Schulte 89 f.

Den Grundsatz, einer Kirche nicht gegen ihren Willen einen Bischof zu geben, bezieht Stephan von Tournai lediglich auf die Wahlberechtigten und schränkt ihn noch weiter ein als Rufin[74], indem er gar vier Fälle nennt, in denen gegen den Willen der Wähler ein Bischof einzusetzen ist: Neben den bereits von Rufin genannten Fällen, daß die Kleriker überhaupt keinen Bischof, oder aber einen schlechten wollen, nennt Stephan von Tournai zwei weitere Situationen, in denen auch gegen den Willen der betreffenden Kirche ein Bischof zu bestellen ist: wenn die Wähler einen bereits Gewählten anschließend wieder zurückweisen, oder wenn sie untereinander uneins sind.[75] Der Wille des Volkes spielt hier keine Rolle.[76]

2.2.12. Johannes von Faenza[77],

einer der meistzitierten Glossatoren des 12. Jahrhunderts[78], der in seiner weitverbreiteten Summe zum Dekret[79] (ca.1171) größtenteils auf Rufin und Stephan fußt, folgt diesen beiden Autoren auch in der Frage nach der Wählerschaft des Bischofs. Wie Stephan von Tournai[80] weist er auf die Möglichkeit hin, daß die vorgeschriebene Ordnung – Wahl des Klerus, Konsens des Volkes, Konsekration durch den Metropoliten und die Konprovinzialbischöfe – nicht eingehalten wird, wenn die Kleriker unter-

---

[74] Vgl. oben 2.2.10.

[75] (D.61 c.13) v.Nullus inuitis: „In principio intelligas. Si enim in principio aliquem[a)] elegerint, postea vero respuerint, vel si in[a)] eligendo dissenserint, etiam invitis dandus est. Prohibetur ergo volentibus aliquem[b)] eligere aliquam certam personam[c)], quam nolunt, dari; nolentibus autem episcopum, vel reprobato bono volentibus malum, potest etiam invitis alius proponi." (Teilausg. Schulte 88)

[a)] om. A; [b)] aliquem volentibus A; [c)] aliqua certa persona A.

[76] Die von Stephan abhängigen Summen „Quoniam status ecclesiarum" (Hs. Paris B.N.lat.16538) und „Cum in tres partes" (Hs. Paris B.N.lat.16540) behandeln nicht den ersten Dekretteil und damit auch nicht das Bischofswahlrecht (vgl. S. Kuttner, Repertorium 136–139).

[77] Über Johannes von Faenza s. J. Juncker, Summen und Glossen: ZSavRGkan 14 (1925) 462–471; J. Argnani, Johannes Faventinus glossator: Apollinaris 9 (1936) 418–443; 640–658; S. Kuttner, Repertorium 143–146; ders., Bernardus Compostellanus Antiquus: Tr 1 (1943) 281 Anm.11; A. Van Hove, Prolegomena 435 Anm.1; A. M. Stickler, Jean de Faenza: DDC VI 99–102; R. Weigand, Die bedingte Eheschließung 154 f Anm.1.

[78] A. M. Stickler, Johannes v. Faënza: LThK V 1031.

[79] Hss. Vat.Borghes.lat.162 (Va); Vat.Borghes.lat.71 (Vb); Bamberg Can. 37 (B); Roma B.Casanatense 1105 fol.1–197va (C). In der Hs. Zürich Zentralbibliothek Rh. 42, die ebenfalls die Dekretsumme des Johannes von Faenza enthält und die am Textrand zahlreiche Glossen aufweist, sind D.62 und D.63 nicht glossiert.

[80] Vgl. oben 2.2.11.

einander uneins sind oder wenn vom Volk widersprochen wird (!), so daß dann der Metropolit durch seine Entscheidung den Konflikt zu lösen hat.[81] Wenn er den Laien auch kein Wahlrecht, sondern nur ein Konsensrecht zuerkennt, so teilt er die Ansicht Rufins[82], daß eine Wahl nicht ohne das Urteil oder den Rat der Vornehmen und Religiosen stattfinden darf.[83] Darüber hinaus nennt Johannes von Faenza eine weitere Gruppe von Laien, die an der Bischofswahl teilnehmen kann und sogar zum Kreis der Wählenden gehört. Er schreibt im Zusammenhang mit den Patronatsrechten:

(D.63 c.1) v.Nullus laicorum: „Laicorum[a] quidam ius patronatus habent in ecclesiis, quidam non. Item ecclesiarum quedam habent collegium, quedam non. Item habentium collegium quedam est prelata alteri, quedam non. Laici ergo[b] qui non habent ius patronatus numquam debent[c] interesse, nisi ut in principio di(stinctionis) diximus. Qui ius patronatus habet, si ecclesia collegium non habet[d], faciet ipse electionem. Si collegium habet, erit unus de eligentibus ut infra c.xvi. Q.ult.(q.7) Decernimus (c.32)[e] et c.xviii. Q.ii. Abbatem (c.4). Si uero ecclesia prelata est alteri ut episcopatus, nullus laicus de eligentibus esse debet, nisi forte fundauerit eam uel locupletauerit. In quo casu, ut quidam dicunt, principes sepe[f] admittuntur."[84]

a) Laicorum *om.* Vb,C; b) ergo] enim Vb; c) Vb *add.* in principio; d) habetur B; e) B,C *add.* ut; f) sepe *om.* Vb.

Johannes von Faenza erkennt also bei der Besetzung einer Kirche, die ein Kollegium hat, den Patronen allgemein Teilnahme an der Wahl

---

[81] (D.62 pr.) v.Breuiter: „...Dicit itaque in subiecta di(stinctione) quod clericorum est eligere et populi electioni facte consentire, metropolitani cum suis suffraganeis consecrare ...Potest[a] accidere, ut[b] clerici inter se uel a populo dissentiant[c] et[d] metropolitanus partes suas interponens prescripto ordine non seruato episcopum faciat.." (Va fol.6vb)
a) Vb,C *add.* autem; b) ut] si B; c) dissentiebant Vb; d) et *om.* Vb.

[82] Vgl. oben 2.2.10.

[83] (D.63 pr.) v.Laici: „...Quamuis autem laici prohibeantur electionem facere, tamen si qui honorabiles sunt[a] inter eos uel religiosi, non debet sine eorum arbitrio uel consilio fieri electio. Sciendum ergo est[b], quod in electione episcopi hec[c] maxime attenduntur quantum ad eligentes scilicet uota ciuium, testimonia populorum, arbitrium honoratorum, electio clericorum, confirmatio metropolitani et episcoporum[d]. De primis quattuor habetur infra e.di. Vota (c.27), Obeuntibus (c.35), de quinto habetur[e] infra e. Non licet (c.8) et Causa i. Q.i. Ordinationes (c.113)." (Va fol.7ra)
a) honorabiliores sint Vb; b) est ergo C; c) Vb *add.* v; B *add.* quandoque; d) coepiscoporum Vb; e) habetur *om.* Vb,C.

Der letzte Teil dieses Textes (beginnend mit: in electione episcopi...) findet sich auch als Dekretglosse mit der Sigle Jo. in der Hs. Gniezno 28 fol. 42ra.

[84] Va fol. 7ra. Der Text steht auch als Dekretglosse mit der Sigle Jo. in der Hs. München lat.28175 fol.52rb und unsigliert in der Hs. Berlin Phillips 1742 fol.45rb.

zu, läßt dieses aber nicht für die Bischofskirche gelten, es sei denn, daß der Patron sie gegründet oder ausgestattet hat, mit anderen Worten: wenn ein Laie Stifter oder Wohltäter der Bischofskirche ist, zählt er zum Kreis der Wählenden. Auf diesen Titel hin sollen oftmals Fürsten, deren Rechte Johannes von Faenza ansonsten ebenso wie Rufin und Stephan für erloschen hält[85], zur Bischofswahl zugelassen werden. Daß es möglich ist, Laien das Wahlrecht zu verleihen, nicht aber die Vollmacht, jemanden zu konsekrieren oder zu degradieren, hebt er in einer Glosse zum Dekret hervor:

(D.63 c.23) „...Inconsecratus autem nec consecrare nec degradare potest, ut eligere autem quandoque laicus ualet ut supra xvi. q.ult.(q.7) Decernimus (c.32) et xviii. q.ii c.iiii.[a] Jo."[86]

[a] Hs. fälschlich: D.19 c.4.

Das Prinzip „Nullus inuitis detur episcopus" schränkt auch Johannes von Faenza ein und wendet es nur auf die Kleriker, nicht aber auf die Laien an.[87]

2.2.13. Zusammenfassung.

Die ersten Dekretisten in der Schule von Bologna haben sich in ihren Ausführungen über die Bischofswahl eng an ihren Magister Gratian angelehnt und in der Behandlung dieses Themas den Problemhorizont des Dekrets kaum überschritten. Grundlage und Richtschnur ist für sie das Dictum „Electio clericorum est, consensus plebis." Die Frage, welche Kleriker näherhin das Wahlgremium bilden, ist kaum von Interesse. Die Summa „Ius aliud diuinum", die Abbreviatio „Exceptiones evangelicarum" sowie Stephan von Tournai nennen im Anschluß an das 2. Laterankonzil die Kanoniker der Kathedrale und andere religiosi clerici,

---

[85] In einer Glosse betont Johannes von Faenza, daß der Kaiser kein Wahlrecht hat: „Imperatorem non debere eligere presulem. Jo." (Hs. Vat.lat.2494 fol.41ra; außerdem ohne Sigle Hs. Erlangen 342 fol.59va und München lat.14024 fol.40rb)

[86] Hs. Paris B.N.lat.3888 fol.54ra. Die gleiche Glosse steht in anderem Wortlaut in der Hs. Vat.lat.2495 fol.22rb: (D.63 c.23) „..Insacratus enim sacrare non potest.. Eligere autem laicus quandoque potest...Jo." sowie in der Hs. London Brit. Libr. Stowe 378 fol.37rb: „..Insacratus autem nec sacrare nec degradare potest...Eligere autem laicus quandoque ualet...Jo."

[87] (D.61 c.13) „Nullus episcopus: determinate scilicet hic uel ille; detur clericis inuitis: id est nolentibus eum determinate." (Hs. Vat.Borghes.lat.162 fol.6vb); vgl. auch eine Dekretglosse des Johannes von Faenza: (D.61 c.13) v.inuitis: „Set si nullum uelint, tunc dabitur inuitis episcopus ad similitudinem horum capitulorum Si forte (D.65 c.9), Quoniam quidem (D.100 c.1), Cum simus (C.9 q.3 c.3) infra di.lxv. et di.c. et C.viiii. Q.iii. Jo." (Hs. Gniezno 28 fol. 41va; außerdem in den Hss. Paris B.N.lat. 3888 fol.52rb, Arras 500 (592) fol. 28va, München lat.28175 fol.51rb)

ohne diese allerdings eindeutig zu bestimmen. Rufin und Johannes von Faenza setzen die Genannten als Wähler voraus.

Dem Konsens des Volkes, an dem alle Autoren als eine Komponente der Wahl entsprechend der Konzeption Leos des Großen festhalten, wird im allgemeinen kein wirksamer oder gar entscheidender Einfluß beigemessen. Die Summa „Ius aliud diuinum" und Rufin verstehen den Konsens als nachträgliche Zustimmung zur erfolgten Wahl, Stephan von Tournai interpretiert ihn als gehorsame Unterwerfung unter die Wahlentscheidung. Zusammen mit dem Fragmentum Wigorniense spricht er ihm jede Autorität ab. Das Prinzip „Nullus inuitis detur episcopus" schränken Rufin, Stephan von Tournai und Johannes von Faenza auf die Kleriker bzw. auf die Wahlberechtigten ein. Bei einem Widerspruch des Volkes führt nach Stephan von Tournai und Johannes von Faenza wie im Falle der Uneinigkeit unter den Klerikern der Metropolit die Entscheidung herbei. Den Fürsten und Königen wird entsprechend der Lehre Gratians jedes Recht auf Wahlbeeinflussung abgesprochen.

Eine gewisse Neuschattierung in bezug auf das Laienelement bei der Wahl bringt der von Rufin verwendete Begriff der Wahl mit sich, der einerseits als zusätzliches Element die Bestätigung der Wahl einführt, andererseits den Anteil der Laien differenziert und vom allgemeinen Konsens des Volkes das arbitrium und consilium der Vornehmen und Religiosen abhebt, ohne die nach Rufin und Johannes von Faenza keine Wahl stattfinden darf. Stephan von Tournai läßt auch Laien zur Wahl zu, damit etwaigen Machenschaften gegen die Wahl begegnet werden kann. Johannes von Faenza schließlich nennt einen Fall, in dem Laien ein echtes Wahlrecht zusteht, der also eine Ausnahme von dem grundlegenden Prinzip Gratians darstellt: Gründer und Wohltäter der Bischofskirche gehören nach ihm zum Kreis der Wählenden.

2.3. Die Werke der französischen und rheinischen Schule[1] von 1165 bis 1190

2.3.1. Die Summa „Magister Gratianus in hoc opere" (= Summa Parisiensis)[2],

das erste, um 1165 entstandene Werk[3] der französischen Schule, geht in der Darstellung der an der Bischofswahl Beteiligten kaum über die Lehre Gratians hinaus, die wie folgt zusammengefaßt wird:

(D.62 pr.) „Primo dicitur clericorum esse electio et plebis consensus. Post, quaedam decreta videntur innuere quod populus possit eligere. Exinde dicitur quoniam princeps et eligendi et instituendi habet potestatem. Ad ultimum in hoc stat solutio quia clerus eligit, plebs petit vel assentit, princeps assensum praebet. Verum, etsi alia desint, clericis matricis ecclesiae eligentibus stabit electio, ne laicus debet se immiscere electioni nisi vocatus ut tumultum et violentiam amoveat."[4]

Die eigentlichen Wähler sind die Kleriker der Kathedrale. Die Religiosen sind zwar ad auxilium zur Wahl hinzuzuziehen, aber falls die Einladung unterbleibt, ist die Wahl deshalb nicht ungültig. Es bleibt ihnen ein Einspruch gegen die Person des Gewählten unbenommen.[5] Ein Laie darf sich in die Wahl nicht einschalten, es sei denn, er werde geholt, um Tumulte und Gewalttätigkeiten abzuwenden. Sofern Laien zur Wahl gerufen werden, geschieht das, damit sie ihre Zustimmung geben:

---

[1] C. Lefèbvre rechnet die rheinische Schule gesondert neben der französischen (Histoire du Droit et des Institutions VII 282–286), während A. M. Stickler die rheinisch-deutsche Schule so eng mit der französischen verknüpft sieht, daß er sie nicht als eigenständige zählt (LThK V 1293).

[2] Ausgabe: The Summa Parisiensis on the Decretum Gratiani, hrsg. v. T. P. McLaughlin, Toronto 1952. Über die Summa Parisiensis s. S. Kuttner, Repertorium 177 f; C. Lefèbvre, Parisiensis (Summa): DDC VI 1230 f.

[3] J. F. v. Schulte, der die einzige Handschrift der Summe (Bamberg Can. 36) entdeckt hat, setzt die Entstehungszeit um 1170 an (SAW 64 (1870) 130 f), ebenso auch S. Kuttner (Repertorium 177 und Tr 7 (1949/51) 300). T. P. McLaughlin dagegen entscheidet sich für etwa 1160 (Ausg. McLaughlin S.XXXII). R. Weigand hält diesen Zeitpunkt für zu früh, wenn erst Stephan von Tournai das kanonistische Studium gegen Ende der fünfziger Jahre von Bologna nach Frankreich gebracht hat (vgl. S. Kuttner, Les débuts de l'école canoniste française: SDHI 4 (1938) 194). Da aber anderseits die Summa Parisiensis die Frage der bedingten Eheschließung völlig übergeht, muß sie nach R. Weigand wenigstens vor den Distinctiones Monacenses und der Summa Coloniensis geschrieben sein: „also Mitte der sechziger Jahre." (Die bedingte Eheschließung 149 f Anm.38)

[4] Ausg. McLaughlin 54.

[5] (D.63 DG p.c.34) „Ex his, et post, cum ergo. In collectione canonum Fulgentii ostenditur ex decretis quoniam clerici tantum matris ecclesiae possunt eligere. Sed Gratianus vult ostendere contrarium dicens: Nunc autem, etc. Sed non est contrarietas. Debent enim advocari religiosi ad auxilium, sed si non fuerint vocati, non propterea minus stabit electio. Poterunt tamen illi contradicere si invenerint in electo quare." (Ausg. McLaughlin 56)

(D.63 c.11) „Sic et hoc intelligimus ut omnes vocentur, sed laici ad consentiendum."[6]

Das gilt sowohl für das Volk als auch für den Fürsten:

(D.63 DG p.c.25) „Determinat primo de plebe et principe simul, quare vocantur ad electionem, scilicet ut consentiant. Postea determinatur de principe in eo paragrapho – Principibus –, etc."[7]

Die Summa Parisiensis hebt, was das Laienelement bei der Bischofswahl angeht, vor allem die Notwendigkeit hervor, die Zustimmung der staatlichen Autorität einzuholen, wie der Kommentar zu mehreren Canones zeigt:

(D.63 c.16) „Dominus papa hic imperatorem pro eodem roget, non quod eum instituat, sed quod ei assensum praebeat, vel in illa ecclesia vel in alia. Assensus enim imperatoris desideratur, et maxime in eis ecclesiis in quibus habet regalia."[8]

(D.63 c.9) „Hoc decreto ostenditur quomodo electio absentis confirmetur, nec multum obviat praemissis. Cum enim dicitur „principis voluntate", consensum ejus intelligimus qui adhibendus."[9]

(D.63 c.1) „Ecce quod consensus principis expetitur."[10]

2.3.2. Die Distinctiones Monacenses[11],

das erste Werk der rheinischen Schule[12], dessen Entstehung nach R. Weigand zwischen 1165 und 1169 anzusetzen ist [13], legen bei der Bischofswahl ihr Augenmerk ausschließlich auf den Ausschluß der Fürsten und Könige, den der aus Westfalen stammende Verfasser[14] im Sinne Gratians[15] mit Mißbrauch der gewährten Vollmacht, mit Erlaß eines entgegengesetzten Dekrets sowie mit Verzicht auf das Wahlrecht von seiten der Fürsten selbst begründet:

---

[6] Ausg. McLaughlin 55.
[7] Ausg. McLaughlin 56.
[8] Ausg. McLaughlin 55.
[9] Ausg. McLaughlin 55.
[10] Ausg. McLaughlin 54.
[11] Hss. München lat.16084 fol.38v–62 (M); Troyes 640 fol.146–164v (T).
[12] Zu dieser Schrift s. S. Kuttner, Repertorium 215 f; S. Kuttner–E. Rathbone, Anglo–Norman Canonists: Tr 7 (1949/51) 298. Über die Literaturgattung der Distinctiones s. S. Kuttner, Repertorium 208–211; A. Van Hove, Prolegomena 439; A. M. Stickler, Kanonistik: LThK V 1292; C. Lefèbvre, Histoire du Droit et des Institutions VII 272.
[13] Vgl. R. Weigand, Die bedingte Eheschließung 150 Anm.39; anders S. Kuttner, Repertorium 216.
[14] F. Gillmann, Zur Lehre der Scholastik 25 Anm.3.
[15] Vgl. D.63 DG a.c.28, DG a.c.29, DG p.c.34.

„§ d.lxiii. c.Nullus laicorum principum uel potentum semet inserat electioni patriarche, metropolite uel cuiuslibet episcopi (c.1); supra[a]) d.e. In sinodo (c.23): per apostolicam auctoritatem concedimus domino Ottoni, regi Teutonicorum, et[b]) eius successoribus regni Italie in perpetuum sibi facultatem eligendi successores atque summe sedis apostolice pontificem ordinandi ac per hoc episcopos, archiepiscopos, ut ipsi ab eo inuestituras accipiant. Resp. hoc imperatoribus concessum fuit propter inportunitatem hereticorum[c]). Set cum ipsi imperatores abuterentur hac potestate, prodiit decretum in contrarium ipsis etiam principibus iuri suo renuntiantibus, ideoque laici non debent interesse electioni episcoporum, nisi uocati ad sedandum tumultum et ad[d]) coercendum discolos. . "[16]

[a]) supra] contra T; [b]) et *om.* T; [c]) T *add.* et scismaticorum; [d]) ad *om.* T.

Wie die Summa Parisiensis lassen auch die Distinctiones Monacenses nur dann Laien zur Bischofswahl zu, wenn diese gerufen werden, um einen Tumult zur Ruhe zu bringen und Unzufriedene im Zaum zu halten.[17]

2.3.3. Die Summa „Elegantius in iure diuino" (= Summa Coloniensis)[18]
(um 1169),

die im Unterschied zu anderen zeitgenössischen Summen das Rechtsmaterial des Dekrets in ein eigenes System aufgliedert[19], bringt in ihrem

---

[16] M fol.47v.
[17] Die Dekretsumme des Odo von Dover (Hs. London Brit. Libr. Cotton. Vitell. A III), die lediglich D. 1–45 und C. 1 q.1 c.108 – C.36 umfaßt (S. Kuttner, Repertorium 172), und die um 1167 zum zweiten Dekretteil geschriebene (S. Kuttner–E. Rathbone, Anglo–Norman Canonists: Tr 7 (1949/51) 299) Summa „Quoniam omissis centum distinctionibus" (Hs. Verdun B.M.35) handeln nicht über die Bischofswahl.
[18] Ausgabe: Summa ‚Elegantius in iure diuino' seu Coloniensis I, hrsg. v. G. Fransen–S. Kuttner, New York 1969 (Monumenta Iuris Canonici. Series A. Vol.1). Zu dieser Edition s. die Besprechung von R. Weigand: AkathKR 139 (1970) 682–685. Die Summa Coloniensis ist in drei Handschriften enthalten: Bamberg Can. 39 fol. 13–144 (B); Paris B.N.lat.14997 fol.1–183 (P); Wien 2125 fol.11–154 (W). Bezüglich W ist zu bemerken, daß die Quellenangabe in der Einleitung der Ausg. Fransen–Kuttner I (S.XI: „Wien, Staatsbibliothek 2125 fol. 11–*254*") nicht zutrifft – es handelt sich offensichtlich um einen Druckfehler –, sondern richtig lauten muß: fol. 11–*154* (s. auch S. Kuttner, Repertorium 170).
[19] Über die Summa Coloniensis s. J. F. v.Schulte, Zur Geschichte der Literatur über das Dekret Gratians: SAW 64 (1870) 93 ff; ders., Die Geschichte der Quellen und Literatur I 223 f; F. Gillmann, Einteilung und System des Gratianischen Dekretes: AkathKR 106 (1926) 533 ff; S. Kuttner, Repertorium 170 ff! Zur Frage der Autorschaft (Gottfried von Köln oder Bertram von Metz?) s. S. Kuttner–E. Rathbone, Anglo–Norman Canonists: Tr 7 (1949/51) 298 ff; P. Gerbenzon, Bertram of Metz the Author of ‚Elegantius in iure diuino' (Summa Coloniensis)?: Tr 21 (1965) 510 f.

dritten Teil lange Ausführungen über die Bischofswahl, ohne auf den Wahlkörper einzugehen. Lediglich aus der Erörterung der mit einer zwiespältigen Wahl gegebenen Problematik geht hervor, daß es sich bei den Wählern um ein „capitulum" handelt[20], womit das Gremium der Kathedralkirche gemeint ist.[21] Für Laien und Religiose läßt sich nach dem Autor keine Fakultät zur Verwaltung kirchlicher Angelegenheiten nachweisen; ausgenommen sind nur Stifter, solange sie auf ihr Privileg nicht verzichtet haben:

„20. *Quod examinatio electi episcopi comprouincialium sit.* Item de ecclesiasticis rebus laicis quantumlibet religiosis nulla legitur amministrandi concessa facultas. Item Adrianus: ,Nullus se potentum electioni inferat, cum nullam in talibus potestatem potestatiuorum quemquam habere conueniat.' Excipe fundatorem qui suo priuilegio non abrenuntiauit. . ."[22]

Zu den traditionellen Texten der Päpste Nikolaus[23], Stephanus[24], Leo[25] und Coelestin[26], die von der Wahl durch Klerus und Volk sprechen, bemerkt die Summa Coloniensis:

„21. *Laicorum assensum non electionem set suffraganeum*[27] *dici debere* . . .Verum hoc ita non accipimus quasi populus in electione partem optineat, set quod electio cleri et acclamatio populi esse debeat."[28]

Die Wahl ist Sache des Klerus, vom Volk wird lediglich Akklamation erwartet. Die Summe stellt darauf hin die Frage, warum die Laien überhaupt eingeschaltet und über den Bischofskandidaten befragt werden:

„22. *Quare de eligendo pontifice laici interrogentur.* Sic enim, ut ait Leo, consecrationi rite offeretur antistes

---

[20] Summa Coloniensis 3,44: „Quid iterum censebitur si discordantes capituli partes de propria ecclesia duos, quorum uterque honestus habeatur, elegerint: numquid uterque dominabitur an neuter?" (Ausg. Fransen–Kuttner I 134)
[21] Summa Coloniensis 3,43: „Fauorabilior profecto pars illa censebitur, nisi ex aduerso aliud obiciatur, que de matris ecclesie gremio alumpnum expostulat, nec alienum recipere compellitur, si suus quem expetit honestus probetur." (Ausg. Fransen–Kuttner I 133 f)
[22] Ausg. Fransen–Kuttner I 122.
[23] D.63 c.13.
[24] D.63 c.12.
[25] D.63 c.19.
[26] D.63 c.26.
[27] In W findet sich unmittelbar vorher auf der Höhe von „in iudicio episcoporum" (3,20) eine Marginalglosse, die statt „suffraganeum", das in der Inscriptio von Kapitel 21 keinen Sinn ergibt, „suffragium" hat: „Laicorum assensum non electionem, set suffragium dici debere: D.lxiii." (W fol.35ra). Suffragium bedeutet hier Zustimmung, Beifall, Akklamation!
[28] Ausg. Fransen–Kuttner I 123.

,si uota ciuium, testimonia popu- lorum, honoratorum arbitrium, electio clericorum precessit.' Item Stephanus papa: ,Sacerdotum est eligere et fidelis populi est humiliter assentire.' Qui[a]

si electio clericorum, assensus principum, uota honoratorum, applausus turbe precesserit, que[b]

ideo adhibentur, non ut propter horum strepitum rationabilis cleri electio immutetur, set ne ipsi sperni uideantur. Vnde Adrianus: ,Quisquis potentum aduersus consonantem ecclesiastici ordinis electionem agere temptauerit anathema sit', et, ut ait Celestinus, ,docendus est populus non sequendus', subaudi, si contradictionis tumultum excitauerit. Eorum enim assensus obsequium magis est quam iudicium, sequela non pars. Vbi ergo aliquis potentum[a]

Nullus quoque potentum, ut ait ibidem Adrianus, semet ingerere debet electioni. Set si[b]

ad compescendos rebelles accitus fuerit, debet cum silentio et reuerentia interesse et ne unanimitas improba concertatione turbetur precauere."[29]
[a] B,W; [b] P.

Daß vor der Konsekration eines Bischofs die Stellungnahme der Laien eingeholt wird, geschieht nicht, damit wegen deren Lärms eine vernünftige Wahl des Klerus noch geändert wird, sondern damit die Laien nicht geringgeschätzt scheinen. Wenn jemand einen tumultähn- lichen Widerspruch anzettelt, gelten das Wort Cölestins, wonach das Volk zu belehren, ihm aber nicht zu folgen ist[30], und das Wort Hadrians, nach dem eine Aktion gegen eine einmütige Wahl mit dem Bann belegt wird.[31] Die Zustimmung der Laien ist nämlich eher Gehorsam als Urteil, ist eher Gefolgschaft als Teilhabe. Damit dürfte die zuvor aufgeworfene Frage, „utrum etiam laicorum necessario expectetur assensus, ita ut absque eo electio integra non sit"[32], eine Antwort gefunden haben. Die Zustimmung der Laien ist einzuholen.[33] Aber sie bildet keinen integralen

---

[29] Ausg. Fransen–Kuttner I 123 f. W enthält an dieser Stelle (3,22) folgende Inter- linearglosse: „Ergo laici contradicentes electioni, nisi rationem pretendant, non audi- entur" (W fol. 35rb), schwächt also die rigorose Haltung der Summa Coloniensis ab, indem sie einen begründeten Widerspruch der Laien anerkennt. Als Autor der Glossen in W (und P) kommt der Verfasser der Summa „Antiquitate et tempore" in Frage (S. Kuttner–E. Rathbone, Anglo–Norman Canonists: Tr 7 (1949/51) 299), der die gleiche Ansicht vertritt (s. unten 2.3.4.).
[30] D.62 c.2.
[31] D.63 c.1.
[32] Summa Coloniensis 3,17: Ausg. Fransen–Kuttner I 121.
[33] Summa Coloniensis 3,18: „Dicimus ergo ... quod principe loco imperatoris et post laicorum assensus adhibendus est." (Ausg. Fransen–Kuttner I 121)

Bestandteil der Wahl und dürfte deshalb auch nicht ihre Gültigkeit tangieren. Diese Einschätzung des Laienkonsenses wird dadurch erhärtet, daß die Summa Coloniensis das Prinzip „Nullus inuitis detur episcopus"[34] nur auf diejenigen bezieht, die eigentliches Wahlrecht besitzen, das den Laien bei der Gelegenheit noch einmal ausdrücklich abgesprochen wird:

„23. *Vtrum plebes ciuitatum ius habeant speciale de eligendo sibi pastore* ... Si obiciunt quod „nullus inuitis dandus est episcopus", ut ait Celestinus, respondemus quod eorum est nolle quorum est uelle, hoc est eorum est nolle qui ius habent in electione, que supra laicis denegata est."[35]

Die Rolle des Kaisers bei kirchlichen Wahlen erörtert die Summa Coloniensis im Zusammenhang mit der Papstwahl, die von den Kardinälen vorzunehmen und anschließend durch das Placitum von Klerus und Volk gutzuheißen ist.[36] Das durch das Papstwahldekret Nikolaus II.[37] dem Kaiser zuerkannte Vorrecht versteht die Summe als Wahlbestätigung oder abgeschwächt auch nur als Zustimmung zur Wahl, ehe sie zwei andere Interpretationsversuche referiert, nach denen es sich um ein persönliches, nicht vererbbares Privileg handelt bzw. um eine alte Gewohnheit, die aber wegen üblicher Abwesenheit und räumlicher Entfernung kaum noch beachtet werde.[38] Mit Bestimmtheit erklärt die

---

[34] Die Summa Coloniensis zieht diesen Grundsatz des kirchlichen Wahlrechts als Objektion heran bei der Frage, ob die Mitglieder einer Pfarrei das Recht haben, sich den Hirten selbst zu wählen. Die Summe, die diese Frage verneint und als Ausnahme nur den Fall gelten läßt, daß ein Mönch mit der Leitungsaufgabe betraut werden soll (C.16 q.1 p.c.19, p.c.25, p.c.26, p.c.28), löst die Schwierigkeit durch Eingrenzung des Prinzips auf die Wahlberechtigten (s. Ausg. Fransen–Kuttner I 124).

[35] Ausg. Fransen–Kuttner I 124.

[36] Summa Coloniensis 3,15: „Papam cardinales eligere debent, ea tamen distinctione ut primum coueniant qui inter eos pontificalem infulam adepti sunt. Quibus in persona aliqua concordantibus aliorum tunc cardinalium conniuentia postuletur. Post hec cleri tandemque populi placitum desideretur." (Ausg. Fransen–Kuttner I 120)

[37] Zum Papstwahldekret Nikolaus II. aus dem Jahre 1059 s. H. G. Krause, Das Papstwahldekret von 1059 und seine Rolle im Investiturstreit, Roma 1960; F. Kempf, Pier Damiani und das Papstwahldekret von 1059: AHP 2 (1964) 73–89; W. Stürner, „Salvo debito honore et reuerentia". Der Königsparagraph im Papstwahldekret von 1059: ZSavRGkan 54 (1968) 1–56; D. Hägermann, Untersuchungen zum Papstwahldekret von 1059: ZSavRGkan 56 (1970) 157–193; W. Stürner, Das Papstwahldekret von 1059 und die Wahl Nikolaus' II.: ZSavRGkan 59 (1973) 417 ff.

[38] Summa Coloniensis 3,18: „Debitum honorem dicit electionis approbationem uel, ut temperatius dicamus, assensum; qui tamen honor, ut quidam dicunt, eis tantum imperatoribus debetur qui ab apostolica auctoritate hoc priuilegium accipere merentur...Alii canonem interpretantur secundum eam antiquitatis consuetudinem qua imperatores Romani ciues et frequentes Vrbis habitatores extiterunt..." (Ausg. Fransen–Kuttner I 121 f)

Summa Coloniensis eine vom Kaiser vorgenommene Wahl für ungültig[39] und setzt sich eingehend mit den Quellen auseinander, die dem Kaiser das Recht zuerkennen, den Papst zu wählen oder zu inthronisieren. Sie kommt zu dem Ergebnis, daß die frühere Gewohnheit zwar für den Kaiser zu sprechen scheine[40], daß aber die Ursache dieser Gewohnheit, eine durch Verfolgung bedingte Notwendigkeit, nicht mehr gegeben sei und deshalb auch das Recht des Kaisers nicht mehr bestehe.[41] Aufschlußreich ist die theologische Begründung: Die Verleihung geistlicher Angelegenheiten durch die Hand eines Laien und die Investitur in eine seelsorgliche Aufgabe durch einen Laien widersprechen der kirchlichen Gewohnheit und der gesunden Lehre.[42]

2.3.4. Die Summa „Antiquitate et tempore"[43],

die nach 1170 von einem Schüler Gerhard Pucelles[44] geschrieben ist, basiert wie in anderen Teilen[45] so auch im Wahlrecht nahezu vollständig auf den Werken Rufins[46], Stephans und der Summa Parisiensis, befaßt

---

[39] Summa Coloniensis 3,19: „Set quid erit si imperator cum laicis et illis de clero qui suo non audent contraire imperio electionem fecerit? Dicimus profecto quod talis electio irrita sit." (Ausg. Fransen–Kuttner I 122)

[40] Summa Coloniensis 3,30: „Vsus antiquitatis pro imperatore esse uidetur...Ecce quod canonum istorum sententia in hoc euidenter concordat quod imperatoris sit ius perpetuum et legitima potestas summum pontificem et alios eligendi simul et inuestiendi." (Ausg. Fransen–Kuttner I 127 f)

[41] Summa Coloniensis 3,31: „...Proinde dicimus non licere, quia quod antiquitus pro necessitate persecutionis factum est, nunc, cum a persecutionibus quiescit et in pace regnat ecclesia, rationabiliter execrat quod coacta concessit, quia ,si quid pro necessitate statutum est, ut cessat necessitas, cessare pariter debet quod urgebat.' " (Ausg. Fransen–Kuttner I 128)

[42] Summa Coloniensis 3,31: „Ceterum quod spiritualium rerum donatio de manu laica descendat et maxime quod pastoralis cure inuestitura per laicum fiat, et uniuersali sancte ecclesie consuetudini et sane doctrine inimicum est..." (Ausg. Fransen–Kuttner I 128)

[43] Hs. Göttingen Iur. 159 (G). Die Hss. Mainz 477 fol.1–37 und Vat.Pal.lat.678 fol.34–70v enthalten von D.11 bis D.101 eine Überarbeitung der Summe Rufins (Pseudo-Rufin) unter Heranziehung der Summa „Antiquitate et tempore", nicht aber diese selbst. Über die Summa „Antiquitate et tempore" s. S. Kuttner, Repertorium 178 f; F. Gillmann, Zur Inventarisierung der kanonistischen Handschriften 67; A. Van Hove, Prolegomena 437; S. Kuttner–E. Rathbone, Anglo–Norman Canonists: Tr 7 (1949/51) 299 ff; F. Liotta, La continenza dei chierici 131 f.

[44] Über Gerhard Pucelle s. S. Kuttner–E. Rathbone, Anglo–Norman Canonists: Tr 7 (1949/51) 296–303.

[45] Vgl. S. Kuttner, Repertorium 179.

[46] J. F. v. Schulte hat irrtümlicherweise die Summa „Antiquitate et tempore" zusammen mit der Summa „Conditio ecclesiastice religionis" für die Summe Rufins gehalten.

sich aber eingehender als diese ihre Vorlagen mit dem Wählerkreis bei der Bischofswahl. Außer den Klerikern der Kathedrale sind die religiosi anderer Kirchen einzuladen, und zwar im Unterschied zur Summa Parisiensis nicht ad auxilium, sondern mit Berufung auf das 2. Laterankonzil ad consilium. Die Summe unterscheidet bezüglich der religiosi zwischen Ausschluß von der Wahl, die eine irritierende Wirkung nach sich zieht, und Unterlassung der vorgeschriebenen Einladung, wodurch die Wahl in ihrer Gültigkeit nicht erschüttert wird.[47] Den Grundsatz, keiner Kirche gegen ihren Willen einen Bischof aufzuzwingen, läßt sie im Anschluß an Stephan von Tournai[48] nur für die Wählenden mit den bekannten Einschränkungen gelten:

(D.61 c.13) v.Nullus inuitis etc.: „In principio intelligas. Si enim in principio aliquem elegerint et postea eundem respuunt uel si in eligendo dissentiunt uel si nullum eligere uolunt uel tantum malum, etiam inuitis dabitur episcopus. Hoc autem ex similitudine horum capitulorum percipitur Si forte, Quoniam quidam, Nullam potestatem: infra di.lxv. (c.9) et di.c. (c.1) et Causa xviii. Q.ii. (c.9). . ."[49]

Die Ausführungen über die Rolle der Laien bei der Bischofswahl zu D.63 pr.[50] folgen sowohl inhaltlich als auch redaktionell der Summe Rufins[51], so daß sich die Wiedergabe des Textes erübrigt. Auch nach der Summa „Antiquitate et tempore" haben die Laien zwar nur ein Konsensrecht, aber eine Wahl darf nicht ohne das Gutachten und den Rat der Vornehmen und Religiosen vollzogen werden, was auch Rufin und

---

Auf diesen beiden Werken basiert seine Ausgabe (Die Summa magistri Rufini zum Decretum Gratiani, Gießen 1892), die überholt ist (S. Kuttner, Repertorium 132 Anm.1, 133 und 178 f). Die Summa „Conditio ecclesiastice religionis" (Hs. Vat. Pal. lat. 678 fol.5–33v) behandelt nur Pars II und Pars III des Dekrets, also nicht das Wahlrecht.

[47] (D.63 DG p.c.34) v.Ex his etc. usque cum ergo: „Nota quod in collectione canonum Fulgentii euidenter ostenditur ex decretis, quoniam clerici tantum matricis ecclesie debeant eligere. Set uidetur Gra(tianus) contrarium ostendere dicens Nunc autem etc. Set non est contrarietas. Debent enim de aliis ecclesiis aduocari religiosi ad consilium, non ut eligant sicut habemus in sequenti decreto, set si non fuerint uocati, nichilominus stabit electio. Aliud est enim eos excludere, aliud eos non uocare; poterant tamen illi electionem cassare, si causam in electo inuenerint." (D.63 c.35) v.Obeuntibus usque uacare: „quantum ad electionem"; v.set eorum consilio etc.: „His uerbis aperte ostenditur, quod clericorum de aliis ecclesiis non sit eligere, set consilium adhibere, et quantum decretum eis concedit, tantum eis concedatur et non amplius." (G fol.70va). Dazu die Marginalglosse: „Ecce casus in quo maiorem uim habet absentia alicuius quam presentia." (G fol.70va)
[48] Vgl. oben 2.2.11.
[49] G fol.67vb.
[50] G fol.68va.
[51] Vgl. oben 2.2.10.

Johannes von Faenza gefordert hatten. Außerdem befaßt sich die Summe mit der Möglichkeit eines Dissenses von seiten des Volkes:

(D.62 pr.) v.Breuiter monstratum: „Ostenso qui ad episcopatum debeant eligi, ostendit a quibus electio debeat fieri. Dicit enim quod clerus debet eligere, populus electioni consentire, metropolitanus cum suis suffraganeis ordinare. De clericis autem maioris ecclesie intelligendum est ita tamen, ne alios clericos religiosos excludant. Qui autem canonice electus non fuerit, episcopus esse non poterit nec aliquos ipse consecratus ordinare ualebit. Ille uero qui non legitime electum consecrauerit, cum eo pariter depositionis sententiam subibit. Potest tamen esse casus, in quo non currentibus tribus predictis fit electio scilicet clericis uel inter se uel cum populo dissentientibus et metropolitano partes suas interponentibus. Si autem populus preter rationem a clero dissentiat, instruendus[a] est; si non acquieuerit, excommunicandus; set si cum ratione, audiendus est."[52]

[a] instruendum G.

In diesem Passus, der zunächst den Kommentar Stephans zu D.62 pr. vollständig übernimmt, erörtert die Summe das Problem des Volksdissenses und kommt zu dem gleichen Ergebnis wie die Glosse in der Hs. Wien 2125[53], wodurch die Annahme erhärtet wird, daß es sich um ein und denselben Autor handelt.[54] Dieser unterscheidet wie die Summa Alenconensis[55] zwischen einem begründeten und einem unbegründeten Dissens und folgert daraus: Wenn das Volk ohne Grund in Widerspruch zum Klerus steht, ist es zu belehren[56], und falls es sich nicht beruhigt, zu exkommunizieren[57]; wenn es jedoch einen Grund hat, ist es anzuhören. Sonst besteht die Aufgabe der Laien darin, Beifall zu spenden und lobend zuzustimmen, wie diese anonyme Summe zu einer Briefstelle Papst Gregors, derzufolge Klerus und Volk der verwaisten Kirche von Palermo sich einmütig einen neuen Vorsteher erbitten sollen[58], bemerkt:

(D.61 c.16) v.plebemque: „Videtur innuere quod laici etiam debeant eligere. Set acclamare tantum debent et collaudare."[59]

Die Rechte der Fürsten bei kirchlichen Wahlen hält die Summa

---

[52] G fol.68rb.
[53] Vgl. oben 2.3 Anm.29.
[54] Vgl. S. Kuttner–E. Rathbone, Anglo–Norman Canonists: Tr 7 (1949/51) 299.
[55] Vgl. oben 2.2.4.
[56] Vgl. D.62 c.2.
[57] Vgl. D.63 c.1.
[58] Vgl. D.61 c.16.
[59] G fol.68ra.

„Antiquitate et tempore" mit den Worten Rufins für erloschen[60], betont aber mit der Summa Parisiensis[61] die Notwendigkeit, ihren Konsens einzuholen:

(D.63 c.1) v.donec obediat et consentiat: „Ecce quod consensus quidem principis expetitur."[62]

(D.63 c.9) „Cum enim dicitur principis uoluntate, consensum eius intelligimus qui adhibendus est."[63]

Die Summa „Antiquitate et tempore" kennt wie Stephan von Tournai auch die Anwesenheit von Laien bei der Wahl, um eventuelle Gegner abzuwehren:

(D.63 c.2) v.licet manus huiusmodi: „Laicis scilicet interesse et auctoritate sua aduersario, si qui sunt, reprimere."[64]

2.3.5. Die Summa „Inperatorie maiestati" (= Summa Monacensis)[65] (1175/78),

die nur einige ausgewählte Probleme behandelt, verrät in ihren Ausführungen über die Bischofswahl ähnlich wie auch in anderen Fragen[66] durchaus eine gewisse Selbständigkeit, so daß die behauptete Abhängigkeit von Rufin[67] nur teilweise gegeben ist und als allgemeine Charakterisierung dieses Werkes nicht zutrifft. Die in Kärnten entstandene Summe[68] klärt zu Beginn ihrer Darlegung über den Anteil der Laien an der Bischofswahl den im Dekret Gratians nicht univok gebrauchten Begriff der Wahl:

(D.62 pr.) v.Breuiter monstratum etc.: „Electio tripliciter dicitur: aut est nominantis ut cleri, aut consentientis ut populi, aut approbantis ut metropolitani et concilii. Primo modo quidem modo proprie dicitur electio, aliis duobus improprie; et secundum hanc distinctionem

---

[60] Vgl. oben 2.2.10.

[61] Vgl. oben 2.3.1.

[62] G fol.68va.

[63] G fol.69ra.

[64] G fol.68vb.

[65] Hs. München lat.16084 fol.1–9; 11–16; 18–27 (M).

[66] Vgl. S. Kuttner, Kanonistische Schuldlehre 173 und 366; R. Weigand, Die bedingte Eheschließung 160–169; ders., Die Naturrechtslehre 163–166; H. Schmitz, Appellatio extraiudicialis 19 f; F. Liotta, La continenza dei chierici 137 f; I. Raming, Der Ausschluß der Frau vom priesterlichen Amt 96 f.

[67] Vgl. S. Kuttner, Repertorium 179 f; F. Gillmann, Zur Inventarisierung der kanonistischen Handschriften 67; A. Van Hove, Prolegomena 437; J. Zeliauskas, De excommunicatione vitiata S.XXVII; R. L. Benson, The Bishop-Elect 94–97.

[68] Vgl. F. Gillmann, Die Heimat und die Entstehungszeit der Summa Monacensis: AkathKR 102 (1922) 25 ff.

diuersa oportet intelligi capitula: nunc clero, nunc clero, nunc populo, nunc metropolitano et concilio electionem attribuendam."[69]

Entsprechend dieser Unterscheidung sind die Quellen zu interpretieren: Wahl im eigentlichen Sinne meint die nominatio[70] durch den Klerus, Wahl im uneigentlichen Sinne sowohl den Konsens des Volkes als auch die Bestätigung durch den Metropoliten. Daß die Kompetenzen bei der Wahl tatsächlich so verteilt sind, sagt der Kommentar zu Eingang des Papstwahldekretes Nikolaus II.:

(D.23 pr.) „...Dignitatum alie sunt minores, alie maiores. Minores dantur sola uocatione et sedium impositione ut archidiaconatus, decanatus. Maiores autem ut episcopatus dantur ex electione, ex electionis confirmatione et consecratione. Cleri est eligere, plebis consentire, metropolitani confirmare..."[71]

Wie der Klerus zu wählen und der Metropolit die Wahl zu bestätigen hat, ist es Sache des Volkes zuzustimmen.[72] Daß dem Volkskonsens jedoch keine konstitutive Bedeutung zukommt, wird daraus ersichtlich, daß er nicht zu den Elementen der Bischofsbestellung gezählt wird. Im Unterschied zu Rufin[73] nennt die Summa Monacensis drei Komponenten[74]: Wahl, Wahlbestätigung und Konsekration. Während die Bestätigung durch den Metropoliten für die Konstituierung eines Bischofs notwendig ist[75], hat der Konsens des Volkes in dieser weiterentwickelten Wahltheorie keine rechtliche Relevanz und findet konsequen-

---

[69] M fol. 9rb. Statt des dreimaligen *nunc* liest R. L. Benson irrtümlicherweise *nec* und stellt außerdem die Wörter *electionem attribuendam* um (The Bishop-Elect 96 Anm. 15); vgl. auch die Textwiedergabe von K. Ganzer (ZSavRGkan 57 (1971) 62 Anm. 187).

[70] *Nominatio* ist hier gleichbedeutend mit *electio*. Von der Zeit Innozenz III. an sind nominatio (im Sinne von Stimmabgabe durch den einzelnen Wähler) und electio (communis) als zwei rechtlich voneinander verschiedene Handlungen innerhalb des Wahlvorgangs in den Quellen belegt. In der dekretistischen Literatur des 12. Jahrhunderts findet sich jedoch diese Unterscheidung noch nicht (A. v. Wretschko, Die Electio communis bei den kirchlichen Wahlen im Mittelalter: DZKR 11 (1902) 343–354).

[71] M fol. 4va.

[72] Die gleiche Funktion haben die Bürger bei der Wahl des Metropoliten: (D.63 c.19) v. Metropolitano: „Conuenire debent conprouinciales episcopi, clerus ecclesie et ciues, dispari tamen ratione et causa: conprouinciales ut moneant (et) consulant, clerici ut eligant, ciues ut consentiant." (M fol.9va)

[73] Vgl. oben 2.2.10.

[74] Außerdem führt die Summa Monacensis an anderer Stelle in Abhängigkeit von Gratian (D.40 c.8) ebenso wie Rufin (Ausg. Singer 158) auch die traditionelle Lehre an: (D.64 pr.) v.Hinc considerandum: „Due sunt que faciunt episcopum: electio et consecratio." (M fol.10vb)

[75] Über die Bedeutung der Wahlbestätigung in der Summa Monacensis s. R. L. Benson, The Bishop-Elect 94–97.

terweise in den Ausführungen der Summe keine Beachtung, wie auch die Frage nach dem Wahlkörper, welche Kleriker den Bischof zu wählen haben, nicht untersucht wird. Der unbekannte Verfasser widmet seine Aufmerksamkeit vielmehr der Frage, ob Laien an der Wahl teilnehmen dürfen. In Anlehnung an Johannes von Faenza[76] schreibt er:

(D.63 pr.) v. Laici: „Cum queritur, utrum laici prelatorum electioni interesse debeant, distingue cuiusmodi sit laicus: an patronus ecclesie an extraneus, et utrum ecclesia collegium habet nec ne, et si collegium habet utrum sit talis que aliis presit puta episcopalis an que aliis subiecta sit puta parrochialis; et si quidem extraneus sit laicus, non debet se inuitis clericis ingerere, set inuitatus licite poterit interesse ut decernitur illo capitulo Adrianus (D.63 c.2) et dis.xxiii. capitulo i. Si uero sit patronus, si quidem ecclesia sit collegiata, non debet ipse solus eligere, set aliis eligentibus se quasi sotium addere ut presumitur ex illo capitulo xviii.c. Q.ii. c.iiii. Si uero nullum sit ecclesie collegium, tunc ipsi soli defertur electio ut c.xvi. Q.ult.(q.7) Decernimus monasterium (c.32) et hoc quidem de minoribus ecclesiis; nam episcopales patronos non habent, nec ad unum set ad uniuersitatem populi pertinent. Ideoque episcoporum electioni interesse laici nullum ius habent. In persona tamen imperatoris quedam specialiter ut in capitulis illis Reatina (D.63 c.16), Lectis (D.63 c.18) et hoc specialiter in illis ecclesiis et quibusdam aliis aut iure patronatus aut speciali priuilegio, sicut dicitur de electione summi pontificis imperatori concessa et de inuestituras episcoporum ut habetur e.dis. c.Adrianus (c.22), In sinodo (c.23)."[77]

Wie Johannes von Faenza[78] erkennt die Summa Monacensis in nichtbischöflichen Kirchen dem Patron ein Wahlrecht zu: wenn die Kirche ein Kollegium hat, gehört er zum Wählerkreis, sonst ist er der allein Wählende. Bischofskirchen dagegen haben keine Patrone, da sie nicht einem einzigen, sondern der Allgemeinheit des Volkes gehören, so daß die Laien kein Recht haben, bei der Bischofswahl mitzuwirken. Eine Ausnahme besteht lediglich für den Kaiser, dem auf Grund eines Patronatsrechtes oder eines besonderen Privilegs das Teilnahmerecht zustehen kann.[79]

---

[76] Eine Abhängigkeit der Summa „Inperatorie maiestati" von der Summe des Johannes von Faenza hat auch I. Raming konstatiert (Der Ausschluß der Frau vom priesterlichen Amt 96 f).

[77] M fol.9rb/va.

[78] Vgl. oben 2.2.12.

[79] Die zum Kreis der Summa Monacensis gehörende und bald nach dieser verfaßte Summa „Inter cetera" (R. Weigand, Die Naturrechtslehre 166 Anm.31), die die

der in seinem um 1180 verfaßten Speculum Iuris Canonici[81] ohne formale Anlehnung an das Dekret Gratians in fünfzig Kapiteln ausgewählte Rechtsprobleme erörtert, schöpft seine Position in bezug auf die Wählerschaft des Bischofs einzig und allein aus der Summa „Inperatorie maiestati". Kapitel 49, das die Überschrift trägt „A solo clero eligi deberi episcopum", löst die Widersprüchlichkeit der Quellen, die sowohl dem Klerus, als auch dem Volk und dem Metropoliten eine Autorität bei der Wahl zuerkennen, durch die bekannte Unterscheidung von Wahl im eigentlichen Sinne und von Konsens und Bestätigung:

„De episcoporum electione passim et varie videntur canones constituere et sibi inuicem contradicere. Quandoque enim auctoritas eligendi clero[a], quandoque populo, quandoque metropolitano legitur attributa. Sed notandum est[b], quod electio dicitur tripliciter[c], scilicet aut nominantis, aut consentientis, aut approbantis[d]. Prima clerici, IIda populi,IIIa metropolitani. Sed prima[e] proprie dicenda[f] est electio, relique[g] improprie."[82]

[a] clerico Ausg. Reimarus; deo B; [b] om. B; [c] triplex Ausg. Reimarus; [d] probantis B; [e] prima] hoc B; [f] dicenda] danda Ausg.Reimarus; [g] reliqua B.

In Kapitel 51 seiner Distinktionen, das überschrieben ist „Laicum debere electioni interesse" vertritt Petrus von Blois wie die Summa Monacensis die Auffassung, daß der Kaiser und die Kirchenpatrone an der

---

Überschrift trägt „Notabilia super decretum" (Hs. Leiden Vulc. 48 fol.9ra) und die in der Leidener Handschrift in völliger Unordnung enthalten ist (R. Weigand, a.a.O. 464 ff), befaßt sich nicht mit der Bischofswahl, sondern läßt auf D.60 sogleich D.69 folgen (Hs. Leiden Vulc.48 fol.12rb). Das in der Hs. München lat.16084 fol.64v–65 enthaltene Fragment reicht nur bis D.1 c.4 (S. Kuttner, Repertorium 182). Zum Verhältnis der Hss. München lat.16084 fol.64v–65 und Leiden Vulc.48 fol.9–24 s. R. Weigand (a.a.O. 169–172), der wegen der unterschiedlichen Auffassung in der Naturrechtslehre nicht nur zwei verschiedene Rezensionen des gleichen Werkes annimmt, sondern möglicherweise mit zwei verschiedenen Schriften rechnet. (Vgl. auch A. A Zedelgem, Commentationes historiae iuris canonici: CollFr 14 (1944) 239; anders S. Kuttner, An Interim Checklist of Manuscripts: Tr 11 (1955) 446).

[80] Über Petrus von Blois und sein Werk s. J. F. v.Schulte, Die Geschichte der Quellen und Literatur I 207; S. Kuttner, Repertorium 220 ff; A. Van Hove, Prolegomena 439; C. Lefèbvre, Pierre de Blois: DDC VI 1472; W. M. Plöchl, Geschichte des Kirchenrechts II 508; C. Lefèbvre, Histoire du Droit et des Institutions VII 284; F. Liotta, La continenza dei chierici 139 f; V. Piergiovanni, La punibilità degli innocenti I 137 Anm. 43.

[81] Ausgabe: Petri Blesensis opusculum de distinctionibus in canonum interpretatione adhibendis, sive ut auctor voluit Speculum Iuris Canonici, hrsg. v. T. E. Reimarus, Berlin 1837; Hs. Bamberg Can.17 fol.63v–74v (B).

[82] Ausg. Reimarus 91.

Wahl teilnehmen können, daß Bischofskirchen aber keine Patrone haben:

„Quod nullus laicus se debeat[a] prelatorum electionibus inmiscere, multis cauetur canonibus. Inperatori tamen, et ecclesiarum patronis, potestas[b] legitur attributa. Distinguas ergo, utrum ecclesia, cui preficiendus est sacerdos, sit conuentualis[c] siue collegiata, nec ne. Si conuentualis[c] vel collegiata[d], refert, utrum aliquis in ea ius patronatus, an[e] nullus id ius[f] habeat. Si nullus habeat in ea ius patronatus, ut in episcopali ecclesia, que non ad unum, sed ad uniuersitatem populi pertinet, nullus laicus se debet ingerere. Sed inuitatus poterit interesse electioni. Si vero collegiata[d] sit, et ad aliquem[g] pertineat patronatum[h], non ipse solus potest[i] eligere, sed, se socium eligentibus poterit[k] adhibere. Si autem collegium non habeat ecclesia, soli patrono defertur electio. Quod autem[l] de inperatore dicitur, di. LXIII. in illis c.„Reatina" (c.16) et c.„Lectis" (c.18), speciale est in eo, et in illis ecclesiis, aut iure patronatus, aut speciali priuilegio. Quod vero dicitur de inperatore, quod[m] debet eligere summum pontificem, in illis capitulis[n], Adrianus (c.22)[o], In sinodo (c.23)[p], hoc prorsus euacuatum est."[83]

a) debeat se B;[b] *om.* Ausg.Reimarus; c) conuentuabilis B; d) collegata B; e) an] aut B;[f] *om.* B; g) aliquem] alicuius B; h) patrocinium B; i) poterit B; k) poterit eligentibus B; l) Quod autem *om.* B; m) quod] qui Ausg.Reimarus; n) illis capitulis] illo capitulo B; o) (c.28) Ausg.Reimarus; p) In sinodo (c.?3) *om.* B.

Die Rechte des Kaisers bei der Papstwahl hält Petrus von Blois für erloschen.[84]

Nicht ohne humorvolle Spitze ist eine Marginalglosse zu Kapitel 51, die die alttestamentliche Schriftstelle Hiob 1,14 zitiert: „Quod boves Abrahae arabant et asine pascebantur iuxta."[85] T. E. Reimarus versteht diese Glosse dahin gehend, daß sie die Laien, die untätig bei der Wahl zugegen sind, mit den weidenden Eselinnen vergleicht, während die Kleriker, die zu wählen haben, den pflügenden Ochsen gleichen.[86]

---

[83] Ausg. Reimarus 94.
[84] Die von der Summa Monacensis ebenfalls abhängigen Distinctiones „Consuetudo" (Hs. Bamberg Can. 17 fol.96–103v, 178–180v) und die Summenfragmente „Questio si iure naturali" (Hs. Arras 271 fol.180–187v), „Iuditiorum instrumenta" (Hs. München lat.16084 fol.28–29) sowie „Boni a deo patre" (Hs. München lat.16084 fol.74–77) enthalten keine Aussagen zum Thema Bischofswahl.
[85] Ausg. Reimarus 95.
[86] Ausg. Reimarus 95.

dessen zwischen 1179 und 1181 in Mainz geschriebene Summe zum Dekret[88] den ersten Versuch eines freien Lehrbuchs des kanonischen Rechts darstellt, gliedert den Stoff auf sehr eigenständige Weise, folgt inhaltlich aber in seinen Ausführungen über das Wahlrecht weitgehend der Summa Monacensis.[89] Zu der Frage, wer die Wahl vorzunehmen hat, schreibt er:

„Nunc sequitur a quibus electio sit[a] facienda. Ad quod

quidam quod alia est episcopalis.	ecclesiarum alia est episcopalis,
Hec pertinet ad populi uniuersi-	alia non. Episcopalis pertinet ad
tatem. Populus autem non habet[b]	populi uniuersitatem. Habet autem
	populus[c]

ius patronatus et ideo laici non intersunt electioni episcopi. Exigitur tamen eorum consensus ad testimonium ut d.lxiii. Quanto (c.10) saluo eo quod[d] de persona imperatoris legitur uel speciali priuilegio uel iure patronatus uel causa scismatis ut d.e. Reatina (c.16);

alia aut est collegiata, in qua[b]	non episcopalis: alia collegiata,
	alia non. In collegiata[c]

de iure canonico conuentus est electio, in qua[e] patronus sit unus de eligentibus, si tamen patronum habuerit[f] ut c.xviii. q.ii. Abbatem (c.4). Ideo dixi de iure canonico, quoniam alicubi aliter se habet consuetudo;

aut non; in qua[b]	in non collegiata[c]

si patronum habuerit, eius est electio, si non, archipresbiteri uel archidia-

---

[87] Über Sighard von Cremona s. J. F. v.Schulte, Die Geschichte der Quellen und Literatur I 143 ff; S. Kuttner, Zur Biographie des Sicardus von Cremona: ZSavRGkan 25 (1936) 476 ff; ders., Repertorium 150–153; ders., Réflexions sur les Brocards des Glossateurs: Mélanges Joseph de Ghellinck II 783–787; E. Brocchieri, Sicardo di Cremona e la sua opera letteraria, Cremona 1958; C. Lefèbvre, Sicard de Crémone: DDC VII 1108–1111 (mit umfangreicher Literaturangabe); K. Weinzierl, Sicard v. Cremona: LThK IX 729 f.

[88] Hss. München lat. 4555 (M); Vat.Pal.lat.653 fol.65v–112 (V); Wien 2166 (W). Die den Textwiedergaben zugrundegelegte Münchener Handschrift kommt nach Auskunft von Prof. P.-J. Keßler, der mit der Edition der Summe Sighards betraut ist (Tr 12 (1956) 559; StG XII 92 Anm.4), dem Original am nächsten (J. Weitzel, Begriff und Erscheinungsformen der Simonie 123 Anm.1). Mit M weist W die meisten Gemeinsamkeiten auf. (Vgl. über die Wiener Hs. P.-J. Keßler: „Die Hs. ist einer der (vollständigen) Textzeugen für das Werk Sighards…und zwar…ein für die Stufe, die in der Apologia Sighards den Hinweis auf Mainz hat…und die Redaktion II des Werkes darstellt, in engere Wahl kommender Beleg." (Wiener Novellen: StG XII 92 Anm. 5)

[89] Vgl. auch die entsprechenden Beobachtungen von R. Weigand, Die bedingte Eheschließung 174 ff; J. Weitzel, Begriff und Erscheinungsformen der Simonie 123; I. Raming, Der Ausschluß der Frau vom priesterlichen Amt 97 und 100.

coni uel episcopi uel uicini episcopi. In talibus enim[g] preualet consuetudo."[90]

[a] sit electio V; [b] M,W; [c] V; [d] quod] que W; [e] in qua) ita quod V; [f] habuerit patronum V; [g] enim om. V.

Wie die Summa Monacensis betont auch Sighard von Cremona, daß die Bischofskirchen der Allgemeinheit gehören und deshalb keine Patrone haben. Aus diesem Grunde sind an der Bischofswahl keine Laien beteiligt, von denen jedoch Zustimmung und Zeugnis gefordert werden. Wenn es heißt, daß auch Laien wählen, so ist damit die Zustimmung zur kanonischen Wahl gemeint, wie Sighard bei der Erörterung der Papstwahl noch einmal ausdrücklich hervorhebt:

„De apostolico queritur, a quibus debeat eligi, de quibus, quomodo et quando. Resp. non debet eligi nisi a cardinalibus et religiosis clericis ut d.lxxviiii.[a] c.i. et d.xxiii. In nomine (c.1). Quod enim[b] dicitur ut a laicis etiam[c] eligatur, intelligendum est: id est electioni canonice consentiatur. Est enim electio eligentium ut cleri, consentientium ut populi, confirmantium ut maiorum[d]; uel intelligatur, quando scisma timetur ut d.lxiii. Adrianus (c.2) et d.lxxviiii. Si quis pecunia (c.9).."[91]

[a] lxxxix. V; [b] enim] ibi V; [c] etiam a laicis V; [d] maioris V.

Wahl bedeutet für den Klerus wählen, für das Volk zustimmen, für die Vorgesetzten bestätigen. Daß die Stellungnahme des Volkes im Extremfall für die Einsetzung eines Bischofs nicht völlig belanglos ist, geht daraus hervor, daß Sighard drei Fälle nennt, in denen ein vom Klerus Gewählter, den normalerweise der Metropolit zu konsekrieren hat, zurückgewiesen wird: wenn ein Gerücht gegen ihn aufkommt, wenn ein Formfehler bei der Wahl allen bekannt wird, und wenn eine unvermutete Beschuldigung erhoben wird, die nicht entkräftet werden kann:

„.. Illud tamen puto, quod metropolitanus aut alius ad quem pertineat confirmatio, non de plano fratrum contradicere concordi deberet[a] electioni. Tenetur enim eum consecrare, quem clerus elegerit ut c.viii. q.iii. Artaldus (c.2), nisi uel aduersus electum fama crebrescat uel defectus eorum, que in electione canonica desiderantur[b], omnibus pateat uel accusatio inopinata consurgat, ubi[c] nisi se purgauerit, ab electione repellitur ut d.xxiii. Illud (c.5)."[92]

[a] concordi fratrum contradicere debet V; [b] considerantur V; [c] ubi] unde V.

Für den Kaiser läßt Sighard ähnlich wie die Summa Monacensis zwar eine Sonderstellung bei der Bischofswahl gelten, sei es auf Grund eines

[90] M fol.13rb/va.
[91] M fol.13va.
[92] M fol.14rb.

besonderen Privilegs, eines Patronatsrechtes oder aus Anlaß eines Schismas, aber er legt sich nicht fest in der Frage, ob der Kaiser an der Wahl des Papstes und der Bischöfe teilnehmen dürfe. Nach einer eingehenden Erörterung des Für und Wider[93] verzichtet er bewußt auf eine eigene Stellungnahme und stellt lediglich fest, daß Gratian die Begründung der kaiserlichen Rechte aus einer Notwendigkeit vertrete:

„...Resp. hec et his[a] similia circa illa[b] nonnulla possunt allegari studiosius[c]. Qualiter autem his et similibus uicissim responderi possit, omittimus. Nichil enim assertiue[d] dicimus uel in scripta redigimus. Gratianus uero solutionem ex causa necessitatis assumit ut d.lxiii. Principali (c.15)."[94]

[a] his om. V; [b] illa] ista V; [c] studiosius allegari V; [d]?assertiue] assertem V.

Erst recht bei der Besetzung nichtbischöflicher Ämter gibt Sighard von Cremona in Wahlrechtsfragen keine klare juristische Lösung, sondern verweist auf die jeweilige Gewohnheit, etwa bei der Wahl des Archidia-

---

[93] „§ De imperatore queritur, si debeat interesse electioni summi pontificis et episcoporum. Videtur[a] d.lxiii. Principali (c.15), Reatina (c.16), Nobis (c.17), Lectis (c.18), Agatho (c.21), Adrianus (c.22), In synodo (c.23), Cum longe (c.25), Quia (c.28); item quia patronus est Romane ecclesie. Patronis uero hec gratia concessa est, ut prelatos in ecclesiis sui patronatus[b] eligant ut c.xvi. q.ii. Si quis episcoporum (c.8) et q.ult. (q.7) Decernimus (c.32). Quod autem sit patronus, per hoc probatur quia[c] patricius ut d.e. Adrianus (c.22); item quia cum sentiat onus patronatus ut eam uidelicet teneatur ab impugnatione defendere, sentire debet pariter honorem[d] est patronatus et emolumentum; item quia si de apostolici fide[e] dubitat[f], imperator debet ei tamquam examinatori sue fidei confessionem exponere ut c.xxv. q.i. Satagendum (c.10); item quia si quid apostolicus iniuste committit, imperiali iudicio emendare promittit ut c.ii. q.vii. Nos (c.41); item quia Gregorius et alii plures augustos dominos appellabant eis[g] sicut in re sic in nomine reuerentiam exhibebant ut d.lxiii. Salonitane (c.24); item quia cum imperialis maiestas multiplici gaudeat priuilegio minoris et deterioris uideretur[h] conditionis quam priuata persona[i]. Priuata namque persona ex structione[k], fundatione, ditatione nasciscitur ius patronatus. Imperator uero ecclesiam Romanam construxit, fundauit et ditauit ut c.xii. q.i. Futuram (c.15). Econtra pro apostolico uidentur facere dominica institutio. Dominus enim Petro terreni et celestis imperii iura commisit ut d.xxii. Omnes (c.1); item imperialis concessio. Constantinus enim[l] Petro sedem imperialem reliquit et Petro concessit ut c.xii. q.i. Futuram (c.15). Inde est quod apostolicus potest imperatorem deponere et alium substituere ut c.xv. q.vi. Alius (c.3); item necessitas et specialis traditio; nam causa necessitatis hereticorum uidelicet et scismaticorum ecclesiam persequentium representabatur principibus electio pontificum ut d.lxiii. Principibus (DG a.c.28). Quod autem fit causa necessitatis, cessante necessitate debet cessare pariter quod urgebat ut c.i. q.vii. Quod (c.7); item quod specialiter conceditur alicui, non est trahendum ad sequentiam[m]. Hoc autem specialiter principibus concessum est ut d.xxiii. In nomine (c.1); item principum resignatio ut d.lxiii. Cum (c.29), Ego (c.30) et sequentia." (M fol. 13va/b)

[a] V add. ut; [b] patronatus sui W; [c] quia] quod est V; [d] pariter honorem] et honorem pariter que V; [e] fide apostolici V; [f] dubitat V; [g] eiusque V; [h] uidetur V; [i] qua persona priuata W; [k] constructione V; [l] etenim V; [m] consequentiam W.

[94] M fol.13vb.

68

kons[95] oder bei der des Archipresbyters[96]: offensichtlich ein Zeichen für die Unentschiedenheit in der Lehre sowie für die Diskrepanz zwischen geltendem Recht und tatsächlicher Praxis. Ausdrücklich weist Sighard bei nichtbischöflichen Kirchen mit einem Kollegium auf den Unterschied von kanonischem Recht und örtlicher Gewohnheit hin.[97] Auch bei der Besetzung der Kirchen, die weder ein Kollegium noch einen Patron haben, hat die Gewohnheit Vorrang.[98]

2.3.8. Evrard von Ypern[99],

dessen Breviarium decreti seu Summula quaestionum decretalium (1179/81)[100] einen Zwischentyp zwischen den Summen und Quaestionen darstellt und an Umfang nicht über Rolands Stroma hinausreicht, hat sich, wie er in der Einleitung seines Werkes in bildreicher, dichterischer Sprache ausführt, zum Ziel gesetzt, auf dem weiten Meer Gratians vor der Charybdis der Unbegrenztheit des Stoffes auszuweichen und im Hafen einer Reduzierung vor Anker zu gehen, um die unendliche Fülle aus Gründen der Zweckmäßigkeit auf das Wesentliche zu beschränken und dabei die Einzelheiten außer acht zu lassen.[101] Zu diesem Zweck

---

[95] „§ De archidiacono queritur, a quo sit eligendus. Videtur...Econtra...Resp. et hoc consuetudini relinquamus[a] uel episcopus non excludit[b] diacones uel e conuerso." (M fol. 14ra)
[a] relinquimus V; [b] excludat W.

[96] „De eodem archidiacono queritur, si debeat eligere archipresbiteros. Videtur... Econtra...Resp. et hoc consuetudo diiudicet, uel distingue de electione ut[a] supra scilicet est electio eligentium etc.[a]" (M fol.14ra)
[a] om. W.

[97] Vgl. oben 2.3 den Text zu Anm.90.
[98] Vgl. oben 2.3 den Text zu Anm.90.
[99] Über Evrard von Ypern s. S. Kuttner, Repertorium 187–190; A. Van Hove, Prolegomena 438; S. Kuttner–E. Rathbone, Anglo–Norman Canonists: Tr 7 (1949/51) 314; N. M. Haring, The Cistercian Everard of Ypres and His Appraisal of the Conflict between St. Bernard and Gilbert of Poitiers: MS 17 (1955) 143–172; J.-M. Canivez, Évrard d'Ypres: DDC V 592; A. M. Stickler, Kanonistik: LThK V 1294; C. Lefèbvre, Histoire du Droit et des Institutions VII 283 und 285; J. Zeliauskas, De excommunicatione vitiata S.XXVIII; F. Liotta, La continenza dei chierici 143 Anm.390.
[100] Einzige Hs. Reims 689 fol.1–74v (R).
[101] „Cum sensus circa maxima et minima deficiat, memoria uero circa plurima ac infinita deficiens immo frustra laborans circa pauca palum ponit ibidemque quiescit de penu suo utpote circa pauca collecta prompte promouenda elicit. Inde est quod in pelago Gratiani nauigantes infinitatem guttarum ipsius quasi Caribdim declinantes anchoram nostram in portu paucitatis figimus et uniuersitatem pluralitatis immo infinitatis ad commoditatem quandam quasi certam regulam reducentes infinita singula si in singularibus set in uniuersalibus armario memorie committimus, ut deinde neces-

bedient er sich der literarischen Methode Sighards, dem er auch inhaltlich weitgehend folgt. Über die Frage, wer die Wahlen in der Kirche
vorzunehmen hat, schreibt der Mönch von Clairvaux:

„Queritur a quibus facienda est electio. Resp. episcopi ab uniuersitate,
ubi tantum consensus populi requiritur; prelatus autem a conuentu
conuentualis ecclesie cui intersit patronus. Si non est conuentualis, ad
episcopum spectat electio uel archidiaconum uel archipresbiterum, ubi
plus ualet consuetudo.

Queritur a quibus debet eligi apostolicus. Resp. a cardinalibus et a
religiosis clericis.

Queritur de imperatore si debeat interesse electioni summi pontificis
et episcoporum ut dis.lxiii. Resp. non; quod enim causa necessitatis
introductum est, cessante causa debet cessare quod urgebat ut C.i. Q.vii.

Queritur si episcopi presbiteros, archipresbiteros et thesaurarios,
decanos, scolasticos, canonicos in matricibus, presbiteros et clericos in
capellis patronos non habentibus et abbates in cenobiis eligere debeant.
Resp. diuersa est ecclesiarum consuetudo ut xvi. Q.i. Si quis monachus
(c.28) et Sic uiue (c.26), et ideo hec omnia consuetudini ecclesiarum
relinquimus."[102]

Der Bischof ist nach diesem Text von der Allgemeinheit zu wählen,
wo nur der Konsens des Volkes erforderlich ist. Diese in sich unverständ-
liche Aussage findet ihre Erklärung aus der Summe Sighards, der den
totalen Ausschluß der Laien von der Bischofwahl damit begründet,
daß es keine Patrone an den Bischofskirchen gibt, weil diese der Allgemeinheit gehören.[103] Auch Evrard von Ypern läßt nur die Kleriker als
Wähler gelten, wie aus einer anderen Stelle seines Werkes hervorgeht.[104]
Das Volk hat lediglich zuzustimmen. Im Unterschied zu Sighard von
Cremona entscheidet er sich in der Frage, ob der Kaiser ein Teilnahmerecht an der Papst- und Bischofswahl hat, für ein eindeutiges Nein,
während er bei der Besetzung der niederen Kirchenämter wie Sighard
auf die örtliche Gewohnheit verweist.

---

saria promamus ac si summam retinentes singula reiciamus uelut minus utilia. Adiu-
uante igitur benigno Domino, a quo et de quo et propter quem hoc opus et per quem
exordium habet, singula Gratiani capitula prout possumus disquiramus." (R fol.1)
[102] R fol.16r/v.
[103] Vgl. oben 2.3.7.
[104] „Queritur, cum clericorum sit electio prelatorum, quis iuris est, si uota eligentium
se in duas partes diuiserint..." (R fol. 16v)

die unter dem Einfluß der Summa Monacensis steht[106], stellt wie diese die Äquivozität des Wahlbegriffs in den Quellen heraus und kommt auf diese Weise zu der bekannten Aufteilung der drei Funktionen bei der Wahl:

(D.62 pr.) v. Breuiter: „In ii. precedentibus di(stinctionibus) ostensum est, de quibus debet fieri electio: lx., et de quibus non: lxi. In his duabus ostenditur[a), a quibus: in hac, et a quibus non: in sequenti, quia ad clerum pertinet electio, ad populum consensus infra proxima Nosse (D.63 c.12), ad metro(politanum) confirmatio ut lxiiii. c.i. Equiuoce autem quodlibet istorum quandoque uocatur electio ut infra di. proxima (D.63). Aliter electus non est consecrandus, nisi forte dissentiente clero metro(politanus) interponet partes suas ut infra lxiii. c.ult.(c.36)."[107]

a) hostenditur P.

Wie wenig der Konsens des Volkes bzw. dessen Verweigerung zählt, erhellt daraus, daß diese Summe der französischen Schule im Unterschied zu Stephan von Tournai[108] und Johannes von Faenza[109] ein Einschreiten des Metropoliten nur bei einem Dissens von seiten des Klerus vorsieht, nicht aber bei einem Widerspruch des Volkes. Während an nichtbischöflichen Kirchen Laienpatrone ein Wahlrecht besitzen, gilt an Bischofskirchen das Prinzip, daß der Klerus wählt und das Volk seine Zustimmung gibt:

(D.63 pr.) v. Laici: „In hac di(stinctione) ostendit magister, quod laici non sunt admittendi in electione clericorum. Postea probat contrarium. Tandem soluit. Vnde breuiter distinguendum est circa personam laici, utrum sit patronus ecclesie, in qua facienda est electio, uel extranea persona; circa ecclesiam, utrum sit collegiata uel non, et si collegiata, utrum episcopalis nec ne. Si laicus fuerit extranea persona, non debet se ingerere electioni ut infra c.i., set si uocatus fuerit, humiliter acquiescere ut infra c.ii. et di.xxiii. c.i. Si laicus est patronus et ecclesia non est collegiata, ipse debet eligere clericum ut xvi. Q.ult.(q.7) Decernimus (c.32), si collegiata et non episcopalis, debet esse unus de eligentibus

---

[105] Einzige Hs. Paris B.N.lat.15994 (P).
[106] Zu dieser französischen Summe s. S. Kuttner, Repertorium 184–187; ders., Les débuts de l'école canonists française: SDHI 4 (1938) 196 f; A. Van Hove, Prolegomena 437 f; G. Fransen, Manuscripts des décretistes dans les bibliothèques liégeoises: StG I 297; R. Weigand, Die bedingte Eheschließung 181 Anm. 8.
[107] P fol. 20ra.
[108] Vgl. oben 2.2.11.
[109] Vgl. oben 2.2.12.

ut xviii. Q.ii. Abbatem in mo(nasterio) (c.4), si autem episcopalis, cleri est electio, populi uero consensus ut infra e. Nosse (c.12). Videtur tamen in aliquibus ecclesiis princeps fundator aliquid iuris sibi retinere ut infra e. Principali (c.15), Reatina (c.16). Antiquitus uero tota electio fuit concessa laicis principibus propter sedandas dissentiones hereticorum uel scismaticorum ut infra e. Agatho (c.21), Adrianus (c.22), In sinodo (c.23). Set quia ipsi abusi sunt hoc priuilegio, reuocatum est infra e. Cum Adrianus (c.29), xi. Q.iii. Priuilegium (c.63); ipsimet etiam considerantes anime sue periculum renuntiauerunt ut infra e. Ego (c.30), Tibi (c.33)."[110]

Wenn ein Laie zur Teilnahme an der Wahl eingeladen wird, soll er sich in Demut ruhig verhalten. Allerdings hat sich nach der Summa „Tractaturus magister" ähnlich wie bei Johannes von Faenza in einigen Kirchen der Fürst, der die Kirche gestiftet hat, gewisse Rechte vorbehalten. Daß es sich bei den Klerikern, die den Bischof zu wählen haben nur um die Kanoniker handelt, geht daraus hervor, daß der Grundsatz „Nullus inuitis detur episcopus" nur auf diese bezogen[111] und die Bestimmung des 2. Laterankonzils, andere religiosi bei der Bischofswahl hinzuzuziehen, als durch entgegenstehende Gewohnheit abrogiert bezeichnet wird.[112] Diese Aussage über das Wahlgremium geht über die Darlegungen der Summa Monacensis hinaus.[113]

2.3.10. Die Summa „Et est sciendum"[114],

die unter dem Pontifikat Lucius III. (1181–1185) in der Kirchenprovinz Sens entstanden ist[115], bezeichnet ebenfalls die Kanoniker als einzige Wähler des Bischofs, da die Constitutio „Obeuntibus" des 2. Lateran-

---

[110] P fol. 20rb.
[111] (D.61 c.13) v.Nullus inuitis: „Infra e. Cathenensis (c.17) contra. Set illud precipitur, ubi canonici nullum uolunt eligere uel minus dignum ut xviii. Q.ii. Nullam (c.9). Hic prohibetur, ne aliquis detur illis determinate ut di.c. Quoniam (c.1) uel istud, ubi aliqui ex iusta causa contradicunt ut di.lxiii. Si forte (c.36), secus si ex animositate ut di.lxv. Sane (c.1) et hoc quidem ante confirmationem. Postea namque, si uelint resilire, non licet ut viii. Q.ii. Dilectissimi (c.2) uel post subscriptionem ut di.lxiii. Quanto (c.10)." (P fol.20ra). Außerdem präzisiert die Summe D.63 c.27 v.clericorum: „Canonicorum". (P fol.21ra)
[112] (D.63 c.35) v.religiosos uiros: „Si contradicunt arg. di.lxi. Nullus inuitis (c.13) uel hodie abrogatum est per contrariam consuetudinem uel plus facit absentia quam presens contradictio a simili arbi." (P fol.21ra)
[113] Die zum Umkreis der Summa „Tractaturus magister" gehörende Summa „Quid sit symonia"(Hs. Liège B. du Gr. Sém. 6 N.15) enthält nichts Einschlägiges zur anstehenden Frage.
[114] Hss. Stuttgart hist.f.419 fol.34–49 (S); Rouen 710 fol.118–141 (R).
[115] F. Gillmann, Die Dekretglossen des Cod. Stuttgart hist.f.419:AkathKR 107 (1927) 192–250; S. Kuttner, Repertorium 195 f; A. Van Hove, Prolegomena 438;

konzils durch das ältere Konzil von Nizäa außer Kraft gesetzt sei und ihr die Gewohnheit widerstreite.[116] Über den Anteil der Laien an der Wahl verliert die Summe kein Wort[117], läßt jedoch den Grundsatz, dem Volk nicht gegen seinen Willen einen Bischof aufzuzwingen, mit dem Hinweis auf D.63 c.36 uneingeschränkt gelten, ja dehnt ihn sogar noch auf die übrigen Prälaten aus. Zur Begründung wird auf eine Stelle Leos des Großen verwiesen: damit das Volk seinen Bischof nicht verachtet oder haßt:

(D.61 c.13) v. Nullus inuitis: „Quod de episcopo hic[a] specialiter dicitur, idem de quolibet prelato intelligo et illa fuit ratio[b] dicti scilicet ne plebs inuita episcopum non optatum contempnat et odiat ut dis.lxiii. c.ult.(c.36)."[118]

[a] hoc R; [b] fuit ratio] sic tunc R.

2.3.11. Die Summa „Permissio quedam"[119] (1185/86),

die das Dekret Gratians nur in Auswahl behandelt[120], beschreibt die Rolle der Laien an der Bischofswahl in durchaus selbständiger Weise. So sieht der Verfasser in D.62 c.3 die Frage, ob eine Laieninvestitur durch nachfolgenden Konsens von seiten des Klerus und des Volkes legitimiert wird, negativ beantwortet:

G. Fransen, Manuscripts canoniques conservés en Espagne: RHE 49 (1954) 154; C. Lefèbvre, Histoire du Droit et des Institutions VII 238; R. Weigand, Die Naturrechtslehre 192–195.

[116] (D.63 DG p.c.34) v.Ex his usque ecclesie matricis: „Hinc nota clericorum nomen restringi circa canonicos tantum eadem ratione, idem debet accipi eodem modo infra c.xv. q.vii. Episcopus (c.7) et infra c.xii. q.ii. Sine exceptione (c.52); tamen alibi latius patet interpretatio huius nominis infra dis.lxxii. Clericum (c.2). Set[a] cum constitutio presens sit contra Niceni[b], derogat constitutioni prime sequenti, ubi sub excommunicatione prohibetur, ne canonici soli episcopum eligant, et uidetur quod hoc[c] illi deroget, quia[d] antiquior et potior est ut dis.1. Domino sancto (c.28) maxime cum consuetudini hec[e] constitutio sit amica. Illa uero penitus obloquatur, cum hodie soli canonici episcopum eligant." (S fol.45vb)

[a] R add. qui; [b] Niceni om. R; [c] hoc om. R; [d] que R; [e] hic R.

[117] Die Summa „Et est sciendum" kommentiert von D.63 (außer DG p.c.34) lediglich c.20, c.22 und c.24.

[118] S fol.130ra.

[119] Hss. Halle Ye 52 I fol.1–9v (H); Bamberg Can.17 fol.75–94 (B).

[120] Über die Summa „Permissio quedam" s. S. Kuttner, Repertorium 192 ff; ders., Les débuts de l'école canonists française: SDHI 4 (1938) 196 f; ders., An Interim Checklist of Manuscripts: Tr 12 (1956) 562; ders., Notes on Manuscripts: Tr 17 (1961) 533; R. Weigand, Die bedingte Eheschließung 183 Anm. 10; C. Lefèbvre, Histoire du Droit et des Institutions VII 283; F. Cantelar Rodriguez, El matrimonio de herejes 77.

(D.62 c.3) „Ex hoc capitulo elicitur ar(gumentum) ad illam questionem, qua queritur, utrum si[a] aliquis per laicum fuerit intronizatus, si clericus et populus postea consenserint[b], acta maneat talis[c] institutio. Non enim uidetur, quod per talem consensum purgatum intelligatur[d], quod ab initio minus legitime actum est ar. di.xcii. c.Si quis episcopus[e] uacans (c.8), C.xviii. Q.ii. Si quis abbas (c.15), C.i. Q.i. Principatus (c.25), C.xvi. Q.iii. Placuit (c.15)."[121]

a) sit B; b) consenserit B; c) acta maneat talis] talis debeat manere B; d) intelligitur B; e) episcopus *om.* H.

Eigenständig ist auch die Interpretation der Quellen, die den Laien ein Wahlrecht einräumen. Die Summa „Permissio quedam" versteht den Begriff der Wahl nicht wie die meisten übrigen Werke der französisch-rheinischen Schule äquivok und damit das Wahlrecht des Volkes nicht lediglich als Konsensrecht, sondern erklärt das Teilnahmerecht der Laien aus zeitbedingter Ursache entstanden, die inzwischen gewichen ist. Deshalb haben die entsprechenden Bestimmungen keine Gültigkeit mehr, so daß nur noch die Dekrete in Geltung sind, die die Laien von der Wahl ausschließen:

(D.63 pr.) „Nota quod decreta ad primam partem introducta tenent. Que[a] autem dicunt laicos interesse debere, non tenent hodie. Ex causa enim constituta fuerint[b] ut di.e. § Principibus (DG a.c.28), qua cessante pariter et ipsa cessant ut di.e. § Verum (DG a.c.29). Hec ita tamen uera sunt, ut patronus ecclesie, ubi collegium non est, solus eligat ut C.xvi. Q.ult.(q.7) Decernimus (c.32); patronus autem[c] ecclesie, in qua est collegium unus sit de eligentibus ut C.xviii. Q.ii. Abbatem (c.4), immo et hoc[d] in illa conuentuali, que subiacet alteri[e]. Si uero presit aliis ut sedes episcopalis, non aduocetur[f] patronus in electione. Item nota quia laici tribus de causis repelluntur ab electione scilicet quia illi priuilegio[g] renuntiauerunt, item quia cessauit causa, quia in contrarium statutum est ut di.e.[h] § Verum (DG a.c.29), Ego Lodouicus (c.30) et[i] aliis pluribus capitulis."[122]

a) Que] Quod B; b) fuerunt B; c) ecclesie, ubi...autem *om.* B; d) hoc] hec B; e) alteri] alii B; f) aduocatur B; g) priuilegia B; h) e. *om.* H; i) et *om.* B.

Für den Ausschluß der Laien von der Wahl werden drei Gründe angeführt: sie selbst haben auf ihre Privilegien verzichtet; der Grund, weshalb sie ein Wahlrecht hatten, besteht nicht mehr; inzwischen ist eine gegenteilige Bestimmung erlassen worden.

Die einzige Ausnahme von dieser Regelung bilden die Patrone, die wie in der Summa Monacensis[123] und den von ihr abhängigen Werken

---

[121] H fol.4rc.
[122] H fol.4rc.
[123] Vgl. oben 2.3.5.

der französisch-rheinischen Schule[124] an nichtbischöflichen Kirchen ein Wahlrecht besitzen, nicht aber an Bischofskirchen. Eigenständig ist die Summa „Permissio quedam" wiederum in ihrer Begründung. Nicht etwa weil die Bischofskirchen der Allgemeinheit gehören und deshalb keine Patrone haben, gibt es keine Beteiligung von Laien an der Bischofswahl, sondern weil die Bischofskirche anderen Kirchen übergeordnet ist und vorsteht, wird der Patron nicht zur Wahl eingeladen. Wahlrecht haben die Patrone nur an solchen Kirchen, die einer anderen unterstehen. Die Summa „Permissio quedam" geht nicht auf die Frage ein, wer den Bischof zu wählen hat, wie sie auch das Konsensrecht des Volkes nicht erwähnt.

2.3.12. Die Summa „Reuerentia sacrorum canonum"[125] (1184/91)

bringt zum Wahlrecht nur eine kurze, zusammenhanglose Kommentierung ausgewählter Stellen.[126] Zu der Bestimmung Papst Hadrians, daß ein Laie sich nicht in die Wahl einmischen soll, führt sie zwei Ausnahmen an:

(D.63 c.1) v. Nullus laicorum: „nisi forte ius habeat patronatus etc., contra infra xvi. Q.ult.(q.7) Decernimus (c.32) et infra xviii. Q.ii. Abbatem (c.4)"; v. inserat: „sua auctoritate, uocatus enim posset interesse ut infra dis.e. Adrianus (c.2)"; v. cum nullam: „hinc ar. laicos quantumcumque potentes in ecclesiasticis nullam habere potestatem ut infra dis.e. Valentinianus (c.3), infra dis.e. Porro (c.4), infra i. Q.i. Pueri (c.120), in extra ut Sicut dignum (Jaffé 12180 = X. 5.12.6)."[127]

Im Falle eines Patronatsrechtes und im Falle einer besonderen Einladung kann ein Laie an der Wahl teilnehmen. Auch noch so potente Laien besitzen in kirchlichen Angelegenheiten keinerlei Vollmacht. Das in

---

[124] Vgl. oben 2.3.6, 2.3.7, 2.3.9.

[125] Einzige Hs. Erfurt Amplon.quart.117 fol.116–140v (E); vgl. S. Kuttner, Repertorium 194 f; A. M. Stickler, Kanonistik: LThK V 1294; C. Lefèbvre, Histoire du Droit et des Institutions VII 283; V. Piergiovanni, La punibilità degli innocenti I 136 Anm. 41.

[126] Vgl. dagegen das Urteil R. Weigands über die Naturrechtslehre der Summa „Reuerentia sacrorum canonum", die „von einer großen wissenschaftlich-systematischen Kraft ihres Verfassers" zeugt. „Er hat in ganz eigenständiger Weise die schwer zu harmonisierenden verschiedenen Naturrechtsaussagen zu Beginn des Dekrets in ein System gebracht, das in sich geschlossen und verständlich ist, das aber deswegen auch nicht ganz dem Sprachgebrauch Gratians sich anschließen kann." (Die Naturrechtslehre 191 f)

[127] E fol.130va.

den Quellen Gratians ausgesprochene Wahlrecht für Laien wird als ein spezielles Indult verstanden:

(D.63 DG a.c.9) v. Econtra: „Videtur contrarietas, set non est; set hec capitula loquuntur de his, quibus specialiter a sede Romana indultum fuerat, ut electionibus interessent ut supra dis.xxiii. In nomine (c.1)."[128]

Dem Fürsten erkennen die von Gratian zitierten Texte nach dieser Summe keine Autorität bei der Wahl zu, sondern verlangen seine Zustimmung:

(D.63 c.22) „Nota hic requiri a principe non auctoritatem, set consensum sicut et in sequentibus capitulis. ."[129]

Die Summa „Reuerentia sacrorum canonum" setzt als Wahlkörper das Gremium der jeweiligen Kirche voraus, bei der Bischofswahl also die Kanoniker, auf die der Grundsatz „Nullus inuitis detur episcopus" eingegrenzt wird.[130]

2.3.13. Zusammenfassung.

Die ersten Werke der französisch-rheinischen Schule sind in der Wahlrechtslehre stark von den Bologneser Dekretisten beeinflußt und am Dekret Gratians orientiert. Die gratianische Interpretation der Wahldekrete übernehmen auch die Summa „Inperatorie maiestati" und die von ihr abhängigen französischen Werke der siebziger und achtziger Jahre des 12. Jahrhunderts, die jedoch die Lehre Gratians gegenüber den ersten Dekretisten von Bologna begrifflich schärfer fassen, indem sie den in den Quellen gebrauchten Wahlbegriff für äquivok erklären; für den Klerus bedeutet er Wahl, für das Volk Konsens, für den Metropoliten Bestätigung.

Daß der Konsens des Volkes rechtlich keinerlei Gewicht hat, ergibt sich daraus, daß er in der durch die Summa Monacensis weiterentwickelten Wahltheorie nicht zu den notwendigen Komponenten der

---

[128] E fol.130va.
[129] E fol.130vb.
[130] (D.61 c.13) v.inuitis: „Non exacta primum ab eis electione, cum eorum sit eligere primum de gremio proprie ecclesie; alioquin priuarentur iure electionis sue quod fieri non debet, cum non deliquerint ut infra c.xvi. Q.ult.(q.7) Inuentum (c.38). Set nec summus pontifex nedum metropolitanus electionem factam turbare debet ut infra xxv. Q.ii. Quod uero (c.10), quod tamen intelligendum est, nisi forte canonici infra tempora a canonibus taxata eligere noluerint uel non potuerint. Tunc enim ipse metropolitanus episcopum ordinabit, ut in Lateranensi concilio cautum est c.Cum in cunctis (Conc.Lat.III. c.2 = X.1.6.7)." (E fol.130rb)

Bischofsbestellung (Wahl – Wahlbestätigung – Konsekration) zählt und kaum Beachtung findet. Lediglich Sighard von Cremona hält ihn für erforderlich. Die Summa Coloniensis versteht ihn als Gehorsam gegenüber der Wahlentscheidung des Klerus und läßt deshalb keinen Dissens von seiten des Volkes zu, während nach dem Autor der Summa „Antiquitate et tempore" ein begründeter Widerspruch anzuhören und nach Sighard von Cremona bei Einwendungen gegen die Person des Gewählten die Konsekration zurückzustellen ist. Nur die Summa „Et est sciendum" läßt den alten Grundsatz, daß dem Volk nicht gegen seinen Willen ein Bischof aufgedrängt werden soll, uneingeschränkt gelten. Zahlreiche Werke der französisch-rheinischen Schule gehen auf das Konsensrecht des Volkes bezeichnenderweise überhaupt nicht ein. Bei den Summen „Permissio quedam" und „Reuerentia sacrorum canonum" ergibt sich dies aus der Interpretation der Quellen, die den Laien ein Wahlrecht zuerkennen; dieses wird nicht im Sinne Gratians als Konsensrecht verstanden, sondern als ein zeitbedingtes Indult, das keine Geltung mehr hat. Eine notwendige Konsequenz dieses univoken Verständnisses der Wahl in den Quellentexten ist die Ansicht, daß nach Erlöschen des Wahlrechts den Laien kein Anteil verbleibt. Es wird aber die Frage aufgeworfen, ob Laien in Ausnahmefällen an der Wahl teilnehmen dürfen.

Im Anschluß an Johannes von Faenza wird allgemein den Patronen ein Wahlrecht zuerkannt, allerdings nicht an Bischofskirchen. Neu ist in der französisch-rheinischen Schule die Begründung, die die Summa „Permissio quedam" dafür anführt, daß nämlich die Bischofskirchen anderen Kirchen vorstehen und darum keine Patrone zur Wahl zulassen.

Große Schwierigkeiten bereitet den französischen Dekretisten die Frage, ob Kaiser bzw. Fürsten ein Teilnahmerecht an der Wahl besitzen. Für die Unsicherheit in dieser Frage ist die Haltung Sighards symptomatisch, der nach ausführlicher Darlegung der Argumente für und wider bewußt auf eine eigene Stellungnahme verzichtet. Die Summen „Inperatorie maiestati" und „Tractaturus magister" erkennen den Fürsten Sonderrechte bei der Wahl zu. Die Summen „Magister Gratianus in hoc opere" sowie „Antiquitate et tempore" halten ihre Zustimmung für erforderlich.

Den Wahlkörper bilden nach den meisten Autoren nur die Kanoniker. Die vom 2. Laterankonzil geforderte Mitwirkung anderer clerici religiosi halten lediglich die Summa Parisiensis und die Summa „Antiquitate et tempore" aufrecht.

2.4. Die Bologneser Schule von 1175 bis 1192

2.4.1. Summa de electione[1] des Bernhard von Pavia.

Bernhard von Pavia[2], der als Kanonist vor allem durch seine Dekretalensammlung, das Breviarium extravagantium (1187/92), das den folgenden Sammlungen als Vorbild diente, und durch seine Summa titulorum decretalium (1191/98) von großer Bedeutung ist, hat nach seinem Erstlingswerk, der Summa de matrimonio, in den Jahren 1177 bis 1179[3] eine Summa de electione[4] geschrieben, die den ersten kanonistischen Wahltraktat in Form einer Monographie darstellt. Bernhard bietet darin eine systematische Zusammenfassung der herrschenden Lehre über das kirchliche Wahlwesen, indem er Begriff, Vorgang und Bestätigung der

---

[1] Über die Summa de electione s. die Einführung in der Ausg. Laspeyres S.XLVII ff und LIX f; J. F. v. Schulte, Die Geschichte der Quellen und Literatur I 178 f; E. Friedberg, Die Canones-Sammlungen zwischen Gratian und Bernhard von Pavia 31 f; J. Juncker, Die Collectio Berolinensis: ZSavRGkan 13 (1924) 327 Anm.1; S. Kuttner, Repertorium 290 und 292 Anm.1; ders., Bernardus Compostellanus Antiquus: Tr 1 (1943) 296; R. Weigand, Die bedingte Eheschließung 242 Anm.2; R. L. Benson, The Bishop-Elect 99 ff.

[2] Über Bernhard von Pavia s. G. Le Bras, Bernardus Papiensis: DDC II 782–789; A. M. Stickler, Bernhard v. Pavia: LThK II 247; F. Cantelar Rodriguez, Bernardus Papiensis: ,Doctor meus Hugo'. Huguccio de Pisa o Hugo de San Victor?: ZSavRGkan 55 (1969) 448–457.

[3] Der terminus a quo für die Abfassungszeit wird durch die Collectio Parisiensis II bestimmt, auf die sich Bernhard in der Summa de electione öfter bezieht und deren jüngste Dekretale nicht vor dem 24. März 1177 anzusetzen ist (E. Friedberg, Die Canones-Sammlungen 31; S. Kuttner, Bernardus Compostellanus Antiquus: Tr 1 (1943) 296 Anm. 26). Der terminus ad quem ergibt sich aus der Tatsache, daß die Summa de electione noch nicht c.Licet (Conc.Lat.III. c.1 = X.1.6.6) und c.Cum in cunctis (Conc.Lat.III. c.2 = X.1.6.7) des 3. Laterankonzils zitiert (J. F. v. Schulte, Die Geschichte der Quellen und Literatur I 179; A. v.Wretschko, Der Einfluss der fremden Rechte auf die deutschen Königswahlen: ZSavRGgerm 20 (1899) 169 Anm. 1).

[4] Ausgabe: Bernardi Papiensis Faventini Episcopi Summa decretalium ad librorum manuscriptorum fidem cum aliis eiusdem scriptoris anecdotis, hrsg. v. E. A. T. Laspeyres, Regensburg 1860 (Graz 1956), 307–323. Außer der in dieser Edition zugrundegelegten Hs. Paris B. N. lat. 1566 fol. 69vb–78v (P) enthält ebenfalls die Hs. Amiens 377 fol. 148v–151ra (A) die Summa de electione (S. Kuttner, Repertorium 292 Anm.1; R. Weigand, Die bedingte Eheschließung 242 Anm.2). Nach einer persönlichen Mitteilung von Prof. S. Kuttner hat Prof. G. Fransen außerdem den ersten Teil (knapp ein Drittel) dieser Summe in der Hs. Ivrea B. Capit. VIII (67) entdeckt: fol.46vb „Incipit summa electionis Bernardi prepositi papiensis. Quamquam plerique.." "; endet fol.47vb „..Quod uero a canonicis...eligi debe" (= Ausg. Laspeyres 311 § 6). Eine Neuausgabe auf Grund dieser Handschriften ist in Vorbereitung (BMCL 3 (1973) S.XV).

Wahl erörtert.[5] Die Frage, wer an der Wahl des Bischofs beteiligt ist und welche Rolle das Volk spielt[6], stellt sich im Zusammenhang mit der Wahlvollmacht und der Wahlform.[7] Bernhard geht von dem Grundsatz aus, daß ein Prälat von jenen Klerikern zu wählen ist, denen er Vorgesetzter wird, daß das Volk der Wahl zuzustimmen und der Obere sie

---

[5] Die Summa de electione ist wie folgt gegliedert:
I. Quid est electio
II. A quibus debet fieri electio
   /I. De potestate eligendi
   /II. De electi vel eligendi qualitate
   /III. De forma electionis
III. De electionis confirmatione
IV. Quid consequitur electus ex electione
Bernhard von Pavia beschließt seine Monographie über die Wahl mit der persönlichen Bemerkung: „Hoc Bernardus fecit opus non absque labore; Sed labor est facilis, quando superatur amore." (Ausg. Laspeyres 323)
[6] Über diese Frage in der Summa de electione s. G. v.Below, Die Entstehung des ausschließlichen Wahlrechts der Domkapitel 9 f; K. Ganzer, Zur Beschränkung der Bischofswahl auf die Domkapitel: ZSavRGkan 57 (1971) 72 f.
[7] Die Darstellung der Summa de electione über die Wahlform ist insofern von besonderer Bedeutung, als sie das einzige nennenswerte Zeugnis der Dekretistik über das Wahlverfahren im 12. Jahrhundert ist, in das auch die bisher erschlossenen Quellen für die Zeit vor Innozenz III. (1198–1216) nur wenig Einblick gewähren, da zumeist nicht mehr als das Ergebnis der Wahl mitgeteilt wird (A. v.Wretschko, Die Electio communis bei den kirchlichen Wahlen im Mittelalter: DZKR 11 (1902) 325). Prof. R. L. Benson, der eine Edition der nach 1234 verfaßten Wahltraktate in Aussicht gestellt hat (The Bishop-Elect 114 Anm.18), schreibt laut persönlicher Mitteilung die Geschichte des Wahlverfahrens ab 1140. Es handelt sich im wesentlichen um die Vorgeschichte und Glossierung der Constitutio „Quia propter" des 4. Laterankonzils (Conc. Lat. IV. c.24 = 4 Comp.1.3.9 = X.1.6.42), die nur drei Wahlformen als kanonisch gültig anerkennt: per scrutinium, per compromissum und quasi per inspirationem (vgl. dazu A. v.Wretschko, Ein Traktat des Kardinals Hostiensis mit Glossen betreffend die Abfassung von Wahldekreten bei der Bischofswahl: DZKR 17 (1907) 73–88; K. Ganzer, Papsttum und Bistumsbesetzungen in der Zeit von Gregor IX. bis Bonifaz VIII. 11–18). Die Summa de electione beachtet von den genannten drei Wahlformen nicht die electio quasi per inspirationem, die nach Gottfried von Trani (Ausgabe: Gottofredo da Trani, Summa super titulis decretalium 24) und Laurentius von Somercote (A. v.Wretschko, Der Traktat des Laurentius de Somercote 31) auch eher als exceptio a formis anzusprechen ist, unterscheidet aber bereits zwischen einer Wahl, die die Wahlberechtigten selbst vornehmen (Skrutinialwahl), und einer Wahl durch Beauftragte (Kompromißwahl), die entweder an das Votum der Wahlberechtigten gebunden oder aber in ihrer Entscheidung frei sind (Ausg. Laspeyres 317 f; dazu s. A. v.Wretschko, Die Electio communis bei den kirchlichen Wahlen im Mittelalter: DZKR 11 (1902) 333). Diese Wahlarten bestehen im geltenden Recht fort, das neben der Wahl durch allgemeine Abstimmung auch eine Auftragswahl zuläßt, wenn die Wahlberechtigten durch einstimmig gefaßten und schriftlich niedergelegten Beschluß Kompromissare einsetzen (c.172 § 1 CIC), die sich bei sonstiger Nichtigkeit der Wahl an die dem Wahlauftrag ggf. beigefügten Bedingungen, sofern diese nicht gegen das Recht verstoßen, zu halten haben (c.172 § 3 CIC).

zu bestätigen hat.[8] Für die Bischofswahl ergibt sich die Frage, ob die Kanoniker der Kathedrale die übrigen Kleriker in der Stadt und auf den Dörfern einzuladen haben. Bernhard vertritt die Ansicht, daß unter den Klerikern, denen der Bischof vorsteht und die deshalb einzuladen sind, jene zu verstehen sind, die dem Bischof in besonderer Weise Rechenschaft schulden. Zu ihnen zählt er den Klerus der Kathedrale, die Äbte und übrigen Prälaten an den Kirchen der Stadt und der Dörfer sowie die Kapläne wenigstens der Bischofsstadt.[9] Daß die Summa de electione dem Konsens des Volkes durchaus Gewicht beimißt, wird dadurch angedeutet, daß er mit der eigentlichen Wahl und deren Bestätigung in einer Linie genannt wird und als eine Komponente des komplexen Wahlgeschehens erscheint. Offenkundig wird die Bedeutung des Konsensrechtes bei der Erörterung mehrerer sehr verschiedenartig gelagerter Einzelprobleme.

Die Frage, wie eine Wahl zu beurteilen sei, bei der die clerici religiosi den Kanonikern widersprechen oder einen anderen wählen, beantwortet Bernhard dahin gehend, daß in einem solchen Falle die Meinung der Kanoniker den Ausschlag gibt, da diese bei der Wahl die prima vox haben, und verweist auf die Papstwahl sowie auf den Konsens des Volkes, der einzuholen ist:

„Plane videtur dicendum[a)], ut[b)], quia canonici primam vocem in electione habent, eorum debeat sententia praevalere, ad instar eius, quod dicitur de electione Romani pontificis, ut Di. XXIII. In nomine domini (c.1), et exemplo illius[c)], quod dicitur de[b)] populo ad consensum electionis vocando qui si contradixerit, docendus erit, non sequendus, ut Di. LXIII. Nosse

---

[8] „Generaliter autem hoc scire debemus, praelatum ab illis clericis esse eligendum, quibus praeficitur, ut infra extr. de electione Si archiepiscopus, et Di.LXI. Nullus invitis (c.13) in fine. . Populi vero est consentire, ut Di.LXIII. Nosse (c.12), hoc idem est patroni in ecclesia, quae habet collegium, ut arguitur ex C.XVIII. qu.2 Abbatem (c.4). Confirmatio vero ad maiorem pertinet, ut Di.LXIV. c.1. et C.I. qu. 1 Ordinationes (c.113)." (Ausg. Laspeyres 308 f)

[9] Consequenter[a)] quoque super episcopi electione hoc dubitabile[b)] invenitur, an videl. ad hanc electionem clerici urbis et villarum debeant a maioris ecclesiae canonicis advocari, cum secundum praecedentem regulam ille[e)] qui praeest ab omnibus, quibus[e)] praeest[e)], sit eligendus; quod si usque quaque protenditur[d)], iam ad electionem Romani pontificis omnes, qui sunt in mundo, admittentur clerici[e)], cum ex ipsa electione omnibus praeponatur. Super quo utique mihi taliter videtur respondendum, quod episcopalis ecclesiae chorus[f)], abbates et alios ecclesiarum praelatos, sive civitatis sive villarum, et capellanos civitatis saltem maioris ad electionem episcopi debeant advocare, illos videl., qui episcopo specialiter rationem reddere tenentur, et eorum viritim est exquirendus consensus. Praelati enim ecclesiarum et capellani civitatis, nisi aliis ecclesiis subditi sint, episcopo specialiter respondere tenentur. ." (Ausg. Laspeyres 309 f)

[a)] Subsequenter P, Ausg. Laspeyres; [b)] dubitale P, Ausg. Laspeyres; [c)] om. A; [d)] pretenditur A; [e)] clerici admittentur A; [f)] chorus] clerus Ausg. Laspeyres.

(c.12); plus enim obesse debet, cum quis[d] absens contemnitur, quam si praesens contradicat, et arguitur ex Di. LXIII. Obeuntibus (c.35), et Di. LXV. Sane (c.1)."[10]

[a] dicendum uidetur A; [b] *om.* A; [c]illius] eius A; [d] aliquis A.

Die den Kanonikern widersprechende Meinung der übrigen clerici religiosi bei der Wahl hat rechtlich die gleiche Konsequenz wie ein Dissens von seiten des Volkes, dem mit Berufung auf D.63 c.12 nicht stattzugeben ist. Immerhin wird hier aber das Konsensrecht des Volkes auf eine Stufe gestellt mit der Mitwirkung der übrigen Kleriker, die in der Summe wiederholt gefordert wird.[11]

Ein zweites Problem, bei dessen Erörterung der Anteil des Volkes eine Rolle spielt, ist die Frage, ob die Wahlberechtigten von einer einmal getroffenen Wahl wieder zurücktreten können. Bernhard von Pavia vertritt folgende Ansicht:

„Mihi autem sine melioris praeiudicio sententiae[a] dicendum videtur, quod, ex quo canonice facta electio saltem in capitulo fratrum pronuntiata fuerit, sive subscripta sit[b] sive non subscripta, dummodo populus non contradicat, cuius est electioni consentire, iam non licebit clericis mutare electionis arbitrium, ne argui possint inconstantiae ac levitatis, praesertim cum suo semel sint functi officio..."[12]

[a] sententie preiudicio A; [b] sit] est Ausg. Laspeyres.

Um nicht der Wankelmütigkeit bezichtigt werden zu können und das durch die kanonische Wahl erworbene ius ad rem des Gewählten nicht zu verletzen, können die Wähler ihre Entscheidung, nachdem diese wenigstens im Kapitel bekanntgegeben ist, nicht mehr ändern, sofern das Volk nicht widerspricht. Ein Dissens des Volkes hätte also die Wirkung, daß der Wählerkreis seine Entscheidung überprüfen und revidieren könnte.

Ausdrücklich stellt Bernhard von Pavia bei seinen Ausführungen über die Wahlform, die die vier Elemente: Erkundung des Wählerwillens, Bekanntmachung, Unterschrift und Inthronisation umfaßt, die Frage, was zu geschehen habe, wenn das Volk die Wahl anfechten will:

„Huic ordine praenotato pronuntiatio subsequitur[a], ubi notandum, quod illius, qui ad dignitatem promovetur[b], electio est coram populo pro-

---

[10] Ausg. Laspeyres 310.
[11] Vgl. z.B. Ausg. Laspeyres 309: „..item ad instar electionis episcopi, a qua religiosi viri excludi non debent, ut Di.LXIII. Obeuntibus (c.35)"; a.a.0. 310: „Ad haec, cum religiosi clerici, sicut praedictum est, electioni futuri pontificis debeant interesse, ut Di.LXIII. Obeuntibus (c.35), quaeritur..."
[12] Ausg. Laspeyres 313.

nuntianda, si ipsa ecclesia populi curam habetur[c] dignoscitur, ut Di. LXIII. Nosse (c.12), ubi dicitur, quod convocato clero et populo electio fiat, quod de pronuntiatione intelligendum est, et Di.ead. Cleri (c.26). Tunc vero admonendus est populus, ut huic electioni consentiat, ut bene colligitur ex electione Romani pontificis Di. XXIII. c.1, dum dicitur: „sicque reliquus clerus et populus ad consensum novae electionis accedunt." Quid autem, si electionem voluerint impugnare? Certe in eo casu docendus erit populus, non sequendus, ut Di. LXII. Docendus (c.2) et Di. LXIII. Nosse (c.12), nisi forte suae contradictionis iustam rationem allegent; tunc enim eos audiendos puto, ut Di. XXIII. Illud (c.5). Sed numquid electores poterunt de hac causa cognoscere? Absit, cum semel electus ulterius ab eis indicari non debeat, ut C. VIII. qu.2 Dilectissimi (c.2); puto igitur decurrendum ad eum, cuius est confirmatio, quod colligi potest ex Di. XXIII. Illud. Qui vero ad fraternam societatem eligitur, eius electio populi praesentiam non requirit, cum non ad curam animarum eligatur, exemplo eius, qui ad minores ordines promovetur, ubi civium assensus non requiritur, quod inde fieri creditur, quia nondum ei cura animarum[d] confertur, ut Di. LXVII. Reliqui (c.1)."[13]

a) persequitur A; b) provetur P; provehitur Ausg. Laspeyres; c) habere Ausg. Laspeyres; d) animarum cura A.

Nach der Bekanntgabe des Wahlergebnisses, die an allen Kirchen mit pastoralen Aufgaben vorgeschrieben ist, soll das Volk zur Zustimmung aufgefordert werden. Für den Fall, daß es widerspricht und einen gerechten Grund vorbringt, ist ihm Gehör zu schenken. Diese auch in der Summa Alenconensis[14] und in der Summa „Antiquitate et tempore"[15] bereits enthaltene Meinung ergänzt Bernhard von Pavia, insofern er gleichzeitig klärt, wer über den vorgebrachten Grund zu befinden hat: nicht die Wähler, sondern derjenige, dem die Bestätigung der Wahl zusteht, im Falle der Bischofswahl also der Metropolit.[16]

Schließlich fragt Bernhard von Pavia, ob die Unterschrift, die er nicht zur Substanz, sondern nur zur äußeren Form der Wahl zählt[17], auch von den Laien zu leisten sei:

---

[13] Ausg. Laspeyres 318.
[14] Vgl. oben 2.2.4.
[15] Vgl. oben 2.3.4.
[16] „III. § 1 ...Si vero episcopus eligitur, confirmatio ad (archi)episcopum spectat, ut Di.LXII. Nulla ratio (c.1); „iudicium" enim ibi pro confirmatione accipitur, sicut et in C.VIII. qu.3 Talia (c.1) in fin.; ab eo enim quis est confirmandus, a quo et consecrandus, ut C.I. qu.1 Ordinationes (c.113)." (Ausg. Laspeyres 320)
[17] „Subscriptio quoque non modicam exigit considerationem, de qua non immerito quaerendum videtur, utrum de forma, an de substantia sit electionis...Super hac

„...Melius tamen et rationabilius videtur, ut eorum tantum sit subscriptio, quorum est electio, scil. clericorum, ut Di. LXIII. Hadrianus (c.2), Vota (c.27), ubi dicitur: „teneatur subscriptio clericorum;" ibi etiam singulorum officia plenius distinguuntur. Quod autem dicitur Neapolitanis „cum decreto a vobis facto", intelligendum est „a vobis", i.e. vestro consensu, vel „a vobis", i.e. a vestris clericis. Quod item dicitur in illo cap. Episcopus: „cum decreto clericorum et laicorum", sic est intelligendum, quia in illo decreto i.e. scriptura contineri debet, illam electionem esse factam[a] utroque consensu. De eo vero, quod dicitur in illo cap. Quanto, notandum, quod non solum subscriptio fuerat praetermissa, sed etiam consensus populi non fuerat requisitus, pro quo perscrutando Ioannes ille Ianuam mittebatur; ubi etiam notandum, populi voluntatem non singillatim[b], sed communiter inquirendam[c], quod notari potest ex eo, quod ibidem dicitur: „in commune perscrutari."[18]

[a] factam esse A; [b] sigillatim P, Ausg. Laspeyres; [c] requirendam Ausg. Laspeyres.

Bernhard hält es für vernünftig, daß nur diejenigen unterschreiben, die wählen dürfen, d.h. die Kleriker. Quellentexte, die auf die Unterschrift auch der Laien schließen lassen, versteht er in dem Sinne, daß die Laien zustimmen. Auf diese Weise interpretiert er auch D.63 c.10: nicht nur weil die Unterschrift fehlte, wurde der Wille der in Genua weilenden Mailänder erkundet, sondern weil ihre Zustimmung zur Wahl nicht gegeben war, deren Notwendigkeit dadurch erneut hervorgehoben wird. Allerdings dürfen die Laien ihren Willen im Unterschied zu den minderberechtigten Klerikern nicht einzeln[19], sondern nur gemeinsam äußern.

Die Inthronisation beim Wahlgeschehen, die das Ergebnis der Wahl dokumentiert und zum Beifall für den Gewählten Gelegenheit gibt[20], sowie die Investitur nach der Wahlbestätigung dürfen nach Bernhard

---

quaestione variae sunt doctorum opiniones. Quidam enim eam interim electioni necessariam arbitrantur, ut sine ea infirmam asserant electionem...Alii vero non eam de substantia[a] putant, sed ad id tantum fieri, ut electionis iam factae fides fiat confirmatori...Haec sententia verior videtur." (Ausg. Laspeyres 318 f)

[a] Alii vero non eam de substantia] Alii uero eadem de substantia non A.

[18] Ausg. Laspeyres 319.
[19] Vgl. oben 2.4 Anm. 9.
[20] „Iam nunc de inthronizatione aliquid inseramus, ubi considerandum videtur, duplicem fieri inthronizationem, unam videl. in electione, aliam post confirmationem. Quod[a] in electione fit, ad plausum[b] electi et electionis ostensionem fieri consuevit, de qua reperitur in Di.XXIII. In nomine domini (c.1)..Haec autem inthronizatio numquam est a laicis facienda.." (Ausg. Laspeyres 319 f)

[a] Que P, Ausg. Laspeyres; [b] applausum A.

von Pavia nicht von einem Laien vorgenommen werden[21], womit offensichtlich eine Einflußnahme der Fürsten und anderer potenter Laien ausgeschaltet und die Freiheit der kanonischen Wahl sichergestellt sein soll.

Außer diesen Ausführungen über den Anteil der Laien an der Bischofswahl verdienen drei Prinzipien des kirchlichen Wahlrechts hervorgehoben zu werden, von denen die Summa de electione bestimmt ist:

a) Im Unterschied zu Gratian und den älteren Dekretisten macht sich Bernhard von Pavia den Grundsatz Leos des Großen zueigen: ille qui praeest ab omnibus quibus praeest eligendus est.[22] Allerdings schränkt er ihn entsprechend der Lehre Gratians über die Wählerschaft des Bischofs ohne eine weitere Begründung auf die Kleriker ein.

b) Für die Besetzung kirchlicher Stellen verficht Bernhard das Prinzip: ad subditos eligere, ad praelatos confirmare pertinet. So ist der Archidiakon nicht vom Bischof, sondern von den Kanonikern zu wählen; dem Bischof kommen nicht beide Funktionen, Wahl und Bestätigung, zu, da in der Kirche einer Person nicht zwei Ämter übertragen werden können.[23]

c) Der Gewohnheit mißt Bernhard bei den Wahlen entscheidende Bedeutung zu[24], soweit sie nicht dem Alten und Neuen Testament widerspricht und sich im Rahmen der kanonischen Ordnung hält. Sie ist fest einzuhalten und bis aufs Blut zu verteidigen.[25]

---

[21] „Id autem tene firmissime, institutionem vel investituram alicuius spiritualis a laico fieri non posse.." (Ausg. Laspeyres 321)

[22] In seiner Summa de electione zitiert Bernhard von Pavia dieses Prinzip nicht weniger als sechs Mal!

[23] „...nec duplici officio fungi debet episcopus, electionis scil. et confirmationis; duo enim officia nequaquam uni personae sunt committenda, ut Di.LXXXIX. Singula (c.1)." (Ausg. Laspeyres 311)

[24] Bei der Wahl des Archipresbyters hat die Gewohnheit Vorrang vor der von Bernhard selbst vertretenen Meinung, daß die Kapläne ein Recht auf Teilnahme an der Wahl besitzen, während die Kanoniker die prima vox haben (s. Ausg. Laspeyres 309).

[25] „Non enim habet consuetudo tales ad electionem vocari, uniuscuiusque autem ecclesiae consuetudo, dummodo non sit veteri vel novo testamento contraria vel per expressum canonem extirpata, firmiter est tenenda, et usque ad sanguinem defendenda..." (Ausg. Laspeyres 314 f)

zwischen 1171 und 1179 verfaßt[27], enthalten teils kommentierende, teils in didaktische Quaestionenform gekleidete Erläuterungen zu einzelnen Kapiteln, die sehr ungleichmäßig ausgewählt sind und oftmals nicht die anstehende Problematik treffen.[28] Dies gilt auch weitgehend für den Kommentar zu D.62[29] und D.63.[30] Außer den Kanonikern[31] erkennt dieses Werk nicht allen Religiosen ein Teilnahmerecht bei der Bischofswahl zu, sondern nur den höhergestellten, d.h. den Äbten oder übrigen Vorgesetzten im Orden, nicht aber den Mönchen.[32] Daß in der Praxis die Ordensgeistlichen jedoch meistens nicht zur Wahl hinzugezogen werden, die Kanoniker also allein wählen, ergibt sich aus der Feststellung des Autors, daß auf Grund der Androhung des Anathems für den Ausschluß der Religiosen von der Bischofswahl im 2. Laterankonzil fast alle Wähler exkommuniziert seien. Er selbst hält dies jedoch nicht

---

[26] Einzige Hs. Arras 271 (1064) fol.149–160va (A).

[27] Der terminus a quo ergibt sich aus der Tatsache, daß Dekretalen (Alexanders III.) verwendet werden, was in der Dekretistik erst nach Johannes von Faenza (1171) üblich wird (J. Juncker, Summen und Glossen: ZSavRGkan 14 (1925) 465 Anm. 4); anderseits greifen die Notae Atrebatenses noch nicht auf das 3. Laterankonzil (1179) zurück (S. Kuttner, Repertorium 147).

[28] Statt der ursprünglichen Bezeichnung dieser Schrift „Commentum Atrebatense" (S. Kuttner, Repertorium 146) wird auf Grund der Vorbereitung der Edition durch J. A. C. J. van de Wouw der Titel „Notae Atrebatenses" vorgeschlagen (Tr 24 (1968) 491) und auch von S. Kuttner bereits verwendet (Tr 25 (1969) 483). Tatsächlich kommt diesem Werk nicht die Bezeichnung „Commentum" zu, wie sie in der Kanonistik und Legistik gebraucht wird: es trifft weder die Beschreibung A. M. Sticklers für das Commentum in der Kanonistik zu, der diese Literaturgattung als die ausgewogenste Verbindung zwischen dem exegetisch-analytischen und dem synthetisch-systematischen Element charakterisiert und als reifste literarische Frucht der Kanonistik überhaupt bezeichnet (LThK V 1292), noch die Beschreibung P. Weimars für die Commenta in der Legistik, die als „ausgearbeitete, der Textordnung folgende Erklärungen zusammengehöriger Stellen (Konstitutionen, Fragmente oder Paragraphen) als ganzer und ihrer rechtlichen Problematik" gekennzeichnet sind (Die legistische Literatur und die Methode des Rechtsunterrichts der Glossatorenzeit: Ius Commune II 79). Bei den Notae Atrebatenses handelt es sich nach S. Kuttner möglicherweise „um noch gar nicht zur Veröffentlichung bestimmte Vorarbeiten zu einem Kommentar." (Repertorium 147)

[29] Von der D.62 wird nur c.1 kommentiert.

[30] Kommentiert werden D.63 c.2, c.4, c.7, c.18, c.19, c.21, c.22, c.24, c.25, c.27, c.28, c.30, c.35, c.36.

[31] (D.63 c.2) v.a collegio: „scilicet canonicorum ecclesie uel collegio religiosorum et totius ciuitatis ut infra e. § Ex his (DG p.c.34) et Obeuntibus (c.35)." (A fol.151vb)

[32] (D.63 c.35) v.religiosos: „hoc non de omnibus religiosis, set de principalibus intelligo: puta abbates religiosorum locorum uel alii qui sunt primi in ordine uocandi ad electionem, non autem monachi." (A fol.152ra)

für gegeben, da die Exkommunikation nicht verhängt wurde[33], versteht sie also nicht als Tat-, sondern als Urteilsstrafe.[34] Der Anteil des Volkes an der Bischofswahl kommt im Kommentar zu D.63 c.27 zur Sprache:

(D.63 c.27) v. Vota: „conniuentia ut d.xxiiii. c.penult.(c.6)"; v. ciuium: „ergo non est prouincialium, set tantum eorum, qui sunt in ciuitate"; v. testimonium: „id est bona fama ut infra viii. q.i. Licet (c.15)"; v. teneatur subscriptio clericorum: „infra vii. q.i. Episcopus de loco (c.37) contra, ibi enim fit mentio tam laicorum quam clericorum decreti; solutio: secundum diuersarum ecclesiarum consuetudinem loquuntur, uel aliud est in translatione episcopi ut ibi, aliud in electione ut hic, uel ibi loquitur de decreto clericorum laicorum consensu composito."[35]

Die von Leo dem Großen geforderte Gunst der Bürger bezieht der anonyme Verfasser nur auf die Bewohner der Stadt, nicht aber auf die der Provinz. Daß auch er das Konsensrecht der Laien kennt, ergibt sich nur beiläufig aus der Erörterung, wer die Unterschrift bei der Wahl zu leisten hat. Als mögliche Interpretation der Konträrstelle C.7 q.1 c.37, die vom Dekret der Kleriker und Laien spricht, nennt er den Konsens, der den Anteil der Laien ausmacht und diese Ausdrucksweise rechtfertigt.

Die Nichtigkeit einer durch Fürsten vorgenommenen kirchlichen Wahl erklären die Notae Atrebatenses daraus, daß diese nicht Patrone sind und ihnen dieses Recht nicht von den Kanonikern übertragen worden ist, m.a.W.: die Notae Atrebatenses scheinen ein Wahlrecht der Patrone vorauszusetzen:

(D.63 c.7) v. a principe facta: „Cum principes non sint patroni uel sine concessu canonicorum uel ita ut principes inuestiant in spiritualibus."[36]

---

[33] (D.63 c.35) v.sub anathemate: „Ex hoc hodie fere omnes eligentes sunt excommunicati. Vnde dicunt, quod temporale uel locale hoc erat c(apitulum) uel contraria ecclesie consuetudine papa permittens[a)] hoc c(apitulum) hodie abrogatum est. Set potius credo, quod non sunt excommunicati, quia non erat lata sententia excommunicationis ut supra e. Salon(itane) (c.24)" (A fol.152ra)
[a)] permittentes A.

[34] Vgl. c.2217 § 1 n.2 und § 2 CIC.
[35] A fol.151vb.
[36] A fol.151vb.

2.4.3. Simon von Bisignano[37] (1177/79),

dessen Summe zum Dekret[38] „zum ersten Male seit Rufin... für Bologna wieder eine durchaus selbständige Durcharbeitung der Probleme"[39] vorlegt, bietet sowohl in bezug auf den Wählerkreis als auch in bezug auf den Anteil des Volkes bei der Bischofswahl eine Variante gegenüber den vorher vertretenen Sentenzen.

Nach Simon von Bisignano sollen auch die Pfarrgeistlichen an der Bischofswahl teilnehmen.[40] Wenn die religiosi ausgeschlossen werden, ist die Wahl für ungültig zu erklären[41], und die Kanoniker, die die reli-

---

[37] Zu Simon von Bisignano s. J. Juncker, Die Summa des Simon von Bisignano und seine Glossen: ZSavRGkan 15 (1926) 326–500; S. Kuttner, Repertorium 148 f; A. Lambert, Bisignano, Simon de: DDC II 900 f; S. Kuttner, Bernardus Compostellanus Antiquus: Tr 1 (1943) 281 Anm.12; A. Van Hove, Prolegomena 428 und 435; T. P. McLaughlin, The „Extravagantes" in the „Summa" of Simon of Bisignano: MS 20 (1958) 167–176; W. Holtzmann, Zu den Dekretalen bei Simon von Bisignano: Tr 18 (1962) 450–459; C. Lefèbvre, Histoire du Droit et des Institutions VII 279.

[38] Hss. Augsburg I fol.1–72 (A); Bamberg Can. 38 fol. 2–54 (B); Roma B. Casanatense 1105 fol.199–222v(C); Paris B.N.lat.3934A fol.56–101v(P); Rouen 710 fol. 64–117v (R). In P fehlen fol. 60v–63v, so daß der Wahltraktat am Anfang von D.63 c.20 abbricht: v.et dum ordinatur: „hinc potest colligi quod archipresbiter potest eligi in" (P fol.60rb)

[39] S. Kuttner, Repertorium 149.

[40] (D.63 c.11) v.ex omnibus sepe dicti loci parochiis: „Nota parochianos clericos religiosos scilicet debere electioni episcopi interesse ut infra e.D. Obeuntibus (c.35), et per hoc credimus derogatum esse decreto Fulgentii infra e.D. § Ex his (DG p.c.34), nisi quis dicat pro diuersitate[a)] ecclesiarum intelligendam esse uarietatem canonum." (A fol. 7rb)

[a)] per diuersitatem B.

Dieser Text findet sich nahezu unverändert als Glosse in der Hs. Berlin Phillips 1742 fol.46ra (über die verschiedenen Glossenschichten in dieser Hs. s. J. Juncker, Summen und Glossen: ZSavRGkan 14 (1925) 417 f Anm.3; ders., Die Summa des Simon von Bisignano und seine Glossen: ZSavRGkan 15 (1926) 350 f) und in der Hs. Biberach B 3515 fol.55va (zu dieser Hs. s. R. Weigand, Die Dekrethandschrift B 3515 des Spitalarchivs Biberach an der Riss: BMCL 2 (1972) 76–81; S. Kuttner, The ‚Extravagantes' of the Decretum in Biberach: BMCL 3 (1973) 61–71).

[41] (D.63 c.35) v.quod si exclusis religiosis: „Hic[a)] innuitur quod si canonici spretis aliis religiosis[b)] clericis electionem fecerint[c)], quod debeat electio[d)] irritari, cum alibi dicatur quod in talibus optinet sententia plurimorum. Ad hoc dicimus quod in retractatione alicuius rei efficatior est absentia alicuius quam presentis contradictio. Vnde si uno eorum qui debent interesse spreto, cum posset uocari, electio facta fuerit[e)], solus eam poterit[f)] irritare ad similitudinem legis, qua[g)] dicitur quod[h)] si iiii iudices electi fuerint et unus ab eis discordat, optinebit sententia plurimorum. Si uero uno absente[i)] iudicauerint, irrita erit." (A fol.7vb)

[a)] Hoc B; [b)] religiosis aliis B; [c)] fe- B; [d)] electio debeat B; [e)] fuerit facta B; [f)] potuit B;[g)] quam B; [h)] quod om. B; [i)] R add. tres.

giosi ausschließen, verfallen ipso facto dem Anathem.[42] Allerdings können die Kanoniker sich vorher mit der Wahl des Bischofs befassen und dann Klerus und Volk die Wahl bekanntgeben.[43]

Daß Laien nicht an der Wahl teilnehmen dürfen, zeigt die Interpretation von D.63 c.10:

(D.63 c.10) v. ne quid, quod ad cautelam pertinet, omittamus: „Non refertur hoc ad subscriptionem, que quodammodo de substantia electionis est et eam confirmat, set ad id quod subiungitur, ut absentes magnates consulantur[a]. Vnde ex hoc non potest probari, quod laici deberent[b] interesse[c] electioni[d], quoniam tantum[e] ad cautelam tunc fuit permissum fieri."[44]

a) consuluntur A,P; b) debeant B; c) interesse debeant R; d) B add. set; e) cum C.

Die in diesem Text Gregors erwähnte Vorsichtsmaßnahme, die nicht unterbleiben sollte, sieht Simon von Bisignano nicht in der Unterschrift der Wahl, die er irgendwie zur Substanz der Wahl rechnet, weil sie diese erhärtet, sondern darin, daß der Rat der Vornehmen, die nicht anwesend waren, eingeholt wird. Daraus darf aber nicht auf ein Teilnahmerecht der Laien geschlossen werden; es geschieht vielmehr nur zur Vorsicht.

---

[42] (D.63 c.35) v.sub anathematis uinculo: „Notandum quod cum huiusmodi uerborum tenore aliquid ab[a] apostolico interdicitur, si res illa super quam datur prohibitio efficitur, statim perpetrantem excommunicatio inuoluit ut de Salonitano episcopo, cui taliter papa officium interdixerat, quia postea cantauit eum excommunicatum uocat supra e.D. Salonitane (c.24). Vnde[b] si canonici exclusis religiosis[c] electionem fecerint, eo ipso anathemate uidentur[d] inuolui[e]." (A fol. 7vb)

a) sub R; b) Inde B,C,R; c) C,R add. clericis; d) intra A. e) A add. Consuetudini tamen quidam applaudentes dicunt iam huic articulo derogatum.

[43] (D.23 c.1 § 2) v.mox .. clericos: „Hinc collige canonicos prius posse de electione episcopi tractare et sic factam scilicet electionem clero et populo denuntiare, per hoc quod dicit mox quasi post factam scilicet electionem..." (A fol.3rb). Vgl. auch den Abdruck dieses Textes nach den Hss. Bamberg Can.38 und London Brit. Libr. Royal 10 A III sowie ähnlich lautender Glossen zu D.23 c.1 § 2 aus den Dekrethandschriften Berlin Phillips 1742, Bamberg Can.13, München lat.10244, Leipzig Haenel 18, Trier Stadtbibl.906, Wolfenbüttel Helmst. 33 bei J. Juncker, Die Summa des Simon von Bisignano und seine Glossen: ZSavRGkan 15 (1926) 401. Glossen des Simon von Bisignano finden sich außerdem in reichem Maße in den Dekrethandschriften Zwettl 31 und New York Pierpont Morgan Libr.446 (S. Kuttner, Bernardus Compostellanus Antiquus: Tr 1 (1943) 281 Anm.12).

[44] A fol.7rb (vgl. auch die Transkription nach den Hss. Bamberg Can.38 und London Brit. Libr. Royal 10 A III bei J. Juncker, Die Summa des Simon von Bisignano und seine Glossen: ZSavRGkan 15 (1926) 342 f). Dieser Text steht (mit einer nicht nennenswerten Variante) als Glosse wörtlich in der Hs. Berlin Phillips 1742 fol.46ra und inhaltlich in der Hs. Biberach B 3515 fol.55va: (D.63 c.10) v.ad cautelam: „§ Cautela refer ad requisitionem consensus absentium nobilium qui Genue captiui tenebantur, et non ad subscripsionem que potius de substantia electionis quam de sollempnitate est."

Was aber soll geschehen, wenn das Volk dem von den Klerikern Gewählten die Zustimmung verweigert? Simon gibt darauf zunächst die traditionelle Antwort, daß dem Ansinnen des Volkes nicht stattzugeben, sondern daß das Volk zu belehren ist, ehe er dann einlenkt:

(D.63 c.12) „Quid autem[a] si[b] populus non consentiat[c], quem clerus elegerit[d]? Tunc docendus est, non sequendus[e], nisi irreuocabiliter in eadem obstinatione permanserint[f] ut supra D.xxviii. De Siracusane (c.13). Tunc quidem subtrahendum est aliquid seueritati, ut maioribus sanandis malis[g] caritas sincera subueniat ut supra D.1. Vt constitueretur (c.25)."[45]

[a] autem *om.* P; [b] si] fieri R; [c] Quid...consentiat *om.* A; [d] elegit B; [e] sequendus est, non docendus B; [f] permanserit B; [g] maioribus malis sanandis R.

Für den Fall, daß das Volk unabänderlich in seiner ablehnenden Haltung verharrt, ist von der Strenge abzugehen und muß aufrichtige Liebe zu Hilfe kommen, damit größere Übel verhindert werden.

Den Fürsten spricht Simon von Bisignano jedes Wahlrecht ab. Er erklärt alle diesbezüglichen früheren Konzessionen aus mannigfachen Gründen für überholt.[46]

2.4.4. Die Summa „Dubitatur a quibusdam"[47],

die von der Summe des Simon von Bisignano völlig abhängig ist[48] und deshalb nach 1179 angesetzt wird[49], stimmt auch in ihrem Kommentar

---

[45] A fol.7rb. Die Hs. Biberach B 3515 enthält den Text als unsiglierte Marginalglosse (fol.55va).

[46] (D.63 c.23) v.a supradicto rege laudetur: „...Hec omnia capitula que principibus uidentur[a] episcoporum electionem[b] concedere multiplici ex causa sunt abrogata: tum quia ipsi eisdem priuilegiis abrenuntiauerunt ut infra e.D. Constitutio (c.32), Tibi (c.33), tum quia ex causa eis fuerunt indulta, qua cessante debuerunt cessare[c], tum quia eisdem priuilegiis abutebantur, tum etiam quia per sequentia decreta sunt abrogata uel potius ideo quia[d] illud[e] priuilegium personale fuit ut supra D.xxiii. In nomine (c.1); unde non potuit personam transgredi." (A fol.7va)

[a] intra A; [b] electionem episcoporum C,R; [c] tum quia ex causa...cessare *om.* C; [d] quia ideo C; [e] illum A,C.

[47] Einzige Hs. Arras 271 (1064) fol.162–177v. Die Summa „Dubitatur a quibusdam" wird (etwa in der Mitte von) fol.163rb unterbrochen: ...inter clericos posse diuidere (D.61 c.16). Es folgt: Sermo in aduentu uel natiuitate domini uel in secundo Andrea. Ex Egipto uocaui filium meum. Der Sermo endet:...per longos deserti circuitus quasi in ripa Iordanis.+(fol. 163vb). Auf fol.164ra wird D.61 c.16 der Summa „Dubitatur a quibusdam" fortgesetzt: Vnde uidetur..., ehe dann wie bei Simon von Bisignano D.61 c.17 und D.63 c.10 folgen.

[48] Vgl. R. Weigand, Die bedingte Eheschließung 170 Anm.48; ders., Die Naturrechtslehre 174 Anm.7 und 286; H. Schmitz, Appellatio extraiudicialis 33 Anm.40; F. Liotta, La continenza dei chierici 105 Anm.159.

[49] S. Kuttner, Repertorium 154; C. Lefèbvre, Histoire du Droit et des Institutions VII 279.

zu D.63[50] sachlich und teilweise sogar im Wortlaut mit Simon überein. In den einschlägigen Texten fehlen gegenüber der Summe Simons von Bisignano lediglich die Ausführungen über den Ausschluß der Fürsten von der Bischofswahl[51] und über die Exkommunikation der Kanoniker, wenn diese die religiosi clerici nicht zur Wahl zulassen.[52] Alle übrigen Texte sind aus der Summe Simons übernommen.

2.4.5. (Kardinal) Laborans[53],

der in seiner Compilatio decretorum (1162/82)[54] den Stoff des Dekrets in sechs Büchern[55] völlig neu anordnet und in einigen Fragen[56] eine von Gratian abweichende Stellung bezieht, übernimmt aus dem Dekret von einer Ausnahme abgesehen[57] alle Kapitel über die Wähler des Bischofs im 1. Buch seiner Transformation[58], die gänzlich unbeachtet geblieben ist und keinen Einfluß ausgeübt hat.

---

[50] Kommentiert werden D.63 c.10, c.11, c.12, c.19, c.22, c.35.

[51] D.63 c.23; vgl. oben 2.4 Anm.46.

[52] D.63 c.35; vgl. oben 2.4 Anm.42.

[53] Über Kardinal Laborans s. A. Theiner, Disquisitiones criticae in praecipuas Canonum et Decretalium collectiones 399–447; J. F. v.Schulte, Die Geschichte der Quellen und Literatur I 148 f; A. M. Landgraf, Laborantis cardinalis opuscula, Bonn 1932; S. Kuttner, Repertorium 267 f; A. Van Hove, Prolegomena 442; A. M. Landgraf, Einführung in die Geschichte der theologischen Literatur 88 f; L. Ott, Laborans: LThK VI 720; C. Lefèbvre, Histoire du Droit et des Institutions VII 279.

[54] Einzige Hs. Vat.Arch.Cap.Bas.S.Pietro C.110 (V). Die Edition der Compilatio decretorum Laborantis Cardinalis auf Grund der einzigen Handschrift bereitet Dr. H. Hees, Universität Regensburg, vor, der die Transkription des Textes und die Konkordanztabelle dankenswerterweise für diese Untersuchung zur Verfügung stellte.

[55] Das Werk des Laborans weist folgende formale Gliederung auf: Buch, Teil, Titel, Kapitel. Zu einzelnen Kapiteln sind Parallelstellen angeführt. Außerdem verbindet Laborans die Kapitel wie Gratian mit einem eigenen Text.

[56] Vgl. R. Weigand, Die Naturrechtslehre 177 ff.

[57] D.62 c.2 ist in der Transformation nicht zu finden.

[58] Die einzelnen Dekretstellen von D.62 und D.63 haben folgende Parallelen in der Sammlung des Laborans:

Gratian	Laborans
62.1	1.10.5.7
62.2	
62.3	1.10.9.1
63.1	1.11.1.1
63.2	1.11.1.2
63.3	1.11.1.3
63.4	1.11.1.4
63.5	1.11.1.5
63.6	1.11.1.13
63.7	1.11.1.14
63.8	1.11.1.16

Bezüglich des Wählerkreises vertritt Laborans folgenden Standpunkt: Wie der Papst nicht ausschließlich von den Kardinälen zu wählen ist, so darf die Wahl der Bischöfe nicht allein durch die Kanoniker erfolgen.[59] Er sagt jedoch nicht positiv, wer zusätzlich zur Wahl hinzuzuziehen ist und in welcher Form die Mitwirkung anderer geschieht, sondern führt lediglich c.Obeuntibus des 2. Laterankonzils an, das den Ausschluß der religiosi viri untersagt[60], womit die Vieldeutigkeit dieser Bestimmung unterstrichen und die unterschiedliche Praxis angedeutet wird.

Die Frage, ob auch Laien an der Bischofswahl teilnehmen dürfen, erörtert Laborans entsprechend der Methode Gratians.[61] Nach dem Für und Wider anhand der historischen Quellen kommt er zu folgendem Ergebnis:

Gratian	Laborans
63.9	1.11.1.18
63.10	1.11.1.17
63.11	1.11.1.19
63.12	1.10.5.8
63.13	1.10.5.9
63.14	1.11.1.20
63.15	1.11.1.21
63.16	1.11.1.22
63.17	1.11.1.23
63.18	1.11.1.24
63.19	1.10.4.1
63.20	1.10.11.3
63.21	1.11.1.25
63.22	1.11.1.26
63.23	1.11.1.27
63.24	1.11.1.28
63.25	1.11.1.29
63.26	1.10.5.5
63.27	1.10.5.6
63.28	1.11.2.1
63.29	1.11.3.1
63.30	1.11.4.1
63.31	1.11.4.2
63.32	1.11.4.3
63.33	1.11.6.1
63.34	1.11.5.1
63.35	1.10.5.10
63.36	1.10.2.5

[59] „..Hodie tamen sicut electio summi pontificis non nisi quid obuiet exclusis aliis deum timentibus a solis est cardinalibus ut iam ex auctoritate pape Nicholai prenotuit facienda sic et episcoporum electio non a canonicis tantum." (V fol.51ra)
[60] D.63 c.35.
[61] „His ita digestis queritur, an eligere aut inserere se laici debeant electioni pontificis uel etiam diaconorum ut utique non uidetur et contra." (V fol.56rb)

„Constat igitur et auctoritatibus et exemplis ab electione prepositorum ecclesie non esse principes seculares neque religiosos laicos ut in electione iam claruit apostolici penitus excludendos. Populus etiam aduocari mandatur non ut uocem exerceat eligentis, set ut promat animum coniuentis."[62]

Laborans versteht die Quellentexte im Unterschied zu Gratian nicht nur in dem Sinne, daß das Volk zur Wahl zu rufen ist, damit es seine Zustimmung zum Ausdruck bringt, sondern auch in dem Sinne, daß die weltlichen Fürsten und die religiosi laici nicht ausgeschlossen werden dürfen. Diese Interpretation ist möglicherweise von Rufin beeinflußt, der das Gutachten und den Rat der Vornehmen und Religiosen bei der Wahl für notwendig hält.[63] Die Gewährung von Mitwirkungsrechten an die staatliche Autorität erklärt Laborans wie Gratian mit der Bedrohung durch Schismatiker und Häretiker[64] und rechtfertigt den Entzug dieser Privilegien wegen deren späteren Mißbrauchs.[65] Abschließend stellt er fest:

„Vnde manifestum est electionem Romani pontificis solius esse ordinis clericorum et electum inconsultis Romanorum regibus ordinandum. Idem uidetur et in episcopis obseruandum, ut scilicet in eis eligendis aut ordinandis cuiusquam laici super clericos nulla sit preminentia; fundatoribus tamen ecclesiarum earundem eligendi rectores libera est facultas."[66]

Bei der Bischofswahl ist zu beachten, daß es keine Laienherrschaft über die Kleriker gibt. Die Stifter von Kirchen können jedoch den Kirchenrektor frei wählen.

---

[62] V fol.56rb.

[63] Vgl. oben 2.2.10.

[64] „Presentabantur autem Romanorum aliorumque pontificum electiones principibus quatinus eorum prosperate munimine per scismaticos et quorum passim et usquequam tunc examina lasciuiebant hereticos nequirent ut eatenus inolita prauitate confundi." (V fol.56rb)

[65] „Postea uero quoniam immoderati principes interdum non fautores set auctores electionis esse uolentes et hereticis impie sociati Christi tunica scindere sunt enisi statuta sanctorum patrum aduersus eos ualitura in perpetuum prodierunt, ut uidelicet amplius electioni se nequaquam insererent et quisquis eorum suffragiis optineret ecclesiam deponeretur anathemate preterea feriendus.." (V fol.56rb/va)

[66] V fol. 57ra.

2.4.6. Der Glossenapparat „Ordinaturus magister"[67],

der nach neueren Forschungen bis etwa 1180 entstanden[68] und als formeller Apparat zum Dekret anzusprechen ist[69], obgleich er nicht ohne Dekrettext, sondern nur als Marginalglosse in Dekrethandschriften überliefert ist[70] und außerdem in der Summe des Huguccio nicht als

---

[67] Über den Dekretapparat „Ordinaturus magister" s. A. M. Stickler, Decretistica Germanica adaucta: Tr 12 (1956) 596 f; G. Fransen, Un Commentaire au „De consecratione": Tr 13 (1957) 508 Anm.2; A. M. Stickler, Kanonistik: LThK V 1294; R. Weigand, Die bedingte Eheschließung 231 Anm.97; J. Kejř, La genèse de l'apparat „Ordinaturus" au Décret de Gratien: Proceedings of the Second International Congress of Medieval Canon Law 45–53; ders., Apparat au Décret de Gratien „Ordinaturus", source de la „Summa decretorum" de Huguccio: StG XII 143–164; A. M. Stickler, Zur Entstehungsgeschichte und Verbreitung des Dekretapparates „Ordinaturus Magister Gratianus": StG XII 111–141; R. Weigand, Welcher Glossenapparat zum Dekret ist der erste: AkathKR 139 (1970) 459–481; ders., Der erste Glossenapparat zum Dekret: ‚Ordinaturus Magister': BMCL 1 (1971) 31–41; A. M. Stickler, Ergänzungen zur Traditionsgeschichte der Dekretistik: BMCL 1 (1971) 78 f.

[68] Nach J. Kejř und R. Weigand liegt der Dekretapparat in zwei Rezensionen vor, „deren erste wohl um 1180 (keine Allegation von Dekretalen nach Alexander III.), deren zweite gegen Ende der achtziger Jahre verfaßt wurde (Glossen Huguccios sind verwertet, auf Dekretalen Urbans III. wird verwiesen, aber die Compilatio I. noch nicht benützt)" (AkathKR 139 (1970) 468), wobei die Frage, ob beide Rezensionen vom gleichen Autor stammen, noch nicht entschieden ist (BMCL 1 (1971) 40). Zu den Distinctiones 62–63 unterscheiden sich allerdings die beiden Fassungen kaum voneinander, wie ein Vergleich der Glossen in den Hss. Erlangen 342 (2. Schicht), Vat. Ross.lat.595 (1. Schicht) und Bamberg Can.13 (1.Schicht), die die erste Rezension enthalten (AkathKR 139 (1970) 468; BMCL 1 (1971) 37 f), mit der Glossierung in den Hss. München lat.10244, München lat.27337 (1.Schicht) und Bernkastel-Kues 223 (1. Schicht), denen die zweite Fassung zugeschrieben wird, ergeben hat. In den letztgenannten Handschriften findet sich außer geringfügigen Unterschieden in der Redaktion und in der Anführung von Parallel- und Konträrstellen, die die Annahme von zwei verschiedenen Rezensionen des Apparates bestätigen und in dieser Untersuchung lediglich als Textvarianten aufgeführt werden, nur *eine* einschlägige Glosse zum Wahlrecht, die die Handschriften mit der ersten Rezension nicht enthalten (vgl. unten 2.4 Anm.80) und die offensichtlich auf die Lehrmeinung des Huguccio zurückgeht (vgl. unten 2.4.9), durch dessen Einfluß eine Überarbeitung des Glossenapparates wohl entscheidend mitveranlaßt ist (R. Weigand spricht im Zusammenhang mit der 2. Rezension von „Huguccio–Nachträgen": BMCL 1 (1971) 40, und von „Ergänzungen...aus Huguccios Summe": ZSavRGkan 56 (1970) 399).

[69] Vgl. A. M. Stickler, La genesi degli apparati di glosse dei decretisti, presupposto fondamentale della critica del loro testo: La critica del testo 773: „E ormai accertato che il primo, cioè la prima sistemazione di tutto il materiale di glosse a Decreto in una forma definitiva, fu compiuta attorno al 1180 a Bologna..."

[70] Eine Liste von Dekrethandschriften, die den „Ordinaturus magister"-Apparat enthalten, findet sich bei A. M. Stickler: StG XII 127–134 und bei R. Weigand: AkathKR 139 (1970) 461 f sowie BMCL 1 (1971) 32. Die von A. M. Stickler in seinem Verzeichnis aufgeführte Hs. Roma B. Angelica 1270 (StG XII 133) hat zu den Distinctiones 61–63 ähnlich wie zu C.27 q.2 pr.–c.11 (BMCL 1 (1971) 38) nur gut die Hälfte der Glossen des Apparates (in reiner Form), so daß nicht feststeht, ob der „Ordina-

turus magister"–Apparat vor der Rasur für die Glossa ordinaria in dieser Handschrift vollständig enthalten war. Wie weit er in der Hs. Firenze B.Med.Laur.S. Croce IV sin.1 gegeben ist (StG XII 132), „ob hier eine Vorform des Apparates vorliegt, ein mit anderen Glossen vermischter Auszug aus dem Apparat, oder eine andere (frühere) Glossenkomposition, welche dem Verfasser des Apparates in dieser oder einer ähnlichen Form als Quelle gedient hat" (R. Weigand, Das Gewohnheitsrecht in frühen Glossen zum Dekret Gratians: Ius Populi Dei I 101), bleibt auf Grund der Forschungen R. Weigands noch zu klären. Bezüglich der von A. M. Stickler in diesem Zusammenhang ebenfalls genannten Hs. Arras 500 (592) (StG XII 118) bestätigt die Glossierung von D.61–63, soweit der Text in dieser durch Lagen- und Blätterausfall stark reduzierten Hs. überhaupt enthalten ist (von D.63 fehlt der größere Teil völlig; fol.28vb endet in c.1: .. donec obediat et consentiat, quicquid ecclesia de or; fol.29ra beginnt in c.24: ut omnio missarum sollempnia nullo modo celebrare presumeret..) die Beobachtung R. Weigands, daß „viele Glossen des Apparates fehlen und auch zahlreiche andere Glossen enthalten sind." (AkathKR 139 (1970) 480). Während R. Weigand daraus den Schluß zieht, daß es sich in der Hs. Arras 500 (592) wohl nicht um den „Ordinaturus magister"-Apparat handelt (ebd.), findet die Beobachtung nach A. M. Stickler ihre Erklärung darin, daß einerseits zahlreiche Glossen durch Rasur getilgt sind, daß anderseits der fragliche Apparat ähnlich wie in der Hs. München lat.10244 hier in seiner erweiterten Form vorliegt und außerdem die Glossen dieser Schicht nicht immer eindeutig von denen der späteren Schicht (Frühredaktion der Glossa Palatina) zu unterscheiden sind (StG IX 512). Die Hs. München lat.28174 (StG XII 123 f) enthält in der ersten Schicht zu D.61–D.63 nur einen Teil der Glossen des „Ordinaturus magister"-Apparates. Zu der Frage, ob die Hss. Salzburg a XII 9 (1.Schicht) und Gniezno 28 (Zwischenschicht) den Dekretapparat haben, wie A. M. Stickler annimmt (StG XII 131; Ius sacrum 201 Anm.67; StG XV 109), oder ob es sich um eine von diesem verschiedene Glossenkomposition handelt, wie R. Weigand aus dem Vergleich der Glossierung mehrerer Dekretstellen in zahlreichen Handschriften schließt (AkathKR 139 (1970) 468. 474. 479; BMCL 1 (1971) 38), ist im Wahlrechtsteil folgendes festzustellen: In der Hs. Salzburg a XII 9 (s. dazu F. Eheim, Die Handschriften des Decretum Gratiani in Österreich: StG VII 154 f) ist die erste Glossenschicht, die den Rasuren für die Glossa Palatina weitgehend zum Opfer gefallen ist, zu den Distinctiones 61–63 völlig getilgt, so daß über diese Handschrift keine Aussage möglich ist. Die Hs. Gniezno 28 (s. dazu A. Vetulani, Les manuscrits du Décret de Gratien et des oeuvres de Décrétistes dans les bibliothèques polonaises: StG I 226–232) weist zwischen frühen Glossen, die vorwiegend aus Allegationen bestehen oder in Dreiecksform geschrieben sind, und dem Apparat des Bernhard von Compostela (s. R. Weigand, Neue Mitteilungen aus Handschriften: Tr 21 (1965) 482–485) eine Zwischenschicht auf, die einerseits zu D.61–D.63 bis auf wenige Ausnahmen alle Glossen des „Ordinaturus magister"-Apparates enthält, zum Teil allerdings in geringfügig abweichendem Wortlaut, die anderseits aber weitere Glossen anführt, die teils anonym, teils sigliert (Jo. = Johannes von Faenza; bar. = Bazianus) sind und nicht zum Apparat gehören. Aus dem wenigen Vergleichsmaterial ist keine weitreichende Schlußfolgerung möglich, wohl aber die Beobachtung festzuhalten, daß die Hs. Gniezno 28 im Wahlrechtsteil den „Ordinaturus magister"-Apparat weder vollständig noch rein überliefert. Zur Klärung der Frage, ob es sich hier um eine vom „Ordinaturus magister"-Apparat verschiedene Glossenkomposition handelt, müßte neben weiteren Textvergleichen mit der Hs. Salzburg a XII 9 (R. Weigand: AkathKR 139 (1970) 480) wohl auch sorgfältig geprüft werden, ob die zur Diskussion stehenden Glossen in diesen Handschriften wirklich überall nur einer einzigen Glossenschicht angehören und nicht evtl. stellenweise zwei verschiedenen Schichten, von denen eine den Glossenapparat „Ordinaturus magister" bildet.

Für die Textwiedergabe in dieser Untersuchung werden folgende vier Deksthand-

94

solcher (nach dem Autor, sondern nur als Standardglosse) zitiert wird[71], enthält zur Frage der Bischofswahl vorwiegend solche Beiträge, die bereits aus Summen der sechziger und siebziger Jahre bekannt sind, wobei im einzelnen nicht festzustellen ist, „welche Gedanken und Formulierungen zuerst in Glossenform und welche zuerst in Summen auftauchten und dann eventuell als Auszug aus einer Summe in Dekrethandschriften als Glossen beigeschrieben wurden."[72]

Wie die Summa Monacensis und einige von ihr abhängige Werke der französisch-rheinischen Schule bezeichnet eine Glosse dieses ersten Apparates zum Dekret den Begriff der Wahl bei Gratian als äquivok:

---

schriften mit dem „Ordinaturus magister"-Apparat (zwei mit der 1. und zwei mit der 2. Rezension) herangezogen, von denen die zuerst genannte wie bei allen übrigen Werken dem Text zugrunde gelegt ist, während von den drei anderen Hss. die Varianten unter dem Text aufgeführt werden:

Hs. Erlangen 342, 2. Schicht (E): s. dazu H. Fischer, Die lateinischen Pergamenthandschriften der Universitätsbibliothek Erlangen I 400 ff;
Hs. Vat.Ross.lat.595, 1. Schicht (V): s. dazu S. Kuttner, Repertorium 57 f;
Hs. München lat. 10244 (Ma): s. dazu F. Gillmann: AkathKR 92 (1912) 201–224; 93 (1913) 448–459; 94 (1914) 436–443; J. Juncker: ZSavRGkan 15 (1926) 356.
Hs. München lat.27337, 1. Schicht (Mb): s. dazu A. M. Stickler, Decretistica Germanica adaucta: Tr 12 (1956) 596 f.

[71] J. A. C. J. van de Wouw zieht aus der Tatsache, daß die mit den Worten „Ordinaturus magister" beginnenden Glossen nicht ohne Dekrettext überliefert sind und von Huguccio niemals nach dem Autor zitiert werden, den Schluß, daß es sich nicht um einen formellen Apparat, sondern lediglich um eng miteinander verwandte Glossenkompositionen handelt, wie er im kirchenrechtlichen Oberseminar unter der Leitung von Prof. R. Weigand im Wintersemester 1973/74 an der Universität Würzburg dargelegt hat. Die anstehende Frage ist nicht nur von literarhistorischem Interesse, sondern hat auch praktische Auswirkungen im Hinblick auf eine künftige Edition der Dekretglossen. Für die Legistik macht P. Weimar, der allerdings jede Art zusammenhängender Erläuterungen eines Rechtsbuches in Glossenform bereits Apparat nennt (Die legistische Literatur und die Methode des Rechtsunterrichts der Glossatorenzeit: Ius Commune II 63), eine Sprechweise, die der Kanonistik nicht eigen ist (vgl. A. M. Stickler, Apparatus glossarum: LThK I 767; ders., Glossen: LThK IV 970 f), den Vorschlag, nicht ein Corpus glossarum, sondern nur formelle Apparate zu edieren (Ius Commune II 66) und aus diesen niemals Glossen älterer Autoren auszusondern, um sie als selbständige Werke herauszugeben (Ius Commune II 68). Dagegen verlangt für die Kanonistik A. M. Stickler, der die Überlegungen S. Kuttners über eine Ausgabe kirchenrechtlicher Texte des Mittelalters (Verso un Corpus di testi medievali di Diritto Canonico: StG V 106–112) aufgreift und weiterführt, daß eine Edition der Glossen und Glossenapparate deren dynamischem Charakter gerecht werden und die verschiedenen Stadien ihrer Entwicklung berücksichtigen muß (La genesi degli apparati di glosse dei decretisti, presupposto fondamentale della critica del loro testo: La critica del testo 771–781).
[72] R. Weigand, Die Naturrechtslehre 184. Zur Frage des Prioritätsverhältnisses zwischen Summen und Glossen s. J. Juncker, Summen und Glossen: ZSavRGkan 14 (1925) 384–474.

(D.63 c.13) v. electionem: „No(ta) uocabulum semel positum equiuoce poni arg. supra di.xxviii. Presbiterum (c.16)."[73]

Im Dekret bedeutet „wählen" von seiten des Volkes: erbitten und zustimmen; von seiten des Klerus: benennen; von seiten des Metropoliten: bestätigen und konsekrieren:

„Eligere: — in populo: expetere ut xvi. Q.i. Sic uiue (c.26), consentire ut c.Episcopos (c.13) et c.Nosse (c.12),

— in clero: nominare ut c.Quanto (c.10),

— in metropolitano: confirmare ut vii. Q.i. Remoto (c.30), consecrare, ordinare ut viii. Q.i. Episcopo non liceat (c.4) et di.xxiii. c.Illud (c.5)."[74]

Wenn es heißt, daß etwas (z. B. das Wählen) nur Sache des Klerus ist, so gilt dies für die Kanoniker der Kathedrale, auf die der Begriff eingeschränkt ist.[75] Außerdem ist an der Wahl des Bischofs der gesamte Klerus der Stadt beteiligt.[76] Es genügt nicht, daß die viri religiosi bei der Wahl lediglich anwesend sind, sondern es muß ihr Rat eingeholt werden.[77] Falls auch nur einer von ihnen nicht eingeladen wird, ist die Wahl ungültig.[78] Die Schuldigen ziehen sich ipso facto das Anathem zu.[79]

---

[73] E fol.60rb.

[74] E fol.60rb.

[75] (D.63 DG p.c.34) v.clericorum: „Arg. hoc nomen clericus simpliciter atque absolute positum tantum circa clericos maioris ecclesie restringi. Vnde colligi[a] cum inuenitur aliquid pertinere uel spectare tantum ad clericos, intelligendum esse[b] tantum[c] scilicet ad clericos[d] maioris ecclesie..." (E fol. 62ra)

[a] colligitur Mb; [b] est Mb; [c] maioris ecclesie...tantum om. Ma; [d] ad clericos om. Ma.

[76] (D.63 c.2) v.a collegio ecclesie: „Scilicet maioris, quasi a canonicis maioris ecclesie uel ecclesie totius ciuitatis, ut totus clerus ciuitatis intersit." (E fol. 59va); (D.63 c.11) v.presbiteros: „Arg. quod[a] in electione episcopi debere[b] interesse totum[c] clerum ciuitatis infra e.di. Obeuntibus (c.35), infra e.di. Ex his (DG p.c.34) contra[d]." (E fol. 60ra)

[a] quod om. Ma,Mb; [b] deberet Mb; [c] totum om. Ma,Mb; [d] Ma,Mb add. § ar. xcii. Si quis episcopus uacans (c.8).

[77] (D.63 c.35) v.consilio: „Arg. quod non sufficiat[a] religiosorum presentia, set[b] habeatur[c] consilium arg. infra causa x. Q.ii. Casellas (c.1) et xii. Q.ii. Sine exceptione (c.52)[d]." (E fol.62rb)

[a] suffitiant V; [b] nisi Ma,Mb; si E; [c] habeat Mb; [d] Ma,Mb add. supra e. c.ii. contra.

[78] (D.63 c.35) v.irritum: „§ Plus impedit absentia quam contradictio presentis, et econtra ut di.liiii. Quis (c.11). § Arg. quod unus non uocatus irritat facti[a] electionem. § Etiam absens uocandus est, si opportune fieri potest ut supra e. Quanto (c.10)." (E fol.62rb)

[a] facti om. Ma.

[79] (D.63 c.35) v.anathematis: „Nota qui non uocant religiosos uiros hoc ipso sunt anathema arg. supra di.e. Salonitane (c.24)." (E fol.62rb)

Laien können an der Bischofswahl nur teilnehmen, wenn sie eingeladen werden:[80]

(D.63 c.1) v. semet inserat: „Nam inuitatus adesse[a] et interesse poterit ut infra e. Adrianus (?.2)[b]."[81]

[a] adesse] ad omne Ma; [b] Mb *add.* supra d.xxiiii c.ult. (c.7).

Eine Einladung erfolgt zu dem Zweck, daß darüber diskutiert wird, ob der Kandidat in der Rede, im Glauben und im geistlichen Leben bewandert ist:

(D.63 c.2) v. ad concertandum: „Id est discutiendum, si in sermone et fide et spirituali uita is, qui eligendus sit, edoctus[a] est ut infra e. Non licet (c.8)."[82]

[a] edoctus] eligendus Ma, doctus Mb.

Im übrigen ist es Aufgabe des Volkes bei der Bischofsbestellung, dem Kandidaten ein gutes Zeugnis auszustellen:

(D.62 c.1) v. a plebibus expetiti: „Quod intelligitur esse cum eis reddunt bonum testimonium."[83]

(D.63 c.27) v. testimonia: „Scilicet ut habeat bonum testimonium id est bonam famam apud populum[a] simile infra viii. Q.i. Licet ergo (c.15)."[84]

[a] id est...populum *om.* Ma; Ma *add.* uel.

(D.63 c.27) v. ordinis: „Quod ut sit bone fame apud omnes et plebeios et qui sunt (d)e aliquo[a] ordine uel de aliquo conuentu..."[85]

[a] (d)e aliquo *om.* Ma.

Der gute Ruf wird aus Gründen der apostolischen Wirksamkeit gefordert, damit Ungläubige sich leichter zur Umkehr bewegen lassen:

(C.8 q.1 c.15) v. testimonium habere bonum: „§ Id est bonam famam, ut sic per eum facilius infideles conuertantur. Nam sepe prelatorum austeritatem et uitam malam conuerti recusant ar. infra xvi. Q.vi. Placuit (c.1)."[86]

---

[80] Die Dekrethandschriften mit der 2. Rezension des „Ordinaturus magister"-Apparates (Ma, Mb, Bernkastel-Kues 223) haben zu c.22 des 8. Konzils von Konstantinopel, das einem Laien jegliche Vollmacht bei kirchlichen Wahlen abspricht, folgende Glosse: (D.63 c.1) v.nullam (..potestatem): „Nisi habuerit ius patro(natus) ut xvi. Q.ult. (q.7) Decernimus (c.32)." (Ma fol.33vb). Die zweite Fassung des Dekretapparates schließt sich Huguccio an und erkennt im Unterschied zur ersten Rezension den Laienpatronen ein Wahlrecht zu!

[81] E fol.59rb.

[82] E fol.59va.

[83] E fol.59ra.

[84] E fol.61rb.

[85] E fol.61rb.

[86] E fol.131ra.

Die im zweiten Teil der D.63 des Dekrets aufgeführten Bestimmungen, wonach die Laien nicht von der Bischofswahl auszuschließen sind, interpretiert der Glossenapparat „Ordinaturus magister" im gleichen Sinne wie Gratian[87]; die Laien sollen an der Wahl teilnehmen, um ihre Zustimmung zu geben:

(D.63 DG a.c.9) v. Econtra: „Hinc usque ad paragraphum introducuntur decreta ad ostendendum laicos non esse excludendos ab electione episcoporum, set debere interesse, set non ad eligendum, set ad consentiendum electioni[a)]."[88]

[a)] Ma, Mb *add.* infra i. Q.i. Ordinationes (c.113),infra viii. Q.i. Licet ergo (c.15), infra d.li. c.ult.(c.5).

Zu einem Brief des Papstes Gelasius I. an zwei Visitatoren[89], sie sollten die Presbyter, Diakone und das ganze Volk zusammenrufen, damit es sich den von ihm Gebilligten zum Bischof erwähle, bemerkt eine Glosse:

(D.63 c.11) v. sibi querant: „Nota post appellationem electi aliam fieri electionem. C."[90]

Diese Glosse des Cardinalis[91], die in den „Ordinaturus magister"- Apparat Eingang gefunden hat[92], wirft ein Licht auf den Anteil des

---

[87] D.63 DG p.c.25.
[88] E fol.59vb.
[89] Jaffé 88.
[90] E fol.60ra. In der Hs. Gniezno 28 fol.42vb und ähnlich auch in der Hs. Paris B.N.lat.3888 fol.53va („Nota post approbationem...C.") steht diese Glosse in einer anderen Fassung: „§ Post approbationem electi aliam fieri electionem. C." Dieser Text dürfte der ursprüngliche des Cardinalis sein (vgl. auch unten 2.4 Anm.92), da die Stelle des Dekrets, auf die Bezug genommen wird, nicht von einer appellatio, sondern (sinnvollerweise) von der probatio des Bischofskandidaten spricht (D.63 c.11). Da die Hss. des „Ordinaturus magister"-Apparates offensichtlich die falsche Lesart haben, während die Hss. mit früheren Glossen den richtigen Text aufweisen (vgl. eine ähnliche Beobachtung von R. Weigand bezüglich einer Glosse zu C.27 q.2 c.16, die statt „secunda resurrectione" in den Dekrethandschriften mit dem Apparat fälschlich „sola resurrectione" liest: BMCL 1 (1971) 37), ist wohl ein weiteres Indiz gegeben, daß die Hs. Gniezno 28 im Wahlrechtsteil nicht den Dekretapparat in seiner um 1180 zum Abschluß gekommenen Fassung enthält.
[91] Über ‚Cardinalis' s. F. Maassen, Beiträge zur Geschichte der juristischen Literatur des Mittelalters: SAW 24 (1857) 10–25; J. F. v.Schulte, Die Geschichte der Quellen und Literatur I 145–148; A. Van Hove, Prolegomena 428; W. M. Plöchl, Geschichte des Kirchenrechts II 508; A. M. Stickler, Decretisti bolognesi dimenticati: StG III 393 Anm.71; ders., Gratian Glossator: LThK IV 1169; R. Weigand, Die Glossen des Cardinalis (Magister Hubald?) zum Dekret Gratians: BMCL 3 (1973) 73–95.
[92] Eine andere Glosse des Cardinalis, die (ebenfalls geändert) in den Dekretapparat aufgenommen wurde, lautet: (D.63 c.10) v.iura: „§ Quasi et hoc ei liceat ut infra C. viiii. Q.iii. Nunc uero (c.20) et causa e. Q.e. Per principalem (C.9 q.3 c.21) et aliis cap(itulis) et infra xvi. Q.i. Frater (c.52)[a)]. C."(E fol.60ra)
[a)] Ma (2.Rezension!) *add.* contra.h. solutio non sine ista causa set ibi ex ista.C. Den gleichen Nachtrag bringt Mb, allerdings fehlt: contra.h.
In der Hs. Gniezno 28 fol.42vb hat diese Glosse folgenden Wortlaut: „§ Quamuis et hoc ei liceat ut infra C.viiii. Q.iii. Nunc uero (c.20) et C.e. Q.e. Per principalem (C.9

Volkes bei der Bischofsbestellung: Dieses hat sich die (vom Papst be-
stätigte) Wahlentscheidung in einem eigenen Akt, der in dieser frühen
Zeit[93] auch als Wahl bezeichnet wird, zu eigen zu machen.

Daß die Zustimmung aller notwendig ist, ergibt sich aus einer Glosse,
die den von Gratian nicht übernommenen Grundsatz Leos des Großen:
Wer allen vorstehen soll, muß von allen gewählt werden![94] aufgreift und
im Sinne der Lehre Gratians abändert:

(D.61 c.13) v. liberum..iudicium: „Arg. omnibus preficiendum ab
omnibus debere probari[a)] ut infra viii. Q.ii. Dilectissimi (c.2), infra
di.lxvi. c.i."[95]

a) conprobari V.

Wer allen zum Vorgesetzten gegeben werden soll, muß von allen
gutgeheißen werden! Dieses im „Ordinaturus magister"-Apparat ausgesprochene Prinzip enthält ein ekklesiales Element, das den Laien grundsätzlich einen Anteil an der Bischofsbestellung in Form der Anerkennung
des Gewählten sichert.

Für den Fall, daß die Konsensberechtigten nicht am Ort sind, werden
zwei Aussagen über die Notwendigkeit, ihre Zustimmung einzuholen,
gemacht, die sich kaum harmonisieren lassen. Einerseits hält der Glossenapparat den Konsens derer, die sich außerhalb der Bischofsstadt aufhal-
ten, für nicht erforderlich:

(D.63 c.27) v. Vota ciuium: „Arg. in electione episcopi non requirendum esse consensum eorum qui extra urbem morantur[a)] infra i. Q.vi.
Si quis (c.1)[b)]."[96]

a) qui...morantur om. Ma; b) infra...Si quis (c.1) om. Ma, Mb.

Anderseits erklärt jedoch eine andere Glosse des Apparates, daß auch
die Wünsche und die Zustimmung der Abwesenden einzuholen sind:

(D.63 c.10) v. perscrutari: „Arg. absentium quoque[a)] desideria esse
requirenda et consensus in electione prelati ut supra di.xii. Non decet

q.3 c.21) et alias. C." Diese Fassung dürfte ursprünglich sein und auf Cardinalis
zurückgehen, da „Quasi" im Zusammenhang mit der glossierten Dekretstelle und den
zitierten Allegationen keinen Sinn ergibt, während „Quamuis" zu postulieren ist
(vgl. auch oben 2.4 Anm.90).
[93] Nach R. Weigand stammen die Glossen des Cardinalis, hinter dem er auf Grund
der mehrfach angeführten Sigle h. den Magister Hubald vermutet, der von 1142 bis
1149 als Kardinalpriester an der römischen Basilika SS. Giovanni e Paolo bezeugt ist
und möglicherweise in späteren Jahren das Dekret Gratians glossiert hat, am ehesten
aus den frühen sechziger Jahren des 12. Jahrhunderts (Die Glossen des Cardinalis
(Magister Hubald?) zum Dekret Gratians: BMCL 3 (1973) 94).
[94] PL 54,634.
[95] E fol.58vb.
[96] E fol.61rb.

(c.1), infra xxvi. Q.vi. Aurelius (c.5) arg., supra di.xxiii. In nomine (c.1) contra, infra di.lxxviiii. Si quis pecunia (c.9) contra, infra di.e. Si in plebibus (D.63 c.20) contra[b]."[97]

[a] quoque absentium Ma, Mb; [b] infra di.e. . .contra *om*. Ma, Mb.

Wenn bei der Wahl ein Konsens gefordert wird, so muß dieser kanonisch und rechtmäßig sein:

(D.63 c.1) v. consonantem: „Arg. si aliquorum consensus in electione desideratur, non sufficere illum interuenire, nisi fuerit canonicus et legitimus infra vii. Q.i. Episcopum de dio(cesi) (c.25), Constitutum (c.22), infra di.lxxviiii. c.i. et antepenult. (c.9), infra di.xcii. Si quis episcopus uacans (c.8), infra xviii. Q.ii. Si quis abbas (c.15), infra xxxiii. Q.v. Notificasti (c.2)[a]."[98]

[a] Ma und Mb führen die gleichen Parallelstellen in folgender Reihenfolge an: D.79 c.1 und c.9, D.92 c.8, C.18 q.2 c.15, C.7 q.1 c.25 und c.22, C.33 q.5 c.2; in V fehlen: C.7 q.1 c.25, D.79 c.1 und c.9.

Die Zustimmung zur Wahl wird daraus ersichtlich, daß die Teilnehmer den Gewählten grüßen und keine Beschwerde einlegen:

(D.63 c.29) v. ad salutandum: „Arg. eos consensisse electioni ex quo[a] interfuerunt[b] et eum salutauerunt et non reclamauerunt."[99]

[a] Mb *add.* non; [b] interfuerint E.

Akklamation von seiten des Volkes wird gutgeheißen, wenn das Volk ein gutes Zeugnis ablegt; mißbilligt wird aber jeder Lärm, der leidenschaftlichem Beifall entspringt:

(D.63 DG p.c.25) v. acclamauerit: „§ Dicendo sit sit"[100]; (C.8 q.1 c.16) v. populi acclamatio: „Supra cap(itulo) proximo (C.8 q.1 c.15) contra. Set ibi deuoti populi testificatio bona laudatur, hic strepitus ex carnali fauore ueniens reprobatur."[101]

2.4.7. Anonyme Glossen zum Dekret Gratians,

die nicht zum Glossenapparat „Ordinaturus magister" gehören[102] und zu einigen Teilen des Dekrets in mehreren Handschriften übereinstimmen, so daß R. Weigand von eng miteinander verwandten Glossenkomposi-

---

[97] E fol.60ra.
[98] E fol.59rb.
[99] E fol.61vb.
[100] E fol.61rb.
[101] E fol.131ra.
[102] S. Kuttner schlägt vor, die Einzelglossen, auch wenn sie den systematischen Werken zeitlich vorausliegen, erst nach diesen zu behandeln: „non solo perchè le edizioni di quegli scritti, quantunque difficili, si realizzeranno più facilmente, ma anche perchè gioveranno allo studio e alla classificazione delle glosse stesse." (StG V 110)

tionen spricht[103], bestätigen die in den frühen Summen zum Wahlrecht vorgetragene Lehre und ergänzen die Diskussion der verschiedenen Lehrmeinungen.[104]

Der Begriff der Wahl, der in den Quellen äquivok zu verstehen ist und die unterschiedlichen Funktionen von Klerus, Volk und Metropoliten ausdrückt[105], erscheint im Unterschied zum „Ordinaturus magister"-Apparat nicht in sechsfacher, sondern in dreifacher Bedeutung:

(D.63 c.13) v. post electionem:

„Eligere – consentire in populo ut c.Nosse (c.12), Episcopos (c.13);
  – nominare in clero ut c.Quanto (c.10);
  – confirmare in metropolitano ut C.vii. q.i. Remoto (c.30)."[106]

„Electionis nomen late uagatur et enim dicuntur clerici eligere ut in omnibus c(apitulis) et tunc proprie. Interdum laici dicuntur eligere id est electioni facte consentire et tunc inproprie ut hic. Aliquando archiepiscopus eligere dicitur id est confirmare ut infra vii. q.i. Remoto (c.30) et xvi. q.i. Si quis monachus (c.28) et viii. q.i. Episcopo non (c.4), infra di.lxxii. c.ultimum (c.3), infra di.lxxxv. c.i."[107]

(D.62 c.1) „Electio alia pronuntiantis ut cleri, alia consentientis ut populi, alia approbantis ut metropolitani."[108]

---

[103] R. Weigand: AkathKR 139 (1970) 479 f; BMCL 1 (1971) 31; BMCL 3 (1973) 81 f.

[104] Die Erarbeitung einer Methode, die Einzelglossen zum Dekret Gratians systematisch zu erfassen, steckt noch in den Anfängen. Ein erster Versuch R. Weigands (Die bedingte Eheschließung 223–241), sie nach der von S. Kuttner zunächst vorgenommenen Einteilung in drei Glossentypen (Repertorium 2–9) einzuordnen, wurde von A. M. Stickler unter Hinweis auf den späteren Vorschlag S. Kuttners, zwischen Paucapalea und Huguccio wenigstens fünf Arten von Glossen anzunehmen (Tr 1 (1943) 281 Anm. 13; StG V 110), kritisch beurteilt (MonEccl 89 (1964) 309). Neuansätze, das Methodenproblem zu bewältigen, finden sich in den jüngsten Publikationen R. Weigands, die die Glossen teils nach dem gemeinsamen Befund, den mehrere Handschriften aufweisen (AkathKR 139 (1970) 459–481; BMCL 1 (1971) 31–41), teils nach der Sigle, die sie tragen (BMCL 3 (1973) 73–95), teils nach dem Gegenstand, der erörtert wird (Die Naturrechtslehre 179–182; Ius Populi Dei I 91–101) untersuchen und zusammenfassen. Da in der vorliegenden Arbeit nicht der literarhistorische, sondern der thematische Aspekt im Vordergrund steht, sollen die Glossen lediglich unter diesem Gesichtspunkt betrachtet werden, zumal das Material zu D.61–D.63 kaum literargeschichtliche Schlußfolgerungen zuläßt, da die einschlägigen Glossen nur selten in mehreren Hss. übereinstimmen.

[105] (D.63 c.13) v.post electionem: „Ar. quod nomine semel posito utendum est equiuoce ut hic elec(tio) pro consensu et proprie." (Hs. Vat.lat.2494 fol.21vb)

[106] Hs. München lat.28175 fol.52vb; außerdem Hss. Gniezno 28 fol.42vb; Biberach B 3515 fol.55v; Trier Seminarbibl. 8 fol.41ra (ohne Parallelstellen); über die Trierer Hs. s. A. M. Stickler: Tr 12 (1956) 598.

[107] Hs. Berlin Phillips 1742 fol.46rb.

[108] Hs. Roma B. Angelica 1270 fol.44va.

Wählen im eigentlichen Sinne meint die Wahl durch den Klerus. Im uneigentlichen oder weiteren Sinne werden die Zustimmung durch das Volk und die Bestätigung durch den Metropoliten so bezeichnet. Fünf Komponenten der Wahl werden im Anschluß an Rufin aufgezählt:

(D.63 c.1) „Nota quinque consideranda fore in electione episcopi quantum ad eligentes scilicet uota eligentium, testimonia populorum, arbitrium honoratorum, electio clericorum, confirmatio metropolitani."[109]

Auffällig ist – falls es sich nicht um eine Korruptele handelt –, daß die erste Komponente hier im Unterschied zur ursprünglichen Fassung Leos des Großen[110] nicht „Wünsche der Bürger" lautet, sondern „Wünsche der Wählenden."

Die Bedeutung der Wahl im komplexen Geschehen der Bischofsbestellung erhellt daraus, daß sie zwar nicht unbedingt zur Substanz des ordo episcopalis gehört, daß aber ein Bischof, der ohne vorhergehende Wahl konsekriert worden ist, abzusetzen und nicht zu den Bischöfen zu zählen ist:

(D.62 c.1) „Infra C.i. q.i. Ordinationes (c.113) in fine. Hic connicitur quod electio uel expositio de substantia ipsius ordinis episcopalis sit et quod non sit episcopus (si) ordinationi non precessit quod tamen factum est; est enim episcopus, set deponendus et ab episcopatu deiciendus et hoc est: non habeantur inter episcopos id est non maneant episcopi."[111]

Die Frage, wie weit außer den Kanonikern der Bischofskirche[112] auch andere Kleriker ein Wahlrecht besitzen, wird unterschiedlich beantwortet. Im Anschluß an frühere Konzilsbestimmungen[113] erklärt eine Glosse das arbitrium der Bischofskirche für hinreichend[114], während andere Glossen diese Ansicht unter Würdigung der vorgetragenen Argumente ausdrück-

---

[109] Hs. Roma B. Angelica 1270 fol.44vb.

[110] D.63 c.27.

[111] Hs. London Brit. Libr. Stowe 378 fol.36ra. Die Hs. Paris B.N.lat.3888, die in der Glossierung manche Ähnlichkeit mit der Londoner Handschrift aufweist (R. Weigand: BMCL 3 (1973) 82), hat diese wichtige Glosse nicht, sondern enthält zu D.62 nur Allegationen.

[112] (D.63 DG p.c.34) „§ Nomine cleri clericos matricis (ecclesie) intelligi ut xv. q.vii. c.penult.(c.6) equo quandoque laxatur ad omnes clericos supra lxxii. Clericum (c.2) et xi. q.i. De persona (c.38)." (Hs. Biberach B 3515 fol.57vb); (D.63 c.12) v.sacerdotum: „id est canonicorum" (Hs. Heiligenkreuz 44 fol. 52ra; zu dieser Hs. s. F. Eheim: StG VII 139 f); (D.63 c.34) v.cleri: „ecclesie maioris scilicet" (Hs. Heiligenkreuz 44 fol.53va).

[113] Vgl. D.63 DG p.c.34; s. dazu oben 2.1 Anm. 45.

[114] (D.63 DG p.c.34) „Arbitrium matricis ecclesie ad eligendum episcopum sufficere." (Hs. Admont 48 fol.83vb; Hs. Admont 23 fol.71v; zur letztgenannten Hs. s. F. Eheim: StG VII 129 f). Die Hs. Madrid B.Fund.Láz.Gald.440 fol.52va ergänzt in dieser Glosse „non" und behauptet damit das kontradiktorische Gegenteil (vgl. unten 2.8.2).

lich zurückweisen[115] und c.Obeuntibus des 2. Laterankonzils, das die Teilnahme anderer religiosi viri vorschreibt[116], als Abrogation des früher geltenden Rechts verstehen[117], so daß es nicht genügt, diesen das Ergebnis der Wahl mitzuteilen, wenn nicht ihr Rat beachtet wird.[118] Andernfalls ist das Wahlgeschehen nichtig.[119]

Wie weit Laien an der Bischofswahl teilhaben, wird in folgenden Glossen untersucht:

(D.63 c.1) „Infra xviii. q.ii. Abbatem (c.4) contra; solutio: nisi habent ius patronatus."[120]

(D.63) „Laici:

---

[115] (D.63 c.36) v.preferatur: „Numquid religiosi uiri ad electionem uocati debent eligere? Debent utique ut hic et supra e.di. Plebs (c.11) et di.lvi. Apostolica (c.12). Quidam tamen econtra dicunt quod ad episcopum eligendum sufficit solius matricis ecclesie electio et hoc probant per Nicenum concilium et Gangrense; statuta enim conciliorum seruanda sunt usque ad ultimum apicem ut xv.di. Sicut sancti (c.2) et xvi.di. Sancta octo (c.8). Item caput ecclesie debemus imitari, set soli cardina les eligunt summum pontificem ut in extra Licet de uitanda (Conc.Lat.III.c.1 = X.1.6.6). Item ratione consuetudinis, consuetudo enim optima est legum interpres ut ff. de legibus et senatus consultis l. Si de (Dig.1.3.37). Item non refert utrum (de) populo Romano facto uel de ceteris loquatur ut ff. de legibus et senatus consultis[a] lege De quibus (Dig.1.3.32)." (Hs. Wolfenbüttel Helmst.33 fol.35vb; zu dieser Hs. s. J. Juncker: ZSavRGkan 15 (1926) 354 f)

[a] senatus consultis] constitutionibus Hs. Wolfenbüttel Helmst.33.

[116] D.63 c.35.

[117] (D.63 c.35) v.exclusis religiosis: „Hoc uidetur contrarium quod dictum est superius § proximo (DG p.c.34) arbitrium matricis ecclesie sufficere in electione. Nota ergo ad solutionem cuius huius horum duorum antiquior et potior auctoritas Nicensis an huius que Rome habita est. Potior autem et antiquior uidetur auctoritas Nicensis seu Nicene sinodi. Vnde relique preiudicare debet di.l. Domino sancto (c.28). Econtra Innocentius in generali sinodo statuisse uidetur contraria ex certa scientia, cum presumendum sit non ignorasse eum statuta Nicene sinodi omnes eius scimus sicut omnia iura posita et ita uidetur uoluisse illud abrogare, quod quidem potuit, cum etiam circa statuta apostolorum Romana ecclesia dispensare possit precipue circa ea, que non spectant ad articulos fidei. Preterea Innocentio consentit hodie fere omnis generalis consuetudo." (Hs. Biberach B 3515 fol.57vb)

[118] (D.63 c.35) v.absque eorum consensu: „§ Hinc dicitur quod non sufficit eis rem factam denuntiare, nisi eorum consilio teneatur ad quos pertinet ut C.xii. q.ii. Sine except(ione) (c.52), C.viiii. q.iii. Saluo (c.4), C.xv. q.vii. Si autem (c.5), di.l. Studeat (c.39)." (Hs. München lat. 28175 fol.55ra)

[119] (D.63 c.35) v.consensus et conniuentia: „Arg. quod si consensus aliquorum defuerit ubi adesse exigitur quod factum est irritum habetur ut supra di.li. Qui in aliquo (c.5), infra xii. q.ii. Sine excep(tione) (c.52), Alienationes (c.37)." (Hs. Wolfenbüttel Helmst. 33 fol.35vb); (D.63 c.35) „Episcoporum electionem absque religiosorum consensu esse irritam supra di.lxi. Nullus inuitis (c.13), infra di.lxxix. c.penult. (c.10)." (Hs. Vat.Chis.E. VII 206 fol.64rb)

[120] Hs. Wolfenbüttel Helmst.33 fol.33va.

= non habent ius patronatus. Isti numquam admittendi sunt nisi forte honorati sunt ut infra e. Vota (c.27);

= habent ius patronatus. Quo casu ecclesia

  – non habet collegium. Hoc casu patronus habet liberam electionem ut infra xvi. q.ult.(q.7) Decernimus (c.32), prelata est ecclesia alteri. Hoc casu numquam de eligentibus erit laicus, nisi eam fundauerit uel locupletauerit ut princeps forte[a)];

  – habet collegium. Hoc casu non prefertur alii. Hic potest esse unus de eligentibus infra xviii. q.ii. Abbatem (c.4)."[121]

[a)] Spätere Glossenschicht ergänzt: xvi. q.vii. Pie mentis (c.26).

(D.63 c.6) „Solutio: hic dicit de electione episcopi que a laicis etiam potentibus non debet fieri, ibi de fundatore ecclesie qui ordinandum presbiterum debet offerre episcopo secundum rationem id est canonem apostolorum."[122]

(D.63 c.2) v. se asciscentibus: „§ No(ta) quod inuitatur laicus ad elec-(tionem) celebrandam ut hic, item ad sermonem faciendum ut xxiii.di. Mulier (c.29), item ad causam matrimonialem agendam xxxv. q.v. Ad sedem (c.2)."[123]

(D.63 c.2) „§ Licet huiusmodi laicum scilicet interesse auctoritate sua si quod sit aduersarius opprimere."[124]

(D.63 c.1) v. Nullus laicorum: „Si tamen sunt inter eos honorabiles et religiosi, non debet sine eorum arbitrio fieri."[125]

Diese Glossen spiegeln die unterschiedlichen Lehrmeinungen in der Schule von Bologna wider. Während einige die Patrone vom Ausschluß der Laien von der Bischofswahl ohne jede Einschränkung ausnehmen und diesen damit generell ein Wahlrecht zuerkennen, läßt die in diesem Zusammenhang ausführlichste Glosse, die sich an Johannes von Faenza anlehnt, das nur für jene Patrone an der Bischofskirche gelten, die diese begründet und ausgestattet haben. Sonst dürfen auch potente Laien nicht die Wahl eines Bischofs vornehmen. Wohl kann ein Laie zur Wahlhandlung eingeladen werden ähnlich wie zu einem Vortrag oder einem Eheverfahren. Erwähnt wird auch der von Stephan von Tournai genannte Fall, daß Laien teilnehmen, um ggf. einen Gegner zurückzuhalten. Außerdem darf die Wahl im Anschluß an Rufin nicht ohne das Gutachten der Vornehmen und Religiosen vonstatten gehen.

---

[121] Hs. Vat.lat.2494 fol.21va.
[122] Hs. Biberach B 3515 fol.55rb; außerdem in ähnlichem Wortlaut Hs. London Brit. Libr. Stowe 378 fol.36va.
[123] Hs. München lat.28174 fol.43ra.
[124] Hs. Roma B. Angelica 1270 fol.44vb.
[125] Hs. Berlin Phillips 1742 fol.45rb.

Soweit darüber hinaus in den Quellen Laien das Recht zu wählen zuerkannt wird, ist dies im Sinne eines Konsensrechtes zu verstehen:

(D.63 c.13) v. post electionem: „§ Quod electio ad populum refertur pro consensu presenti et ita dictio bis posita semel proprie, secundo tamen equiuoce simile xxviii.di. Presbiterum (c.16)."[126]

(D.63 c.13) v. post electionem: „Consensum".[127]

(D.63 c.34) v. et populi: „...ad consensum".[128]

(D.63 c.1) „Laici non debent se ingerere electioni nisi ad consentiendum."[129]

(D.63 DG p.c.8) v. ab electione: „Non ut eligant, set consentiant."[130]

(D.62 pr.) v. a quibus (sunt eligendi): „Et certe a clericis facienda est electio, factum autem approbare pertinet ad populum."[131]

(D.63 c.8) „Non uti eligant, set ut approbent.."[132]

(D.63 DG p.c.25) v. desiderium ergo plebis requiritur: „De necessitate di.lxii. Docendus (c.2)."[133]

(D.63 c.10) v. feritate: „§ Per hoc apparet quod laici erant absentes, cum clericos non deceat pugnare. Vnde de iure consensus populi exigitur ut infra e. Nosse (c.12)."[134]

(D.63 c.10) „Necessarium esse plebis consensus a maiori si maior persona defuerit expetenda ut infra e. Obeuntibus (c.35) et xxvi. q.vi. Aurelius (c.5)."[135]

(D.63 DG p.c.25) „§ Sine eius consensu ordinatio fieri non debet ut di.prox. c.ult. (D.64 c.8)."[136]

(D.63 c.12) v. consensus: „Rationem quare consensus populi requiritur habemus viii. q.i. Licet (c.15)."[137]

(D.62 c.2) v. non sequendus: „Quando scilicet clerici bene eligunt."[138]

(D.62 c.2) „Set si quid uelit plebs obicere electo, audiatur supra xxiii. Illud (c.5)."[139]

---

[126] Hs. München lat. 28174 fol.43vb.
[127] Hs. Roma B. Angelica 1270 fol.45va.
[128] Hs. Heiligenkreuz 44 fol.53vb.
[129] Hs. Berlin Phillips 1742 fol.45rb.
[130] Hs. München lat.28175 fol.52va.
[131] Hs. Berlin Phillips 1742 fol.45rb.
[132] Hs. Berlin Phillips 1742 fol.45vb.
[133] Hs. Bamberg Can.13 fol.41ra; zu dieser Hs. s. J. Juncker: ZSavRGkan 15 (1926) 355 f.
[134] Hs. München lat.28175 fol.52vb.
[135] Hs. München lat.28175 fol.52vb.
[136] Hs. London Brit. Libr. Stowe 378 fol.37rb.
[137] Hs. Wolfenbüttel Helmst. 33 fol.34rb.
[138] Hs. Berlin Phillips 1742 fol.45rb.
[139] Hs. Berlin Phillips 1742 fol.45rb.

(D.61 c.13) v. inuitis: „Ne credes id qui remouetur a laico admittendum esse in omni clerico."[140]

Ein Teil dieser Glossen betont die Notwendigkeit, die Wünsche des Volkes bei der Bischofswahl zu berücksichtigen und seine Zustimmung einzuholen, damit die Eignung des Kandidaten erwiesen ist und ihm anschließend nicht Ablehnung widerfährt. Ein anderer Teil mißt dem Konsens keine große Bedeutung zu und verficht den Grundsatz, daß dem Volk nicht zu folgen ist, wobei vorausgesetzt wird, daß die Kleriker eine gute Wahl vornehmen. Einwänden des Volkes gegen die Person des Gewählten ist jedoch Gehör zu schenken. Das Prinzip, einer Kirche nicht gegen ihren Willen einen Bischof aufzuzwingen, lehnt eine Glosse in bezug auf die Laien rundweg ab und betont, daß der von einem Laien Zurückgewiesene sehr wohl zuzulassen sei, womit wohl in erster Linie ein Einfluß der staatlichen Autorität getroffen werden soll.

Die Rechte des Kaisers bei der Wahl werden in einigen Glossen gesondert angesprochen:

(D.63 c.22) „Apostolicum imperatori ius et potestatem eligendi summum pontificem et ordinandi Romanam sedem credidisse."[141]

(D.63 DG a.c.29) „§ Ecce quia priuilegio abusi sunt."[142]

(D.63 DG a.c.29) „Quia dicat non solum electioni imperatores uolebant consentire set eligere."[143]

(D.63 c.15) „Principis epistulam ordinandis esse necessariam."[144]

Das Recht des Kaisers, an der Papstwahl teilzunehmen, wird als Privileg verstanden, das die Kaiser jedoch mißbraucht haben, weil sie der Wahl nicht nur zustimmen, sondern weil sie selbst wählen wollten. In einer Glosse wird die schriftliche Zustimmung des Fürsten vor der Ordination verlangt.

Einen neuen Gesichtspunkt im Bischofswahlrecht der frühen Dekretistik enthalten die Glossen der zweiten Schicht in der Hs. München lat. 28175[145], die die Möglichkeit eines Wahlrechts für Laien in einer ausgesprochen theologischen Fragestellung angehen:

---

[140] Hs. Heiligenkreuz 44 fol.50va; eine Interlinearglosse zum gleichen Bezugswort lautet: (D.61 c.13) v.inuitis: „clericis" (ebd).

[141] Hs. Admont 48 fol.82va; außerdem Hs. Heiligenkreuz 43 fol.62rb (zu dieser Hs. s. F. Eheim: StG VII 138 f).

[142] Hs. London Brit. Libr. Stowe 378 fol.37va.

[143] Hs. Heiligenkreuz 44 fol.53rb.

[144] Hs. Vat.Chis.E.VII 206 fol.62rb.

[145] Über die Hs. München lat.28175 s. A.M. Stickler, Decretistica Germanica adaucta: Tr 12 (1956) 597; R. Weigand, Der erste Glossenapparat zum Dekret: ‚Ordinaturus Magister': BMCL 1 (1971) 32 Anm. 5.

(D.62) „§ Multa sunt que laicis non conceduntur ut prelati electio ut hic c.i. ii. iii., iuris ecclesiastici compositio ut di.xcvi. Bene quidem (c.1), rei ecclesiastici administratio ut xvi. q.ult.(q.7) Nona act(ione) (c.22), sacrorum uasorum uel uestimentorum contrectatio ut de cons. di.i. In sancta (c.41), uestimentorum ecclesie concessio ut xvi. q.ult.(q.7) Quoniam inuestituras (c.13), Constitutiones (c.17), Per laicos (c.20), crismatis delatio ut de cons. di.iiii. Presbiteri (c.123), decimarum detentio ut i. q.iii. Peruenit (c.13)."[146]

(D.63 c.3) v. discerneret: „Arg. quod clerus potest electionis potestatem transferre in personam laicalem."[147]

(D.63 c.25) „Quero utrum ius electionis sit mixtum sicut patronatus tum sit tam populi quam cleri et renitente populo non proficiat electio."[148]

(D.63 c.22) v. ius (et potestatem eligendi): „§ Set cum ius electionis sit spirituale, non poterat laico concedere et ideo ex hac concessione non habet aliquid imperator; set uidetur habere, si ius patronatus mixtum enim competit pro ea parte, que dicitur spirituale."[149]

(D.63 DG p.c.34) v. fecerat: „Videbatur prestare siquidem laicus ius electionis habere non potest, quia spirituale est."[150]

Der anonyme Glossator, der die Bischofswahl auf eine Stufe stellt mit der Verwaltung von Kirchengut, mit der Berührung liturgischer Geräte, mit dem Tragen kirchlicher Gewänder, mit dem Überbringen des Chrisam und dem Aufbewahren des Zehnten, wozu Laien nicht befugt sind, schließt zunächst aus der an Kaiser Valentinian ergangenen Aufforderung, den Bischof von Mailand zu bestellen[151], daß der Klerus das Wahlrecht Laien übertragen kann, und stellt die Frage, ob das Wahlrecht wie das Patronatsrecht ein ius mixtum sei, so daß es sowohl dem Volk als

---

[146] Hs. München lat.28175 fol.51va.

[147] Hs. München lat.28175 fol.52rb.

[148] Hs. München lat.28175 fol.54ra.

[149] Hs. München lat.28175 fol.53va.

[150] Hs. München lat.28175 fol.54vb.

[151] Kaiser Valentinian lehnt das an ihn gerichtete Ansinnen ab, worauf hin Ambrosius, obgleich er noch nicht getauft ist, quasi per inspirationem zum Bischof gewählt wird (D.63 c.3). In Dekrethandschriften mit frühen Glossenschichten, deren gemeinsamen Bestand R. Weigand möglicherweise sogar für den „allerfrühesten Glossenapparat" hält (AkathKR 139 (1970) 480), findet sich zu dieser Stelle folgende Glosse: „Beatum Ambrosium nondum baptizatum fuisse electum" (mit der Sigle M.: Hs. Vat.lat.2494 fol.41ra; ohne Sigle: Hs. Admont 48 fol.81rb). Da es sich um eine sehr frühe Glosse (in Dreiecksform!) handelt, ist die Sigle M. wohl nicht mit Melendus aufzulösen, der erst in den achtziger Jahren des 12. Jahrhunderts glossiert hat, sondern eher mit Metellus, dessen wissenschaftliche Tätigkeit R. Weigand in den fünfziger und sechziger Jahren ansetzt (Quaestionen aus der Schule des Rolandus und Metellus: AkathKR 138 (1969) 85 f).

auch dem Klerus zukomme[152] und die Wahl bei einem Widerspruch des Volkes unnütz sei. Er geht dann jedoch davon aus, daß das Wahlrecht ein ius spirituale ist[153], das ein Laie nicht besitzen kann und das deshalb dem Kaiser nicht gewährt werden konnte, und er berichtigt Gratian, indem er von einer nur scheinbaren Verleihung von Wahlprivilegien an die Kaiser spricht. Inkonsequenterweise neigt der Autor aber dazu, auf Grund eines Patronates dem Kaiser dennoch das Recht zu wählen zuzuschreiben, wenn nämlich der gemischte Patronat auch diesen geistlichen Teil umfaßt. Damit wird das Wahlrecht trotz anderslautender Terminologie nicht als geistliches Amtsrecht im strengen Sinne verstanden.

2.4.8. Die Notabilien „Argumentum a minori per negationem"[154],

die auf Grund der Extravagantenzitate zwischen 1185 und 1192 entstanden sein dürften[155], bilden kurze regelhafte Sätze, die aus der Glosse herausgelöst und mit Allegationen versehen, zu einer Sammlung ohne erkennbare Ordnung zusammengefaßt sind.[156] Bei der Bischofswahl setzen sie die Kleriker an der Bischofskirche als Wähler voraus[157] und stellen zur Frage des Wählerkreises zwei Regeln heraus:

---

[152] Während das geltende Recht unter ius patronatus mixtum jenes Patronatsrecht versteht, dem eine Widmung zugrunde liegt, die sowohl aus kirchlichem als auch aus weltlichem Vermögen stammt (c.1449 n.2 CIC), als einziges Kriterium also den ursprünglichen Erwerbstitel heranzieht (A. Vermeersch – I. Creusen, Epitome Iuris Canonici II 550), dient hier die Zugehörigkeit zum Kleriker- bzw. Laienstand als Unterscheidungsmerkmal (vgl. auch K. Mörsdorf, Lehrbuch des Kirchenrechts II 468). Um den Patronat der kirchlichen Jurisdiktion zu unterstellen, erklärte ihn Alexander III. zu einem ius spirituali adnexum (Jaffé 13727 = X.2.1.3).
[153] Zum Wortgebrauch des ius spirituale im Gegensatz zum ius temporale *im geltenden Recht* s. c.1472 CIC.
[154] Hs. Fulda D.10 fol.82–87v (Fb); über die Notabilien „Argumentum a minori per negationem" s. S. Kuttner, Repertorium 235.
[155] Die Notabilien erwähnen einerseits eine Dekretale Urbans III. (1185–1187) (Fb fol.86rb), zitieren aber anderseits noch nicht die Compilatio I. (1188/92), wie etwa das Beispiel der Dekretale *Si archiepiscopus* (Jaffé 57 = X.1.11.6) zeigt (Fb fol.84vb).
[156] S. Kuttner (Repertorium 232) und A. M. Stickler (LThK V 1292 f) unterscheiden zwischen Notabilien im weiteren Sinne, d.h. Bemerkungen, die die Aufmerksamkeit auf eine bestimmte Stelle des Legaltextes lenken sollen, und Notabilien im engeren Sinne, d.h. Feststellungen, die eine aus dem Legaltext sich ergebende Rechtsregel aussprechen und durch das typische No(ta, -tandum) und Ar(gumentum) eingeleitet sind.
[157] „Argumentum quod si clerici distulerint electionem ultra tres menses presumuntur negligentes et tunc metropolitanus potest eligere d.l. Postquam tres menses (c.11), d.lxxv. c.i., d.lxiii. Obeuntibus (c.35), d.c. Quoniam quidam (c.i.), C.ix. Q.iii. Cum simus (c.3), C.vii. Q.i. Constitutum (c.22) contra." (Fb fol.83rd)

„Argumentum ad regulam electionis que talis est semper: ille qui preficitur, ab hiis quibus preficitur est eligendus d.lxi. Nullus inuitis qui eos recturus (c.13), d.lxii. Nulla ratio (c.i.), d.lxiii. Vota (c.27), Obeuntibus (c.35), d.xciii. Legimus (c.24), Diaconi (c.23), C.viii. Q.ii. Dilectissimi (c.2), C.xvi. Q.vii. Congregatio (c.43), C.xviii. Q.ii. Abbatem (c.4), in extra Si archiepiscopus obierit (Jaffé 57 = X.1.11.6), d.lxvi. Archiepiscopus (c.1).

Argumentum quod laici possint facere electionem per clericorum concessionem d.lxiii. Valentinianus ut magis ipse (c.3), Adrianus (c.22), d.xxiii. Mulier (c.29), C.xxi. Q.i. Clericum (c.2), d.lxi. Studii (c.15), d.lxiii. Nullus (c.1), Adrianus (c.2) contra, C.xvi. Q.vii. Si quis deinceps (c.12) contra, d.lxiii. Non est (c.6), Omnis (c.7), Non licet (c.8) contra."[158]

Diese Notabilien plädieren für die ausnahmslose Geltung des Grundsatzes, der natürlich auf die Kleriker eingeschränkt ist, daß ein Vorsteher von den Untergebenen gewählt werden muß, und weisen aus dem Dekret Gratians nach, daß Laien das Wahlrecht von den Klerikern übertragen werden kann.

2.4.9. *Huguccio von Pisa*[159],

dessen zwischen 1178 und 1190 geschriebene Summe[160], das bedeutendste Werk der Dekretistik überhaupt, die frühere Literatur – auch der fran-

---

[158] Fb fol.83vb.

[159] Über Huguccio s. F. Gillmann, Die Abfassungszeit der Dekretsumme Huguccios: AkathKR 94 (1914) 233–251; S. Kuttner, Repertorium 155–160; G. Catalano, Contributo alla biografia di Uguccione di Pisa: Il Diritto Ecclesiastico 65 (1954) 3–67; C. Leonardi, La vita e l'opera di Uguccione da Pisa Decretista: StG IV 39–120; G. Catalano, Impero, Regno e Sacerdozio nel pensiero di Uguccio da Pisa, Milano² 1959; A. M. Stickler, Huguccio: LThK V 521 f; ders., Uguccio de Pise: DDC VII 1355–1362; H. Heitmeyer, Sakramentenspendung bei Häretikern und Simonisten nach Huguccio, Roma 1964; J. Kejř, Apparat au Décret de Gratien „Ordinaturus" source de la „Summa decretorum" de Huguccio: StG XII 146–164; D. Squicciardini, Il privilegio paolino in un testo inedito di Uguccione da Pisa (saec.XII): Apollinaris 45 (1972) 84–125; 306–338. Über Begriff und Bedeutung der Wahl bei Huguccio s. R. L. Benson, The Bishop-Elect 116–149; über den Wählerkreis bei der Bischofswahl in der Summe des Huguccio vgl. K. Ganzer, Zur Beschränkung der Bischofswahl auf die Domkapitel: ZSavRGkan 57 (1971) 46–54.

[160] Hss. Vat.Arch.Cap.Bas.S.Pietro C.114 (Va); Vat.Borghes.lat.272 (Vb); Vat.lat. 2280 (Vc); s. dazu N.Del Re, I Codici Vaticani della „Summa Decretorum" di Uguccione da Pisa, Roma 1938. Die Edition der Dekretsumme des Huguccio wird vorbereitet von A. M. Stickler, G. Catalano, P. Huizing, C. Leonardi, L. Prosdocimi, R. Schramml und G. Zanetti (Tr 11 (1955) 435). Über die Vorarbeiten zu dieser Ausgabe s. L. Prosdocimi, La „Summa Decretorum" di Uguccione da Pisa: StG III 351–374; A. M. Stickler, Problemi di ricerca e di edizione per Uguccione da Pisa e nella decretistica classica: Congrès de droit canonique médiéval 111–122.

zösischen und anglo-normannischen Schule – reichhaltig verwertet und die nachfolgenden Glossenapparate merklich beeinflußt, stellt wie zahlreiche Dekretisten vor ihm die Äquivozität des Begriffs „Wahl" heraus und unterscheidet zwischen der Wahl im eigentlichen Sinne, die dem Klerus zukommt, und der Wahl im uneigentlichen Sinne, die sowohl das Ansinnen und die Zustimmung des Volkes als auch die Bestätigung und Konsekration durch den Metropoliten beinhaltet.[161] Wenn in den historischen Quellen die eigentliche Wahl des Bischofs den Klerikern vorbehalten bleibt, so ist dieser Begriff restriktiv gemeint: er ist auf die Kleriker der Bischofskirche eingeschränkt[162], außer denen aber auch die Religiosen und allgemein der Stadtklerus an der Wahl teilnehmen[163], um zuzustimmen, um zu beraten, zu prüfen und zu diskutieren[164], allerdings nicht alle Religiosen und nicht alle Kleriker der Bischofsstadt, sondern nur

---

[161] (D.63 c.13) v.electionem cleri et populi: „Nota inproprietatem scilicet uocabulum semel positum teneri equiuoce arg. di.xxviii. Presbiterum (c.16). Item nota quod uerbum eligendi nunc attribuitur clero, nunc populo, nunc[a] metropolitano, uel alii maiori clero proprie, populo uel metropolitano inproprie: clerus eligit id est nominat ut hic et c.Nosse (c.12) et[b] c.Quanto (c.10), populus eligit id est expetit uel[c] consentit[d] ut xvi. q.i. Sic uiue (c.26) et hic et c.Nosse (c.12), metropolitanus eligit id est confirmat[e] uel ordinat uel consecrat ut vii. q.i. Remoto (c.30) et viii. q.i. Episcopo non liceat (c.4) et di.xxiii. Illud (c.5)." (Va fol.81vb)
[a] nunc] uel Vc; [b] c.Nosse et om. Vc; [c] expetit uel om. Vb; [d] consentiat Vb; [e] ut xvi. q.i. Sic uiue ...confirmat om. Vb.

[162] (D.63 DG p.c.34) v.matricis: „Id est episcopalis et secundum hoc[a] in premissis capitulis, ubi inuenitur quod electio episcopi spectat ad clericos, nomen clerici[b] restringitur tantum circa clericos maioris ecclesie; idem et[c] x. q.i. Antiquos (c.8), ubi appellatio clericorum tantum clericos maioris ecclesie comprehendit, cum[d] alibi nomen clerici late pateat ut di.xxi. Cleros (c.1) et di.lxxii. Clericum (c.2) et xi. q.i. De persona (c.38) et est arg. quod hoc nomen clericus simpliciter et absolute positum restringitur tantum circa canonicos episcopalis ecclesie. Vnde colligitur, cum inuenitur aliquid spectare tantum ad clericos uel pertinere, intelligendum esse tantum scilicet ad clericos maioris ecclesie. . " (Va fol.84vb)
[a] hoc om. Va; [b] nomen clerici om. Vb; [c] et om. Vb; [d] cum] etc. Va.

[163] (D.63 c.11) v.parochiis: „Arg. non solum canonicos maioris ecclesie debere interesse electioni episcopi, set etiam presbiteros, cappellanos et generaliter[a] clerum ciuitatis. Hoc credo uerum esse ad consentiendum[b], ad consulendum[c], ad contrectandum. Set electio tantum spectat ad canonicos maioris ecclesie et clericos religiosos ut infra e. Obeuntibus (c.35). . " (Va fol.81vb)
[a] Vb,Vc add. totum; [b] Vb add. et; [c] ad consulendum om. Vb.

[164] (D.63 c.2) v.a collegio ecclesie: „matricis[a]; sic olim fiebat, set nunc debent adesse religiosi; uel a[b] collegio ecclesie totius ciuitatis, ut non tantum canonici maioris ecclesie, set etiam religiosi et generaliter totus clerus ciuitatis intersit ut infra e. Plebs (c.11), Obeuntibus (c.35) ad concertandum contra rebelles uel ad contrectandum id est ad simul tractandum et discutiendum cum aliis, quia in electione multa fit contrectatio[c], multa discussio, multa examinatio in approbatione eligendi uel cooperando electioni et concordie." (Va fol.80vb)
[a] maioris Vc; [b] a om. Vc; [c] Vc add. et.

die Äbte, Prioren, Superioren und übrigen ehrenhaften Prälaten sowie Kapläne mit besonderer Bildung und Religiösität, nicht aber die Mönche und untergebenen Regularkanoniker.[165] Wenn die Religiosen sich bei der Bischofswahl auf einen anderen einigen als die Kanoniker, so gibt die Wahl der Kanoniker den Ausschlag, auch wenn diese zahlenmäßig in der Minderheit sind; denn ihnen muß der Bischof in besonderer Weise vorstehen. Sie haben bei der Wahl die Führung, während die übrigen Kleriker sich anzuschließen haben, wenn sie auch zu den Wählenden gehören.[166] Eine Bischofswahl, von der die Religiosen ausgeschlossen werden[167], ist ungültig.[168] Die den Kanonikern für den Ausschluß der Religiosen angedrohte Strafe ist nicht als excommunicatio datae sententiae zu verstehen, da sonst viele Kanoniker dem Banne verfielen, die sich nicht an die Vorschrift halten, sondern als excommunicatio dandae

---

[165] (D.63 c.35) v.eorum consilio etc.: „x. q.ii. Casellas (c.1) et xii. q.ii. Sine exceptione (c.52). Set quos uocat religiosos uiros? Clericos ciuitatis? Non omnes, set abbates, priores, prepositos et reliquos honestos prelatos, immo etsi quis cappellanus est ibi magne scientie et religionis et honestatis, crederem illum esse uocandum, set[a] monachos et regulares canonicos subditos non credo esse uocandos." (Va fol.84vb)
[a]set] si Vc.

[166] (D.63 c.35) v. irritum: „...Si uero omnes religiosi uocantur et postea in electione dissentiunt, tunc obtinet sententia plurium. Si tamen[a] omnes canonici conuenirent in aliquem et omnes religiosi in alium, quamuis religiosi[b] sint[c] tot uel etiam plures quam canonici, si tamen electe persone per omnia inueniuntur pares, credo canonicorum electionem preferendam, tum quia specialius debent eis preesse, tum quia preduces debent[d] esse in electione, illi uero scilicet religiosi sequaces licet partem inter eligentes faciant ut di.xxiii. c.i. et di.lxxviiii. c.i.[e]" (Va fol.85ra)
[a] omnes religiosi...tamen om. Vb; [b] in alium, quamuis religiosi om. Vb; [c] sunt Vb; [d] debet Va; Vc add. eis; [e] inter eligentes...di.lxxviiii. c.i. om. Vb.

[167] (D.63 c.35) v.excludant: „Tribus modis intelligo eos excludi scilicet eo ipso quod non uocantur, cum[a] possint uocari, uel uocati siue sponte accedentes repelluntur ex superbia uel contemptu, uel uocati et inuitati non admittuntur ad consilium uel tractatum[b]. Non enim sufficit eorum presentia, nisi et eorum habeatur consilium et tractatus[c]." (Va fol.84vb)
[a] Vb add. non; [b] contractatum Va,Vb; [c] contractatus Vb.

[168] (D.63 c.35) v.irritum: „Ecce quod electio irritatur, que fit exclusis uel non uocatis religiosis, set si pauciores sunt, nonne debet in hoc casu obtinere sententia plurimorum? Non in retractatione, namque alicuius quod fieri debuit multorum consensu efficatior est alicuius absentia quam presentis contradictio, licet e contrario quandoque inueniatur ut di.liiii. Quis aut (c.11). Si ergo omnes religiosi non uocantur, irritatur electio, similiter si[a] quidam uocantur et quidam non; immo plus dico: si omnes uocantur preter unum, cum possit uocari, propter illum solum irritatur electio, licet si presens contradiceret, eius contradictio non ualeret[b], nisi aliquid obiceret in persona electi." (Va fol.85ra)
[a] si om. Vc; [b] ualet Vc.

sententiae.[169] Vielleicht ist auch in diesem Punkt die geltende Bestimmung an manchen Orten außer Kraft gesetzt durch entgegenstehende Gewohnheit, die der Papst kennt und stillschweigend billigt.[170]

Von den Laien gehören nach Huguccio die Patrone in ähnlicher Weise wie die Religiosen[171] zum Wählerkreis des Bischofs:

(D.63 c.1) „Nullus laicorum: qui non sit patronus. Si est patronus, distingue: aut ecclesia illa habet collegium aut non. Si habet collegium, non debet laicus patronus eligere, set esset[a] unus de eligentibus ut xviii. q.ii. Abbatem (c.4). Si non habet collegium, ipse solus eliget et electum[b] episcopo representabit ut xvi. q.vii. Decernimus (c.32). Alias numquam laicus debet interesse electioni ad eligendum, set ut electioni consentiat[c] uel consulat. De collegiatis ecclesiis excipiunt quidam episcopales, quas[d] dicunt nullos habere patronos[e] nec ad unum uel ad[f] alios, set ad uniuersitatem populi pertinere et ideo nullum laicum debere interesse electioni episcoporum; set hoc nullius est[g] auctoritatis, et ideo expresse dico, quod episcopalis ecclesia patronos habet uel habere potest et in[h] electione episcoporum debent[i] esse patroni sicut in electione aliorum prelatorum arg. infra e. Reatina (c.16), Nobis (c.17), Lectis (c.18) et xvi. q.vii. Filiis (c.31). Quid si fiat electio in ecclesia collegiata patrono non uocato, cum posset uocari[k]? Irritabitur electio arg. infra e. Obeuntibus (c.35). Quid si plures sunt patroni et ipsi et clerici discordant in electione, que pars obtinebit? Maior pars obtinebit, si permisceantur[l] in electione nec est opus alia[m] distinctione quam que fit cum omnes sunt[n] clerici[o] eo[p]

---

[169] (D.63 c.35) v.sub anathemate: „Set numquid est canon date sententie, ut si canonici ab electione excludant illos ipso iure et[a] ipso anathemate inuoluantur? Sic uidetur; nam[b] talis forma uerborum forma est excommunicandi et quam cito quis facit quod sub tali forma uerborum prohibetur uel interdicitur, statim anathemate obligantur[c] ut supra di.e. Salonitane (c.24) et x. q.i. Sanctorum (c.14). Hanc quod si est, multi hodie eligentes sunt excommunicati, cum multi hec non obseruent, set non ideo minus peccant[d] ut ii. q.i. Multi (c.18) et xxxii. q.vii. Flagitia (c.13). Set forte hec uerba hic innuunt sententiam excommunicationis non datam, set esse dandam contra eos, qui religiosos excludunt uel excludere uolunt, nisi satisfaciant uel[e] admittant, si controuersia est de illis admittendis etc." (Va fol.84vb)

a) Vb,Vc *add.* eo; b) nam] non Vc; c) obligatur Vc; d) peccent Vb; e) Vb,Vc *add.* eos.

[170] (D.63 c.35) v.sub anathematis uinculo interdicimus: „Id est nisi[a] quod[b] malefecerint uel facere uoluerint correxerint, nouerint se excommunicandos et generaliter dicunt quidam, quod talis forma non est forma, uel dicatur, quod in hoc[c] derogatum est huic capitulo in multis locis ex contraria consuetudine, quam[d] papa scit et non reprobat[e] et sic tacite uidetur approbare." (Va fol.84vb)

a) nisi] ut Vc; b) quod] qui Va; c) hoc] hic Vb; d) quam] quod Vc; e) reprobatur Vb.

[171] (D.63 c.35) „...Idem diximus supra de patronis di.e. Nullus laicorum (c.1)[a]..." (Va fol.85ra)

a) Idem...Nullus laicorum (c.1) *om.* Vb.

excepto, quod si tot uel plures sunt patroni quam clerici et patroni[q] consentiant in unum et clerici in alium et electi sint eque idonei; credo electum a clericis[r] debere preferri, tum quia specialius debet preesse clericis quam patronis, tum quia laici patroni potius debent esse sequaces et clerici preduces[s] in electione arg. xxiii.di. c.i."[172]

a) esse Vb,Vc; b) electum] clericum Vb; c) consentiant Vb; d) quasdam Va; e) Vb *add.* set; f) *om.* Vb,Vc; g) *om.* Va; h) *om.* Vb; i) debet Va; k) reuocari Vb; l) permisceatur Vc; m) alias Vc; n) sint Vc; o) *om.* Va; p) *om.* Vb; q) quam clerici et patroni *om.* Vb; r) electum a clericis] a clericis electum Vb; s) preducens Vb.

Mit Entschiedenheit weist Huguccio die Meinung zurück, an Bischofskirchen gebe es keine Patrone und deshalb auch kein Wahlrecht für Laien; ausdrücklich stellt er fest, daß Bischofskirchen sehr wohl Patrone haben oder haben können und diese an der Bischofswahl teilnehmen. Wenn ein Patron nicht eingeladen wird, ist die Wahl ungültig. Bei einem Dissens zwischen Klerikern und Laienpatronen erhält der von den Klerikern Gewählte den Vorzug, da der Bischof in speziellerer Weise der Vorgesetzte der Kleriker ist als der der Patrone und zudem bei der Wahl den Klerikern das bestimmende Moment zufällt. Außerdem nennt Huguccio die Möglichkeit, daß Laien zur Bischofswahl eingeladen werden und ihnen das Recht zu wählen, das ihnen an sich nicht zusteht, von den wahlberechtigten Klerikern verliehen wird:

(D.63 c.2) v. inuitatur: „Aliter non debet se ingerere, arg. quod quis non potest suo iure, inuitatum ab eo qui habet ius, licite posse arg. ii. q.vi. Si episcopus (c.36) et viii. q.ii. Episcopum (c.7) et xxiii.di. Mulier (c.29) et est arg. quod causa spiritualis potest delegari laico, quia electio res spiritualis est."[173]

Theologisch begründet Huguccio diese Möglichkeit der Teilnahme von Laien an der Bischofswahl, indem er das Wahlrecht als res spiritualis charakterisiert, die einem Laien delegiert werden kann. Darüber hinaus haben Laien aber kein Wahlrecht, sondern können nur für einen Kandidaten Zeugnis ablegen[174], seine Kandidatur erbitten und der Wahl zustimmen:

(D.62 c.1) v. nec a plebibus sunt expetiti: „Quod intelligitur esse cum eis reddunt bonum testimonium[a], cum eos postulant et[b] consentiunt

---

172 Va fol.80va.
173 Va fol.80vb.
174 (D.63 c.27) v. testimonium: „Bonum id est bona fama scilicet ut bonum testimonium id est bonam famam habeat apud populos et hoc ipso populus intelligitur consentire et expectare[a] electum uel eligendum, quia bone fame est. Vnde hoc uidetur ex ipso precedentis et nota, quod nomine populi intelliguntur et ciues et uillani et fideles et infideles, quia qui ad episcopatum eliguntur, apud omnes – etiam eos qui foris sunt – debent esse bone fame ut viii. q.i. Licet (c.15) et de cons. di.i. Iubemus (c.60)." (Va fol.84ra)
a) expetere Vc.

eligi arg. di.xxiiii. c.i. et di.lxvii. Reliqui (c.1). Set ecce electus est a clericis et non est a plebibus expetitus: debetne consecrari uel consecratus
deici? Sic uidetur in odium eligentium et[c] consecrantium arg. xvi. q.vii.
Decernimus (c.32) et di.lxx. c.i. et xxi.[d] q.ii. c.i. Similiter credo esse
faciendum, si irreuocabile sit[e] scandalum populi; alias non credo quod
sit repellendus, cum in electione laici nullum ius habeant et cum non sit
adeo[f] necessarius eorum[g] expetitus et consensus in electione, ut sine eo
fieri non possit arg. infra proximum capitulum, male tamen fit, cum non
requiritur ut viii. q.i. Licet (c.15)."[175]

a) testimonium bonum Vb; b) et] id est Vb; c) om. Va; d) xxxi. Vc; e) Vc add. propter; f) sit adeo] adeo sit Vb,Vc; g) eorum om. Vc.

Das Ansinnen des Volkes und seine Zustimmung zur Wahl sind zwar
nicht so notwendig, daß ohne sie eine Wahl nicht zustande käme. Wenn
sie jedoch nicht eingeholt werden, ist die Wahl schlecht vollzogen, und
falls das Volk unwiderruflich Anstoß nimmt, ist der zum Bischof Bestellte
sogar abzusetzen. Denn auch den Laien ist nicht gegen ihren Willen ein
Bischof aufzudrängen, wenn sie für ihre Ablehnung einen gerechten
Grund anführen:

(D.61 c.13) v. inuitis: „...Idem intelligo et de laicis, quod nec eis inuitis
dandus est, si[a] iustam causam recusationis uelint probare arg. di.lxiii.
Si forte (c.36)."[176]

a) om. Vc.

Bedenken des Volkes gegen die Person des Bischofskandidaten sind
anzuhören, die Wahl beziehungsweise die Konsekration ist aufzuschie-
ben; und wenn ein großer Skandal zu befürchten ist, müssen von einem
strengen Vorgehen Abstriche gemacht werden:

(D.62 c.2) v. non sequendus: „in malo, scilicet cum canonice electioni
contradicit nichil obiciendo in personam[a] electi uel[b] eligendi, tunc enim
supersedendum esset electioni, quia populi interest bonum habere[c] prelatum; si ergo populus iustam causam allegat et uult[d] probare, audiendus
est et differenda est electio uel[e], si est electus[f], consecratio arg. di.xxiii.
Illud (c.5)."; v. nos: „scilicet clerici ut[g] infra di.lxiii. Nosse (c.12) et vi.
q.i. Sacerdotes (c.8). Quid, si irreuocabiliter perseuerat in obstinatione
sua? Si modicum scandalum timetur, non curetur; si magnum, subtrahendum est aliquid seueritati ut etc. arg. xxviii. De Siracusane (c.13)."[177]

a) persona Va,Vb; b) om. Vb; c) habetur Vb; habere bonum Vc; d) om. Vb; e) uel] et Vc; f) Vb add. et; g) om. Vc.

Der Grund, warum von Rechts wegen der Konsens der Laien bei der

175 Va fol.80ra/b.
176 Va fol.79rb.
177 Va fol.80rb.

Wahl verlangt wird[178], liegt in dem Bestreben, einen Skandal zu vermeiden und einer Ablehnung vorzubeugen:

(D.63 c.10) v. barbarica: „Set numquid exigitur consensus laicorum in electione? Sic etiam de iure ut infra e. Nosse (c.12), Clerici (c.26), Vota (c.27) et presertim ad cautelam uitandi scandali, ne qua retractatio uel scrupulus[a)] residerat[b)] in corde alicuius ut viii. q.i. Licet (c.15)."[179]

[a)] scrupulos Va, Vb; [b)] resideat Vc.

Die Bestellung eines Bischofs gegen den Willen des Volkes vergleicht Huguccio mit einer ungewollten Heirat, die für gewöhnlich schlechte Folgen zeitigt; denn was jemand nicht liebt, wird leicht Gegenstand seines Hasses:

(D.63 c.36) v. ne plebs: „Nam inuite nuptie malos solent habere prouentus ut xxxi. q.ii. § i. et c.ii. Quod enim quis[a)] non diligit, facile contempnit ut xx. q.iii. Presens (c.4)."[180]

[a)] qui Vc.

Wie schon Rufin hebt auch Huguccio die Notwendigkeit hervor, zur Bischofswahl unbedingt die Meinung und den Rat der maiores[181] und religiosi unter den Laien einzuholen, während die einstige Teilnahme der Fürsten durch spätere Verfügungen abgeschafft ist:

(D.63 pr.) „. . .et sic quecumque in hac distinctione fauore principum dicuntur ei esse indulta, contrariis statutis postea sunt[a)] euacuata. Set licet laici non debeant eligere, si qui tamen maiores et religiosi sunt inter eos, sine eorum arbitrio et consilio non debet esse electio; aliorum sufficit solus consensus et conscientia facta uel electione facienda[b)]. Est ergo rectus ordo in electione, scilicet ut populus uelit et consentiat[c)], maiores de populo et uelint et consulant, inuitati et[d)] clerici eligant ut infra e.di. Vota (c.27), Nosse (c.12); ut ergo breuius summa comprehendatur, dico quod nulli laici debent interesse electioni prelatorum, nisi sint patroni uel inuitati ut infra e. c.i. et ii. Si ergo inueniatur, quod alii

---

[178] (D.63 c.26) v.Cleri plebisque consensus et desiderium requiratur: „in[a)] electione et facienda[b)] consensus plebis debet exigi, ut uitetur scandalum et[c)] ne qua fiat retractatio etc. ut viii. q.i. Licet (c.15); alias non uidetur multum necessarius, cum populus nil iuris habeat in eligendo." (Va fol.83vb)

[a)] in] ut Vc; [b)] Vb,Vc add. et facta; [c)] et] ut Vc.

[179] Va fol.81va.

[180] Va fol.85rb.

[181] (D.63 c.27) v.honoratorum: „id est maiorum in populo ut sunt[a)] proceres et[b)] alii maiores inter laicos, istorum specialius et presertim[c)] debet requiri consensus et arbitrium et consilium et contrectatio."; v.in ordinationibus sacerdotum: „id est in electionibus episcoporum." (Va fol. 84ra)

[a)] sunt] superne Vb; [b)] om. Vc; [c)] presertim] in personatim Vc.

debent interesse, sic intelligo: id est electioni facte uel faciende debent consentire, set cum clericis non debent esse in consiliis."[182]

a) postea sunt] possunt Vb; b) electione facienda] facienda electione Vb,Vc; c) consentiant Vc; d) et] ut Va,Vb.

Zusammenfassend sieht Huguccio die bei der Erwählung eines Bischofs beteiligten Gruppen in folgender Weise wirksam: das Volk erbittet und stimmt zu, die maiores aus dem Volk unterbreiten ihren Vorschlag und Rat, die zur Wahl eingeladenen Laien und die Kleriker wählen; oder anders ausgedrückt: der Wahl dürfen außer den Patronen und den eigens Eingeladenen keine Laien beiwohnen.

2.4.10. Die Summa Reginensis[183],

die kurz nach der Vollendung der Summe des Huguccio (also bald nach 1191) abgefaßt und mit dieser großenteils verwandt ist, wobei die gegenseitige Zuordnung der beiden Werke zueinander[184] auch nach den Untersuchungen von A. M. Stickler[185] noch einer weiteren, endgültigen Klärung bedarf[186], schwächt den Anteil der Laien an der Bischofswahl gegenüber der Ansicht Huguccios merklich ab. Über die Notwendigkeit, den Konsens des Volkes zu verlangen, und über die tatsächliche Praxis schreibt diese Dekretsumme:

(D.63 c.26) v. Cleri requiratur: „Bonum est quod requiratur, non tamen necesse est. Set quid erit? Hodie non requiritur consensus laico-

---

[182] Va fol.80rb/va. Dieser Text findet sich wie zahlreiche andere Stellen aus der Dekretsumme des Huguccio als Marginalglosse in der Hs. Madrid B.N. 251 fol.48va, die in einer späteren Glossenschicht Fragmente aus der Summe des Huguccio aufweist (A. García y García, Los manuscritos del Decreto de Graciano en las Bibliotecas y Archivos de España: StG VIII 167).

[183] Einzige Hs. (mit sehr fehlerhaftem Text) Vat.Reg.lat.1061 fol.1–24 (R).

[184] S. Kuttner vermutet, daß es sich bei der Summa Reginensis gar nicht um eine vollendete Dekretsumme handelt, sondern nur um die Vorarbeit zu einer solchen, die dann wegen des durchschlagenden Erfolgs von Huguccios Werk nicht mehr zu Ende geführt worden ist (Repertorium 165). Auf Huguccio wird in der Summe auf folgende Weise Bezug genommen: „magister meus"; „ut in summa dicitur"; „hug." (Tr 1 (1943) 284 Anm.24). Die ebenfalls während der Abfassungszeit der Dekretsumme Huguccios geschriebene Summa Cassinensis (Hs. Montecassino 396 p.113–190) behandelt nicht den ersten Teil des Dekrets (S. Kuttner, Repertorium 166; J. Zeliauskas, De excommunicatione vitiata S. XXVI), also auch nicht das Wahlrecht.

[185] Für den wahrscheinlichen Autor dieser Summe hält A. M. Stickler den Dekretisten Petrus von Benevent (Decretisti bolognesi dimenticati: StG III 391–410).

[186] R. Weigand, Die bedingte Eheschließung 223; C. Lefèbvre, Histoire du Droit et des Institutions VII 281: „La Summa Reginensis de peu postérieure à 1191 offre une présentation semblable à celle de la somme d'Huguccio, sans que l'on ait pu jusque maintenant en déceler la raison."

rum. Hoc ideo forte, quia magis turbaretur electio, si laici admitterentur; unde melius est, ut modo sint exclusi."[187]

Aus dieser Bemerkung geht hervor, daß zu Beginn der neunziger Jahre die Zustimmung des Volkes zur Bischofswahl vielfach nicht mehr eingeholt wird. Der Verfasser begrüßt diese Praxis, weil er dadurch einen ruhigeren Ablauf der Wahlhandlung gewährleistet sieht. Ebenso unbedeutend erscheint das Recht, vor der Wahl einen Kandidaten zu erbitten:

(D.62 c.1) v. Nulla nec a cleri: „Pone ergo: electus est a clericis, set non est a plebibus expetitus: debetne consecrari uel consecratus deici? Ita uidetur; tamen ut nullum ius habeant laici, aliter potest iudicari quod simplex est relatio et tamen reuera sacramenta recipiunt et conferunt non tamen ad salutem infra causa non ponit in decretum cap(ituli), set habetur infra C.i. Q.i. Si quis a pseudo(episcopis) (c.40)."[188]

Wenn ein Bischof nur vom Klerus gewählt, nicht aber vom Volk gewünscht wird, ist er nach Leo dem Großen zwar scheinbar abzusetzen, aber man kann auch anders urteilen, da Laien keinerlei Rechte haben. Bei einem Widerspruch des Volkes, der nichts gegen die Person des Kandidaten vorbringt, ist hart durchzugreifen[189]:

(D.63 c.2) v. set silere[a)]: „Ergo non eligere, set eligentibus consentire. Quid si nollent acquiescere? Resp. si nil obiceretur in personam electi quod[b)] quidem possent, nam uidentur causam suam prosequi, excommunicandi essent quousque[c)] rite statutis[d)] acquiescerent."[190]

[a)] simile R; [b)] quam R; [c)] quausque R; [d)] statuis R.

Solche Unruhe ist mit der Exkommunikation zu bestrafen. Teilnahmerecht an der Wahl haben von den Laien nur die Patrone und jene, die auf Grund ihrer Religiösität von den Wählern zur Wahl gerufen werden.[191]

Von den Klerikern sind nicht nur die Kanoniker der Kathedrale, sondern auch die Pfarrgeistlichen, die Kapläne und evtl. auch die conchor-

---

[187] R fol.12va.
[188] R fol.11vb.
[189] (D.62 c.2) v.donec: „Quando clerici eligunt, si populus non consentiat, dum tamen nichil obiciat in personam electi, faciendum est, quod hic dicitur." (R fol.11vb)
[190] R fol.11vb.
[191] (D.63 pr.) „..Nam nulli laici debent interesse electioni non ut eligant, set ut electioni assensum prebeant, nisi uel iure patronatus aut nisi causa religionis sue ab eligentibus uocentur, ubi ergo ratione patronatus aliquid iuris in electione habet laicus, distinguitur: aut est collegiata ecclesia illa aut non. Si est in ea collegium, debet esse unus de eligentibus, et non debent eligere; si non est collegiata, ipse solus elegit et instituendum representabit episcopo; alias uero nunquam laicus debet interesse electioni, ut in electione aliquid faciat, set tantum eligentibus consentiat." (R fol.11vb)

episcopi conprouinciales einzuladen.[192] Unter den religiosi, deren Ausschluß von der Wahl das 2. Laterankonzil verbietet, versteht die Summa Reginensis die Äbte, Prioren und andere ehrenhafte Prälaten, also die höheren Geistlichen. Werden diese nicht hinzugezogen, so kann die Wahl wegen Formmangels für ungültig erklärt werden, auch wenn es nur um eine einzige Person geht[193], und die Wähler sollen wegen ihrer verwerflichen Absicht exkommuniziert werden, verfallen aber nicht ipso iure dieser Strafe.[194] Es zeigt sich, „daß in dieser Summe im allgemeinen die gleichen Lehren wie bei Huguccio vertreten werden, nur noch entschiedener und kategorischer, ohne erst das Für und Wider lange darzulegen."[195]

2.4.11. Zusammenfassung.

In der Schule von Bologna liegt mit der Summa de electione des Bernhard von Pavia die erste Monographie über das kirchliche Wahlwesen vor, von der aber kein nennenswerter Einfluß auf die zeitgenössischen Dekretisten ausgegangen ist. Außerdem ist mit der Summe des Huguccio der Höhepunkt der Dekretistik erreicht. Aus der durch diese beiden Werke eingegrenzten Epoche sind folgende Aussagen festzuhalten: Für die Bestellung eines Bischofs ist die vorhergehende Wahl unerläßlich; andernfalls ist der konsekrierte Bischof abzusetzen. Wählen ist Sache der Untergebenen; die Bestätigung der Wahl kommt den Vorgesetzten zu. Der Bischof ist von den Klerikern zu wählen, denen er vorstehen soll. Wer außer den Kanonikern dieses Recht besitzt, ist umstritten. Bernhard von Pavia und Huguccio nennen die Äbte und übrigen Prälaten an den Kirchen der Stadt und der Dörfer sowie die Kapläne mit besonderer Bildung. Die Summa Reginensis erwähnt zusätzlich die conchorepiscopi conprouinciales. Die Notae Atrebatenses zählen nur die höhergestellten Kleriker, z. B. die Äbte, dazu; Simon von Bisignano nennt auch die Pfarrgeist-

---

[192] (D.63 c.11) v.paucis: „Arg. quod non solum clerici maioris ecclesie, set et presbiteri parochiales et cappellani in electione sunt uocandi, dicunt quod et conchorepiscopi conprouinciales, set diaconorum est non ad electionem, set ad scrutinium consecrationem faciendam." (R fol.12ra)

[193] (D.63 c.35) v.religiosos uiros: „Qui dicuntur religiosi? Credo uocet abbates, priores et alios honestos prelatos. Quid si non fuerint uocati? Dico potest irritari electio utpote non rite facta. Quid si unus debuit uocari et non est uocatus? Adhuc idem dico, licet se presens contradiceret, nichil ualeret eius contradictio, nisi aliquid obicit et in personam electi." (R fol.12vb)

[194] (D.63 c.35) v.sub anathemate: „Non quod aliter eligentes ipso iure sunt excommunicati, set si ob prauam intentionem quod deberent non admitterent, essent excommunicandi." (R fol.12vb)

[195] R. Weigand, Die bedingte Eheschließung 223.

lichen und der „Ordinaturus magister"-Apparat den gesamten Klerus der Bischofsstadt. Aus den Notae Atrebatenses geht hervor, daß weithin die Kanoniker allein wählen. Der anonyme Autor dieses Werkes hält ebenso wie Huguccio die Wahl in diesem Falle trotzdem für gültig, während Simon von Bisignano und die von ihm abhängige Summa „Dubitatur a quibusdam" eine Bischofswahl, von der die übrigen Kleriker ausgeschlossen werden, für nichtig erklären. Das Mitwirkungsrecht der Nicht-Kanoniker besteht nach dem ersten Glossenapparat zum Dekret, der mit den Worten „Ordinaturus magister" beginnt, nicht im Wählen, sondern im Ratgeben. Im Falle ihres Widerspruchs geben nach der Summa de electione des Bernhard von Pavia und nach der Summe des Huguccio die Kanoniker den Ausschlag.

Von den Laien gehören zum Wählerkreis des Bischofs nach Huguccio und nach der Summa Reginensis die Patrone, deren Ausschluß die Nichtigkeit der Wahl zur Folge hat. Außerdem kann Laien das Wahlrecht speziell verliehen werden. Darüber hinaus haben sie über den Kandidaten Zeugnis abzulegen und ihre Zustimmung zu geben, die von einigen Dekretisten für notwendig, von anderen jedoch für weniger bedeutsam gehalten wird. Der „Ordinaturus magister"-Apparat verficht das Prinzip: Der Vorgesetzte muß von allen Untergebenen gutgeheißen werden! Huguccio hält an dem Grundsatz fest, daß auch Laien nicht gegen ihren Willen ein Bischof aufgezwungen werden soll. Die Summa de electione, Simon von Bisignano, die Summa „Dubitatur a quibusdam", Huguccio und einige anonyme Einzelglossen plädieren dafür, einem Widerspruch von seiten des Volkes Gehör zu schenken, die getroffene Wahlentscheidung zu überprüfen und nachgiebig zu sein. Die Summa Reginensis dagegen spricht sich für ein hartes Durchgreifen aus. Der Glossator des Dekrets in der Hs. München 28175 erörtert die theologische Möglichkeit eines Wahlrechts für Laien, ohne jedoch eine eindeutige Antwort zu geben, obwohl er das Wahlrecht ein ius spirituale nennt. Die Notabilien „Argumentum a minori per negationem" entscheiden sich in dieser Problematik trotz Allegation mehrerer Konträrstellen aus dem Dekret Gratians auf Grund positiver Argumente für die Ansicht, daß Laien von den Klerikern die Befugnis zu wählen erhalten können. Auch Huguccio ist dieser Ansicht. Den Fürsten wird allgemein ein Recht auf Teilnahme an der Bischofswahl abgesprochen. Kardinal Laborans versteht allerdings die Quellen Gratians in dem Sinne, daß Fürsten und religiosi laici nicht auszuschließen sind. Es dürfen aber nach ihm bei der Wahl Laien keinen Einfluß auf die Kleriker ausüben. Huguccio verlangt, daß der Rat der maiores und religiosi laici eingeholt wird.

2.5. Die anglo-normannische Schule von 1175 bis 1210[1]

2.5.1. Die Summa „De multiplici iuris diuisione"[2],

die als erstes Werk zum Dekret Gratians in der anglo-normannischen Schule anzusprechen[3] und zwischen 1171 und 1179 in England entstanden ist[4], enthält in ihrem streng summierenden Stil die Zusammenfassung der Lehre Gratians über die Bischofswahl, wie sie sich bereits bei Rufin von Bologna findet[5], übernimmt aber nicht dessen Wahlbegriff mit den fünf zur Wahl gehörenden Komponenten und teilt auch nicht Rufins Ansicht von der notwendigen beratenden Mitwirkung der Vornehmen und Religiosen bei der Wahl:

(D.62) „A quibus eligi debeant prelati et consecrari. Dicitur: clericorum est eligere, populi est electioni facte consentire. Item quod is, qui canonice electus non fuerit, episcopus esse non possit nec ipse alios[a)] ordinare possit. Qui uero ne legitime electum consecrauerit, cum eo pariter depositionis sententiam subibit."

(D.63) „Quod laici etiam principes electioni se non debeant ingerere, quod maxime exemplo Valentiniani conuincitur, qui inuitatus noluit interesse electioni episcopali dicens hoc non esse sui officii. Econtra plurimis arguitur constitutis, quod laici electionis debeant esse participes

---

[1] Über die anglo-normannische Schule s. S. Kuttner–E. Rathbone, Anglo-Norman Canonists: Tr 7 (1949/51) 279–358; B. Tierney, Two Anglo-Norman Summae: Tr 15 (1959) 483–491; A. M. Stickler, Kanonistik: LThK V 1293 f; C. Lefèbvre, Histoire du Droit et des Institutions VII 287–290; J. Zeliauskas, De excommunicatione vitiata S. XXVIII.

[2] Hs. London Lambeth Palace 139 fol.152–159; 144–151 (L).

[3] Vgl. S. Kuttner–E. Rathbone, Anglo-Norman Canonists: Tr 7 (1949/51) 293; K. W. Nörr, Die Summen „De iure naturali" et „De multiplici iuris diuisione": ZSavRGkan 48 (1962) 138–163; F. Liotta, La continenza dei chierici 73. A. M. Stickler rechnet die Summa „De multiplici iuris diuisione" noch zur Schule von Bologna (LThK V 1294), während J. Zeliauskas, der den 1962 veröffentlichten Beitrag von K. W. Nörr in seinem 1967 erschienenen Werk nicht berücksichtigt, sie einmal zur Bologneser (De excommunicatione vitiata S.XXVI), ein andermal zur anglo-normannischen Schule zählt (De excommunicatione vitiata 114 und 255).

[4] Die zeitliche Eingrenzung ergibt sich daraus, daß einerseits die Summe des Johannes von Faenza (1171) benutzt wird, anderseits aber die Summe des Simon von Bisignano (1177/79) und das 3. Laterankonzil (1179) noch keine Berücksichtigung finden (K. W. Nörr, Die Summen „De iure naturali" und „De multiplici iuris diuisione": ZSavRGkan 48 (1962) 160).

[5] Neben der bekannten Abhängigkeit der Summa „De multiplici iuris diuisione" von Stephan von Tournai (S. Kuttner, Repertorium 139 ff) und der erwähnten Abhängigkeit von Johannes von Faenza (K. W. Nörr: ZSavRGkan 48 (1962) 151–156) hat auch bereits J. Zeliauskas einen Einfluß Rufins festgestellt (De excommunicatione vitiata 114).

et maxime Mediolanensium exemplo, quorundam quidam Ianue detine-
rentur; apostolicus electionem archiepiscopi non ante habuit quod ipsi
detenti super hoc erant consulti. Item quod sine principe non confirmetur
electio, ex innumeris probetur decretis maxime Agathonis et Vitellani
Romanorum pontificum, ad quod responderi breuiter potest, quod laici
interesse electioni possunt non ad ipsam faciendam, set ad consensum
electioni adhibendum. . Quecumque igitur fauore principis in hac distinctione introducuntur, euacuata esse intelliguntur. . "[6]
a) L add. consecratus.

Diese redaktionell von Rufin abhängige Darstellung geht inhaltlich
nicht über das im Dekret Gratians Gesagte hinaus.

2.5.2. Die Summa „Omnis qui iuste iudicat" (= Summa Lipsiensis)[7] (um 1186),

die umfangreiches Material aus der Bologneser und aus der französischen
Schule in geschickter Disposition und mit sicherem eigenem Urteil
verarbeitet und die als bedeutendste Summe zum Dekret vor Huguccio
anzusehen ist[8], verwendet im Wahlrechtsteil ausgiebig die Summen des
Johannes von Faenza und des Simon von Bisignano, denen sie mehrere
Abschnitte nahezu wörtlich entnimmt. Der Autor unterscheidet mit
Johannes von Faenza drei Elemente bei der Bischofsbestellung: die
eigentliche Wahl durch die Kleriker, Konsens durch das Volk und Konsekration durch den Metropoliten und dessen Suffragane. Dement-
sprechend ist der Begriff der Wahl in den Quellen im Zusammenhang
mit dem Volk und mit dem Metropoliten im uneigentlichen Sinne zu
verstehen.[9] Die Summa Lipsiensis übernimmt von Johannes von Faenza
auch die Vorstellung, daß bei der Wahl fünf Komponenten zu beachten
sind: die Wünsche der Bürger, das Zeugnis des Volkes, das Gutachten
der Vornehmen, die Wahl der Kleriker und die Bestätigung des Metro-

---

[6] L fol.153vb/154ra.
[7] Hss. Leipzig 986 (L); Rouen 743 (R).
[8] Über die Summa „Omnis qui iuste iudicat" s. J. F. v.Schulte, Die Summa Decreti
Lipsiensis des Codex 986 der Leipziger Universitätsbibliothek: SAW 68 (1871) 37–54;
S. Kuttner, Repertorium 196 ff; ders., Bernardus Compostellanus Antiquus: Tr 1
(1943) 295 Anm.23; A. Van Hove, Prolegomena 438; S. Kuttner–E. Rathbone,
Anglo-Norman Canonists: Tr 7 (1949/51) 290. 292. 294 ff. 318; S. Kuttner, An Interim Checklist of Manuscripts: Tr 11 (1955) 447 f; 12 (1956) 564; ders., Notes on Manuscripts: Tr 17 (1961) 534; R. Weigand, Die bedingte Eheschließung 186 Anm. 17;
C. Lefèbvre, Histoire du Droit et des Institutions VII 288 f; R. Weigand, Die Naturrechtslehre 196 Anm.1.
[9] (D.62 pr.) „Si autem reperiatur quod populi est electio dicatur quod inproprie
ponitur electio pro petitione, similiter si reperiatur quod metropolitani uel primatis
est eligere quod inproprie ponitur pro consecratione." (L fol. 59vb)

politen; sie führt aber nicht seine Meinung an, daß die Bischofswahl nicht ohne den Rat der Vornehmen und Religiosen erfolgen darf.[10] Ausführlich bemüht sich die Summe um eine Klärung der genannten Funktionen, die die verschiedenen Laiengruppen nach einem Text Leos des Großen bei der Bischofswahl haben:

(D.63 c.27) „ „Vota" id est consensus, „ciuium" in ciuitate manentium, „testimonia" id est bona fama ut viii. q.i. Licet (c.15), „populorum" extra ciuitatem, „honoratorum arbitrium" id est[a] nobilium uel religiosorum, uel „honoratorum arbitrium" id est subscriptio clericorum et hoc consonat littere sequenti ubi dicit: „subscriptio clericorum, honoratorum testimonium, ordinis et plebis" id est plebis ordinate conuenientis, uel „sic teneatur conuentus ordinis et plebis" ut scilicet illic conueniant plebs et de omni ordine fideles ad consensum in electione parandum, uel „testimonium ordinis conuentus et plebis" ut bonam scilicet habeat famam, quod bene uixerit in plebe et in conuentu fratrum et bene ministrauit in ordinibus prioribus, uel „conuentus ordinis" id est conuenientia eorum, qui sunt in ordine primo uel secundo uel deinceps ut decuriones et alii nobiles sunt in primo, „plebis" per hoc designantur humiles et ita hic repetitur aliis uerbis, quod supra dictum est. Signatur tamen contra vii. q.i. Episcopus (c.37); ibi dicitur, quod cum decreto clericorum et laicorum debet eligi episcopus, set uarie accipitur hic[b] decretum: ibi[c] secundum quod laicis conuenit pro petitione, accipitur proprie uero secundum quod clericis conuenit."[11]

[a] R add. subscriptio clericorum id est; [b] hic] ibi R; [c] ibi om. R.

Trotz langer Erörterung gelingt nicht eigentlich eine eindeutige Interpretation des Quellentextes. Wohl werden mehrere Kategorien von Laien unterschieden, es lassen sich aber nicht unterschiedliche Funktionen klar gegeneinander abgrenzen und einer bestimmten Gruppe eindeutig zuschreiben. Laien können einen Bischof erbitten, vom guten Ruf des Kandidaten Zeugnis geben[12] und der Wahl zustimmen[13], nicht aber wählen. Ausgenommen sind nur jene, die die Bischofskirche gegründet,

---

[10] (D.63 pr.) „Sciendum est ergo quod in electione episcopi hec v. maxime attenduntur quantum ad eligentes scilicet uota ciuium, testimonia populorum, honoratorum arbitrium, electio clericorum, confirmatio metropolitani. De primis quattuor habetur in dis.e. Vota (c.27), de quinto infra proxima dis. c.i., infra i. q.i. Ordinationes (c.113)." (L fol.60ra)
[11] L fol.62ra.
[12] (D.63 c.2) v.ad cooperandum: „id est discutiendum, si in sermone et fide et spirituali uita doctus sit, qui eligitur." (L fol.60rb)
[13] (D.63 c.19) v. ciuium: „quantum ad consensum." (L fol.61ra)

gebaut oder ausgestattet haben und deshalb – wie in der Summe des Johannes von Faenza – zum Kreis der Wählenden gezählt werden:

(D.63 c.1) v. Nullus laicorum: „...Si uero ecclesia alteri est prelata ut episcopatus, nullus laicus esse debet de eligentibus, nisi forte uel fundauerit uel construxerit uel locupletauerit. In quo casu ut quidam dicunt sepe principes admittuntur."[14]

Die Bedeutung des Konsensrechtes der Laien erhellt aus einem Vergleich mit dem Mitwirkungsrecht der Religiosen bei der Bischofswahl:

(D.63 c.35) „Item an electio facta absque populi consensu debeat irritari, sicut fit quando absque monachorum consensu fit electio? Et dici potest quod non; religiosi enim quasi de[a)] eligentibus sunt, populus uero non eligit, set expetit uel consentit."[15]

[a)] de om. R.

Während eine Wahl, die ohne Konsens der Mönche vorgenommen wird, ungültig ist, gilt dies nicht für eine Wahl, die ohne Konsens des Volkes vonstatten geht. Die Religiosen gehören nämlich quasi zu den Wählern, während das Volk nicht wählt, sondern lediglich erbittet oder zustimmt. So wird eine vom Klerus getroffene Wahl auch nicht durch den Widerspruch des Volkes beeinträchtigt:

(D.62 c.2) v. Docendus usque non sequendus: „Ergo licet contradicat populus non tamen minus eligitur electus[a)] a clero."[16]

[a)] om. R.

Sollte das Volk aber unwiderruflich auf seinem Widerspruch bestehen, so ist – im Anschluß an Simon von Bisignano – von der Strenge abzugehen:

(D.63 c.12) v. docendus et non sequendus: „nisi cum irreuocabiliter instat ut dis.xxviii. De Siracusane (c.13), et tunc subtrahendum est seueritati ut dis.l. Vt constitueretur (c.25)."[17]

Die Mitwirkungsrechte der Fürsten sind erloschen.[18] Zu den Kapiteln des Dekrets, die die Teilnahme des Kaisers an der Papstwahl vorsehen, macht sich die Summa Lipsiensis die vierfache Erklärung Gratians zueigen: Mißbrauch und infolgedessen Verlust des Privilegs, Promulgation entgegenstehender Bestimmungen, Verzicht der Kaiser und Erlö-

---

[14] L fol.60ra.
[15] L fol.62va.
[16] L fol.59vb.
[17] L fol.60vb.
[18] (D.63 pr.) „Quecumque ergo in hac dis(tinctione) fauore principum introducuntur, euacuata esse intelliguntur." (L fol.60ra)

schen der Sonderrechte mit dem Tode des jeweiligen Inhabers.[19] Wie Simon von Bisignano vertritt auch die Summa „Omnis qui iuste iudicat" die Ansicht[20], daß die Pfarrgeistlichen gemäß der Vorschrift des 2. Laterankonzils an der Bischofswahl teilzunehmen haben.[21] Da es schwierig ist, alle religiosi der Provinz zusammenzurufen, genügt es, nur diejenigen aus dem Bereich der Stadt einzuladen.[22] Die Exemten brauchen nicht teilzunehmen, da sie von der Bischofswahl nicht berührt werden; es gilt nämlich der Grundsatz: „Quod omnes tangit, ab omnibus debet expediri."[23] Die Frage, ob eine Wahl auch dann gültig ist, wenn die anwesenden religiosi ihre Zustimmung verweigern, wird bejaht.[24]

---

[19] (D.63 DG p.c.25) v.Electiones: „Determinant contrarietates[a] premissorum, et quidem multis modis possunt solui capitula illa, que dicunt imperatores debere interesse electioni summi pontificis: tum quia abusi sunt priuilegio et ideo amiserunt, tum quia constitutiones in contrarium sunt promulgate[b], tum quia imperatores renuntiauerunt, tum quia personale erat priuilegium illorum scilicet qui poterant impetrare ut xxiii.dis. c.i. et ideo iam[c] exspirauit cum persona ut ix. q.iii. Conquestus (c.8)." (L fol.61vb/62ra)
[a] contrarietatem R; [b] tum quia constitutiones... promulgate om. L; [c] iam] ante R.

[20] Zum Folgenden vgl. K. Ganzer, Zur Beschränkung der Bischofswahl auf die Domkapitel: ZSavRGkan 57 (1971) 70 f.

[21] (D.63 c.11) v.parochiis: „Nota clericos parochianos electioni debere interesse ut dis.e. Obeuntibus (c.35), et per hoc credimus derogatum decreto Fulgentii in e.dis. § Ex hiis (DG p.c.34), nisi quis dicat pro diuersitate ecclesiarum intelligendum esse uarietatem canonum." (L fol.60va/b)

[22] (D.63 c.35) „Item queritur[a], an omnes religiosi de prouincia interesse debent, et dicunt quia hoc difficile esset et ideo illi soli, qui sunt in ciuitate." (L fol.62rb)
[a] om. R.

[23] (D.63 c.35) „Item quid si aliquis fuerit exemptus de potestate ecclesie episcopalis ut abbas sancti Germani, abbas sancti Dionisii: an debeat interesse? Et dicunt quod non, quia quod omnes tangit ab omnibus debet expediri, set eos non tangit hoc negotium, ergo nec ab eis approbari." (L fol.62rb/va)

[24] (D.63 c.35) „Solet queri, an si religiosi presentes fuerint et contradixerint, utrum rata debet haberi electio? Et dicunt quod nihilominus procedet electio[a], et hic est casus, ubi magis operatur absentia quam presentia cum contradictione." (L fol.62rb)
[a] om. R.

die mit der Summa „Omnis qui iuste iudicat" teils eng verwandt[26], teils jedoch von ihr auch unabhängig[27], auf jeden Fall aber erst nach dieser verfaßt ist[28], enthält auch zur Bischofswahl durchaus selbständige Ausführungen. Der Autor zählt originellerweise vier (!) Elemente bei der Wahl auf: die eigentliche Wahl durch den Klerus, das Ansuchen von seiten des Volkes, die Zustimmung des Fürsten sowie die Bestätigung durch den Metropoliten. Von diesen Elementen sind die Wahl und ihre Bestätigung notwendig, die übrigen beiden nützlich, aber nicht unbedingt erforderlich.[29] Im einzelnen schreibt die Summe über die Rolle der Laien bei der Wahl:

(D.63 pr.) „Sciendum est autem laicos passim eligere, ubi habent ius patronatus. Vnde in ecclesiis minoribus per se eligunt ut xvi. Q.vii. Decernimus[a)] (c.32), in monasteriis cum fratribus ut xviii. Q.ii. Abbatem (c.4). In (ecclesiis) autem episcopalibus non habetur ius patronatus a consideratione, quia que mater est nulli debet esse astricta. Vnde nemo laicus hic eligat. Hic tamen requiritur consensus principis: uel ratione persone eligende quia astricta est curie ut infra e.di. Reatina (c.16), Lectis (c.18), uel ratione uitandi scandali ut infra e.di. Quia (c.28), uel ratione ecclesie et hoc quia sita est in solo principis ut ei defertur, non tamen ut patrono ut infra e.di. Litteras (c.14) et uel quia eam ciuilis iurisdictio conmittatur ut di.e. Adrianus (c.22), In sinodo (c.23). De

---

[25] Einzige Hs. Laon 371bis fol.83–170v (La). Die Edition auf Grund dieser Handschrift liegt in Händen von Prof. R. Weigand, Universität Würzburg (Tr 24 (1968) 492). Über die Summa „De iure canonico tractaturus" s. S. Kuttner, Repertorium 198–204; ders., Notes on a Projected Corpus of Twelfth-Century Decretal Letters: Tr 6 (1948) 349; S. Kuttner–E. Rathbone, Anglo-Norman Canonists: Tr 7 (1949/51) 296; C. Lefèbvre, Histoire du Droit et des Institutions VII 289. Die in enger Schulzusammengehörigkeit zu den Summen „De iure canonico tractaturus" und „In nomine" (Hs. Oxford Oriel College 53 fol.256–267) stehende Distinctio „Ius naturale primo modo dicitur" (Hss. Halle Ye 52 I fol.9vb; Bamberg Can.17 fol.94) befaßt sich nicht mit dem Wahlrecht!

[26] Vgl. R. Weigand, Die Naturrechtslehre 196–201; F. Liotta, La continenza dei chierici 163 ff.

[27] Vgl. R. Weigand, Die bedingte Eheschließung 189–194; H. Schmitz, Appellatio extraiudicialis 36 ff.

[28] Vgl. R. Weigand, Die bedingte Eheschließung 189 Anm.22; ders., Zur Exkommunikation bei den Glossatoren: ZSavRGkan 56 (1970) 398; anders J. Zeliauskas, der die Abfassung der Summa „De iure canonico tractaturus" um das Jahr 1180 datiert (De excommunicatione vitiata S.XXVIII).

[29] (D.62 pr.) v.Breuiter: „De potestate eligentium acturus ostendit iiii. in electione requiri scilicet ipsam electionem que est cleri, petitionem que est populi, consensum quod est principis, confirmationem quod est metropolitani. Primum est necessarium et ultimum, sequentia utilia non necessaria." (La fol.99va)

ecclesiis autem collegiatis et minoribus quid tenendum sit, habes xvi. Q.vii. Decernimus[a] (c.32), ubi agitur de patronatu; quod autem dicitur de principe qui etiam electioni pape interfuit, causale fuit et temporale ut infra e.di. § Prin(cipibus) (DG a.c.28). Vnde hodie non habet locum quia immo ipsi imperatores ut ius postmodum remiserunt qualiter de inuestitura intelligatur dicetur."[30]

[a] *om.* La.

An Bischofskirchen gibt es nach der Summa Laudunensis, da eine Mutter für alle da sein muß, keine Patrone und folglich auch kein Wahlrecht für Laien. Gefordert ist hier aber die Zustimmung des Fürsten[31], während bei der Papstwahl die Kaiser auf ihr Mitwirkungsrecht von sich aus verzichtet haben. Bei der Frage, ob nur die Kleriker der Mutterkirche den Bischof wählen, wie das 2. Konzil von Nizäa behauptet haben soll, oder auch die der übrigen Kirchen, wie es Innozenz II. auf dem 2. Laterankonzil verlangt, entscheidet sich die Summe für das Nizänum[32], läßt aber auch als zweite Erklärung zu, daß zwischen diesen beiden Bestimmungen kein Widerspruch besteht, da das Nizänum keine zusätzlichen Wähler ausschließt, während das 2. Laterankonzil die Teilnahme anderer Kleriker lediglich zur Beratung vorschreibt, was im Konzil von Nizäa nicht verboten ist. Ein Widerspruch der Nicht-Kanoniker – und darin deckt sich die Lehrmeinung dieser Summe mit der der Summa Lipsiensis – hat keine irritierende Wirkung auf die Wahl.[33]

---

[30] La fol.99va.

[31] (D.63 c.22) v.a ne(mine) conse(cretur): „Hinc requiritur consensus principis quandoque in electione, ne eum regalibus indignum existimet quoniam inuestire debet, hic tamen ex ordine forte non fit." (La fol.99vb)

[32] (D.63 DG p.c.34) „..quorum clericorum sit electio: an matricis ecclesie tantum an eatim aliarum ecclesiarum. Auctoritate Nicena probat quod episcopalis ecclesie tantum, contra auctoritate Innocentii per quam dicunt quidam derogatum Nicene. Verius est tamen in contrarium dici, cum Nicena generalis fuerit, uel non sunt contraria, quia Nicenum dicit eorum electionem sufficere neque excludit alios, Innocentius autem iubet alios adhiberi non ut eligant, set ut consentiant, quod Nicenum concilium non negat." (La fol.100rb). Über die fälschliche Berufung auf das 2. Konzil von Nizäa s. oben 2.1 Anm. 45.

[33] (D.63 c.35) „Quid si eis presentibus et contradicentibus? Resp. rata manebit, quia hic ualet plus absentia ad aliquid irritandum quam presentis contradictio, contra est di.liiii. Quis aut (c.11)." (La fol.100rb)

die zur anglo-normannischen Schule der achtziger Jahre gehören[35] und ihrer Kontinuität und Ausführlichkeit wegen als Apparat bezeichnet werden können, erklären den Begriff der Wahl ähnlich wie die Summa Laudunensis:

(D.62 pr.) v. eligendi: „§ Dicitur electio cleri proprie secundum quod dicitur eligentis, item populi improprie petentis, item principis consentientis, item metropolitani confirmantis supra dis.xxiiii. Episcopus (c.6)."[36]

Wählen im eigentlichen Sinn meint die Wahl durch den Klerus, im uneigentlichen Sinn das Ansuchen des Volkes, die Einwilligung des Fürsten sowie die Bestätigung des Metropoliten. Aufgabe des Volkes ist es, der Wahl zuzustimmen, nicht aber zu wählen:

(D.62 c.2) v. Docendus: „Quod consentire debet populus, non eligere infra xvi. Q.i. In canonibus (c.57), infra dis.lxxxii. Plurimos (c.3) in fine."[37]

Zum Ausschluß der Laien von der Bischofswahl heißt es:

(D.63 pr.) „...Ceterum ubi ius patronatus non habet, nisi a clericis inuitetur, se – ut hic dicitur – inserere non debet electioni. Inuitatus autem interesse poterit ex causa ut supra dis.xxiii. In nomine (c.1) et infra e. c.ii. Vbi autem est sedes episcopalis, cum nullus sit specialiter patronus nisi inuitatus, non intererit electioni episcopi, nisi specialiter deferatur principi ut infra e. c.Reatina (c.16)."

(D.63 c.2) „§ Contra rebelles et obstrepentes, ut electio fiat in pace sine strepitu."[38]

Da die Bischofskirche keinen Patron hat, darf ein Laie nicht an der Wahl teilnehmen, es sei denn er wird geladen, um für einen friedlichen Verlauf der Wahl zu sorgen, wie es im Falle der Fürsten geschehen ist. Das Recht des Kaisers, den Papst zu wählen, ist aus einem bestimmten Anlaß gewährt worden und mit Schwinden des Grundes wieder erloschen:

(D.63 c.21) „§ Hec decreta et sequentia que dant imperatori eligendi

---

[34] Über die Glossen in der Dekrethandschrift Antwerpen M.13 (A) s. S. Kuttner, Repertorium 13 f; S. Kuttner–E. Rathbone, Anglo-Norman Canonists: Tr 7 (1949/51) 296; R. Weigand, Die bedingte Eheschließung 235–241; ders., Die Naturrechtslehre 206 f.

[35] Die Entstehungszeit liegt zwischen 1179, da die Canones des 3. Laterankonzils genannt werden, und 1191, weil die Dekretalenzitate nicht der Compilatio I. entsprechen (S. Kuttner, Repertorium 13). R. Weigand datiert einige Glossen aus dem Eherecht näherhin auf 1186/87 (Die bedingte Eheschließung 241).

[36] A fol.35rb.

[37] A fol.35va.

[38] A fol.35va.

summum pontificem ex causa data ut infra e.dis. § Principibus (DG a.c.28), et causa cessante cessat effectus ut infra i. Q.i. Quod pro necessitate (c.41)."[39]

Die unterschiedlichen Funktionen im Zusammenhang mit der Wahl umschreibt eine Glosse wie folgt:

(D.63 c.27) v. ciuium: „Nota ergo ex hoc capitulo, quod ciuium est optare electum, populi ferre testimonium, honoratorum id est maiorum dare consilium, eligere uero solum est clericorum."[40]

Die Bürger der Stadt können zur Bischofswahl einen Wunsch äußern, die Vornehmen ihren Rat erteilen, das Volk kann ein Zeugnis ausstellen, aber nur der Klerus wählen. Der Begriff „Kleriker" ist auf die Kanoniker eingeschränkt, die den Bischof allein wählen[41], wobei auch die Stimmen der Abwesenden erforderlich sind[42], während die übrigen Kleriker eher zwecks Zustimmung an der Wahl teilnehmen.[43]

2.5.5. Die Glossen in der Dekrethandschrift Paris B.N. lat. 3905 B[44],

die ebenfalls in den achtziger Jahren verfaßt sind[45] und weithin Gedankengut der anglo-normannischen Schule enthalten[46], nennen eine dreifache Bedeutung des Begriffs „Wahl"[47]:

---

[39] A fol.36va.
[40] A fol.36vb.
[41] (D.63 DG p.c.34) v.matricis: „§ Id est clericorum tantum ecclesie; unde hic appellatio clericorum restringitur circa canonicos tantum. Sic ergo potest id accipi infra xv. Q.vii. Episcopus (c.6) et infra xii. Q.ii. Sine except(ione) (c.52), aliter tamen accipitur supra dis.xxi. Cleros (c.1), infra dis.lxxii. Clericum (c.2), infra xi. Q.i. De persona (c.38), contra ar. supra dis.l. Domino (c.28) maxime cum hec constitucio consuetudini sit amica. Illa penitus obloquatur, cum hodie soli canonici episcopum eligant uel aliter ut ibi." (A fol.37va). Diese Glosse ist teilweise mit dem entsprechenden Text der Summa „Et est sciendum" verwandt (vgl. oben 2.3. Anm.116).
[42] (D.63 c.10) v.eorum: „Hinc argue uoces canonicorum esse necessarias absentium." (A fol.36ra)
[43] (D.63 c.35) v.religiosos uiros: „Qui potius debent interesse et consentire quam eligere et non erit contrarium uel aliter ut supra." (A fol.37va)
[44] Über die Glossen in der Dekrethandschrift Paris B.N.lat.3905 B (P) s. S. Kuttner, Repertorium 40; A. M. Stickler, Zur Kirchengewalt in den Glossen der Hs. lat.3905 B der Bibl.Nat.Paris: Divinitas 11 (1967) 459–470 (= Miscellanea A. Combes II 63–73); F. Liotta, La continenza dei chierici 167.
[45] A. M. Stickler grenzt die Abfassungszeit zwischen dem 3. Laterankonzil und der Compilatio I. auf „kurz nach 1180" ein (Miscellanea A. Combes II 64).
[46] Außer der häufig vorkommenden Sigle Jo (= Johannes von Faenza) sind auch die Siglen ty, tu, tv, bo, Jo. bo. entdeckt worden.
[47] (D.63 c.14) „Eligere: – in populo consentire,
                 – (in) clero nominare,
                 – in metropolitano confirmare." (P fol.41vb)

(D.62 pr.) v. electio: „Electio dicitur:
– petitio populi,
– metropolitani con(firmatio),
– clericorum denominatio."[48]

Im Unterschied zur Summa „De iure canonico tractaturus" und zur Glosse in der Antwerpener Dekrethandschrift ist eine Mitwirkung des Fürsten bei der Wahl nicht erwähnt. Lediglich für den Fall, daß er gerufen wird, um für Ruhe und Ordnung zu sorgen, darf er an der Bischofswahl teilnehmen, wie an anderer Stelle mit nahezu den gleichen Worten[49] wie in der Hs. Antwerpen M. 13 erklärt wird:

(D.63 c.1) v. laicorum: „...Vbi autem est sedes episcopalis cum nullus specialiter ibi patronus sit, nullus intererit electioni episcopi laicus nisi specialiter inseratur principi ut infra e. Reatina (c.16). Laici non habentes ius patronatus electioni non habent interesse nisi forte ad tumultum sedandum."[50]

Stark betont wird die Notwendigkeit des Konsenses von seiten der Laien:

(D.23 c.2 § 3) „...Consensum laicorum in electionibus prelatorum (requir)endum esse.."[51]

(C.8 q.1 c.15) v. Licet: „Quare desideretur populi consensus in electione episcopi; contra supra d.lxiii. Plebs (c.11), supra vii. Q.i. Episcopus de loco (c.37), supra i. Q.i. Ordinationes (c.113), supra d.xxvi. c.ult.(c.5); ergo ab ipsis retractari non potest, quod ipsis presentibus nec contradicentibus factum est supra d.xxv. c.ult.(c.6)"; v. conuocatur: „Ar. quod in electione episcopi uel alterius prelati debet inquiri consensus omnium, quorum debet esse prelatus supra d.xxv. c.ultimo(c.6), supra vii. Q.i. Episcopus de loco (c.37)."[52]

Bei der Wahl des Bischofs oder eines anderen Prälaten ist der Konsens aller zu erfragen, denen er vorstehen soll. Die getroffene Entscheidung kann von den Laien, die bei der Wahl anwesend waren und nicht widersprochen haben, anschließend nicht abgelehnt werden. Eigentliches Wahlrecht kommt aber nur dem Kathedralkapitel zu.[53]

---

[48] P fol.40vb.
[49] Vgl. oben 2.5.4.
[50] P fol.40vb.
[51] P fol.13ra.
[52] P fol.108va.
[53] (D.63 c.36) „§ Hoc capitulum aut derogatum est cum supra solius collegii ecclesie matricis esse electionem ut supra lxiii. c.ii., aut in eo casu loquitur, quando electio delegatur." (P fol. 41vb)

der in seiner zwischen 1186 und 1188 verfaßten Summa decretalium quaestionum[55] einen neuen Literaturtyp geschaffen hat, lenkt die Aufmerksamkeit nur auf die eigentliche Wahl, an der Laien nicht teilnehmen dürfen, da die Kathedrale als Mutterkirche keinen Patron hat. Ausgenommen ist lediglich der Fall, daß dem Fürsten das Teilnahmerecht gewährt wird, wie es in einigen Kirchen üblich ist:

„§ Sequitur ut[a)] de inferiorum electione[b)] uideamus et primo de episcoporum. Sciendum est autem[c)] cum[d)] in ecclesia episcopali ius patronatus ab aliquo non habeatur[e)] – nam que mater est omnium, nulla debet obnoxietate uel[f)] conditione teneri – laici in episcoporum electione[g)] interesse non debere[h)] nisi deferatur[i)] principi ut in quibusdam ecclesiis[k)] moris[l)] est ut di.lxiii. Reatina (c.16)."[56]

a) *om.* B; b) electione inferiorum B; c) autem]igitur B; d) cum] quoniam B; e) habetur B; f) *om.* B; g) electione episcoporum B; h) debent B; i) feratur B; k) ecclesiis] clericis B; l) moris] mos B.

Wie die Summa „De iure canonico tractaturus"[57] entscheidet sich auch die Summa quaestionum des Honorius in der Kontroverse, ob die Wahl von seiten der Kanoniker genüge, für diese dem 2. Konzil von Nizäa zugeschriebene Bestimmung und bezeichnet den Konsens der übrigen Kleriker als nützlich, aber nicht erforderlich. Die Bestimmung des 2. Laterankonzils, derzufolge ein Ausschluß der Religiosen die Nichtigkeit der Wahl zur Folge hat, schränkt er auf den vorsätzlichen Ausschluß ein.[58] Außerdem sind nicht alle Religiosen einzuladen, sondern

---

[54] Über Honorius und sein Werk s. S. Kuttner, Bernardus Compostellanus Antiquus: Tr 1 (1943) 321 Anm.4 und 324 Anm.18; S. Kuttner–E. Rathbone, Anglo-Norman Canonists: Tr 7 (1949/51) 304–316; R. Weigand, Die bedingte Eheschließung 194 f Anm.29; C. Lefèbvre, Histoire du Droit et des Institutions VII 288.

[55] Hss. Zwettl 162 fol.179–213 (Z); Bamberg Can.45 fol.23–39 (B). Exzerpte aus der Summa decretalium quaestionum des Honorius sind abgedruckt bei S. Kuttner–E. Rathbone, Anglo-Norman Canonists: Tr 7 (1949/51) 344–347. Die mit dem Werk des Honorius verwandte (Tr 7 (1949/51) 315) Summa quaestionum „Queritur utrum quicquid est contra ius naturale sit peccatum mortale" (= Quaestiones Monacenses) enthält keine Quaestio zur Bischofswahl (Hs. München lat. 16083 fol.52v–73v).

[56] Z fol.197rb.

[57] Vgl. oben 2.5.3. Eine enge Beziehung zwischen diesen beiden Werken haben auch schon R. Weigand in der Bedingungslehre (Die bedingte Eheschließung 196) und P. Landau in einigen Fragen des Patronatsrechts (Ius Patronatus 44 f, 66f und 179f) festgestellt. Es ist noch nicht geklärt, ob eine Schrift der anderen als Vorlage gedient hat, oder ob beide auf eine gemeinsame Quelle zurückgehen oder gar den gleichen Verfasser (Honorius) haben.

[58] „Solutio: dicunt quidam derogari Niceno concilio per capitulum Innocentii. Aliis uidetur – et hoc uerius – preiudicare[a)] Nicenum concilium ar. di.l. Domino sancto (c.28) in fi(ne). Dicatur ergo utilem esse consensum religiosorum[b)] et quod dicitur

nur die Äbte und Prioren.[59] Auch die Exemten sind nicht teilnahmeberechtigt, da sie von der Bischofswahl nicht betroffen sind.[60]

2.5.7. *Johannes von Tynemouth*[61],

auf den die aus Vorlesungsnachschriften entstandenen Glossen (1188/98) in der Dekrethandschrift Cambridge Gonville and Caius College 676 (283) zurückgehen[62], versteht den Begriff der Wahl in fünffacher Bedeutung:

(D.62 pr.) „§ Electio:
– cleri proprie infra ca(pitulo) prox(imo) (c.1), infra 63 Vota (c.27), Nosse (c.12);
– populi consentientis improprie infra 63 Episcopos (c.13);
– principis consentientis;
– metropolitani confirmantis 7 Q.1 Remoto (c.30), 63 Non licet (c.8);
– episcoporum consecrantium 8 Q.1 Episcopo non liceat (c.4)."[63]

Neben der eigentlichen Wahl durch den Klerus versteht dieser Dekretist der anglo-normannischen Schule „Wahl" im uneigentlichen Sinne als Konsens des Volkes[64], als Zustimmung des Fürsten, als Bestätigung des Metropoliten und als Konsekration der Bischöfe.

Für Laien kommt die Teilnahme an der Bischofswahl nur in einem einzigen Fall in Frage:

(D.63 pr.) „§ Laicus:
= patronus esse
– parochialis: solus eligere debet 16 Q.ult.(q.7) Decernimus (c.32);

---

irritum esse si exclusis ipsis[c)] facta fuerit electio[d)] intelligatur de exclusis ex industria et ex contemptu. . " (Z fol.197rb)
a) preiudicante B; b) B *add.* non autem necessarium; c) episcopis B; d) *om.* B.

[59] „§ Set numquid omnes religiosi dicuntur[a)] interesse? Resp.: non set primi inter religiosos[b)] ut abbates et priores." (Z fol.197rb)
a) dicuntur] debent B; b) primi inter religiosos] qui inter religiosos sunt primi B.

[60] „Set numquid[a)] religiosi qui episcopo non subsunt puta priuilegio Romane ecclesie exempti interesse debent? Resp.: non quia eos non tangit; unde sine ipsis potest expediri. . " (Z fol.197rb)
a) numquid] quid B.

[61] Über Johannes von Tynemouth und seinen Kreis in der anglo-normannischen Schule s. S. Kuttner–E. Rathbone, Anglo-Norman Canonists: Tr 7 (1949/51) 317–321; C. Lefèbvre, Histoire du Droit et des Institutions VII 289.

[62] Beschreibung dieser Dekretglossen bei S. Kuttner, Repertorium 22 f.

[63] Hs. Cambridge Gonville and Caius College 676 (283) fol.40ra (C).

[64] (D.63 c.30) v.omnes Romani: „§ Clerici eligentes, laici consentientes." (C fol.42rb)

131

– conuentualis: unus esse eligentium 18 Q.2 Abbatem (c.4), quod tamen hodie non tenet ex consuetudine;

– episcopalis: non debet interesse, set facte electioni consentire. Quidam tamen dicunt in contrarium, si fundauit ecclesiam episcopalem uel uehementer locupletauit infra e. Reatina (c.16) ar., quod non credo. Cleri autem est electio ut infra e. Nosse (c.12);

= non, et tunc non debet partes suas electioni interponere, nisi aduocatus fuerit propter scisma sedandum."[65]

Nur wenn ein Laie gerufen wird, die Wogen bei der Wahl zu glätten, kann er teilnehmen. Sonst gibt es keine Ausnahme. An Bischofskirchen darf auch der Patron nicht wählen, sondern hat der Wahl zuzustimmen.[66] Ausdrücklich weist Johannes von Tynemouth die Meinung des Johannes von Faenza und der Summa Lipsiensis zurück, wonach die Stifter und Förderer der Bischofskirchen ein Wahlrecht besitzen. Während die Rechte der Kaiser, an der Papstwahl teilzunehmen, erloschen sind[67], erklärt er, daß zur Bischofswahl in einigen Teilen Englands die Zustimmung des Fürsten erforderlich ist:

(D.63 c.16) v. Ausculanam ecclesiam: „...In his autem partibus Anglie principis consensus requiritur ita quod si ex iusta causa recusauerit, auditur 23 Illud (c.5)."[68]

Mit Simon von Bisignano und der Summa „Omnis qui iuste iudicat" sind auch nach Johannes von Tynemouth die Pfarrgeistlichen zur Wahl des Bischofs hinzuzuziehen.[69] Er sieht in der Frage der Wahlberechtigung zwischen den beiden Konzilien keinen Widerspruch und weist darauf hin, daß außerdem der Papst hierin eine Änderung treffen konnte, da es nicht um eine Glaubensentscheidung geht.[70] Den Metropoliten wählt der

---

[65] C fol.40rb.

[66] (D.63 c.15) v.inpetrasse: „§ Ergo in ministris eligendis requiritur patroni consensus 16 Q.5 Si quis episcoporum (c.1), set 16 Q.ult.(q.7) Decernimus (c.32) pro et contra." (C fol.41ra)

[67] (D.63 pr.) v.Laici: „§ Olim inperatores intererant electioni pape, hodie non quia abusi sunt, item quia renuntiauerunt, item quia hodie cessant hereses." (C fol. 40rb)

[68] C fol. 41ra.

[69] (D.63 c.11) v.parochiis: „§ Ar. clericos parochiales ad electionem faciendam conuocandos inf ra e. Obeuntibus (c.35) ar., infra e. § Ex hiis (DG p.c.34) ar. contra." (C fol. 40vb)

[70] (D.63 DG p.c.34) v.ecclesie matricis: „Infra e. ca(pitulo) proximo contra. § Ergo quod ibi dicitur optinet, set obicitur: hic allegatur concilium Nicenum. Qualiter ergo potuit papa statuere in contra? Resp.: bene potest papa contra concilium statuere in quibusdam scilicet ubi non agitur de articulis fidei uel melius non est contra. Clericorum enim est electio hic, non tamen excludendi sunt uiri religiosi ut ibi." (C fol.42va)

Klerus der betreffenden Kirche. Nur wenn dies nicht möglich ist, fällt den Konprovinzialbischöfen diese Aufgabe zu, denen sonst lediglich die Bischofskonsekration zukommt.[71]

2.5.8. *Richard de Mores*[72],

der ein wichtiges Bindeglied zwischen der anglo-normannischen und der Bologneser Rechtsschule bildet[73], klärt in seinem Erstlingswerk, der Summa quaestionum (1186/87)[74], das Konsensrecht der Laien bei der Bischofswahl, indem er es von der Aufgabe der Religiosen bei der Wahl abhebt:

„...Ad hoc, quod postea quesitum est, an religiosi aliquid iuris habeant in electione, dici potest quod non, eis tamen spretis et non uocatis non tenet electio. Secus autem de laicis est, quia laici debent consentire et ob id uocari debent, non tamen si pretermittantur, ideo infirmari deberet electio. Illi enim tantum interesse debent, ut (con)sensus prebetur, religiosi uero ut inquirantur cum aliis, quis magis sit necessarius, et doceant minus peritos, qualiter eligere debeant."[75]

Während die Religiosen bei der Wahl mit überlegen, wer am meisten geeignet ist, und die Unerfahrenen unter den Wählern beraten, wie sie zu wählen haben, müssen die Laien zur Bischofswahl geladen werden, um ihre Zustimmung zu geben. Die Wahl wird nicht beeinträchtigt, wenn Einladung und Teilnahme der Laien unterbleiben.

Dem Begehren des Volkes steht Richard zurückhaltend gegenüber.

---

[71] (D.63 c.19) v.conprouinciales: „§ Ar. conprouinciales episcopos debere interesse electioni metropolitani hic et supra 51 Qui in aliquo (c.5) ar., 24 Q.1 Pudenda (c.33), supra 23 In nomine domini (c.1) ar. contra. Solutio: istud hodie non optinet, sufficit enim si clerus ecclesie eligat ut supra 61 Nullus inuitis (c.13), supra e. Nosse (c.12). Quod ergo hic dicitur, uerum est ad consecrandum uel si non potest a propriis clericis eligi etc. ut 9 Q.3 Cum simus (c.3)." (C fol.41ra)

[72] Über Richard de Mores s. E. M. Meijers, Ricardus Anglicus et R. de Lacy: Tijdschrift voor Rechtsgeschiedenis 20 (1952) 89 f; S. Kuttner–E. Rathbone, Anglo-Norman Canonists: Tr 7 (1949/51) 327–339; S. Kuttner, Ricardus Anglicus: DDC VII 676–681; R. Weigand, Die bedingte Eheschließung 268 Anm. 87; M. Bertram, Some Additions: BMCL 4 (1974) 11 und 14.

[73] Während das von Richard de Mores im Alter von 25 Jahren in Paris geschriebene Frühwerk „Summa quaestionum" zur anglo-normannischen Schule gehört, werden seine später in Bologna verfaßten Schriften der Bologneser Schule zugerechnet (H. Schmitz, Appellatio extraiudicialis 47 Anm.10 f), obgleich auch sie teilweise anglo-normannische Lehren widerspiegeln (R. Weigand, Die Naturrechtslehre 212).

[74] Hss. Zwettl 162 fol.145–173ra (Z); Montecassino 396 p.191–247a. Zu dieser Summa quaestionum s. S. Kuttner–E. Rathbone, Anglo-Norman Canonists: Tr 7 (1949/51) 334–338. Inhaltsübersicht und Exzerpte sind abgedruckt ebd. 355–358.

[75] Z fol.148rb.

In seinem Glossenapparat zur Compilatio I. (um 1194)[76] warnt er vor trügerischen Stimmen des Volkes, die nicht zu beachten sind:

(1 Comp. 1.4.2) „No(ta) quia uane uoces populi non sunt audiende[a] ut infra viii. q.i. Licet ergo (c.15), C. de penis l. Decurionum (Cod. 9.47.12)"[77]

[a] Späterer Zusatz in V, der in B fehlt: nec electio per strepitum ualet.

In seinen Casus decretalium (1196/98)[78] macht er die Grenze deutlich, die den Wünschen des Volkes bei der Bischofsbestellung gezogen ist:

(1 Comp. 1.4.2) „Si quis ob hoc solum uult esse episcopus, quod populus eum petiit qui de facili corrumpi solet communione priuetur."[79]

Wenn jemand nur deshalb Bischof sein will, weil das Volk ihn gewünscht hat, das für gewöhnlich leicht zu bestechen ist, soll ihm die Gemeinschaft entzogen werden.

In seinen Distinktionen zum Dekret (1196/98)[80] schließlich faßt Richard die einzelnen Kompetenzen im Zusammenhang mit der Wahl kurz, aber detailliert zusammen:

„Qui debeant eligere? Eligere quidem debent ipsi de ipso collegio ita quidem quod primam uocem habeant, qui in maioribus dignitatibus sunt constituti d.xxiii. In nomine (c.1) et d.lxiii. Adrianus (c.2) et xvi. q.ult. (q.7) Congregatio (c.43). Ad consentiendum autem primo uocantur clerici et abbates episcopatus in episcopali ecclesia, tandem populares maiores ut[a] d.lxiii. Vota (c.27) et c. Obeuntibus (c.35), in aliis collegiis similiter hoc excepto, quod illi de collegio sufficiunt patrono ad consentiendum citato xviii. q.2[b] Abbatem (c.4), Clemens III. Nobis (Jaffé 16466 = X.3.38.25)."[81]

[a] om. Z; [b] q.2 om. V; q.2] di. Z.

---

[76] Hss. Vat.Pal.lat.696 (V); Bamberg Can.20 fol.1–54va (B). Über den Glossenapparat zur Compilatio I. s. F. Gillmann, Richardus Anglicus als Glossator der Compilatio I.: AkathKR 107 (1927) 575–655 (erweiterter Sonderdruck: Mainz 1928); ders., Des Codex Halensis Ye 52 Glossenbruchstück zur Compilatio I.: AkathKR 108 (1928) 482–536 (Sonderdruck: Mainz 1929); S. Kuttner, Repertorium 324 f; C. Lefèbvre, Les gloses à la ‚Compilatio Prima' et les problèmes qu'elles soulèvent: Proceedings of the Second International Congress of Medieval Canon Law 63–70.
[77] V fol.3ra.
[78] Hss. München lat.16083 fol.36–52v (M); Würzburg M.p.th.f.122 fol.1–16v (W); s. dazu H. Thurn, Die Handschriften der Universitätsbibliothek Würzburg I 43–47 (rezensiert von R. Weigand: Anzeiger für Deutsches Altertum und Deutsche Literatur LXXXIII 131–134). Über die Casus decretalium s. S. Kuttner, Repertorium 398.
[79] M fol.37va.
[80] Hss. Vat.lat.2691 fol.1–20 (V); Zwettl 162 fol.105–122 (Z). Zu den Distinktionen des Richard de Mores s. S. Kuttner, Repertorium 222–227.
[81] V fol.3v. Zitiert wird in diesem Text die Dekretale Nobis fuit Klemens III. vom 8.5.1190 (Jaffé 16466 = 2 Comp. 3.24.2 = X. 3.38.25), die auf die Wahlrechtslehre

Wahlberechtigt sind die Mitglieder des Kollegiums, unter denen die Dignitäre die prima vox haben. Bei der Bischofswahl werden sodann die übrigen Kleriker und Äbte und zum Schluß auch die höhergestellten Laien hinzugezogen, um ihre Zustimmung einzuholen; bei den anderen Wahlen wird nur der Patron zum Konsens geladen. Richard de Mores zieht auch das in der Summa de electione des Bernhard von Pavia[82] vertretene Prinzip heran, wonach die Wahl Sache der Untergebenen ist, die Bestätigung der Wahl jedoch den Vorgesetzten zukommt.[83]

2.5.9. Die Summa „Prima primi uxor Ade"[84],

die dem ersten Jahrzehnt des 13. Jahrhunderts zugehört und wie die mit ihr verwandte Summa „Quamuis leges seculares" auf der Dekretsumme des Huguccio und der Summa Duacensis basiert[85], stellt zu Anfang ihres Wahltraktats lapidar fest, es sei klar, daß die Wahl Sache der Kleriker ist, ehe sie sich dann ausschließlich der Frage nach der Mitwirkung der Laien widmet, die in streng summierender Form behandelt wird:

(D.62) „Planum est quod clericorum eleccio est. Quod autem de populi consensu dicitur, ad honestatem respicit, non ad iuris necessitatem ut infra e. c.i. Et est hoc unum ex hiis, que canon leuiter edicit, si attribuatur peticio ut e. c.i. siue consensus ut 63 Nosse (c.12) siue testimonium ut 24 Nullus (c.2) siue eleccio ut infra di. proxima Episcopos (D.63 c.13).

---

der Kanonisten einen bestimmenden Einfluß ausgeübt hat und vor allem in der Schule von Bologna ausgiebig für die Beweisführung herangezogen wurde. In dieser Dekretale spricht der Papst den Patronen das Recht ab, an der Wahl der Prälaten an den Kollegiatkirchen teilzunehmen. Es gilt nur als „honestius", anschließend ihre Zustimmung einzuholen. Allerdings will Klemens III. nicht ausschließen, daß ein Patron möglicherweise auf Grund der durch ein Kirchenamt gegebenen Jurisdiktion zur Teilnahme an der Wahl berechtigt sein kann (vgl. S. Wood, English Monasteries and their Patrons in the Thirteenth Century 40; P. Landau, Ius Patronatus 191 f).
[82] Vgl. oben 2.4.1.
[83] „.. Nam electio pertinet ad inferiores ut[a] lxvi. Archiepiscopus[b] (c.1), confirmatio ad superiores ut[c] i. q.i. Ordinationes (c.113), d.lxiii. Quanto (c.10)." (V fol.3v)
[a] ut] di. Z; [b] Si archiepiscopus V,Z; [c] om. Z.
[84] Hs. London Brit. Libr. Royal 11 D.II fol.321–332 (L); über die Summa „Prima primi uxor Ade" s. S. Kuttner, Repertorium 205 f; S. Kuttner–E. Rathbone, Anglo-Norman Canonists: Tr 7 (1949/51) 327; S. Kuttner, An Interim Checklist of Manuscripts: Tr 11 (1955) 448; B. Tierney, Two Anglo-Norman Summae: Tr 15 (1959) 483–491. Die Ausgabe der Summa „Prima primi uxor Ade" und der in enger Beziehung zu ihr stehenden (B. Tierney, a.a.O.: Tr 15 (1959) 491) Summa „Quamuis leges seculares" (Hs. Paris B. Ste. Geneviève 342 fol. 185–187) besorgt Prof. R. L. Benson (Tr 24 1968) 491).
[85] B. Tierney, a.a.O.: Tr 15 (1959) 486. Die Abfassungszeit liegt nach 1203 (vgl. R. Weigand, Die Naturrechtslehre 214).

Nichil tamen iuris quoad eleccionem consistit in persona laici, de quo tamen plenius dicetur infra di. proxima."
(D.63) „In hac 63 di. primo ostenditur quod laici non debent interesse electionibus, postea contrarium, quia olim principes non tantum aliorum, set etiam pape interfuerunt electioni et ipsam confirmabant. Postea sic soluit: Laici debent interesse non ad eligendum, set ad consentiendum uel, si inuitati fuerint, ad consulendum et ad resistendum hereticis. Quod enim principes consueuerunt olim electionibus interesse et confirmare, factum est, ut nullus auderet contradicere. Set quoniam demum hoc ius sibi uoluerunt uendicare, emanauerunt statuta contraria, ut scilicet nullo modo interessent electioni episcoporum. Circa alias uero electiones, ut plena de electionibus doctrina habeatur, sic distingue quantum ad laicos: Laicus aut habet ius patronatus aut non. Si non habet ius patronatus, indistincte non debet interesse electioni, nisi fuerit inuitatus ut infra e. c.i. in fi(ne). Si habet ius patronatus, ad ecclesiam non habentem collegium patronus eligit et presentat ut 16 Q.ult. (q.7) Decernimus (c.32), ad ecclesiam uero habentem collegium non solus eligit, set secundum multos est unus de eligentibus ar.18 Q.2 Abbatem in monasterio (c.4). Magis credo quod electioni non debet interesse, nisi olim hoc optinuerit. Set post electionem eius postulatur assensus ut in decre(tali)[a)] Nobis fuit (Jaffé 16466 = X.3.38.25).[86]

[a)] L add. de simonia, während in der Sammlung des Gilbert (Comp. Gilb. 3.24.2) und in der des Johannes Galensis (2 Comp. 3.24. 2) die Dekretale *Nobis fuit* unter dem Titel *de iure patronatus* erscheint.

Laien besitzen bei der Bischofswahl keinerlei Mitwirkungsrecht. Wenn sie zur Wahl eingeladen werden, dann nur um einen Rat zu erteilen und Häretiker zurückzuweisen. Die den Fürsten einstmals konzedierten Rechte sind ihnen durch entgegengesetzte Erlasse wieder aberkannt worden. Das dem Volk zugeschriebene Recht, hinsichtlich der Bischofskandidaten seine Wünsche zum Ausdruck zu bringen, ihnen ein gutes Zeugnis auszustellen und der getroffenen Wahl zuzustimmen, ist nicht ad iuris necessitatem, rechtlich also nicht relevant, sondern lediglich ad honestatem. Bei den übrigen Wahlen darf sich nach Meinung des Verfassers auch der Patron nicht beteiligen, wenn ihm nicht eigens dieses Recht verliehen ist. Seine Zustimmung wird aber anschließend gefordert.

2.5.10. Zusammenfassung.

Die anglo-normannische Schule weist gegenüber den frühen Dekretisten der Bologneser und der französischen Schule in einigen Fragen des Wahlrechts eine eigene Lehrmeinung auf und setzt eigene Akzente. Für Laien

---

[86] L fol.323va.

gibt es kein Wahlrecht bei der Bischofsbestellung, auch nicht für Patrone. Während nach der Summa „De iure canonico tractaturus", dem Glossenapparat in der Antwerpener Dekrethandschrift und der Summa decretalium quaestionum des Honorius Bischofskirchen überhaupt keine Patrone haben, werden sie von Johannes von Tynemouth, Richard de Mores und der Summa „Prima primi uxor Ade" vorausgesetzt, haben aber nur ein Konsensrecht. Die Summa „Omnis qui iuste iudicat" zählt zwar die Stifter und Wohltäter zu den Wählenden, Johannes von Tynemouth weist diese auf Johannes von Faenza zurückgehende Lehrmeinung jedoch mit Nachdruck zurück. Am Wahlgeschehen können Laien nur teilnehmen, wenn sie eingeladen werden, um dort für Ruhe und Ordnung zu sorgen oder, wie die Summa „Prima primi uxor Ade" meint, um einen Rat zu erteilen. Hinsichtlich der Mitwirkung des Volkes bei der Wahl fällt auf, daß die meisten anglo-normannischen Dekretisten neben dem Zeugnis über den Kandidaten und der Anerkennung des Gewählten dem Recht, einen Bischof zu erbitten, besonderes Gewicht beimessen. Daraus erklärt sich, daß die Frage, was bei einer Ablehnung durch das Volk zu geschehen habe, mit Ausnahme der Summa Lipsiensis nicht gestellt wird. Der Anteil des Volkes an der Wahl wird in den Glossen der Handschrift Paris B.N.lat. 3905 B für notwendig gehalten, tangiert aber nicht die Gültigkeit der Wahl, wie vor allem die Unterscheidung der Summa „Prima primi uxor Ade" deutlich macht: non ad iuris necessitatem, sed ad honestatem. Ein Proprium der anglo-normannischen Schule ist die einhellige Lehre, daß die Wahl eines Bischofs der Zustimmung des Fürsten bedarf, wofür Johannes von Tynemouth die Praxis in einigen Teilen Englands als Begründung anführt. Ansonsten sind alle Rechte der staatlichen Autorität bei der Bischofs- und Papstwahl erloschen.

Große Unsicherheit herrscht in der anglo-normannischen Schule in der Frage nach den Rechten der Kleriker, die nicht zum Kathedralkapitel gehören. Es zeigt sich die Tendenz, den Kreis möglichst eng abzustecken. Die Summa Lipsiensis und Johannes von Tynemouth zählen die Pfarrgeistlichen zu den Religiosen, die zu Rate gezogen werden sollen. Honorius und Richard de Mores verstehen darunter nur die höhergestellten Ordensgeistlichen; die Exemten sind nach der Summa Lipsiensis und Honorius von einer Beteiligung an der Bischofswahl ausgenommen, weil sie nicht direkt betroffen sind. Der Ausschluß der Religiosen von der Bischofswahl hat nach Honorius nur dann eine irritierende Wirkung auf die Wahl, wenn er vorsätzlich erfolgt. In der Kontroverse, ob die angebliche Bestimmung des 2. Konzils von Nizäa oder die Vorschrift des

2. Laterankonzils in Geltung ist, entscheiden sich die Summa „De iure canonico tractaturus" und die Summa decretalium quaestionum des Honorius für das 2. Nizänum, das eine Wahl nur durch den Kathedralklerus für hinreichend erklärt haben soll, während Johannes von Tynemouth die Forderung des 2. Laterankonzils, auch andere Kleriker zur Beratung hinzuzuziehen, anerkennt; alle versuchen eine Harmonisierung der beiden unterschiedlichen Positionen, die gerade der anglo-normannischen Schule Kopfzerbrechen bereitet hat, weil sie nicht die Berufung Gratians auf das 2. Konzil von Nizäa als unberechtigt erkannte.

2.6. Die Bologneser Schule von 1192 bis 1210 und die Gesetzgebung Innozenz III.

2.6.1. Summa titulorum decretalium des Bernhard von Pavia.

Bernhard von Pavia leitet durch seine Dekretalensammlung (1187/92) – später Compilatio prima antiqua genannt – in der Schule von Bologna eine neue kanonistische Periode ein, in der die wissenschaftliche Beschäftigung mit der Dekretalengesetzgebung vor der Dekretistik den Vorrang gewinnt. Da allerdings die in 1 Comp. 1.4 zusammengefaßten päpstlichen Entscheidungen im Bereich des Wahlrechts keine bedeutsamen Aussagen über die Wählerschaft des Bischofs enthalten, fällt der Kommentar der Dekretalisten zu dieser Frage entsprechend spärlich aus. Aufschlußreich ist höchstens die Summa titulorum decretalium (1191/98) des Bernhard von Pavia[1], insofern hier gegenüber der Summa de electione[2] ein gewisses Gefälle in der Lehre über den Anteil der Laien an der Bischofswahl zu beobachten ist:

„§ 2. Eligere autem in ecclesia vel domo collegiata debet ipsum collegium, ut Di.LXIII. Hadrianus (c.2), Nosse (c.12), Vota (c.27) et C.XVI. qu.ult. Congregatio (c.43). Idem credo, si vel unum clericum habet, ipsius erit electio; si vero clericum non habet, patronus debet eligere, ar. C.XVI. qu.ult. Decernimus (c.32), Monasterium (c.33). Nec obstat, quod quidam dicunt, in ecclesia collegiata patronum ex eligentibus unum esse debere, quod probare conantur ex C.XVIII. qu.2 Abbatem (c.4). .§ 3. .Electio igitur pertinet ad inferiores, quia ille qui praeficitur ab his quibus praefi-

---

[1] Ausgabe: Bernardi Papiensis Faventini Episcopi, Summa Decretalium, hrsg. v. E. A. T. Laspeyres, Regensburg 1860 (Graz 1956) 1–283; Hss. Vat.lat.2691 fol. 21–44v (V); Roma B. Vallicelliana C.44 (R).
[2] Vgl. oben 2.4.1.

citur est eligendus ar. infra eod. Si archiepisc. (c.9;–Gr. c.6.I.11), confirmatio vero ad superiores, ar. C.I. qu.1 Ordinationes (c.113) et Di. LXIII. Quanto (c.10) et in Auth. de defensor. civit. § interim (Nov. 15.c.1)."[3]

Wie in der Summa de electione, auf die Bernhard am Ende des Wahltraktats in seiner Titelsumme eigens verweist[4], hält er auch hier (u. a. gegen Huguccio!) an der Meinung fest, daß an Kirchen mit einem Kollegium dieses allein wahlberechtigt ist und der Patron nicht zum Kreis der Wählenden gehört. Er wiederholt auch das fundamentale Prinzip des kirchlichen Wahlrechts, wonach die Wahl den Untergebenen zukommt, da der Leiter von denen zu wählen ist, denen er vorstehen soll, während die Bestätigung der Wahl den Vorgesetzten vorbehalten ist. Es fällt aber auf, daß Bernhard in seiner Titelsumme mit keiner Silbe die von ihm sonst sehr hoch eingeschätzte Bedeutung der Gewohnheit im Wahlrecht und vor allem auch nicht mehr den Konsens des Volkes oder irgendeine andere Form der Anteilnahme der Laien an der Bischofswahl erwähnt.

2.6.2. Erste Rezension des Dekretapparates des Alanus Anglicus.

Alanus[5], dessen Glossenapparat „Ius naturale" in zwei verschiedenen Fassungen vorliegt, bringt in der ersten Rezension seiner Schrift[6] (um

---

[3] Ausg. Laspeyres 7; V fol. 21va; R fol. 4va. Eine „geschickte Verkürzung des bernhardischen Textes" (S. Kuttner, Repertorium 391) enthält die Summa „Iuste iudicate filii hominum" (= Summa Bruxelliensis) (vor 1210): „Eligere debet in ecclesia uel domo collegiata ipsum collegium ut lxiii. Adrianus (c.2). Credimus etiam quod si tantum unus clericus sit, quod eius sit electio; si non sit uero clericus, patroni ar. xvi. q.ult.(q.7) Decernimus (c.32). Quidam: patronum debere esse unum de eligentibus, et inducunt ad hoc probandum hic capitulum Abbatem xviii. q.ii. (c.4). Set illud capitulum potius loquitur de admissione patroni ad postulationem confirmationis.. Electio pertinet ad inferiores ar. extra Si archiepiscopus (1 Comp.1.4.9(5) = X.1.11.6), confirmatio ad superiores ar. i. q.i. Ordinationes (c.113)." (Hs. Bruxelles B. Royale 1407–9 fol.2va). Der Apparat des Petrus Hispanus zur Compilatio I. (1193/98) weist keine einschlägigen Glossen auf (Hs. Würzburg M.p.th.f.122 fol.17–26v).
[4] Ausg. Laspeyres 8: „Quae autem hic minus dicuntur, in summula quam de electione fecimus plenius inveniuntur."
[5] Über den Engländer Alanus, der um 1200 zu den bedeutendsten Kanonisten von Bologna gehört, s. S. Kuttner, Repertorium 67–75; R. v.Heckel, Die Dekretalensammlungen des Gilbertus und Alanus: ZSavRGkan 29 (1940) 116–357; S. Kuttner, Bernardus Compostellanus Antiquus: Tr 1 (1943) 289; S. Kuttner–E. Rathbone, Anglo-Norman Canonists: Tr 7 (1949/51) 339; S. Kuttner, The Collection of Alanus: RSDI 26 (1953) 39–55; A. M. Stickler, Alanus Anglicus: LThK I 265 f; ders., Alanus Anglicus als Verteidiger des monarchischen Papsttums: Salesianum 21 (1959) 346–406.
[6] Hss. Paris B.N.lat.3909 (Pa); Seo de Urgel 113 (2009) (S).

1192) zumeist nur die in dieser Zeit herrschende Lehre.[7] Er ist der Auffassung, daß Gratian das 2. Laterankonzil falsch interpretiert, wenn er daraus für die viri religiosi ein Wahlrecht ableitet[8]; gefordert ist vielmehr nur deren Rat[9], der zwar einzuholen, nicht aber unbedingt anzuwenden ist, da die Wahl auch bei einer Ablehnung von seiten der religiosi (Äbte, Prioren, bewährte Kapläne[10]) gültig bleibt.[11] Das Einholen des Rates gehört aber zur Förmlichkeit der Wahl. Wenn es unterbleibt, hat die Obrigkeit die Wahl für ungültig zu erklären und die Kanoniker zu einer neuen Wahl unter Hinzuziehung der religiosi zu zwingen. Die Frage, ob die Wählenden auf Grund dieses Canon nach einem Ausschluß der Religiosen von der Wahl zu exkommunizieren sind, wirft Alanus zwar auf, beantwortet sie aber nicht.[12] Zum 2. Laterankonzil stellt er fest, daß dieses die Einladung der religiosi zur Bischofswahl nicht vorschreibe, sondern nur deren Ausschluß verbiete.[13]

Von den Laien hat niemand das Recht, an der Bischofswahl teilzunehmen, es sei denn, er wird von den Klerikern eingeladen, die Boshaftigkeit der Menschen zu zügeln:

(D.63 c.1) v. laicorum: „Nisi inuitatus a clericis ad coercendam malitiam hominum ut infra e. c.ii., § Principibus (DG a.c.28) uel patronus.. ";

v. quemquam: „Ergo nec patronus suo iure potest electioni episcopi

---

[7] Vgl. A. M. Stickler, Alanus Anglicus als Verteidiger des monarchischen Papsttums: Salesianum 21 (1959) 381.

[8] (D.63 DG p.c.34) v.ab aliis: „Male interpretatur G(ratianus) sequens capitulum. Ibi enim non dicitur, ut eligant religiosi set eorum consilio canonici[a)] scilicet ad hoc ut alii cum canonicis de numero eligentium esse debeant, magis erat ar. supra e. Plebs (c.11), quod tamen non est uerum[b)] nec in hoc concilio credo derogatum." (Pa fol. 13rb)
a) ut eligant...canonici om. Pa; b) S add. de iure communi.

[9] (D.63 c.11) v.presbiteros: „Non ut isti eligant suo iure[a)], set ut eorum consilio fiat electio ut infra e. Obeuntibus (c.35)." (Pa fol.12vb)
a) iure] uidetur S

[10] (D.63 c.35) v.religiosos: „Abbates, priores, et capellanos probatos, qui uocandi sunt, ut dent consilium et electionis ferant testimonium, si postea reuocetur in dubium." (Pa fol.13rb)

[11] (D.63 c.35) v.consensu: „Requisito licet non adhibito, non enim si omnes canonici consenserint et isti contradixerint, ideo impedietur electio." (Pa fol.13rb)

[12] (D.63 c.35) v.irritum: „Presumitur contra eligentes qui religiosos testes non adhibuerunt, quorum adhibitio ad electionis spectat sollempnitatem, sine qua habetur[a)] electio non tenere uel irrita id est a superiori irritanda, ut cogantur canonici iterum eligere et religiosos adhibere; set nonne per hunc canonem sunt excommunicandi?" (Pa fol.13rb)
a) radetur Pa.

[13] (D.63 c.35) v. excludant: „Non[a)] precipit uocari, set prohibet excludi." (Pa fol.13rb)
a) Non] ideo S.

interesse ar. hic et infra c.ii. quod quidam concedunt, ar. contra infra e.di. Reatina (c.16), Nobis (c.17), Lectis (c.18), xvi. Q.vii. Filius (c.31). Item in ecclesiis collegiatis patronus cum clericis debet eligere ut xviii. Q.ii. Abbatem (c.4), in parochialibus eligit ipse solus ut infra xvi. Q.ult. (q.7) Decernimus (c.32)."[14]

Aus dem c.22 des 8. Konzils von Konstantinopel folgert Alanus, daß auch der Patron nicht kraft eigenen Rechts an der Bischofswahl teilnehmen kann, was einige zulassen. Verlangt wird, daß das Volk einen Kandidaten erbittet oder seine Zustimmung gibt, wenigstens aber, daß es Zeugnis über ihn ablegt:

(D.62 c.1) v. a plebibus: „Requiritur ergo populi petitio ut hic, uel consensus ut infra di. proxima Nosse (D.63 c.12), infra di.lxvii. Reliqui (c.1), uel saltem testimonium ar. supra di.xxiiii. Nullus (ordinetur) clericus (c.2). Set quid si populus non consentit et alias canonice electus sit, numquid electio tanquam canonice facta irrita erit? Immo tenebit; hoc enim canon leuiter edicit, non quia sine hoc[a] electio fieri non possit, set quia cum populus consentit honestius sit ar. infra xxx. Q.v. Nostrates (c.3), ff. de uentre inspi(ciendo custodiendoque partu) l.i. Quod autem pretor (Dig. 25.4.1,15)."[15]

[a] S add. nec.

Wenn das Volk seine Zustimmung zu einer kanonisch erfolgten Wahl, verweigert, ist diese dennoch gültig; denn die Vorschrift besagt nicht, daß eine Bischofswahl ohne Zustimmung des Volkes nicht erfolgen kann, sondern daß eine Wahl mit entsprechender Zustimmung ehrenhafter ist. Hat das Volk gegen die Person des Gewählten etwas vorzubringen, ist ihm Gehör zu schenken:

(D.62 c.2) v. Docendus: „Precipue in episcopi electione ut infra proxima di. Nosse (D.63 c.12). Si tamen in personam electi aliquid obicit, auditur ar. supra di.xxiii. Illud (c.5)."[16]

---

[14] Pa fol.12va.
[15] Pa fol.12rb/va.
[16] Pa fol.12va.

Von den päpstlichen Entscheidungen dieser Epoche über den Wählerkreis des Bischofs hat lediglich eine Dekretale[18] Innozenz III. vom 7. Februar 1200, in der der Papst zu einem Streit über die Bischofswahl in Sutri Stellung nahm, größere Beachtung bei den Dekretisten und Dekretalisten gefunden und einen merklichen Einfluß auf die weitere Lehrentwicklung ausgeübt. Das Domkapitel von Sutri hatte einen Bischof gewählt. Die Kleriker der Konventualkirchen der Stadt fochten die Wahl an mit der Begründung, sie seien übergangen worden, obwohl ihnen eine Teilnahme an der Wahl zustehe. Sie konnten vor dem päpstlichen Gericht nachweisen, daß sie bzw. ihre Vorgänger bei den letzten drei Bischofswahlen in Sutri mitgewirkt hatten. Innozenz III. erklärte die Wahl für ungültig und restituierte den Klerikern die Quasipossessio, die sie vor der Kontroverse innegehabt hatten. Der Papst erörterte die Frage nach der Wählerschaft des Bischofs bei der Gelegenheit in grundsätzlicher Weise:
".. secundum statuta canonica electiones episcoporum ad cathedralium ecclesiarum clericos regulariter pertinere noscantur, nisi forte alibi secus obtineat de consuetudine speciali, nec ex eo, quod clerici antedicti se inter eligentes Sutrinos episcopos probaverunt tertio exstitisse, ius eligendi propter brevitatem temporis usque ad praescriptionem legitimam non

---

[17] Über Innozenz III. s. F. X. Seppelt, Geschichte der Päpste III 319–389; F. Kempf, Innozenz III.: LThK V 687 ff; H. Wolter: HKG III/2 171–178 (mit ausführlichen Literaturangaben); K. Pennington, The Legal Education of Pope Innocent III: BMCL 4 (1974) 70–77.

[18] Potthast 947. Als Dekretale *Dilecti* findet sie (s. R.v.Heckel, Die Dekretalensammlungen des Gilbertus und Alanus: ZSavRGkan 29 (1940) 217 f und 345) sich extra titulos im Anhang 1 der Sammlung des Gilbert (Comp.Gilb.App.1) und wird unter dem Titel *de electione et electi potestate* in die 2. Rezension der Dekretalensammlung des Alanus (Comp. Al. II. 1.6.7) aufgenommen (s. S. Kuttner, The Collection of Alanus: RSDI 26 (1953) 41). Unter dem Titel *de causa possessionis et proprietatis* steht sie mit dem Incipit *Cum ecclesia Sutrina* in der Compilatio Romana (Comp.Rom.2.5.1) des Bernhard von Compostela (s. H. Singer, Die Dekretalensammlung des Bernardus Compostellanus antiquus: SAW 171/2 (1914) 58) und findet demgegenüber unverändert Eingang in die Compilatio tertia antiqua (3 Comp.2.5.1) des Petrus von Benevent. Schließlich hat sie auch in der Dekretalensammlung Gregors IX. ihren Platz (X. 2.12.3). Der Anfangstext lautet vollständig: „Quum ecclesia Sutrina pastore vacaret, vos convenientes in unum, et, sicut moris est, Spiritus sancti gratia invocata, pastorem unanimiter elegistis, petentes ipsius electionem a sede apostolica confirmari. Verum dilecti filii clerici.." (ebd.). Die Identität der Dekretale *Dilecti* mit der Dekretale *Cum ecclesia Sutrina*, die bereits R.v.Heckel festgestellt hat (ZSavRGkan 29 (1940) 217 f), kommt am augenfälligsten in einer Glosse (D.63 c.2) der Dekrethandschrift Madrid B.Fund.Láz.Gald.440 zum Ausdruck, die wörtlich der zweiten Rezension des Apparates „Ius naturale" entnommen ist und in der die Belegstelle „extra Dilecti" (s. unten 2.6 Anm. 23) ersetzt wird durch „Inno(centius) de causa (possessionis et) proprie(tatis) Cum ecclesia (Sutrina)" (s. unten 2.8 Anm. 18).

producti sibi[a] acquirere potuerunt.. "[19] Von grundsätzlicher Bedeutung ist in dieser Dekretale Innozenz III. die Feststellung, daß die Bischofswahl nach den kanonischen Bestimmungen regulär nur dem Kathedralkapitel zukommt, wobei jedoch nicht erkennbar ist, welche kanonischen Bestimmungen gemeint sind, zumal das 2. Laterankonzil die Teilnahme weiterer Kleriker vorsieht, und daß darüber hinaus gewohnheitsrechtlich auch andere das Wahlrecht besitzen können.[20]

2.6.4. Zweite Rezension des Dekretapparates des Alanus Anglicus.

Der Entscheidung Innozenz III. entnimmt Alanus in der nach 1204 abgeschlossenen[21] zweiten Fassung seines Glossenapparates „Ius naturale"[22] bei der Frage nach dem eigentlichen Wahlgremium die Feststellung, daß nach regulärem Recht nur das Kathedralkapitel den Bischof wählt, daß aber eine Gewohnheit, sofern sie anderen Klerikern oder auch Laien (!) ein Stimmrecht bei der Wahl zuerkennt, den Vorrang hat.[23] Gegenüber der ersten Rezension setzt Alanus auch in der Frage nach dem Anteil der Laien[24] an der Wahl neue Akzente und läßt das Prinzip, wonach einer Kirche nicht gegen ihren Willen ein Bischof aufgezwungen werden soll, auch für Laien gelten, da er diesen Grundsatz für seine Ansicht heranzieht, daß ein Widerspruch von seiten der Gesamtheit oder von seiten des größeren Teils des Volkes, auch wenn gegen den Kandidaten nichts Nachteiliges vorgebracht wird, zu beachten und das Volk anzu-

---

[19] X. 2.12.3.

[20] Vgl. K. Ganzer, Zur Beschränkung der Bischofswahl auf die Domkapitel: ZSavRGkan 57 (1971) 75 f.

[21] Die Zeitangabe gründet auf der Tatsache, daß Alanus, wie P. Landau festgestellt hat (Tr 22 (1966) 476), die Dekretale „Pastoralis" vom 19.12.1204 (Potthast 2350) zitiert (Pb fol.240vb und fol.241rb).

[22] Hss. Paris B.Maz. 1318 (Pb); Paris B.N.lat.15393 (Pc).

[23] (D.63 c.2) v.a collegio ecclesie: „Ius regulare est quod a collegio maioris ecclesie episcopus eligatur ut hic dicitur et extra Dilecti (Potthast 947 = X.2.12.3), nisi clericis uel laicis[a] uel consuetudo uocem in electione tribuat. Tunc enim quod consuetudo statuit obseruandum est ut dicit predicta decretalis et extra Nobis fuit (Jaffé 16466 = X.3.38.25)." (Pb fol.70va)

[a] Pc add. aliis uel priuilegium.

[24] Zu einem Text Leos des Großen, der verschiedenen Gruppierungen verschiedene Kompetenzen bei der Wahl zuweist (D.63 c.27), bekennt Alanus freimütig, er wisse nicht, was dieser Canon beinhalte – ein Zeichen dafür, daß er zu seiner Zeit überhaupt keine Bedeutung mehr hat: „..§ Quod lex dicat in hoc capitulo, ignoro, tamen ad aliquem sensum litteram retorqueo." (Pb fol.73va)

hören ist.[25] Eingehend untersucht er die Frage, wie weit der Konsens des Volkes für die Erwählung eines Bischofs erforderlich ist:

(D.63 pr.) v.Laici: „..In collegiata (ecclesia) secundum iura antiqua patronus erit unus de eligentibus ut xviii. q.ii. Abbatem (c.4), exceperunt quidam ecclesiam cathedralem, que patronum[a] secundum eos habere non potest. Set hoc est falsum, set nulla auctoritate confirmatur. Hodie autem ius in eligendo non habet, set tantum post electionem eius consensus requiritur ut extra Nobis fuit (Jaffé 16466 = X. 3.38.25), nisi consuetudo approbata uel speciale priuilegium plus sibi tribuat ut e.c. dicitur. Est ergo regulare quod in electione nullus laicus ius habet. In electione tamen tria sunt necessaria: cleri electio ut infra e.d. c.i., Nosse (c.12), xxiii.d. In nomine (c.1), religiosorum siue clericorum siue laicorum consilium ut infra[b] e.d. Vota (c.27), Obeuntibus (c.35), xxiii.d. In nomine (c.1), et consensus populi ar. supra d.proxima (D.62) c.i., lxi. Nullus (c.13), Obitum (c.16), infra e. Nosse (c.12), Plebs (c.11), et si unum istorum omissum fuerit, ipso iure nulla est electio ar. d.xx. c.i., infra e.d. Episcopos (c.13), Obeuntibus (c.35), xxxviii.d. Que ipsis (c.5). Si tamen omnia ista ibi adhibita fuerint et religiosorum consilium uel populi consensus a clericorum electione discrepauerit[c], cleri electio nichilominus procedet et quod decreuerint, ratum erit, nisi scandalum impedierit ar. supra[d] proxima Docendus (D.62 c.2), infra e.d. Nullus (c.1). Clericorum ergo[e] est eligere, religiosorum non eligere set eligentibus consulere, populi uero nec eligere nec consulere set electioni facte uel – quod est honestius – faciende consentire, et hec uera sunt de iure, consuetudines tamen uarie et conferunt et auferunt ius in electione que potius obseruande sunt[f] ar. extra Dilecti etc. quod (Potthast 947 = X.2.12.3), Nobis fuit (Jaffé 16466 = X. 3.38.25), xii.d. Nos consuetudinem (c.8). Quidam[g] tamen dicunt quod consensus populi non requiritur ex necessitate, unde sine ipsis electio facta[h] tenet et est canonica, magis tamen canonica est si adueniat."[26]

[a] patronum *om.* Pb; [b] infra *om.* Pc; [c] discrepauerint Pc; [d] Pc *add.* di.; [e] ergo *om.* Pc; [f] sunt obseruande Pc; [g] Quidam] lau.(= Laurentius?) Pc; [h] confecta Pc.

Alanus schließt sich der Behauptung des Huguccio an, daß auch Bischofskirchen Patrone haben können. Er bemerkt dazu jedoch mit Berufung auf die Dekretale *Nobis fuit* vom 8.5.1190, daß sie kein Wahl-

---

[25] (D.62 c.2) v.docendus: „..uel[a] sine obiectu, si omnes uel maior pars populi contradicat, ita quod flecti non possit ut supra[b] lxi.d. Nullus inuitis (c.13)." (Pb fol. 70ra)
[a] Pc *add.* etiam; [b] supra *om.* Pc.

[26] Pb fol.70rb.

recht besitzen, sondern daß nur ihre Zustimmung nach erfolgter Wahl gefordert wird. Die Regel ist, daß kein Laie Wahlrecht hat. Alanus verlangt zur Gültigkeit der Wahl drei Elemente: die eigentliche Wahl durch den Klerus, den Rat der Religiosen (sowohl der Kleriker als auch der Laien) und die Zustimmung des Volkes. Wenn ein Element fehlt, ist die Wahl ipso iure nichtig; wenn der Rat der Religiosen oder der Wille des Volkes von der Entscheidung des Klerus abweichen, ist dagegen die Wahl rechtskräftig, falls nicht ein Skandal im Wege steht. Zusammenfassend stellt der Autor fest, daß das Konsensrecht des Volkes – ehrenhafterweise vor der Wahl! – von Rechts wegen gefordert ist, daß unterschiedliche Gewohnheiten, die zu beachten sind, jedoch das Wahlrecht verändern. Außerdem erwähnt er die Meinung derer, die den Konsens des Volkes nicht für unbedingt erforderlich und eine Wahl ohne Zustimmung dennoch für kanonisch halten. Er selbst bezeichnet eine Wahl, der das Volk zustimmt, als „magis canonica". Ein wichtiger Fortschritt der zweiten Rezension gegenüber der ersten Fassung des Dekretapparates „Ius naturale" liegt in der Unterscheidung zwischen (gesatztem) Recht und (lokaler) Gewohnheit, der Alanus entscheidende Bedeutung beimißt. So beantwortet er in der zweiten Rezension seines Glossenapparates die Frage, ob eine Wahl ohne Zustimmung des Volkes gültig sei, dahin gehend, daß sie vom bloßen Rechtsstandpunkt aus ungültig sei, wenn sie nicht durch entgegengesetzte Gewohnheit Rechtskraft erlange.[27] Und bei der Frage nach den Rechten, die aus einer getroffenen Wahl sich ergeben, akzeptiert er keine der vorgetragenen Meinungen als geltendes Recht, sondern rekurriert auf die jeweilige örtliche Gewohnheit[28], die bei der Wahl zu beachten ist.[29] Die von den Dekre-

---

[27] (D.62 c.1) v.a plebibus: „. . Set uerius est quod non tenebit de iure mero, nisi tenere faciat contraria consuetudo[a]." (Pb fol.70ra)
[a] consuetudine Pb.

[28] (D.63 c.10) v.studium: „. . Ego nullam istarum opinionum pro iure recipio, set primo ad loci consuetudinem recurro, et hoc quod circa hanc materiam ex consuetudine obtinet, in illo loco obseruo. Si autem consuetudo nichil de hoc habeat, arbitrio de hoc cognoscentis committo, ut inter predictas opiniones quam imitetur ex bono et equo circumstantiis perpensis consideret. . " (Pb fol.71rb). Auf diese Stelle im Dekretapparat des Alanus bezieht sich eine Marginalglosse in der Hs. Vat.Ross.lat.595, die in der zweiten Glossenschicht reiches Material des beginnenden 13. Jahrhunderts enthält und häufig die Sigle a (= Alanus) trägt (S. Kuttner, Repertorium 58): (D.63 c.10) „§ Al. dicit loci consuetudinem conseruandam, quod si non est consu(etudo), arbitrio iudicantis reliquit, quam uelit opinionum seruare." (fol.62va)

[29] (D.63 c.18) v.ut mos est: „Ar. loci consuetudinem in electione obseruandam extra Dilecti (Potthast 947 = X.2.12.3), Nobis fuit (Jaffé 16466 = X.3.38.25), d.xii. Nos consuetudinem (c.8), infra e.d. Agatho (D.63 c.21), proxima Quia per ambitiones

145

tisten gelegentlich aufgeworfene theologische Frage nach der Natur des Wahlrechts und der Möglichkeit, es Laien zu übertragen, greift auch Alanus auf, indem er aus der Aufforderung an Kaiser Valentinian, den Bischof von Mailand zu wählen[30], die Schlußfolgerung zieht, daß das Kapitel das Wahlrecht einem Laien übertragen kann:

(D.63 c.3) v. ipse: „Ar. quod capitulum laico potest conferre potestatem eligendi episcopum."[31]

Die Bestätigung der Wahl hält Alanus dagegen im Anschluß an Bazianus[32] für ein rein geistliches Recht, das auf einen Laien nicht übergehen kann:

(D.63 c.22) v. eligendi: „Id est confirmandi secundum Hug.; set hoc uidetur ius merum spirituale quod ad laicum non potest transire secundum Bar.; ar. eorum que pro contrariis hic assignantur."[33]

(D.64 c.6), Constitutio (D.63 c.32)." (Pb fol.72ra); (D.63 c.32) v.consuetudo: „Ar. in electione consuetudinem obseruandam extra Dilecti (Potthast 947 = X.2.12.3)." (Pb fol.74ra)

[30] D.63 c.3.

[31] Pb fol.70vb. Diese Glosse findet sich als Marginalglosse mit der Sigle a (= Alanus) mit folgendem Wortlaut in der Hs. Vat.Ross.lat.595: (D.63 c.3) v.ipse: „Ar. quod capi(tulum) potest conferre potestatem laico eligendi episcopum. a." (fol.62ra)

[32] Über Bazianus s. S. Kuttner, Repertorium 250; A. M. Stickler, Sacerdotium et Regnum nei decretisti e primi decretalisti: Salesianum 15 (1953) 607–610; F. Liotta, Baziano: Dizionario biografico degli italiani VII 313 ff; ders., La continenza dei chierici 179–184. Die Quaestionen in der Hs. Wien 1064 fol.81–91 (S. Kuttner, Bernardus Compostellanus Antiquus: Tr 1 (1943) 293 Anm.9), die häufig die Sigle bar. (= Bazianus) tragen, betreffen nicht den Wählerkreis des Bischofs, wenngleich drei Probleme aus dem Bereich des Wahlrechts ventiliert werden:
a) „Clerici quidam contulerunt potestatem eligendi in duos; illi clerici elegerunt de alia ecclesia hominem ydoneum et dignum; clerici nolunt eum recipere eo quod de ipsa ecclesia eligere debuerunt, cum multi essent ibi ydonei. Queritur quod iuris sit.." (fol.82ra)
b) „Cum unius ecclesie plures essent patroni, omnes preter unum conuenientes in ecclesia prelatum constituerunt, cum ille alius in eadem prouintia esset nec uocatus esset, uult ille postea reuocare quod factum est. Queritur an possit.." (fol.88vb)
c) „Queritur utrum in ecclesia collegiata ad institucionem canonici debeat requiri consensus patroni ecclesie.." (fol.89rb)

[33] Pb fol.72va. Diese Glosse ist bereits in der ersten Rezension des Dekretapparates „Ius naturale" enthalten (Pa fol.12vb) und steht auch als unsiglierte Marginalglosse in der Hs. Vat.Ross.lat.595 fol.63ra.

2.6.5. Benencasa von Arezzo[34],

der in seinen Casus decreti[35] (1192/1206) eine für die Dekretistik neue Schriftgattung entwickelt, die den Inhalt der einzelnen Kapitel des Decretum Gratiani referiert und dabei gelegentlich erklärende Elemente einfügt, enthält sich im Wahlrecht eines eigenen Kommentars und verzichtet bewußt auf die Schilderung des Wahlvorgangs:

(D.63 pr.) v. Laici: „...De electione autem qualiter fiat, nil dicens transmitto uos ad[a)] scripta aliorum, qui multa de electione dixerunt."[36]

a) adj a R.

Ausdrücklich verweist Benencasa für den Ablauf der Bischofswahl auf die Schriften anderer Autoren und beschränkt sich in seinem Werk auf die Inhaltsangabe der Kapitel Gratians über die Wahl. Zwei „Fälle", die zugleich seinen literarischen Stil kennzeichnen, stecken die Grenzen für die Mitwirkung des Volkes bei der Wahl ab:

(D.62 c.1) „Quidam episcopi non fuerunt electi a clericis nec a plebibus sunt expetiti nec iudicio metropolitani consecrati. Queritur de istis talibus episcopis et de ordinatis ab eis, an debeant inter episcopos et ordinatos deputari. Respon. non; potest tamen dispensari cum ordinatis clericis."

(D.62 c.2) „Quidam populus uolebat eligere episcopum nec permittebat clericos eligere. Quesitum est a Celestino, quid in hoc casu sit[a)] faciendum. Respon. populum esse docendum ut prohibita non attentet[b)], qui, si non corrigitur, uindicetur ecclesiastica seueritate."[37]

a) sit] est Z; b) prohibita non attentet om. R.

Einige Bischöfe sind konsekriert worden, ohne daß sie von Klerikern gewählt, vom Volk erbeten und vom Metropoliten bestätigt wurden. Die Frage, ob sie zu den Bischöfen zu zählen sind, verneint Benencasa, läßt aber die Möglichkeit der Dispens zu. Im zweiten Fall wollte das Volk den Bischof wählen und hinderte die Kleriker an der Wahl. Auf die Frage, was in dieser Situation zu tun sei, wird geantwortet, das Volk sei

---

[34] Über Benencasa von Arezzo und sein Werk s. S. Kuttner, Repertorium 228 f; R. Naz, Benencasa Senensis: DDC II 747 (mit vielen unrichtigen Angaben!); S. Kuttner, Bernardus Compostellanus Antiquus: Tr 1 (1943) 284 Anm.26; A. Van Hove, Prolegomena 440; A. M. Stickler, Benencasa: LThK II 200; C. Lefèbvre, Histoire du Droit et des Institutions VII 302.

[35] Hss. Roma B.Casanatense 1910 fol.111–169v (R); Zwettl 297 fol.1–85v (Z). Als Marginalglossen stehen die Casus des Benencasa zum Wahlrecht (wenigstens teilweise) in der Hs. Paris B.N.lat.15393, die in der ersten Glossenschicht die zweite Rezension des Dekretapparates „Ius naturale" des Alanus enthält. Zum Verhältnis zwischen Benencasa und Alanus s. die Überlegungen von H. Schmitz, Appellatio extraiudicialis 55.

[36] R fol.122ra.

[37] R fol.122ra.

zu belehren, Verbotenes zu unterlassen, und wer sich nicht füge, sei mit kirchlicher Strenge zu bestrafen. Aufschlußreich für die Praxis der Zeit und die persönliche Ansicht des Benencasa ist sodann die Antwort auf die Frage, wer vorzuziehen sei, wenn zwei zum Episkopat gewählt würden:

(D.63 c.36) „Quesitum est a Leone: si duo eliguntur ad episcopatum, quis alteri sit preferendus. Respon. iudicio metropolitani preferetur ille, qui maioribus iuuatur studiis et meritis et licet archiepiscopus sic possit alterum alteri preferre, tamen omnibus[a] canonicis inuitis uel plebe non potest episcopum dare[b], ne[c] quem nolunt odiant et contempnant."[38]

[a] R add. et; [b] dare] ordinare R; [c] om. Z.

Aus dieser Antwort, die dem Metropoliten die Entscheidung überträgt, geht indirekt hervor, daß zur Zeit des Benencasa die Kanoniker die einzigen Wähler des Bischofs sind. Bedeutsam ist aber auch, daß Benencasa von Arezzo den Grundsatz, einer Kirche nicht gegen ihren Willen einen Bischof zu geben, uneingeschränkt auch für das Volk gelten läßt, damit es einen ungewollten Bischof nicht haßt oder verachtet.

2.6.6. Bernhard von Compostela (der Ältere)[39],

„ein ebenso fruchtbarer wie von äußerem Erfolg wenig begünstigter Kanonist"[40], der in etlichen Fragen eine Sonderlehre vertritt und daher in der Schule von Bologna als Außenseiter betrachtet wird, weicht in seinem Glossenapparat zum Dekret Gratians[41] in wesentlichen Punkten

---

[38] R fol.122vb.

[39] Über Bernhard von Compostela und sein Schaffen s. H. Singer, Die Dekretalen-sammlung des Bernardus Compostellanus antiquus: SAW 171/2 (1914) 1–119; S. Kuttner, Bernardus Compostellanus Antiquus: Tr 1 (1943) 277–340; A. M. Stickler, Bernhard v. Compostela: LThK II 242; R. Weigand, Neue Mitteilungen aus Handschriften: Tr 21 (1965) 482–485; G. Fransen, Deux collections de ‚questiones': Tr 21 (1965) 492–510; A. M. Stickler, Der Kaiserbegriff des Bernardus Compostellanus: StG XV 103–124. Nach Johannes Andreä soll Bernhard von Compostela auch eine Summa de electione geschrieben haben. J. F. v. Schulte vermutet, daß es sich hier um eine Verwechslung mit der Summa de electione des Bernhard von Pavia handelt (Die Geschichte der Quellen und Literatur I 190). Diese Ansicht teilt auch Prof. A. M. Stickler, wie aus einer persönlichen Mitteilung hervorgeht.

[40] A. M. Stickler: StG XV 107.

[41] „Dieser wohl nie mehr einheitlich überarbeitete Apparat dürfte um die Mitte des Jahres 1205 seinen wesentlichen Abschluß gefunden haben." (A. M. Stickler: StG XV 110). Die Dekretale Innozenz III. *Dilecti* wird ohne Titel zitiert, also noch nicht nach der Sammlung des Alanus (1206); erst ein späterer Einschub zitiert sie nach der Compilatio III. (vgl. unten 2.6 Anm.43). Hs. Gniezno 28 – 3. Glossenschicht – (G); zu dieser Handschrift s. A. Vetulani, Les manuscrits du Décret de Gratien et des oeuvres de Décrétistes dans les bibliothèques polonaises: StG I 226–232.

des Wahlrechts nicht von den Ansichten der übrigen Dekretisten seiner Zeit ab, wenn er sich auch kritisch mit Huguccio auseinandersetzt und ihm nicht in allen Details folgt.[42] Die Bischofswahl ist ausschließlich Sache des Kathedralkapitels.[43] Die Pfarrgeistlichen sollen lediglich ihre Zustimmung und ihren Rat geben, um ggf. eine unrechtmäßige Wahl abzusetzen. Die Religiosen (Äbte und Prioren) der Stadt sollen, soweit sie teilnehmen wollen, nicht ausgeschlossen werden.[44] Es ist ihnen jedoch

---

[42] Über die Position des Bernhard von Compostela im Verhältnis zu Huguccio fällen M. Bertram in der Frage eines päpstlichen Amtsverzichts (Die Abdankung Papst Cölestins V. (1294) und die Kanonisten: ZSavRGkan 56 (1970) 39 und 41) und F. Liotta in der Zölibatslehre (La continenza dei chierici 230) ein ähnliches Urteil. Den Standpunkt dieser beiden Dekretisten im Strafrecht vergleicht V. Piergiovanni, La punibilità degli innocenti II 22 f.

[43] „§ Eleccio est solius collegii matricis ecclesie[a)], ut infra e. Adrianus papa (c.2), infra e. Obeuntibus (c.35), § Ex his consti(tutionibus) (DG p.c.34), infra viii. Q.i. Episcopo non licere (c.3), extra Inno(centius) iii. Dilecti (Potthast 947 = X.2.12.3), infra di. prox.(sic!) Nullus laicorum (D.63 c.1), infra e. Nosse (c.12), infra di.prox.(sic!) Clerici (D.63 c.26) contra, supra di.lx. c.ult.(c.4) contra, infra vii. Q.i. Episcopus de loco (c.37), infra i. Q.vi. Si quis autem (c.1), extra de elect(ione) c.ii. (1 Comp.1·4.2 = X. 1.6.2) contra, infra di.lxiii. Plebs Dic(trensis) (c.11) contra. b." (G fol.42ra)

[a)] späterer Einschub: ut extra de causa pos(sessionis) et propri(etatis) (Cum) ecclesia Sutrina (3Comp. 2.5.1 = X.2.12.3).

Vgl. auch eine Glosse aus späterer Zeit mit der Sigle B., die mit Bernardus Compostellanus Antiquus aufzulösen ist, in der Hs. Pommersfelden 142 fol.46rb: (D.63 c.3) v.episcopos: „Ergo electioni metropolitani intererunt omnes episcopi conprouinciales ut infra e. Metropolitano (D.63 c.19) et lxvi.di. c.i.; set in hiis non attendo nisi consuetudinem ut extra de elec(tione) Cum ecclesia (3 Comp.1.6.16 = X.1.6.31) et extra de postulatione Bone (3 Comp.1.4.4 = X.1.5.4). De iure communi omnis electio spectat ad capitulum ut in extra de causa pos(sessionis) et proprie(tatis) Cum ecclesia (3 Comp.2.5.1 = X.2.12.3). B." Es handelt sich hier um eine Glosse aus dem Apparat des Johannes Teutonicus (s. unten 2.8 Anm.55), die durch Bernhard von Compostela um den letzten Satz erweitert ist. Bestätigt wird dies durch die endgültige Form der Glossa ordinaria in der von Bartholomäus von Brescia in den vierziger Jahren des 13. Jahrhunderts erstellten Fassung, die die vorliegende Glosse in ihrer erweiterten Form mit folgenden Siglen enthält: ber. (Hs. Wien 2060* fol.59vb); b. (Hss. München lat.14005 fol.57rb; Vat.lat.1365 fol.176ra); b'. (Hss. Wien 2057 fol. 73rb; Wien 2070 fol.44vb; Vat.lat.1366 fol.49rb); B'. (Hs. Wien 2102 fol.36va). Die gleiche Beobachtung läßt sich auch bei weiteren Einzelglossen machen, die in der Pommersfeldener Handschrift mit B. sigliert sind, so daß sich Bernhard von Compostela (der Ältere) durch seine nach 1216/17 geschriebenen Ergänzungen zum Apparat des Johannes Teutonicus (vgl. S. Kuttner, Bernardus Compostellanus Antiquus: Tr 1 (1943) 303 f und 318 f) für die weitere Entwicklung der Ordinaria zwischen Johannes Teutonicus und Bartholomäus von Brescia als wichtiges Bindeglied erweist, dessen Nachträge Eingang gefunden haben in die endgültige Rezension der Glosse zum Dekret.

[44] (D.63 c.11) v.parochiis (presbiteros): „§ Vt consentiant et[a)] consulant, consulti ut deponant illegitimam electionem, alioquin non sunt uocandi ut infra e. § Ex his (DG p.c.34). Religiosi tamen uiri de ciuitate, si uoluerint interesse, non excludantur ut infra e. Obeuntibus (c.35), uel hoc olim ex causa. b." (G fol.42 vb)

[a)] et] ut G.

149

ähnlich wie den Visitatoren nur erlaubt, die Kanoniker zu beraten. Bernhard lehnt die Meinung des Huguccio ab, die Religiosen könnten Widerspruch erheben und müßten gerufen werden[45], wie er auch dessen Ansicht nicht teilt, Zuwiderhandelnde seien ipso iure im Bann.[46] Zur Problematik bezüglich der widersprüchlich klingenden Vorschriften über den Wählerkreis im 2. Konzil von Nizäa und im 2. Laterankonzil bietet er drei mögliche Antworten an: entweder ist die dem 2. Nizänum zugeschriebene Bestimmung heute geändert, oder der Canon des 2. Laterankonzils ist durch entgegengesetzte Gewohnheit derogiert, oder es gelten beide ungeschmälert, insofern die Kanoniker wählen und die Religiosen nicht ausgeschlossen werden sollen.[47] Auch der Metropolit wird nur von den Kanonikern gewählt, während die Diözesanbischöfe zu seiner Konsekration zusammenkommen.[48]

Über das Konsensrecht des Volkes schreibt Bernhard von Compostela (der Ältere):

(D.62 c.1) v. expetiti: „§ Si ergo plebs non expetat, non erit episcopus. Respond. eo ipso expetit, quod non contradicit; filiam enim non uideri consentire patri, ubi euidenter contradicit, certum est ut ff. so(luto) ma(trimonio) l.ii. § ult. (Dig. 24.3.2,2), uel hoc leuiter obseruandum preterdixit ut ff. de uentre inspi(ciendo custodiendoque partu) l.i. § ult. (Dig. 25.4.1,15).. b."

(D.63 c.1) v. anathema: „§ Solet queri, an qui taliter consenserunt, postea contradicere possint, quod credo. Set quid si talis electus assumetur, estne locus contradictioni? Et credo quod sit, quia nulla est eleccio. b."[49]

---

[45] (D.63 c.30) v.presumat: „§ Canonici ergo eligent de consilio religiosorum; tantum enim consulere (et) admonere canonicis istis est permissum, sicut dico de uisitatoribus, idem dico de religiosis uiris qui intersunt electioni summi pontificis nec enim hoc c(apitulum) contradicit Cartaginensi concilio. Hu(guccio) tamen aliter sentit, qui dicit religiosos facere partem in contradictione et eos uocandos esse; religiosi hic uocantur abbates et priores religiosi.. b." (G. fol.44rb)
[46] (D.63 c.35) v.sub anathematis uinculo: „§ Ergo ipso iure omnes contra facientes anathematizati sunt secundum hu., quod non probo. b." (G fol.44vb)
[47] (D.63 DG p.c.34) v.Nunc autem: „§ Quasi dicat quod in Niceno dicitur olim obtinuit, hodie uero est inmutatum, uel forte sequenti c(apitulo) per contrariam consuetudinem est derogatum, uel dic utrumque illibatum esse, quia et canonici eligent et uiros religiosos, si se ingesserint, non excludent. b." (G fol.44va)
[48] (D.63 c.19) v.prouinciales episcopi: „§ Ar. episcopos diocesanos uocandos ad metropolitani electionem ut hic et lxiii.di. Valentinus (c.3), supra e.di. Quia igitur (c.9) quod non credo; hic ad consecrandum ueniunt extra de electione Si archiepiscopus (1 Comp.1.4.9(5) = X.1.11.6), hoc eo aliquando ad episcopos de consuetudine spectat, electio tamen canonicis ut supra e. Valentinus (c.3), uel ueniunt non ut eligant, set ut electum post confirmationem primatis consecrent. b." (G fol.43rb)
[49] G fol.42ra.

Bernhard hält daran fest, daß es keinen Bischof gibt, ohne daß das Volk ihn erbittet. Er sieht dieses allerdings schon verwirklicht, wenn das Volk nicht widerspricht. Wenn Laien auf Grund des angedrohten Kirchenbannes[50] zunächst auch ihre Zustimmung zur Wahl geben, so bleibt ihnen dennoch die Möglichkeit des späteren Einspruchs, selbst wenn der auf diese Weise Gewählte bereits angenommen ist. Daß auch der Konsens der Patrone bei der Wahl der Kleriker notwendig sei, berichtet Bernhard als Sentenz einiger Autoren, aus der sich aber keinerlei Recht herleite.[51]

2.6.7. Wilhelm von Gascogne[52],

ein Schüler des Alanus und in den ersten zwei Jahrzehnten des 13. Jahrhunderts vor allem als Dekretist eine ansehnliche Lehrautorität in Bologna, lenkt im Wahltraktat seines Glossenapparates zum Dekret Gratians (1204/08)[53] die Aufmerksamkeit auf die Stellung der Patrone. Aus der Dekretale *Nobis fuit*, die den Patronen an Konventualkirchen

---

[50] D.63 c.1.
[51] (D.63 c.15) v.preceperit: „§ De auctoritate principis fiebat de consuetudine et hoc propter causam que est infra e.di. § Principibus (DG a.c.28). Hinc arguunt quidam patroni consensum requirendum in electione clericorum, quod quidam concedunt in prima electione dumtaxat, set certe ex hoc nullum ius elicitur. Nam olim propter causam hoc de facto sustinebatur causa illa cessauit hodie et factum ut infra e. § Principibus (DG a.c.28). b." (G fol.43ra)
[52] Über Wilhelm von Gascogne und seine Glossen s. S. Kuttner, Bernardus Compostellanus Antiquus: Tr 1 (1943) 333–340; A. Vetulani, Les manuscrits du Décret de Gratien et des oeuvres du Décrétistes dans les bibliothèques polonaises: StG I 273–276; K. W. Nörr, Summa Posnaniensis: Tr 17 (1961) 543 f; A. M. Stickler, Der Dekretist Willielmus Vasco: Études d'Histoire du Droit Canonique dédiées à Gabriel Le Bras I 705–728; S. Kuttner, Emendationes et notae varie. III. Another Copy of Willielmus Vasco's Apparatus on Gratian: Tr 22 (1966) 476 ff; R. Weigand, Die Naturrechtslehre 230 f Anm. 49; A. M. Stickler, Ergänzungen zur Traditionsgeschichte der Dekretistik. II. Zum Apparat des Willielmus Vasco: BMCL 1 (1971) 76 ff.
[53] Hs. Poznań 28 fol. 105–220 (P). Welcher nachbernhardischen Dekretalensammlung sich Wilhelm von Gascogne bedient hat, ist aus der Allegation der Extravaganten nicht ohne weiteres ersichtlich, wenngleich A. M. Stickler der Meinung ist, daß Wilhelm die Sammlung des Gilbert ständig benützt und auch die des Alanus gekannt hat (Études d'Histoire du Droit Canonique dédiées à Gabriel Le Bras I 714). Die noch nicht in der Compilatio I. enthaltenen Dekretalen werden wie in den Apparaten der französischen Schule (vgl. unten 2.7 Anm. 8, 28 und 46) nach Rubriken, die dem von Bernhard von Pavia eingeführten System entsprechen, zitiert und mit *extra t(itulos)* eingeleitet, was möglicherweise auf die Compilatio I. zu beziehen ist. Es scheint nicht ausgeschlossen, daß die Dekretalenzitation überhaupt nicht nach einer Sammlung erfolgt, zumal die Dekretale Klemens III. *Nobis*, die sich allerdings auch bei Gilbert findet (Comp. Gilb. 3.24.2), wiederholt von Wilhelm mit Nennung des Papstnamens angeführt wird.

151

ein eigentliches Wahlrecht abspricht, und der Dekretale *Dilecti* Innozenz III., die die Bischofswahl ausschließlich dem Kathedralkapitel zuerkennt, zieht er den Schluß, daß der Patron überhaupt kein Teilnahmerecht an der Wahl besitzt.[54]

Eingehend setzt er sich mit Johannes von Faenza auseinander, von dem er zwar die bekannte Unterscheidung zwischen Kirchen mit Patronen und solchen ohne Patrone, zwischen Kirchen mit Kollegium und solchen ohne Kollegium übernimmt, den er aber hinsichtlich der Wahl an Kirchen, die ein Kollegium haben, korrigiert[55]:

(D.63 c.1) v. Nullus laicorum: „Nota quoniam quidam ius patronatus habent in ecclesiis, quidam non. Item ecclesia quedam habet collegium, quedam non. Item habentium collegium quedam est prelata alteri, quedam non. Laici ergo, qui non habent ius patronatus, numquam debent interesse, nisi ut in principio distinctionis diximus, qui ius patronatus habet, si ecclesie collegium non habent, faciat ipse electionem; si collegium habet, erit unus de eligentibus. Immo hoc est falsum; non enim in eo quod patronus est intererit, set si forte aliter de sua iurisdictione obtineat hoc ut extra t. de iure patronatus Nobis Clementis iii. (Jaffé 16466 = X. 3.38.25) ut infra xviii. Q.ii. Abbatem (c.4). Si uero ecclesia prelata sit alteri ut episcopatus, nullus laicus de eligentibus debet esse, nisi forte fundauerit eam uel locupletauerit; quo casu ut quidam dicunt principes sepe admittuntur."[56]

Für Wilhelm von Gascogne bildet der Patronat keinen Rechtstitel, der ein Wahlrecht begründen könnte. Er schließt aber nicht die Möglichkeit aus, daß sich ein Recht zu wählen aus dem Besitz von Jurisdiktion oder auch auf Grund einer langwährenden Gewohnheit ergeben kann:

(D.63 c.11) v. turbam: „Que debet accedere ad consentiendum, non ad eligendum, nisi forte hoc fit de consuetudine illius ecclesie uel nisi forte aliquis de populo optineat talem dignitatem per longam temporis

---

[54] (D.62 c.1) v.a clericis: „Eorum enim est electio tantum ar. extra t. de elec(tione) Dilecti (Potthast 947 = X.2.12.3). Vnde et ipse patronus (non) debet interesse ut extra t. de iure patro(natus) Nobis Clementis iii. (Jaffé 16466 = X.3.38.25)." (P fol.112rb)

[55] Zwei Randglossen, die um 1209 zu datieren sind (K. W. Nörr, Summa Posnaniensis: Tr 17 (1961) 544), weisen auf die Kritik an Johannes von Faenza hin: v.si collegium habet, erit unus de eligentibus: „In hoc male dixit." (P fol.112rb); v.Nota: „Hic ponitur quedam distinctio Johannis Faventini, que bona est cum quodam supplemento et correctione ut notari potest in eadem distinctione. e." (P fol. 112rb). Die Sigle e., die sich an mehreren Stellen in der Glossierung dieser Hs. findet, konnte bisher nicht identifiziert werden.

[56] P fol.112rb.

prescriptionem ut extra t. (de electione) Dilecti (Potthast 947 = X. 2.12.3)."[57]

Das Volk hat nicht zu wählen, sondern der Wahl zuzustimmen. Im einzelnen schreibt Wilhelm über dieses Konsensrecht:

(D.63 c.27) v. testimonia populorum: „Id est ut bona fama et bonum testimonium habeatur apud populos, quia eo ipso uidetur populus consentire et expetere electum, quod bone fame est, et nota quod nomine populi intelliguntur tam ciues quam alii ut inst. de iure naturali § Plebi scitum (Inst. 1.2,4 in c). Eligendus itaque debet apud omnes qui foris sunt esse bone fame ut viii. Q.i. Licet (c.15) et de con. di.i. Iubemus (c.60).."[58]

(D.62 c.1) v. a plebibus: „Ar. pro laicis ut infra lxiii.di. Vota (c.27). Set possuntne laici reuocare electionem factam sine consensu eorum? Videtur hic ar. quod sic, set contra est prout extra de elec(tione) Osius (1 Comp. 1.4.2 = X. 1.6.2); unde reuocant nisi forte aliter tumultus populi sedari non possit ut ff. (de) l(ege) cor(nelia) de f(alsis et de senatus consulto liboniano) penult. (Dig. 48.10.32), ar. ii. Q.v. Presbiter (c.13)."[59]

Dadurch, daß das Volk einem Kandidaten ein gutes Zeugnis ausstellt, scheint es ihn auch zu wollen. Verlangt wird, daß er bei allen in gutem Rufe steht. Eine Wahl, der die Zustimmung des Volkes fehlt, ist nur rückgängig zu machen, falls ein Tumult nicht auf andere Art und Weise eingedämmt werden kann.

In der Frage, wie weit außer den Kanonikern auch andere Kleriker der Stadt an der Bischofswahl teilnehmen, bezieht Wilhelm nicht eindeutig Stellung, sondern sucht einen Kompromiß.[60] Zunächst stellt er sich auf den Standpunkt der Dekretale *Dilecti*, die nur gewohnheitsrechtlich weitere Kleriker zuläßt, erklärt dann aber die Vorschrift des 2. Laterankonzils zur richtigen, die für die Prälaten zur Beratung der Wähler ein Teilnahmerecht vorsieht.[61] Der Metropolit wird vom Kapitel der Metro-

---

[57] P fol.112vb.
[58] P fol.113rb.
[59] P fol.112rb.
[60] Vgl. A. M. Stickler, Der Dekretist Willielmus Vasco: Études d'Histoire du Droit Canonique dédiées à Gabriel Le Bras I 719.
[61] (D.63 c.35) v.eorum consilio: „Simile infra x. Q.ii. Casellas (c.1) et xii. Q.ii. Sine exceptione (c.52). Set quos uocat religiosos uiros? Resp. clericos ciuitatis honestos ut abbates, priores et ceteros prelatos. Est enim autem hodie derogatum hoc capitulo per illud extra t. de electione Dilecti (Potthast 947 = X.2.12.3), ubi excluduntur omnes clerici ab electione preter clericos maioris ecclesie, nisi forte de speciali consuetudine alicuius prouincie fit, quod ceteri clerici debeant interesse uel nisi forte aliqui clerici prescriptione temporis optineant, quod debeant interesse prout innuitur

politankirche gewählt.[62] Die Bischöfe der Kirchenprovinz wirken höchstens auf Grund eines örtlichen Gewohnheitsrechtes mit.[63]

2.6.8. Zusammenfassung.

In der Epoche zwischen der Compilatio I. und der Compilatio III. steht die Kanonistenschule von Bologna im Zeichen einer verstärkten Hinwendung zur päpstlichen Dekretalengesetzgebung, in der allerdings das Laienelement bei der Wahl überhaupt keine Rolle spielt, so daß auch die Dekretalisten ihm keine Aufmerksamkeit schenken. Unter den Dekretisten, die sich bei der Kommentierung des Dekrets weiterhin mit dieser Frage befassen, besteht Einhelligkeit darin, daß überhaupt keine Laien – auch die Patrone nicht – von Rechts wegen zum Wählerkreis des Bischofs gehören, so daß sich in diesem Punkt die Ansicht des Huguccio nicht durchgesetzt hat. Ausschlaggebend dafür ist die Dekretale *Nobis fuit* Klemens III. vom 8.5.1190, die den Patronen an Konventualkirchen nur ein nachträgliches Konsensrecht zubilligt, ein wirkliches Wahlrecht dagegen ausdrücklich abspricht. Ein Teilnahmerecht für Laien läßt Alanus in der ersten Fassung seines Werkes lediglich auf Grund einer speziellen Einladung zu, Wilhelm von Gascogne auch auf Grund von Jurisdiktion und langjähriger Gewohnheit. Die theologische Frage, ob das Wahlrecht überhaupt Laien übertragen werden kann, beantwortet Alanus in der zweiten Rezension positiv, während er die Wahlbestätigung mit Bazianus für ein ius merum spirituale hält, das auf einen Laien nicht übergehen kann.

Den Konsens des Volkes halten alle Dekretisten grundsätzlich für notwendig. Lediglich Alanus bezeichnet ihn in der ersten Rezension für angemessen, zählt ihn in der zweiten Fassung aber zu den Wesenselementen, die die Gültigkeit der Wahl tangieren. Allerdings räumt er ein, daß das Wahlrecht durch unterschiedliche Gewohnheiten lokalen Verände-

---

ut in eadem decretali, uel melius dicas cum ii. (= Innocentio II. resp.Conc.Lat. II.), quia debent interesse ut consulant electoribus ut eligant, quia cito post consilium eorum possent electores mutari in melius." (P fol.113vb)

[62] (D.63 c.9) v.concilii: „Scilicet episcoporum et secundum hoc est ar. quod episcopi habent interesse electioni metropolitani ar. supra e. Valentinianus (c.3) et extra de elec(tione) Si archiepiscopus (1 Comp.1.4.9(5) = X.1.11.6). Set melius est ut dicas concilii id est capituli metropolitane ecclesie ar. xii. Q.ii. Episcopus qui mancipium (c.58), Placuit (c.51)." (P fol.112va)

[63] (D.63 c.19) v.prouinciales: „Argumentum quod in electione metropolitani debeant interesse ut supra di.e. Valentinianus (c.3) et forte ita optinet de consuetudine in quibusdam locis ar. simile extra t. de elec(tione) Dilecti (Potthast 947 = X.2.12.3)." (P fol.113ra)

rungen unterliegt. Eine Abschwächung des Konsensrechtes findet sich auch bei den übrigen Autoren: bei Benencasa, der die Möglichkeit der Dispens zuläßt; bei Bernhard von Compostela, der den Konsens schon verwirklicht sieht, wenn sich kein Widerspruch erhebt; bei Wilhelm von Gascogne, der den guten Leumund eines Kandidaten bereits als Zustimmung des Volkes interpretiert. Alanus und Benencasa halten daran fest, daß nicht gegen den Willen des Volkes ein Bischof eingesetzt werden kann, und Bernhard von Compostela hält nach einer unfreiwillig gegebenen Zustimmung noch einen Einspruch des Volkes für möglich. Wilhelm von Gascogne verlangt im Falle eines unüberwindlichen Skandals, die Wahl rückgängig zu machen. In der Frage des eigentlichen Wahlkörpers werden die Bemühungen, die Bestimmungen des vermeintlichen 2. Nizänums und des 2. Laterankonzils miteinander in Einklang zu bringen, abgelöst durch die Position der Dekretale *Dilecti* Innozenz III. aus dem Jahre 1200, die nach regulärem Recht das Kathedralkapitel als einziges Wahlgremium anerkennt, gewohnheitsrechtlich aber auch weitere Wähler zuläßt, und die zu Beginn des 13. Jahrhunderts von den Kanonisten rezipiert wird. Auch der Metropolit ist nur vom Kapitel seiner Kirche zu wählen, wenn nicht auf Grund einer örtlichen Gewohnheit die Bischöfe der Kirchenprovinz an der Wahl teilnehmen.

2.7. Die französische Schule von 1200 bis 1215

2.7.1. Die Summa „Induent sancti" (= Summa Duacensis)[1],

die in einigen Teilen von der ersten Rezension des Dekretapparates „Ius naturale" abhängig[2], in anderen Abschnitten mit den anglo-normannischen Summen „Prima primi uxor Ade" und „Quamuis leges seculares" verwandt ist, denen sie als Vorlage gedient hat[3], ist der französischen Schule zuzurechnen[4] und um 1200 abgefaßt.[5] Sie bietet in streng summierendem Stil einen Wahltraktat, dessen erster Teil (D.62) inhaltlich und

---

[1] Hss. Luxembourg 135 fol.174–206 (L); Douai 649 fol.96–140v (Db).
[2] B. Tierney, Two Anglo–Norman Summae: Tr 15 (1959) 489 Anm. 19; R. Weigand, Die Naturrechtslehre 239 Anm.1; H. Schmitz, Appellatio extraiudicialis 56.
[3] B. Tierney, a.a.O.: Tr 15 (1959) 486–491.
[4] So R. Weigand (Die Naturrechtslehre 238) und F. Liotta (La continenza dei chierici 239 f), während A. M. Stickler (LThK V 1294), C. Lefèbvre (Histoire du Droit et des Institutions VII 289), H. Schmitz (Appellatio extraiudicialis 55 Anm. 45) und P. Landau (Jus Patronatus 32) die Summa Duacensis zur anglo-normannischen Schule zählen.
[5] B. Tierney, a.a.O.: Tr 15 (1959) 486.

weitgehend auch redaktionell mit dem der Summa „Prima primi uxor Ade" identisch ist[6], dessen zweiter Teil (D.63) dagegen einen eigenen Text aufweist:

(D.62)[a] „Planum est quod clericorum eleccio[b] est. Quod de populi consensu dicitur debere fieri, in multis c(apitulis)[c] ad honestatem respicit, non ad iuris necessitatem ut e. c.ii., lxiii. Non est (c.6); est enim hoc de his que leuiter canon edicit sicut et pretor leuiter quidam edixit ut ff. de uentre inspi(ciendo custodiendoque partu) l.i. in fi(ne) (Dig. 25.4.1,15). Si ergo populo attribuitur petitio ut e. c.i. siue consensus ut lxiii. Nosse (c.12), lxvii. c.i. siue testimonium ut xxiiii. Nullus (ordinetur) clericus (c.2) siue eleccio Episcopos (D.63 c.13), nichil tamen iuris quoad eleccionem consistere dicitur in persona laicali, de quo tamen plenius dicetur prox(ima) di(stinctione) (D.63). Electus autem canonice a metropolitano est consecrandus. Si uero minus legitime electum consecrauerit, deponitur[d] uterque ut e. c.ult. (c.3)."

(D.63)[e] „Plenius prosequitur G(ratianus) quod inceperat de laicis ab electionibus excludendis, et primo dicimus quod eligere dicuntur laici set ualde inproprie id est eleccioni consentire ut e. Episcopos (c.13) aut proprie id est eleccioni cum aliis interesse et eligere suo iure ut xviii. Q.ii. Abbatem (c.4); immo solus etiam eligit presbiterum in ecclesia, cuius est patronus ut xvi. Q.vii. Decernimus (c.32). Eleccioni autem ecclesie cathedralis interesse non debet nisi uocatus ut e. c.i., ii. Speciale tamen est secundum quosdam in persona principis, ut eligere episcopum deberet in ecclesia, cuius est patronus ar. e. Reatina (c.16) uel Lectis (c.18). Credimus autem et illa de speciali iure loqui sicut et alia in hac di(stinctione) nisi sedis apostolice ordinatio imperatori ut e. In syno(do) (c.23), quod priuilegium personale fuit ut xxiii. In nomine domini (c.1), immo et si perpetuum esset, poterat nichilominus a papa reuocari, quia preiuditium non fecit suo successori papa, qui dedit. Ad solos ergo clericos ecclesie maioris pertinet episcopi electio ut e. § Ex his (DG p.c.34), nec est contra quod ad electionem conuocantur presbiteri parrochiales e.di. Plebs (c.11) et alie religiose persone ut e. Obeuntibus (c.35). Vocantur enim non ut eligant, set ut consulant, nec in e. Obeuntibus (c.35) precipiuntur uocari, set prohibentur excludi, sicubi aliter fit ius speciale[f] est. Si uota eligentium se in duas diuiserint partes, quid sit iuris, dicitur e. c.ult. (c.36) et distinctum inuenies xxiii.di. In nomine domini (c.1)."[7]

a) Db add. Quod clericorum est eligere; b) eleccio clericorum Db; c) debere fieri, in multis c(apitulis) om. Db; d) deponetur Db; e) Db add. Quod laici ab electione excludendi; f) Db add. non.

---

[6] Vgl. oben 2.5.9.
[7] L fol.179va.

Für die Summa Duacensis ist „klar", daß die Wahl Sache der Kleriker ist, und zwar fällt die Bischofswahl ausschließlich in die Kompetenz der Kleriker der Kathedralkirche. Andere Geistliche, die auf Grund des 2. Laterankonzils nicht auszuschließen sind, werden gerufen, um die Wählenden zu beraten, nicht aber um selbst zu wählen. Wo etwas anderes geschieht, handelt es sich um ein Sonderrecht. Das Gleiche gilt für die Kapitel im Dekret Gratians, die der staatlichen Autorität ein Wahlrecht zuerkennen. Auch diese beinhalten ein Sonderrecht bzw. ein persönliches Privileg, das nicht unwiderruflich ist. Sonst sprechen die Quellentexte nur im uneigentlichen Sinne von einer Wahl durch Laien. Wenn verlangt wird, daß sie einen Kandidaten erbitten, Zeugnis über ihn ablegen oder ihre Zustimmung geben, so meint das nicht eine rechtliche Notwendigkeit, sondern eine gewisse Angemessenheit, da Laien hinsichtlich der Wahl keinerlei Recht haben. Sie dürfen an der Bischofswahl nur teilnehmen, wenn sie eingeladen sind.

2.7.2. Der Glossenapparat „Ecce uicit leo",

der zwischen 1202 und 1210 in Frankreich geschrieben ist und nach der ursprünglichen Fassung noch eine geringfügige Überarbeitung erfahren hat[8], so daß auch für ihn die Beobachtung A. M. Sticklers zutrifft, „daß

---

[8] Hss. Paris B.N.nouv.acq.lat.1576 (P); St. Florian XI 605 (F). In der Hs. Hamburg Cod.jur.2231, die Pars II und III des Dekrets vollständig, Pars I jedoch nur fragmentarisch enthält, findet sich ein Apparat, in dem der Anfang der Glosse zu C.1 identisch ist mit dem entsprechenden Text des Dekretapparates „Ecce uicit leo" (M. Bertram, Some Additions: BMCL 4 (1974) 11 f). Über den Glossenapparat „Ecce uicit leo" s. S. Kuttner, Repertorium 59–66; ders., Bernardus Compostellanus Antiquus: Tr 1 (1943) 288 Anm.50; A. M. Stickler, Kanonistik: LThK V 1294; C. Lefèbvre, Histoire du Droit et des Institutions VII 283. Ein Vergleich von Texten des Apparates „Ecce uicit leo" in F und P offenbart in der sprachlichen Gestalt einen Unterschied, der über das gewöhnliche Maß an Textvarianten hinausgeht. Diese Beobachtung trifft nicht nur für das Wahlrecht zu, sondern gilt auch für andere Teile des Dekretapparates, wie die Untersuchungen von R. Weigand (Die Naturrechtslehre 245 Anm.39; 418 Anm.34 und 35; 426 Anm.71; 430; 431 f Anm.88) und H. Schmitz (Appellatio extraiudicialis 56 f, besonders Anm.51 und 53) beweisen, die in ihren Werken ebenfalls F und P heranziehen. Außer zahlreichen stilistischen Glättungen und einigen geringfügigen inhaltlichen Ergänzungen enthält P gelegentlich die Allegation von Dekretstellen und Dekretalen, die F nicht hat, so daß auch in bezug auf den Glossenapparat „Ecce uicit leo" ähnlich wie beim „Ordinaturus magister"-Apparat und wie beim Dekretapparat „Ius naturale" des Alanus zwei Rezensionen anzunehmen sind, von denen die frühere (in F) vor 1205 abgefaßt sein dürfte, weil die für das Patronatsrecht wichtige Dekretale *Pastoralis* vom 19.12.1204 noch keine Berücksichtigung findet (P. Landau, Ius Patronatus 19 Anm.72). Auch die für das Bischofswahlrecht entscheidende Dekretale *Dilecti* vom 7.2.1200 ist in F noch nicht erwähnt, sondern erst in P nachgetragen (s. unten 2.7 Anm.26). Die Art der Zitation läßt allerdings keinerlei

die Glossenapparate nicht aus einem Guß entstanden sind, sondern langsam heranwuchsen über mehrfache Redaktionen"[9], spricht ebenfalls den Laien hinsichtlich der Wahl jegliches Recht ab:

(D.63 pr.) v. Laici: „Hic est[a] lxiii.di. et quia in superioribus[b] dictum est quod laici debent consentire electioni[c], ne crederetur laicos ius in electione habere[d], ideo in hac di(stinctione) docet magister, quod laici in electione nullum ius habent[e] ...Si[f] est ecclesia[g] cathedralis, non debet interesse[h] patronus, nisi ei[i] concessum fuerit specialiter ut xxiii.di. c.i. Aliter non habet ius ibi, immo tantum[k] clerici debent eligere ut e. c.i. et ii. Illa ergo capitula que uidentur innuere, quod laici debent interesse[l], abrogata sunt uel debent de illis intelligi[m], quibus hoc specialiter est concessum."[10]

[a] est] signatur F; [b] superiori F; [c] electioni consentire F; [d] habere in electione F; [e] nullum ius habent in electione F; [f] Si] Set P; [g] ecclesia *om.* P; [h] interesse] esse F; [i] ei *om.* F; [k] tantum] utrum F; [l] debent interesse] interesse debeant electioni uel F; [m] intelligi de istis F.

Bei der Bischofswahl besitzt auch der Patron kein Teilnahmerecht, es sei denn, daß es ihm speziell verliehen ist. Wie die Summa Duacensis versteht auch dieser Glossenapparat die Kapitel Gratians, die ein Wahlrecht für Laien andeuten, im Sinne von Sonderrechten. Die Möglichkeit, einen Laien zur Bischofswahl einzuladen, wird vorausgesetzt:

(D.63 c.2) v. set silere et attendere: „Quia[a] cum de spiritualibus agitur, debent silere laici ut xvi. q.ult.(q.7) Laicis (c.24) et c.Laici (c.37)[b], Non placuit (c.23) et x.di. Non licet (c.2)"; v. inuitatur: „Tunc quando inuitatur laicus, debet subscribere[c] electioni arg. vii. q.i. Episcopus (c.37)."[11]

[a] Quia] Hoc uerum est F; [b] Laicis (c.24) et c.Laici (c.37) *om.* F; [c] describere P.

(D.63 c.27) v. honoratorum: „Id est maiorum, qui[a] si interfuerint[b] propter sedanda scismata, debent subscribere ut vii. q.i. Episcopus (c.37)."[12]

[a] qui] quoniam F; [b] interfuerint] ibi fuerint F.

Falls ein Laie eingeladen wird – gedacht ist hier wohl vor allem an Höhergestellte, die eine Spaltung vereiteln sollen –, so hat er das Recht

---

Rückschlüsse auf den Zeitpunkt der Überarbeitung der Glosse zu, weil nicht ersichtlich ist, ob der Autor überhaupt eine Dekretalensammlung benutzt hat und ggf. welche. In seinem Kommentar zu D.62 c.1 (P fol. 101ra) und D.63 c.19 (P fol.103va) nennt er die Dekretale *Dilecti* ohne Titel nach ihrem päpstlichen Autor Innozenz III. Zur Zitierweise der Dekretalen Innozenz III. in verwandten Glossenapparaten der französischen Schule vor der Compilatio III. s. unten 2.7 Anm. 28 und 46.
[9] A. M. Stickler, Der Dekretist Willielmus Vasco: Études d'Histoire du Droit Canonique dédiées à Gabriel Le Bras I 715.
[10] P fol.101rb.
[11] P fol.101va.
[12] P fol.104vb.

zu unterschreiben, darf aber an der Wahl nicht mitwirken, da Laien in geistlichen Angelegenheiten zu schweigen haben. Über das Konsensrecht des Volkes macht der Verfasser folgende Aussagen:

(D.62 c.1) v. nec a plebibus expetiti: „Forte ita fiebat antiquitus, set hodie post electionem tantum consentit populus ut lxiii.di., lxvii. Reliqui (c.1)ᵃ⁾."

ᵃ⁾ ut lxiii.di., lxvii. Reliqui (c.1) *om.* F.

(D.62 c.2) v. Docendus non sequendus: „Hic patet quod propter contradictionem populiᵃ⁾ non est repellendus electus, nisi tamen populus crimen aliquod electo uelit probareᵇ⁾ in modum exceptionis, quod potest ut xxiii.di. Illud (c.5). Dicunt tamen quidamᶜ⁾ quod si estᵈ⁾ contradictioᵉ⁾ irreuocabilis, potest electus repelli, quia debet habere bonum testimonium et ab his qui foris sunt ut de cons. di.i Iubemus (c.60), viii. q.i. L(icet) (c.15)ᶠ⁾. Alii dicunt quod nullo modo propter eorum contradictionem est repellendus electusᵍ⁾, quia non habet ius in electione ut extra de electione c.i. (1 Comp. 1.4.1 = X. 1.6.1), infra di.prox. (D.63) c.i. nec uane uoces populi audiende ut C. de penis l. Decurionum (Cod. 9.47. 12)ʰ⁾."¹³

ᵃ⁾ populi contradictionem F; ᵇ⁾ electo uelit probare] uelit probare electo F; ᶜ⁾ quidam tamen F; ᵈ⁾ est *om.* F; ᵉ⁾ F *add.* populi; ᶠ⁾ viii. q.i. L(icet) (c.15) *om.* F; ᵍ⁾ electus *om.* F; ʰ⁾ nec uane. .(Cod.9.47.12) *om.* F.

(D.63 c.1) v. donec obediat et consentiat: „Nisi uelit aliquid rationabiliterᵃ⁾ obicere electoᵇ⁾, quia etᶜ⁾ laicus ciuiliter potest crimen contra electum obicere arg. xxiii.di. Illud (c.5)."¹⁴

ᵃ⁾ rationabile F; ᵇ⁾ electo obicere F; ᶜ⁾ et] etiam F.

(D.63 c.19) v. ciuium: „Propter hoc inducitᵃ⁾ capitulum, set non intelligeᵇ⁾ eorum uoluntas estᶜ⁾ necessaria ad eligendum, et de honestateᵈ⁾ ad consentiendum."¹⁵

ᵃ⁾ inducitur F; ᵇ⁾ intelligitur F; ᶜ⁾ uoluntas est] uoces esse F; ᵈ⁾ de honestate] tantum F.

(D.63 c.26) v. requiratur: „Cleri requiritur consensusᵃ⁾ deᵇ⁾ necessitateᶜ⁾, consensus populi de honestate ut lxii.di. Docendus (c.2)."¹⁶

ᵃ⁾ requiritur consensus cleri F; ᵇ⁾ de] ex F; ᶜ⁾ F *add.* set.

Wenn das Volk früher vielleicht auch den Kandidaten erbeten hat, so gibt es jetzt nur noch nach der Wahl den Konsens ab, der nicht unbedingt erforderlich, sondern lediglich höchst angemessen ist. Einem Widerspruch des Volkes ist nur dann stattzugeben, wenn es dem Gewählten ein Vergehen nachweisen kann. Zu einem solchen Vorgehen sind auch Laien berechtigt. Manche meinen, ein Gewählter könne zurückgewiesen

---

¹³ P fol.101ra.
¹⁴ P fol.101rb.
¹⁵ P fol.103va.
¹⁶ P fol.104vb.

werden, wenn der Widerspruch unwiderruflich ist, da er auch bei Außenstehenden[17] in gutem Ruf stehen muß. Andere sind dagegen der Ansicht, dem Einspruch des Volkes dürfe niemals stattgegeben werden, da dem Volk bei der Wahl keinerlei Recht zusteht.

Die Wahl des Bischofs ist Sache des Kapitels.[18] Auch abwesende Kanoniker sind zu berücksichtigen; andernfalls ist die Wahl nichtig.[19] Unter den religiosi viri, die von der Bischofswahl nicht ausgeschlossen werden dürfen, versteht dieser Glossenapparat die Äbte, Ordensoberen, Prioren und Pfarrgeistlichen, nicht aber die übrigen einfachen Kleriker.[20] Ihnen kommt kein Wahlrecht zu, wohl aber das Recht, ihren Konsens zu erteilen[21], der im Unterschied zu dem der Laien erforderlich ist.[22] Das Anathem, das für den Ausschluß der religiosi angedroht wird, ist nicht als poena latae sententiae anzusehen, obwohl einige Autoren dieser Meinung sind und die Formulierung dies nahelegt.[23] Die von Huguccio

---

[7] K. Ganzer versteht diese Stelle in dem Sinne, daß ein Bischofskandidat auch bei den außerhalb der Stadt Wohnenden in gutem Ruf stehen muß (Zur Beschränkung der Bischofswahl auf die Domkapitel: ZSavRGkan 57 (1971) 65). Die Interpretation hat jedoch von den zitierten Stellen (C.8 q.1 c.15 und D.1 de cons. c.60) auszugehen, wo sich Gratian auf den Apostel Paulus beruft, der vom Vorsteher der Gemeinde verlangt: „Er muß auch außerhalb der Gemeinde einen guten Ruf haben, damit er nicht in üble Nachrede kommt und in die Falle des Teufels gerät." (1 Tim. 2,7).

[18] (D.62 pr.) „Hec est lxii.di., in qua docetur, quod[a] electio pertinet ad capitulum, consecratio ad archiepiscopum, et si aliter factum est, debet deponi aliter ordinatus." (P fol.101ra)
a) quod om. F.

[19] (D.63 c.10) v.conuocatis: „Arg. quod absentes canonici conuocandi[a] sunt ad faciendam electionem[b] arg. extra de electione c.i. (1 Comp.1.4.1 = X.1.6.1). Aliter non teneret[c] electio, sicut nec[d] tenet sententia data a duobus delegatis absente tertio. ." (P fol.102va)
a) uocandi F; b) electionem faciendam F; c) tenet F; d) nec] non F.

[20] (D.63 c.35) v.religiosos uiros: „Hic uocat religiosos uiros[a] abbates, prepositos, priores et[b] presbiteros rurales[c], non autem alios[d] simplices clericos." (P fol.106rb)
a) uiros om. F; b) et om. F; c) rurales] parociales F; d) non autem alios om. F.

[21] (D.63 c.11) v.presbiteros: „Non ad eligendum, set ad consentiendum ut infra e. c. penult. (c.35)[a]."
a) ut infra e. c.penult. om. F.

[22] Vgl. oben 2.7 den Text zu Anm.16.

[23] (D.63 c.35) v.sub anathematis uinculo: „Ergo[a] uidetur hic canon late sententie, quia[b] sub tali forma excommunicatur ut supra e. di.Salonitane (c.24) et hoc concedunt quidam et ita[c] excommunicati sunt, qui ab electione religiosos expellunt[d]. Melius est ut[e] dicatur, quod non sit late sententie[f], quamuis uideatur secundum formam uerborum, quia[g] non ubicumque[h] cum forma excommunicandi est excommunicatus ut xxxi.di. c.i. et ii. et iii." (P fol.106rb)
a) Ergo] Sic F; b) quia] quod F; c) ita] sic F; d) expellunt] excludunt F; e) ut] quod F; f) late sententie] dare F; g) quia om. F; h) ubi F.

genannten Formen, die religiosi auszuschließen[24], greift der Glossenapparat „Ecce uicit leo" auf und variiert sie wie folgt: Die erste Form des Ausschlusses liegt vor, wenn diejenigen, die zur Wahl einzuladen sind, nicht gerufen werden; die zweite Form ist gegeben, wenn ihnen der Wahltermin nicht mitgeteilt wird. In beiden Fällen ist die kanonische Vorschrift aber durch gegenteilige Gewohnheit, durch stillschweigendes Einverständnis des Papstes und durch das Nizänum außer Kraft gesetzt. Die dritte Form des Ausschlusses, die noch Geltung hat, liegt dann vor, wenn die religiosi darum bitten, an der Wahl teilnehmen zu dürfen, weil angeblich ein Unfähiger gewählt werden soll, und sie trotzdem nicht zugelassen werden. Dann kann man annehmen, daß auf üble Weise ein Untauglicher gewählt wird.[25] Die Wahl des Metropoliten liegt nach dem geltenden Recht nicht in der Kompetenz der Suffraganbischöfe, obgleich dies in einigen Kirchen die Gewohnheit ist.[26]

---

[24] Vgl. oben 2.4 Anm.167.

[25] (D.63 c.35) v.exclusis religiosis: „Hic uidetur quod non ualeat[a] electio, si fuerint religiosi exclusi, et nota quod tribus modis possunt dici exclusi[b] scilicet quando ad electionem faciendam non uocantur qui[c] uocandi sunt quando[d] habent ius in electione ut supra e. Quanto (c.10) et immo cum ex utriusque[e] item quando dies assignata ad eligendum non eis[f] manifestatur; et istis duobus modis propter[g] eorum absenciam irritatur electio...Set secundum has duas lecturas abrogatum est[h] hoc capitulum hodie[i] per contrariam consuetudinem et per tacitum consensum domini pape et per Nicenum concilium supra § prox. (DG p.c.34). Tertio modo possunt intelligi[k] exclusi ita quod non sit abrogatum[l], quando religiosi petunt ut intersint quod forte fit, quod[m] malum uolunt eligere et ipsi excluduntur et tunc[n] presumitur quod male et malum[o] elegerint sicut presumitur de illo, qui non uult in iudicio apparere quod malam causam habeat[p] ut xi. q.i. Christianis (c.12) et extra de presumptionibus Nullus (1 Comp.2.16.5 = X.2.23.4)." (P fol.106rb)

[a] F add. eorum; [b] possunt dici exclusi] dicuntur religiosi excludi F; [c] qui] quia F; [d] quando] qui F; [e] et immo cum ex utriusque om. F; [f] eis non F; [g] per F; [h] est om. P; [i] odie P; [k] possunt intelligi] intelligitur F; [l] F add. scilicet; [m] quod] quando F; [n] et tunc] quod F; [o] malum et male F; [p] habeat causam F.

[26] (D.63 c.19) v.Metropolitano: „Hic uidetur[a] quod episcopi debeant metropolitanum eligere[b] arg. supra e. Valentinianus (c.3) et[c] extra de electione Si archiepiscopus (1 Comp.1.4.9(5) = X.1.11.6). Set non debent de iure, quamuis in quibusdam[d] ecclesiis fiat de consuetudine immo clerici ecclesie uacantis In(nocentius) iii.[e] Dilecti (Potthast 947 = X.2.12.3) et e. § Ex his (DG p.c.34)[f]. Quod ergo dicitur hic[g] conuenire debent ad consecrandum ut lxvi. c.i.[h], quia in eadem ciuitate debet consecrari ut li.di. c.ult.(c.5) et Inno(centius) Dilecti (Potthast 947 = X.1.12.3)[i]." (P fol.103va)

[a] Hic uidetur] patet F; [b] eligere debeant metropolitanum F; [c] et om. F; [d] in quibusdam om. P; [e] P add. el (über der Zeile); [f] immo.. §Ex his om. F; [g] hic dicitur F; [h] ut lxvi. c.i. om. F; [i] et Inno(centius) Dilecti om. F.

2.7.3. Der Glossenapparat „Animal est substantia"[27],

auf Grund seiner Dekretalenzitate zwischen 1206 und 1210 entstanden[28], der in enger schulmäßiger Verbindung zum Apparat „Ecce uicit leo" steht[29] und in der „verstärkten Heranziehung des römischen Rechts zur

---

[27] Hss. Bamberg Can.42 fol.100–107; 29–99; 108–119 (B); Bernkastel-Kues 223, zweite Schicht (K); Liège B.de l'Univ. 127 E (L). Die zweite Schicht der Hs. Bernkastel-Kues 223, die über weite Teile von B und L abweicht, im Wahlrecht jedoch mit dem Text dieser beiden Handschriften identisch ist, hat A. M. Stickler eingehend analysiert und dabei genau festgelegt, welche Stücke im einzelnen dem Apparat „Animal est substantia" angehören (BMCL 1 (1971) 74). Zu der Frage, ob es sich bei den Stellen, die einen verschiedenen Text enthalten, um zwei Fassungen ein und desselben Werkes oder um zwei voneinander verschiedene Schriften handelt (R. Weigand, Die Naturrechtslehre 247 Anm.56), meint A.M. Stickler, daß die Texte trotz ihrer Verwandtschaft, die in der Zugehörigkeit zur gleichen Schule begründet ist, in Inhalt und Form so sehr voneinander abweichen, daß sie nicht als zwei Rezensionen, sondern als zwei selbständige Werke, die sich gegenseitig beeinflußt haben, anzusehen sind. Die sonderbare Zusammensetzung der zweiten Schicht in K ist möglicherweise so zu erklären, „daß entweder Animal est substantia oder die Glossa Cusana oder vielleicht beide im Entstehen waren und der Schreiber die fertigen Stücke aus beiden zusammentrug." (BMCL 1 (1971) 75)

[28] Terminus ad quem für die Abfassungszeit des Glossenapparates „Animal est substantia" ist die Compilatio III., die im Sommer des Jahres 1209 abgeschlossen und spätestens im Februar 1210 veröffentlicht wurde (A. M. Stickler, Historia Iuris Canonici Latini I 233), die aber in diesem Apparat noch keine Erwähnung findet. Als jüngste Dekretale, die den terminus a quo bestimmt, wurde bisher c.Licet quibusdam (Potthast 2763 = X.3.31.18) vom 3. Mai 1206 festgestellt (S. Kuttner, Repertorium 207 Anm.4). Welcher nachbernhardischen Dekretalensammlung sich der unbekannte Verfasser bei der Allegation von Extravaganten bedient hat, bedarf noch der Klärung (vgl. S. Kuttner, Repertorium 207). Die nicht in der Compilatio I. erfaßten Dekretalen werden nach Titelrubriken zitiert, die auf eine Einordnung in das bekannte System schließen lassen, und werden mit *extra t(itulos)* eingeleitet. Die in der Glosse zu D.62 c.2 zitierte Dekretale *Super his* vom 11. Februar 1203 (B fol. 42vb) steht sowohl in der Sammlung des Alanus (Comp. Al.5.1.5) als auch in der des Bernhard von Compostela (Comp. Rom.5.1.3), nicht aber in der des Gilbert, während sich die Dekretale *Dilecti* (s. unten 2.7 Anm.32) bei Gilbert im Anhang (Comp. Gilb. App.1) und bei Alanus in der zweiten Rezension (Comp. Al.II.1.6.7) findet, nicht jedoch (unter diesem Titel und mit diesem Incipit) in der Compilatio Romana (s. oben 2.6 Anm.18). Hieraus folgt, daß für die mit *extra t(itulos)* angeführten Dekretalen zumindest nicht ausschließlich die Sammlung des Gilbert oder ausschließlich die des Bernhard von Compostela herangezogen wurde. Darüber hinaus erscheint es höchst unsicher, ob die genannten Dekretalen überhaupt nach den drei bekannten Zwischensammlungen oder gar nach einer einzigen von ihnen zitiert werden (vgl. auch unten 2.7 Anm.46).

[29] Über den Glossenapparat „Animal est substantia" und über die Handschriften, die ihn enthalten, s. J. F. v.Schulte, Die Geschichte der Quellen und Literatur I 226; S. Kuttner, Repertorium 206 ff; G. Fransen, Manuscrits des décrétistes dans les bibliothèques liègeoises: StG I 298 ff; ders., Manuscrits canoniques conservés en Espagne: RHE 49 (1954) 153 f; A. M. Stickler, Decretistica germanica adaucta: Tr 12 (1956) 599 f; S. Kuttner, An Interim Checklist of Manuscripts: Tr 11 (1955) 447; 12 (1956) 564; 13 (1957) 470; ders., Brief Notes.Varia: Tr 14 (1958) 509; R. Weigand, Die bedingte Eheschließung 297 f Anm. 34; E. M. De Groot, Doctrina de iure naturali et positivo

juristischen Interpretation des Dekrets"[30] eine besondere Note aufweist, erklärt die Bezeichnung „wählen" in den Quellen wie zahlreiche Dekretisten vorher entsprechend der verschiedenartigen Funktion der an der Wahl Beteiligten: beim Volk als Bitte und Zustimmung, beim Klerus als Wahlhandlung und Stimmabgabe, beim Metropoliten als Bestätigung und Konsekration.[31] Eigentliches Wahlgremium ist sowohl gemeinrechtlich als auch gewohnheitsmäßig der Kathedralklerus.[32] Bezüglich der viri religiosi ist eine dem 2. Laterankonzil entgegengesetzte Gewohnheit in Übung[33]: ein Hinweis, daß die Bischofswahlen vielfach eine ausschließliche Angelegenheit der Domkapitel geworden sind. Die Gewohnheit spricht auch bei der Wahl des Metropoliten für die Kleriker der betreffenden Bischofskirche, obgleich der Metropolit neben den Kanonikern seiner Kirche auch den Suffraganbischöfen als ordentlicher Richter unmittelbar vorsteht und deshalb eigentlich auch von diesen gewählt werden müßte; wie außerdem ein Arzt von denen ausgewählt wird, die einer Behandlung bedürfen, so müßte auch der „Seelenarzt" von jenen gewählt werden, denen er seine Dienste widmet. Allerdings wären auf Grund dieser Überlegung auch Laien an der Wahl zu beteiligen, was der Glossenapparat jedoch ausschließt, weil sie angeblich indiskret wären und

---

humano in Summa Bambergensi (DD. 1–20), Druten 1970; S. Kuttner, Annual Report: Tr 26 (1970) 431; F. Liotta, La continenza dei chierici 252 Anm. 225; A. M. Stickler, Ergänzungen zur Traditionsgeschichte der Dekretistik. I. Zum Apparat ‚Animal est substantia': BMCL 1 (1971) 73 ff.

[30] S. Kuttner, Kanonistische Schuldlehre S. X.

[31] (D.63 c.13) v.Episcopos: „Propter hoc inducitur c(apitulum). Populus eligit id est expetit et consentit in electum xvi. Q.i. Frater (c.52)[a]. Clerus[b] eligit id est tractat de electione et nominat. Metropolitanus eligit id est confirmat et consecrat vii. Q.i. Remoto (c.30)[c]." (B fol. 43va)
[a] Frater (c.52)] Similiter (c.58) L; [b] Clerus] Electus L; [c] Remoto om. L.

[32] (D.63 DG p.c.34) v.Niceno: „Ergo illud statutum[a] fuit in concilio Niceno[b], est observandum ut statutum euangelicum d.xv. Sicut (c.2). Idem etiam[c] in noua constitutione domini Innocentii uidetur[d], quod de iure communi electio pertinet ad clericos maioris ecclesie extra t. de electione Dilecti (Potthast 947 = X.2.12.3), et hoc[e] habet consuetudo." (B fol.44va)
[a] statutum] ex quo factum L; [b] Niceno concilio L; [c] Idem etiam] dicitur L; [d] uidetur om. L; [e] L add. etiam.

(D.63 c.2) v.suscipiat: „Hoc[a] expresse habemus quod electio futuri antistitis[b] ad collegium pertinet[c] extra t. de electione Dilecti[d] (Potthast 947 = X.2.12.3)." (B fol.43ra)
[a] Hic L; [b] antistitis] pontifici L; [c] pertinet ad collegium L; [d] Dilectus B, L.

[33] (D.63 c.35) v.religiosos uiros: „Scilicet abbates, priores, sacerdotes, qui[a] forsitan non omnes[b] sunt conuocandi[c]. Consuetudo tamen[d] hodie habet contrarium[e]." (B fol.44va)
[a] quia B; [b] non omnes om. L; [c] conuocandi] uocandi set L; [d] tamen om. L; [e] L add. ubi electio facta fuerit.

sich immer auf einen einigen würden, der mit ihren Sitten konform geht.[34] Nach geltendem Recht haben auch die Patrone keine Befugnis mehr, an der Wahl des Bischofs teilzunehmen; aus Gründen der Ehrerbietung soll ihnen jedoch der Gewählte vorgestellt und soll ihr Konsens erbeten werden. Die einzige Ausnahme besteht darin, wenn jemandem in spezieller Weise das Recht auf Teilnahme zuerkannt wird, etwa einem Fürsten, um einen Tumult zu verhindern:

(D.63 c.1) v. Nullus laicorum: „..Si conuentualis sit ecclesia, olim patronus habebat[a] ius[b] in electione xviii. Q.ii. Abbatem (c.4). Hodie autem[c] non debet interesse electioni, set facta electione[d] propter reuerentiam debet electus[e] ei presentari et ipse debet assentire[f] extra t. de iure pa(tronatus) Preterea (1 Comp. 3.33.5 = X. 3.38.4); et hoc uerum est, nisi specialiter concessum sit alicui quod[g] intersit xxiii.d. In nomine domini (c.1). Alias[h] clericorum cathedralis ecclesie est electio[i] infra e.d. Adrianus (c.2). Vnde contra[k] c(apitulum) intelligo secundum antiqua tempora aut de his quibus specialiter hoc est indultum."[35]

a) habebat om. B; b) ius] uocem L; c) autem] tamen L; d) facta electione om. L; e) electus om. L; f) assentire] ei consentire L; g) quod] ut L; h) Alias] At K; i) ecclesie est electio] est electio ecclesie K; k) contra] contrarium L.

(D.63 c.2) v. uoluerit: „Imo ecclesia, si sibi timeat tumultum hereticorum, potest de iure inuitare principes[a] causa sedandi tumultus, et si princeps noluerit ecclesiam exaudire, poterit[b] excommunicari xxiii. Q.v. Principes (c.20)."[36]

a) principem L; b) L add. talis.

Über das Recht des Volkes, Zeugnis über den Kandidaten abzulegen

---

34 (D.63 c.3) v.supra nos: „Ergo electio metropolitani pertinet ad suffraganeos[a], imo uidetur quod non ualeat electio metropolitanorum exclusis uiris religiosis infra e.d. c.ult.(c.36). Preterea metropolitanus preest episcopis conprouincialibus sicut canonicis[b] ecclesie; est enim iudex ordinarius et suffraganorum et cano(nicorum)[c] immediate, ergo in preficiendo sibi capite debent interesse electioni, ad idem extra de elec(tione) Si archiepiscopus (1 Comp.1.4.9(5) = X.1.11.6). Preterea medicus corporum generaliter eligitur ab his, quorum curam[d] debet gerere ff. de decretis ab ordine faciendis l.i. (Dig.50.9.1). Ergo similiter et medicus animarum; ergo a suffraga(neis) eligitur metropolitanus. Si excipiatur quod non, quia secundum hanc rationem et laici deberent[e] interesse, dicimus quod non propter eorum indiscretionem et quia semper[f] consentirent[g] in conformem[h] moribus eorum. Solutio: quicquid dicamus consuetudo habet contrarium et hoc uidetur approbari infra e.d. § Ex his (DG p.c.34), ubi dicitur quod solum pertinet ad clericos maioris ecclesie. Tamen in hoc pertinet ad suffraga(neos) quod quilibet in[i] excipiendo contra electum potest se ei opponere." (B fol.43ra)

a) K add. uno; b) L add. maioris; c) suffraganeis et canonicis L; d) curam] causam K,L;e) dicunt B; f) quia semper] quod L; g) consentirent] consonaret L; h) conformem] confirmatione L; i) in om. L.

35 B fol.43ra.
36 B fol.43ra.

und zur Wahl die Zustimmung zu geben, macht der Dekretapparat „Animal est substantia" folgende Ausführungen:

(D.62 c.1) v. expetiti: „A plebe autem expetitur[a], si bone opinionis et testimonii sit erga populum, quia alia expetitio non requiritur de cons. d.i. Iubemus (c.60), uel[b] olim[c] desiderabatur in electione[d] consensus populi, hodie autem non, quia tota electio residet penes capitulum infra prox.[e] Adrianus (D.63 c.2) et hoc expresse extra t. de elec(tione) Dilecti[f] (Potthast 947 = X. 2.12.3). De iure enim communi[g] electio pertinet ad clericos cathedralis ecclesie."[37]

[a] expetiti B; [b] uel] p. K; [c] olim] communis B; [d] electis L; [e] prox.] e. B,K; [f] Dilectus B, K; [g] communi *om.* L.

(D.62 c.2) v. Docendus: „Verum est quando nil[a] uult obicere, set potest electo laicus aliquid[b] obicere in modum exceptionis[c], et causa tunc intelligitur ciuilis. Vnde ille[d] si conuictus fuerit, repelletur[e] tantum[f] a promotione[g], set beneficia ante collata non amittet. Ciuiliter enim potest laicus agere contra clericum de crimine[h] et potest talis causa, cum sit ciuilis, tractari per procuratorem, et hoc bene distinguitur in quadam decretali extra t. de accusationibus Super his (Potthast 1824 = X. 2.21.8). Si ante confirmationem sic[i] obicitur[k] crimen, si deficit[l] qui obicit, non punietur[m], post confirmationem punietur[n] deficiens[o]. Laicus enim ab accusatione clericorum repellitur[p], ab actione[q] non, quare[r] hic poterit[s] sic agere, cum non sit accusatio extra de testibus (et attestationibus) De cetero (1 Comp. 2.13.14 = X. 2.20.14). Vnde authenticum dicit quod in consecratione communiter coram omnibus debet consecrari, ut quilibet possit se[t] ei opponere qui uelit in auth(enticis) de sanctissimis episcopis § Hoc quoque oportet (A. 9.15.1 = Nov. 123.1). Electus etiam debet habere testimonium ab his qui foris sunt de cons. di.i. Iubemus (c.60)[u]."[38]

[a] nichil L; [b] aliquid laicus K; [c] L *add.* xxiii.d. Illud (c.5); [d] ille *om.* L; [e] repellitur K; [f] tantum *om.* L; [g] promissione K; [h] de crimine *om.* L; [i] sic *om.* L; [k] obiciatur L; [l] deficiat K,L; [m] punitur L; [n] punitur L; [o] deficiens *om.* L; [p] repellitur clericorum L; [q] L *add.* autem; [r] quia L; [s] poterat L; [t] se] id K; [u] de cons. d.i. Iubemus (c.60) *om.* L.

(D.63 c.1) v. consentiat: „Nisi in personam electi uelit[a] aliquod crimen[b] obicere in modum exceptionis, quod repellat illum[c] a promotione; hoc enim licite potest xxiii. Illud (c.5)."[39]

[a] uelint L; [b] crimen aliquod K; aliquid L; [c] illum] eum L.

(D.63 c.12) v. populi consensus: „Et dicitur populus consentire in electum[a] per bonam famam electi[b]. Vera[c] fama oritur ex bono testimonio; uel dicitur consentire, quando nullus de populo se opponit

---

[37] B fol.42vb.
[38] B fol.42vb,43ra.
[39] B fol.43ra.

electo obiciendo[d] aliquod[e] crimen. Nam eo quod publicum geritur negotium et publice ille qui non se[f] opponit, cum forte posset se opponere[g],
consentire intelligitur liiii.d. Si seruus (c.20), nam et capitulum eligendo
pastorem intelligitur[h] contrahere sponsalia ecclesie. Vnde cum ecclesia
non reclamauerit, intelligitur consentire ueluti si pater contrahat sponsalia
filie sue, si taceat, intelligitur consensisse ff. de sponsalibus Set que patris
(Dig. 23. 1.12.).''[40]

a) electione L; b) electi famam L; c) Vera] Nam K,L; d) obiciendo electo L; e) aliquid L; f) se non K,L;
g) se opponere posset L; h) liiii.d. …intelligitur om. B.

(D.63 DG p.c.25) v. acclamauerit: „Desideratur iste clamor populi,
ne postmodum possint contradicere, et hoc uerum est in consecratione,
quia postquam factus est episcopus, non audirentur laici in accusatione
episcopi. Tamen inuenimus quandoque, quod propter[a] clamorem populi
fit retractatio ut[b] de seruo manumisso[c] ff. qui et a quibus manumissi Si
priuatus (Dig. 40.9.17).''[41]

a) propter] per L; b) ut] sicut L; c) manumisso] qui manumissus est ad clamorem populi dicit id est quod
non est manumissus L.

(D.63 c.27) v. ciuium: „Scilicet laicorum in ciuitate commorantium;
nam de clericis post subiungitur. Vnde est ar(gumentum) quod non requiritur consensus eorum, qui extra urbem commorantur[a]. Set non ualet,
quia omnes, qui adesse possunt, sunt conuocandi[b] C. de decurionibus
l. Nominationum (Cod. 10.32(31).45).''[42]

a) morantur L; b) L add. supra e. Quanto (c.10).

(D.63 c.27) v. testimonium: „Quia electus debet habere testimonium
non tantum illorum qui intus sunt, set et illorum qui foris sunt de cons.
d.i. Iubemus (c.60), viii. Q.i. Licet (c.15) et est arg(umentum) quod ad
reprobandum[a] electum admittendum est testimonium laicorum, et hoc
uerum est[b].''[43]

a) reprobandum] repellendum L; b) est uerum K.

(D.63 c.29) v. ad salutandum: „Et est ar(gumentum) quod ipso facto[a]
consentimus in sacra(menta) ecclesie de cons. d.ii. Pacem (c.64); eque
enim facto ut dicto potest quis declarare uoluntatem suam ff. de l(egibus)
senatusque) c(onsultis) De quibus (Dig. 1.3.32), et inducunt quidam hoc
capitulum, quod, ex quo aliquis alium salutauit, intelligitur eo ipso ei[b]
remisisse, si in aliquo ei tenebatur, quod tamen ob hoc non credimus.
Non enim talem admittimus[c] presumptionem. Set si duo adeo adnexa[d]
fuerint, ut unum alterum necessario comitetur, tunc quando constat de

40 B fol.43va.
41 B fol.44ra.
42 B fol.44ra.
43 B fol.44ra.

uno, per id^e) presumendum est de alio. Set si adnexa^f) etiam dum tamen unus possit^g) relinquere^h) aliud, non admittimus etiam in his presumi, nisi lex uel canon presumat et presumendo statuat^i), ut si dominus cartam seruitutis remiserit seruo uel eam deleuerit, eo ipso presumit lex quod seruum manumiserit C. de latina libertate tollenda l.i. § Ille etiam (Cod. 7.6.1,11), similiter^k) si episcopus admiserit diu aliquem infamem^l) in sua familiaritate^m) et postmodum eum^n) a sua accusatione per exceptionem excommunicationis uel alicuius talis^o) repellere uoluerit, non audietur. Nam super hoc canon presumit extra de accusationibus Nulli (1 Comp. 5.1.3 = X.5.1.5)."^44

a) K,L add. potest quis (aliquis L) consentire in electo (electionem L) sicut in receptione pacis ipso facto; b) ei om. L; c) committimus B; d) adnexa adeo L; e) per id om. L; f) L add. sint; g) dum tamen unus possit] et alterum potest L; h) relinquitur L; i) constituat L; k) similiter om. L; l) L add. et; m) L add. recepit; n) eum] ipsum L; o) alicuius talis] infamie L.

Da die Wahl ausschließlich in den Händen des Kapitels liegt, ist vom Volk eine eigentliche Zustimmung bei der Wahl nicht mehr wie früher gefordert. Das Volk soll vielmehr darüber Aufschluß geben, ob der Kandidat sowohl innerhalb als auch außerhalb der Kirche einen guten Ruf genießt. Dazu sind nicht nur die Bürger der Bischofsstadt zusammenzurufen, sondern alle, die anwesend sein können. Die Konsekration des Bischofs soll vor allen stattfinden, damit jeder die Möglichkeit hat, Einspruch zu erheben. Nachträglich ist ein Einspruch nicht mehr möglich; denn nach der Konsekration sollen Laien bei einer Klage gegen den Bischof kein Gehör mehr finden, obwohl einige Fälle bekannt sind, in denen eine Bischofsbestellung wegen des Protestes von seiten des Volkes rückgängig gemacht wurde. Ist gegen die Person eines Gewählten etwas vorzubringen, so kann ein Laie das in Form einer Einrede tun. Der Prozeß gilt dann nicht als Straf-, sondern als Streitverfahren, das Laien gegen Kleriker führen können, während sie eine Anklage gegen Kleriker in Strafsachen nicht erheben können. Wird der Beschuldigte einer Straftat überführt, muß er von der Einsetzung ins Bischofsamt zurückgehalten werden. Wird er zu Unrecht beschuldigt, so ist der Kläger dann zu bestrafen, wenn er den Einspruch erst nach der Bestätigung der Wahl vorgebracht hat, sonst nicht. Falls niemand aus dem Volk sich dem Erwählten widersetzt und ihm niemand ein Vergehen vorwirft, wird der Konsens des Volkes präsumiert. Denn wenn gegen ein öffentliches Rechtsgeschäft kein Einwand erhoben wird, obwohl die Möglichkeit dazu besteht, wird dies als Zustimmung verstanden, wie auch das Schweigen der Tochter, wenn sie ihr Vater zur Ehe verspricht, als Einwilligung interpretiert wird. (Die Wahl des Hirten ist das Eheversprechen der Kirche!) Erst recht gilt

---

44 B fol.44rb.

der Gruß als Zeichen der Zustimmung zum Erwählten, da der Wille in gleicher Weise durch Wort und Tat zum Ausdruck gebracht werden kann.

2.7.4. Der Glossenapparat „Set dic quod in omnibus" (= Glossa Duacensis)[45],

der sowohl in seinen Aussagen als auch in seiner Argumentation mit dem Apparat „Animal est substantia" aufs engste verwandt und zwischen 1202 und 1210 in der französischen Schule entstanden ist[46], der allerdings in der einzigen bisher entdeckten Handschrift[47] wegen zahlreicher Radierungen für die Glossa ordinaria in der Fassung des Bartholomäus von Brescia, die die zweite Glossenschicht in dieser Handschrift

---

[45] Über den Dekretapparat in der Hs. Douai 592, dessen erste Glosse mit den Worte: „Set dic quod in omnibus talibus" beginnt (fol. 2ra/b), s. S. Kuttner, Repertorium 36n A. M. Stickler, Die ‚Glossa Duacensis' zum Dekret Gratians (Cod.ms.592 der Bibl. Municipale Douai): Speculum Iuris et Ecclesiarum 385–392; F. Liotta, La continenza dei chierici 264–269.

[46] Die Zeitangabe ergibt sich daraus, daß der Glossenapparat „Set dic quod in omnibus" für die Dekretalenzitation einerseits die Sammlung des Gilbert heranzieht, die mit extra ii. bezeichnet wird (A. M. Stickler, Die 'Glossa Duacensis': Speculum Iuris et Ecclesiarum 388), eine Zitierweise, die auch aus zeitgenössischen anderen Werken belegt ist (A. M. Stickler, Der Dekretist Willielmus Vasco: Études d'Histoire du Droit Canonique dédiées à Gabriel Le Bras I 714 Anm. 39; ders., Il decretista Laurentius Hispanus: StG IX 512), anderseits aber noch nicht die Compilatio III. benützt. Die Dekretale Dilecti wird ähnlich wie im Apparat „Animal est substantia" (s. oben 2.7.3 Anm.28 und 32) nach der Titelrubrik de electione zitiert, die mit extra ty(tulos) eingeleitet wird. Da diese für das Wahlrecht wichtige Dekretale sich nicht nur bei Gilbert (Comp.Gilb.App.1), sondern entgegen einer Behauptung von A. M. Stickler (Die 'Glossa Duacensis': Speculum Iuris et Ecclesiarum 389 Anm.7) auch bei Alanus (Comp.Al.II.1.6.7) findet, ist nicht auszumachen, nach welcher Sammlung sie zitiert ist. Es steht nur fest, daß die Sammlung des Bernhard von Compostela nicht in Betracht kommt, weil diese die Dekretale unter anderem Titel und mit verändertem Incipit enthält (Comp.Rom.2.5.1). Auch die Berücksichtigung anderer mit extra ty(tulos) angeführter Extravaganten führt nicht zur Verifizierung der benützten Sammlung. Wie A. M. Stickler festgestellt hat (Die 'Glossa Duacensis': Speculum Iuris et Ecclesiarum 389), gibt es extra ty(tulos) zitierte Dekretalen, die weder bei Alanus noch bei Bernhard von Compostela vorkommen, während die Sammlung des Gilbert dem Verfasser als extra ii. bekannt ist. Anderseits stehen unter der Bezeichnung extra ty(tulos) auch Dekretalen, die sich nur bei Bernhard von Compostela finden. Aus diesem Befund ergibt sich, daß die Glossa Duacensis die Dekretalen extra ty(tulos) nicht nach einer einzigen der drei bekanntesten nachbernhardischen Compilationen zitiert haben kann. Es bleibt die Alternative: Entweder hat der Autor eine bisher nicht bekannte Sammlung benützt, was A. M. Stickler für unwahrscheinlich hält (Die 'Glossa Duacensis': Speculum Iuris et Ecclesiarum 389), oder er hat die unter extra ty(tulos) genannten Dekretalen überhaupt nicht nach einer Sammlung zitiert, was in der Zitierweise des im gleichen Jahrzehnt in der französischen Schule entstandenen Apparates „Ecce uicit leo" eine gewisse Parallele hätte (s. oben 2.7 Anm.8).

[47] Einzige Hs. Douai 592 (Da).

bildet, nicht vollständig erhalten ist, stellt die Äquivozität des Wahlbegriffs in der Vergangenheit fest[48] und betont wiederholt daß nur noch die Kleriker der jeweiligen Kirche den Bischof (auch den Metropoliten) wählen.[49] Die für einen Ausschluß[50] der Religiosen im 2. Laterankonzil verhängte Irritierung der Wahl ist aufgehoben[51] und die dafür angedrohte Strafe nicht latae sententiae.[52] Als wichtigster Beweis für diese Aussagen dient die Dekretale *Dilecti* Innozenz III.

Über die Rolle der Laien bei der Bischofswahl schreibt der Glossenapparat „Set dic quod in omnibus":

(D.62 c.1) v. a plebibus: „Olim eligebant clerici cum religiosis infra dis. prox. Obeuntibus (D.63 c.35). Hodie eligunt clerici tantum infra dis. prox. Adrianus (D.63 c.2), extra ty. de elec(tione) Dilecti (Potthast 947 = X. 2.12.3). Tamen bonum debet habere testimonium populi electus de con. i.dis. Iubemus (c.60)."[53]

(D.62 c.2) v. Docendus: „Tamen obicere potest crimen in modum exceptionis xxiii.dis. Illud (c.5); nam dicitur quod coram populo debet consecrari, ut quilibet facultatem habeat contradicendi in authenticis quomodo oporteat episcopos § Oportet (A. 1.6 = Nov. 6.1,9 in c)."[54]

(D.63 pr.) v. Laici: „lxiii.dis. in qua ostenditur, quod nullus laicus ius habet in electione in hoc usque ad illum § His omnibus (DG p.c.8)."[55]

---

[48] (D.63 c.13) v.electionem: „Equiuoce: proprie quantum ad clerum, inproprie quantum ad populum pro consentire; similiter metropolitanus dicitur eligere pro confirmare vii. Q.i. Remoto (c.30), simile ff. de officio proconsulis ii. (Dig.1.16.2), ubi dicitur manumittuntur liberi, et serui pro liberi nuncupantur." (Da fol.47ra)

[49] (D.63 c.19) v.metropolim: „In qua debet consecrari li.dis. c.ult.(c.5), ar.quod suffraganei debent interesse electioni extra de elec(tione) Si archiepiscopus (1 Comp. 1.4.9(5) = X.1.11.6). Set hodie non tenet, immo soli clerici ecclesie eligunt infra e.dis. § Ex his (DG p.c.34)." (Da fol.47rb); (D.63 c.3) „Ar. quod metropolitanus eligi debet a suffraganeis ar. infra e.dis. Metropolitano (c.9)...Hodie uero tantum eligunt clerici ecclesie extra ty. de elec(tione) Dilecti (Potthast 947 = X.2.12.3)." (Da fol.46rb)

[50] (D.63 c.35) v.exclusis: „Tribus modis excluditur aliquis: quando non uocatur, quando ueniens non admittitur, quando admissus non auditur, nichil tamen quod unus contradicere potest extra de hiis que fi(unt) a ma(iori parte capituli) c.unico (1 Comp.3.10 = X.3.11.1), de hoc xxiii. dis." (Da fol.49ra)

[51] (D.63 c.35) v.irritum: „Hinc derogatum est per decretalem extra ty. de elec(tione) Dilecti (Potthast 947 = X.2.12.3)." (Da fol.49ra)

[52] (D.63 c.35) v.anathematis: „Non est canon late sentenie ut dictum etiam supra e.dis. Salonitane (c.24)." (Da fol.49ra)

[53] Da fol.46ra.

[54] Da fol.46ra.

[55] Da fol.46ra.

Kein Laie hat nach diesem Dekretapparat ein Mitwirkungsrecht bei der Wahl. Lediglich das gute Zeugnis des Volkes ist für den von den Klerikern Gewählten gefordert. Wie der Apparat „Animal est substantia" erkennt jedoch auch die Glossa Duacensis dem Volk die Möglichkeit zu, eine Straftat in Form einer Einrede anzuzeigen. Um Gelegenheit zur Stellungnahme zu geben, soll die Bischofskonsekration vor dem Volk geschehen.

2.7.5. *Die Summa quaestionum „Quesitum est de condicionibus"* [56],

in der zwischen 1205 und 1209[57] vermutlich von Schülern eines französischen Rechtsgelehrten 22 Quaestionen[58] zusammengefaßt worden sind, setzt das Domkapitel als einziges Gremium bei der Bischofswahl voraus[59] und erörtert auf originelle Weise[60] die Frage, ob Laien an der Wahl teilnehmen dürfen:

„§ Quesitum est de electione. Primo queritur, utrum laici debeant interesse, quod uidetur ut in extra de elec(tione) Si archiepiscopus (1 Comp. 1.4.9(5) = X. 1.11.6), ubi dicitur: qui omnibus preest, ab omnibus debet eligi; § ad idem infra e.t. c.Plebs (1 Comp. 1.4.12(8)). § Item admittitur contradictio laicorum in electione de necessitate ut xxiii.d. Illud (c.5); quare non similiter eius assumitur consensus in electione? § Quod non sint admittendi, uidetur ut lxiii.d. c.i., ii., iii. § Soluimus: ad hoc dicimus, quod laici non sunt admittendi de necessitate, set de honestate. Ad c.Si archiepiscopus (1 Comp. 1.4.9(5) = X. 1.11.6) dicimus, quod ibi loquitur de clericis tantum. Ad c.Plebs (1 Comp.

---

[56] Einzige Hs. Douai 649 fol.43–59 (Db).
[57] S. Kuttner–E. Rathbone datieren diese Quaestionen nicht vor 1205 (Tr 7 (1949/51) 315). R. Weigand nennt als spätesten Zeitpunkt 1210, da die Dekretalen ohne Kompilationsnummern zitiert werden (Die bedingte Eheschließung 320 Anm.118). F. Liotta gibt deshalb 1205/09 als Abfassungszeit an (La continenza dei chierici 269).
[58] Db fol.42v zählt insgesamt 60 Titel auf, von denen in der Summa quaestionum „Quesitum est de condicionibus" jedoch nur 22 behandelt werden (E. F. J. Taillar, Notice de Manuscrits concernant la législation du moyen-âge: Memoires de la société royale et centrale d'agriculture, sciences et arts du departement du Nord, séant à Douai 1843–1844 S.355 f; zit. nach R. Weigand, Die bedingte Eheschließung 320 Anm. 118).
[59] „§ Item queritur si capitulum compromisit de electione episcopi, utrum re integra possit reuocare compromissionem illam...Soluimus: quidam dicunt quod possunt reuocare re integra, alii dicunt quod non." (Db fol.49ra)
[60] In der Lehre von der bedingten Eheschließung stellt R. Weigand eine bemerkenswert „ausführliche, ja teilweise ausgefallene Kasuistik" fest (Die bedingte Eheschließung 324), der in der Erörterung des Wahlrechts eine außergewöhnliche Sorgfalt in der Argumentation entspricht.

1.4.12(8)) dicimus, quod eligere ibi ponitur pro postulare. § Ad hoc quod dictum est, quare non assumitur eius consensus de necessitate sicut eius contradictio, dicimus: hec est probatio, quia laicis nulla datur facultas disponendi de rebus ecc(lesie) ut xcvi.d. Vbinam (c.4), set tantum eis conceditur, ut ea que male acta sunt, possint reuocare, et habes simile xvi. Q.vii. Filiis et nepotibus (c.31)."[61]

Der Verfasser nennt zuerst Gründe, die für eine positive Beantwortung der anstehenden Frage sprechen: in der Dekretale *Si archiepiscopus* den Grundsatz „Wer allen vorsteht, soll von allen gewählt werden", sodann die Dekretale *Plebs* und schließlich die Überlegung, warum nicht der Konsens der Laien bei der Wahl ebenso als rechtliches Erfordernis aufzufassen ist, wie die Möglichkeit, Einspruch zu erheben, rechtlich zugestanden wird. Gegen eine Teilnahme von Laien sprechen die ersten drei Kapitel der Distinctio 63 im Dekret Gratians. Bei der Lösung der Frage geht der Autor sehr gewissenhaft auf die vorgetragenen Argumente ein und bezieht eine mittlere Position: Laien sind nicht zur Wahl zuzulassen aus Gründen der Notwendigkeit, sondern aus Gründen der Anständigkeit. Der in der Dekretale *Si archiepiscopus* ausgesprochene Grundsatz, daß alle Untergebenen ihren Vorgesetzten wählen dürfen, betrifft nur die Kleriker. In der Dekretale *Plebs* bezieht sich die dem Volk zugesprochene Vollmacht nicht auf die Wahl, sondern auf die Wahlbitte. Daß der Konsens des Volkes nicht die gleiche rechtliche Relevanz hat wie ein Einspruch, wird so erklärt, daß Laien grundsätzlich nicht die Befugnis übertragen wird, in Angelegenheiten der Kirche mitzuentscheiden, sondern daß ihnen lediglich zugestanden wird, nachträglich gegen eine Fehlleistung Widerspruch anzumelden.

2.7.6. Zusammenfassung.

Im ersten Jahrzehnt des 13. Jahrhunderts gilt in der französischen Schule ausnahmslos das Kathedralkapitel als einziges Wahlgremium an der Bischofs-(auch Metropolitan)kirche. Wichtigster Beweis, auf den sich diese eindeutige Position der französischen Kanonisten stützt, ist die Dekretale *Dilecti*, in der Innozenz III. am 7. Februar 1200 anläßlich eines Streites über die Bischofswahl in Sutri grundsätzlich feststellt, daß die Wahl des Bischofs regulär nur dem Kathedralkapitel, gewohnheitsrechtlich darüber hinaus auch anderen Gruppen zukommt.

Die Hinzuziehung weiterer Kleriker, die vom 2. Laterankonzil gefor-

---

[61] Db fol.48vb/49ra.

171

dert ist, geschieht nur, um sich beraten zu lassen (Summa „Induent sancti"), um deren Konsens einzuholen (Apparat „Ecce uicit leo"), oder sie unterbleibt sogar auf Grund gegenteiliger Gewohnheit (Apparat „Animal est substantia"). Nach dem Glossenapparat „Set dic quod in omnibus" hat ihr Ausschluß niemals die Ungültigkeit der Wahl zur Folge, nach dem Dekretapparat „Ecce uicit leo" nur dann, wenn die übrigen höheren Kleriker nicht zugelassen werden, obschon sie ausdrücklich die Teilnahme am Wahlgeschehen wünschen, weil sie die Wahl eines Unfähigen befürchten. Die für den Ausschluß der religiosi angedrohte Exkommunikation wird nicht als poena latae sententiae verstanden.

Laien besitzen kein Wahlrecht, auch die Patrone nicht. Nach dem Glossenapparat „Animal est substantia" soll jedoch aus Ehrerbietung vor ihnen ihre Zustimmung eingeholt werden. Als Gründe für den Ausschluß der Laien nennt dieser Apparat die Gefahr der Indiskretion und des Opportunismus. Früher geltende Mitwirkungsrechte von Laien erklären die Summa „Induent sancti" und der Apparat „Ecce uicit leo" als Sonderrecht. Teilnehmen dürfen Laien nur, wenn sie zur Wahl eingeladen sind. Ziel ihrer Teilnahme ist dann nach den Glossenapparaten „Ecce uicit leo" und „Animal est substantia" die Sorge für einen geordneten äußeren Ablauf der Versammlung, nicht aber Beteiligung an der Wahl, da Laien in geistlichen Dingen schweigen sollen. Eine Anteilnahme des Volkes an der Wahl besteht nicht mehr in Form eines Vorschlags, sondern nur noch als anschließende Zustimmung (Apparat „Ecce uicit leo") oder in Form des Zeugnisses über den Kandidaten (Apparate „Animal est substantia" und „Set dic quod in omnibus") und ist in jedem Fall nicht de necessitate, sondern de honestate (Summa „Induent sancti" und Summa quaestionum „Quesitum est de condicionibus"). In der Frage eines Widerspruchs von seiten des Volkes nennt die französische Rechtsschule zwischen den beiden Extremen, einem unwiderruflichen Protest stattzugeben bzw. dem Volk niemals nachzugeben, einen mittleren, rechtlich eindeutigen Weg, der den Laien im Falle einer Straftat des Kandidaten das Recht auf Einrede zubilligt, die nicht als Straf-, sondern als Streitverfahren gilt. Außerdem soll die Konsekration eines Bischofs in Anwesenheit des Volkes gespendet werden, damit das Volk Stellung nehmen kann. Wenn es gegen den Kandidaten nichts vorbringt, wird allgemein seine Zustimmung angenommen.

In formaler Hinsicht zeigt sich in der französischen Schule zu Beginn des 13. Jahrhunderts durch die verstärkte Heranziehung des römischen Rechts, wie sie in den Dekretapparaten „Animal est substantia" und

„Set dic quod in omnibus" begegnet, eine gründlichere wissenschaftliche Fundierung der vorgetragenen Auffassungen, die auch in der Überarbeitung des Glossenapparates „Ecce uicit leo" zu Tage tritt.

2.8. Die Bologneser Schule von 1210 bis 1225 und die Gesetzgebung Gregors IX.

2.8.1. Laurentius Hispanus,

der seine Glossen zum Dekret Gratians nach der Compilatio II. des Johannes Galensis (1210/12) und vor seiner Rückkehr von Bologna nach Spanien (im Frühjahr 1214) in einem eigentlichen Apparat (= Glossa Palatina)[1] zusammengefaßt hat, assimiliert in eigenständiger Weise die Lehren seiner Vorgänger und Zeitgenossen und übt durch sein Werk einen starken Einfluß auf Schüler und Kollegen aus.[2] Mit Berufung auf die Entscheidung Innozenz III. aus dem Jahre 1200, die er nach der Compilatio III. des Petrus von Benevent zitiert, erklärt er die Kleriker

---

[1] Hss. Vat.Reg.lat.977 (Va); Vat.Pal.lat.658 (Vb). Außer in Va und Vb ist der Dekretapparat des Laurentius Hispanus auch in den Hss. Durham C III 8, Douai 590 und Salzburg a XII 9 vollständig enthalten. Alle übrigen Hss. mit der Glossa Palatina (StG IX 502) haben diese nur fragmentarisch oder – im Falle der Hss. Paris B.N.lat.15393 (StG IX 492–498), München lat.28174 (StG IX 503–510) und Arras 500 (592) (StG IX 511–539) – in anderem Wortlaut, woraus A. M. Stickler den Schluß zieht, daß es sich bei den Glossen in den drei letztgenannten Hss. nicht um den eigentlichen Text der Glossa Palatina handelt, sondern um eine reportatio von seiten eines Schülers des Laurentius Hispanus bzw. um ein Arbeitsmanuskript, wie es offensichtlich bei den Glossen der Hs. Arras 500 (592) (A) der Fall ist, die wegen der Dekretalenzitate zwischen der Compilatio Romana und der Compilatio III., also zwischen 1208 und Anfang 1210, verfaßt sein müssen und eine Frühredaktion der Glossa Palatina darstellen (StG IX 461–549). Da der Wahlrechtsteil in A größtenteils fehlt (s. oben 2.4 Anm.70), kann im Folgenden nur eine Glosse aus A vergleichsweise der Glossa Palatina gegenübergestellt werden.
[2] Über die Glossa Palatina und ihren Verfasser s. S. Kuttner, Eine Dekretsumme des Johannes Teutonicus: ZSavRGkan 21 (1932) 141–189; ders., Repertorium 81–92; ders., Bernardus Compostellanus Antiquus: Tr 1 (1943) 286 ff; R. Bidagor, Contribution española al estudio del Decretum Gratiani: StG II 533; F. Gillmann–E. Rösser, Der Prager Codex XVII A 12 (früher I B I) und der Dekretapparat des Laurentius Hispanus: AkathKR 126 (1954) 3–43; italienisch: StG VII 391–445; A. M. Stickler, Laurent d'Espagne: DDC VI 361–364; A. García y García, Laurentius Hispanus, Roma–Madrid 1956; A. M. Stickler, Kanonistik: LThK V 1294; ders., Laurentius Hispanus: LThK VI 832; ders., Il decretista Laurentius Hispanus: StG IX 461–549; ders., Die Zweigliedrigkeit der Kirchengewalt bei Laurentius Hispanus: Ius sacrum 181–206.

der jeweiligen Kirche zum Kreis der Wählenden[3], verlangt jedoch, daß an der Bischofswahl alle Kleriker der Stadt teilnehmen, um ihren Konsens abzugeben.[4] Diese gehören aber ebenso wie die Prälaten des Bistums nicht zum Wahlgremium, sondern haben nur eine beratende Funktion.[5] Die Strafandrohung für den Ausschluß der Religiosen von der Wahl hält Laurentius durch gegenteilige Gewohnheit für außer Kraft gesetzt.[6] An der Wahl des Metropoliten nehmen auch die Konprovinzialbischöfe teil[7], um den Gewählten sofort zu konsekrieren; oder ihre Teilnahme ist gewohnheitsrechtlich begründet; oder sie gelten als fiktive Kanoniker der Metropolitankirche.[8]

---

[3] (D.62 c.1) v.a clericis: „Id est clericis ipsius ecclesie extra iii. de causa possessionis et proprietatis c.i. (3 Comp.2.5.1 = X.2.12.3) et infra di. proxima Ex hiis (D.63 DG p.c.34)." (Va fol.46va)

[4] (D.63 c.11) v.omnes: „Arg. in electione episcopi debere interesse totum clerum ciuitatis et uerum est ad consentiendum infra e.di. Obeuntibus (c.35), infra e.di. Ex his (DG p.c.34) contra." (Va fol.47va)

[5] (D.63 DG p.c.34) v.religiosis: „De hiis religiosis dic quod licet intersint non tamen faciunt partem nec possunt nisi consulere tantum. Vnde plus ualet absentia quam presentia ff. de re iudica(ta) Duo ex tribus (Dig.42.1.39), ff. de recept(is) Item si § ult. (Dig.4.8.17,7)." (Va fol.49rb)

[6] (D.63 c.35) v.excludant:

„Arg. quod aliquorum consensu fieri debet, eorum[a] dissensu impeditur faciendum et dissoluitur factum ut supra di.li. Qui in aliquo (c.5) et xxxi. Q.ii. Si uerum est (c.1), supra di.lxii. Nulla ratio (c.1), i. Q.i. Ordinationes (c.113), x. Q.ii. Casellas (c.1), xii. Q.ii. Alienationes (c.37), xv. Q.vii. Episcopus nullus (c.6), xxxiii. Q.V. Quod deo (c.4), Manifestum (c.11), xx. Q.ii. Puella (c.2). Dicit Huguccio istos tripliciter excludi posse: tunc proprie excluduntur cum non uocantur, si uocati non audiuntur, et credo hoc capitulum non tenere. Consuetudine enim aliud obseruatur, et religiosi hic uocantur clerici eiusdem ciuitatis uel prelati episcopatus arg. lxxix. Si quis pecunia et sequentium etc. (c.9–11)." (Va fol. 49vb)

[a] Vb add. debet eorum.

„Dicit Hug(uccio) eos tripliciter excludi: primo cum excluduntur, secundo cum non uocantur, tertio si uocati non audiuntur et his tribus casibus dicit canonicos excommunicatos et electio non ualere. b'(= Bernardus Compostellanus Antiquus) contra tamen hu(guccionem) dicit ca(pitulum) non tenere hodie, ponit tamen diuersas opiniones." (A fol.29va). Vgl. oben 2.6. Anm. 45 und 46.

[7] (D.63 c.19) v.prouinciales: „Arg. quod electioni metropolitani debeant interesse episcopi ut supra e. Valentinianus (c.3)." (Va fol.48ra)

[8] (D.63 c.19) v.conuenire: „Ideo conueniunt[a] ut statim consecrent uel ex consuetudine uel hoc quia quasi finguntur esse canonici metropolitane ecclesie ut di.lxxxvi. Si quid (c.23)." (Va fol.48ra)

[a] inueniunt Vb.

Laien dürfen an Kirchen, die ein Kollegium haben, nicht teilnehmen: (D.63 pr.) v. Laici: „..Vt ergo breuiter comprehendas summam: Nullus laicus in ecclesia conuentuali interesse debet electioni, nisi inuitetur infra e. c.ii., etiam si sit patronus, nisi ex iurisdictione et consuetudine hoc[a] habeat. In ecclesia[b] non conuentuali ipsemet per se eligit ut extra ii. de iure patronatus Nobis (2 Comp. 3.24.2 = X. 3.38.25). Dicit tamen h. (= Huguccio), quod etiam in conuentuali patronus debet esse de electoribus arg. xviii. Q.ii. Abbatem (c.4). Hoc autem capitulum de non patronis intelligit.."[9]

[a] hic Vb; [b] ecclesia *om.* Vb.

Der Ausschluß der Laien von der Wahl gilt auch für die Patrone[10], die allerdings im Anschluß an Wilhelm von Gascogne auf Grund der Jurisdiktion und der Gewohnheit ein Wahlrecht besitzen können. Teilnehmen können jedoch Laien, die zur Wahl eingeladen sind.[11]

Der Konsens des Volkes ist für Laurentius nicht unbedingt erforderlich:

(D.62 c.1) v. a plebibus expetiti: „Quod intelligitur, cum ei reddunt bonum testimonium supra xxiii. c.i. et lxvii.di. Reliqui (c.1), nec est plebis consensus necessarius. Vnde si aliquis consecretur non habito consensu populi, non est deponendus, quia non ita fortiter hoc edictum est de consensu populi arg. ff. de uentre inspi(ciendo custodiendoque partu) l.i. c.ult. (Dig. 25.4.1,15). Dicit tamen h.(= Huguccio), quod ubi scandalum est irreuocabile, deponi debet arg. xvi. Q.vii. Decernimus (c.32). Dico autem populum consentire eo, quod non contradicit sicut et filia ff. so(luto) matri(monio) l.ii. § ult. (Dig. 24.3.2,2). Immo etiam si contradicat, dum tamen causam non assignat, potest ei obicere in personam electi, quia interest eius bonum prelatum habere arg. infra proxima Adrianus (D.63 c.2), quia nec clerici audirentur extra i. de hiis que fiunt a maiori parte (capituli) c.i. (1 Comp. 3.10 = X. 3.11.1)."[12]

(D.63 c.29) v. ad salutandum: „Arg. eos consensisse electioni ex quo interfuerunt et eum salutauerunt et non reclamauerunt."[13]

(D.62 c.2) v. Docendus: „§ Cum clerus uult eligere uel eliget canonice,

[9] Va fol.46vb.
[10] (D.63 c.1) v.Nullus: „Nec etiam patronus, cum tantum de electione metropolitani uel episcoporum tractet hic." (Va fol.46vb)
[11] (D.63 c.2) v.inuitatur: „Hic ad electionem inuitantur laici, alibi ad sermonem faciendum ut xxiii.di. Mulier (c.29), alibi ad causas matrimoniales decidendas xxxv. Q.v. Ad sedem (c.2). In causa etiam fidei interesse potest suo iure laicus, quia communis est et non uocatus xcvi. Vbinam (c.4)." (Va fol.47ra)
[12] Va fol.46va.
[13] Va fol.49rb.

set populus non uult consentire, cum nichil obiciat in electum, faciendum est quod hic dicitur infra i. Q.i. Ordinationes (c.113), supra di.li. c.ult. (c.5), infra proxima di. Nosse tuam (D.63 c.12), infra vi. Q.i.[a) Sacerdotes (c.8)."[14]

[a) Nosse tuam, infra vi. Q.i. *om.* Va.

Die Zustimmung des Volkes gilt als gegeben, wenn das Volk dem Kandidaten ein gutes Zeugnis ausstellt, wenn es ihn grüßt und nicht reklamiert. Selbst wenn jemand ohne Zustimmung des Volkes zum Bischof konsekriert wird, ist er nicht abzusetzen. Ein unbegründeter Einspruch gegen die Person des Gewählten verdient keine Beachtung.

2.8.2. Anonyme Glossen in der Hs. Madrid B.Fund.Láz.Gald. 440 [15],

deren jüngste Schicht, sowohl aus Marginal- als auch aus Interlinearglossen bestehend[16], auf Grund ihrer Dichte einen eigentlichen Apparat bildet und nach der Compilatio II. (1210/12) geschrieben ist[17], folgen im Wahlrecht weitgehend der zweiten Rezension des Dekretapparates des Alanus, dessen Argumentation durch das römische Recht häufig eine

---

[14] Va fol.46va.
[15] A. García y García, der die Dekrethandschrift Madrid B.Fund.Láz.Gald.440 (M) entdeckt und beschrieben hat (Nuevos manuscritos del Decreto de Graciano en España: Études d'Histoire du Droit Canonique dédiées à Gabriel Le Bras I 121–126), unterscheidet folgende Marginalglossen:
a) Parallelstellen;
b) Notabilien (in Dreiecksform);
c) Apparat „Tractaturus magister", der mit keiner bisher bekannten Schrift identisch ist; er läßt den Traktat de poenitentia aus;
d) Kommentar „Expleto tractatu de matrimonio" zum Traktat de consecratione;
e) Fragmente der Dekretsumme des Huguccio.
[16] Die sehr reiche Glossierung dieser Handschrift lediglich formal nach Interlinear- und Marginalglossen zu unterscheiden, wie es bei F. Cantelar Rodriguez (El matrimonio de herejes 123 ff) geschieht, ist zur Einordnung und Auswertung des eingetragenen Glossenmaterials nicht ausreichend, weil auf diese Weise die unterschiedlichen Schichten nicht adäquat erfaßt werden. Wenn F. Cantelar in der Lehre vom Ehehindernis der Religionsverschiedenheit tatsächlich eine Diskrepanz zwischen Interlinear- und Marginalglossen feststellt, dann ist dies darin begründet, daß die Interlinearglossen einer späteren Schicht angehören, die aber auch oberhalb und unterhalb des Dekrettextes sowie am seitlichen Rand eingetragen ist, während eine frühere Schicht mit älterem Material in kleinerer Schrift nur als Marginalglosse existiert.
[17] Die Zitation der Dekretalen erfolgt nach der Compilatio III. (1209/10) und nach der Compilatio II. (1210/12). Während letztere die Bezeichnung „se(cunda)" führt, wird die Compilatio III. in diesem Glossenapparat „inno(centiana)" genannt. Die sonst evtl. auch in Frage kommende Auflösung von „inno" durch „in no(ua)" dürfte an dieser Stelle ausgeschlossen sein, weil der Glossator bereits die zeitlich spätere Compilatio II. benützt, so daß es nicht berechtigt wäre, die zeitlich frühere noch als *nova* zu bezeichnen.

wissenschaftliche Bereicherung erfahren hat. Wie Alanus betrachtet auch dieser Glossator nach regulärem Recht das Kollegium der Bischofskirche als das einzige Wahlgremium, wenn nicht auf Grund eines Sonderrechtes oder auf Grund einer Gewohnheit anderen Klerikern und Laien ein Stimmrecht verliehen ist.[18] Er hält es für möglich, daß die Pfarrgeistlichen gewohnheitsrechtlich ein Wahlrecht hatten oder daß sie an der Wahl teilnehmen, um ihren Rat und ihre Zustimmung zu geben[19], wie er das Verbot des 2. Laterankonzils, die Religiosen nicht von der Wahl auszuschließen, versteht, das aber keine Gültigkeit mehr hat, da die Bischofswahl auf Grund einer Entscheidung Innozenz III. aus dem Jahre 1200 nur den Kanonikern zukommt.[20]

Daß Laien ein Recht besitzen können, an der Bischofswahl mitzuwirken, wird sowohl theologisch als auch juristisch[21] für möglich gehalten:

(D.63 c.3) „§ Arg. quod cap(itulum) laico potest conferre potestatem eligendi, quod credo esse uerum, quia ille dicitur facere ff. quod cuiuscumque uniuersitatis Item eorum § i. (Dig. 3.4.6,1)."[22]

(D.63 c.22) v. eligendi: „§ Non autem consecrandi, quia consecratus tantum potest consecrare ut i. q.i. Qui perfectionem (c.17), infra di.xcvi. Duo (c.10), supra di.xxi. Inferior (c.4), deponere tamen posset arg. infra di.lxxiiii. Honoratus (c.8), supra di.xl. Si papa (c.6). Eligere autem quandoque laicus potest ut infra xvi. q.ult.(q.7) Decernimus (c.32), infra xviii. q.ii. c.iv., quia eligere non est merum ius spirituale in se(cunda)

---

[18] (D.63 c.2) v.a collegio: „Regulare est quod a collegio maioris ecclesie episcopus eligi debet, ut hic dicitur et Inno(centius) de causa (possessionis et) proprie(tatis) Cum ecclesia (3 Comp.2.5.1 = X.2.12.3), nisi clericis aliis uel laicis uel priuilegium uel consuetudo uocem in electione tribuat. Tunc enim, quod consuetudo statuit, obseruandum est, ut dicit predicta decretalis et arg. in se(cunda) de iure patro(natus) Nobis fuit (2 Comp.3.24.2 = X.3.38.25)." (M fol.50ra)

[19] (D.63 c.11) v.parochiis: „§ Forte consuetudo est, uel pro illis suscipiuntur religiosi ut infra e. Obeuntibus (c.35) uel isti possunt interesse non ut eligant, set ut consentiant et ut eorum consilio fiat electio uel ex consuetudine ius habebant in electione ut Inno(centius) de causa (possessionis et) propriet(atis) Cum ecclesia (3 Comp.2.5.1 = X.2.12.3) et de electione Quod sicut (3 Comp.1.6.13 = X.1.6.28)." (M fol.50va)

[20] (D.63 c.35) v. excludant: „Non precipit uocari, set prohibet excludi. Puto tamen eos uocandos, ut dent consilium et electionis ferant testimonium, si postea reuocetur in dubium; uel non excludant, quia debent eligere talem, qui habeat bonum testimonium a talibus Inno(centius) de electione Innotuit (3 Comp.1.6.5 = X.1.6.20), viii. q.i. Licet ergo (c.15). Hodie autem non tenet, quod hic dicitur, quia prescriptum est contra eos et est electio canonicorum ut Inno(centius) de causa (possessionis et) proprietatis Cum ecclesia (3 Comp.2.5.1 = X.2.13.3)." (M fol.52va)

[21] Vgl. oben 2.8 Anm.18.

[22] M fol.50rb.

de iure patronatus Nobis fuit (2 Comp. 3.24.2 = X. 3.38.25), et personaliter est ei concessum xxiii.di. In nomine (c.1).."[23]

(D.63 c.23) v. ordinandi: „§ Numquid laico posset dare potestatem consecrandi pontificem? Non uidetur, quia qui ordinatus non est, alium ordinare non potest lxviii. Presbiteri (c.2), i. q.i. Dictum est a domino (c.96), eligendi uero potestas uel confirmandi laico potuit dari ut xvi. q.ult.(q.7) Decernimus (c.32), xviii. q.ii. Abbatem (c.4), et generaliter que ordini episcopali uel sacerdotali inseparabiliter sunt adnexa, laico uel etiam clerico minoris ordinis delegari non possunt ut ordinatio clericorum, consecratio ecclesiarum, confectio corporis Christi et consimilia; que uero sunt iurisdictionis, possunt ut est confirmatio, electio, depositio, excommunicatio.."[24]

(D.63 c.1) v. nullam in talibus potestatem: „Nisi ex priuilegio uel consuetudine approbata."[25]

(D.63 c.1) „Solutio: uerum est quod ibi dicitur: nisi sit patronus uel loquitur secundum antiqua tempora."[26]

(D.63 c.1) v. inserat: „Nisi sit patronus et tunc distinguitur scilicet an ipse sit patronus collegii uel alicuius simplicis ecclesie, quia si patronus collegii sit, debet cum eligentibus interesse ut infra xviii. q.ii. Abbatem (c.4). Si uero alterius ecclesie sit patronus, tunc ipse potest quem uoluerit episcopo presentare ut infra xvi. q.ult.(q.7) Decernimus (c.32)."[27]

(D.63 c.20) v. clericis: „...Et loquitur hic de talibus, qui habent ius patronatus. Set hodie in ecclesia conuentuali patronus non habet ius in electione ut in se(cunda) de iure patronatus Nobis fuit (2 Comp. 3.24.2 = X. 3.38.25)."[28]

(D.63 c.15) „Vel in hac ecclesia imperator habebat ius patronatus et ideo eius consensus in electione requirebatur."[29]

(D.63 c.16) v. licentia: „Potest dici quod uerum est, quando rex est illius ecclesie patronus ut infra xvi. q.ult.(q.7) Decernimus (c.32) ut hic et duobus sequentibus capitulis, set hodie non debet interesse electioni in se(cunda) de iure patronatus Nobis fuit (2 Comp. 3.24.2 = X. 3.38.25) nisi ex priuilegio uel consuetudine.."[30]

---

[23] M fol.51rb.
[24] M fol.51rb.
[25] M fol.50ra.
[26] M fol.50ra.
[27] M fol.49vb.
[28] M fol.51ra.
[29] M fol.50vb.
[30] M fol.50vb.

(D.63 pr.) v. nullo modo: „..In ecclesia collegiata secundum iura antiqua patronus erit unus de eligentibus ut xviii. q.ii. Abbatem (c.4), exceperunt quidam ecclesiam cathedralem, que patronum secundum eos habere non potest quantum ad hoc quod intersit electione, set nulla auctoritate confirmatur. Hodie autem ius in eligendo non habet, set tantum post electionem eius consensus requiritur[a] uel ante, si aliter commode fieri non potest ut in se(cunda) de elect(ione) Quia requisistis (2 Comp. 1.3.2), quia aliter post requiri debet ut e.t. Cum terra que funiculus (2 Comp. 1.3.6 = X. 1.6.14) et in se(cunda) de iure patro(natus) Nobis fuit (2 Comp. 3.24.2 = X. 3.38.25), nisi consuetudo approbata uel speciale priuilegium plus sibi tribuit ut e. c.Nobis fuit (2 Comp. 3.24.2 = X. 3.38.25) dicitur, quia in electionibus maxime consuetudo attenditur ut Inno(centius) de causa (possessionis et) propriet(atis) Cum ecclesia (3 Comp. 2.5.1 = X. 2.12.3), xii.di. Nos consuetudinem (c.8), Inno(centius) de electione Quod sicut ex litteris (3 Comp. 1.6.13 = X. 1.6.28). Est ergo regulare quod in electione nullus laicus ius habet.. "[31]

[a] Späterer Einschub: Hodie autem non debet interesse, immo post electionem sufficit, si ei presentetur ut in extra Celestini iii. in se(cunda) de iure patro(natus) Nobis fuit (2 Comp.3.24.2 = X.3.38.25).

Mit Alanus ist der Glossator der Meinung, daß das Kapitel einem Laien das Recht zu wählen verleihen kann. Er versteht das Wahlrecht nämlich nicht als ein rein geistliches Amtsrecht. Während die mit dem priesterlichen Amt untrennbar verbundenen Vollmachten wie die Ordination von Klerikern, die Konsekration von Kirchen und die eucharistische Wandlung von Brot und Wein nicht an Laien und niedere Kleriker delegiert werden können, ist dies bei Befugnissen aus dem Bereich der Jurisdiktion[32] etwa im Falle der Bestätigung, der Wahl, der Absetzung und der Exkommunikation durchaus möglich. Auf Grund eines Sonderrechtes oder einer Gewohnheit kann ein Laie wahlberechtigt sein. Die Regel ist jedoch, daß Laien kein Wahlrecht besitzen. Selbst Patronatsrechte, die möglicherweise auch der Kaiser oder der König innehatten, schließen die Teilnahme an der Wahl nicht mehr ein.

Ausführlich befassen sich die Glossen dieser Handschrift mit dem Konsensrecht des Volkes und mit der Frage, welche Konsequenzen ein Widerspruch des Volkes hat:

---

[31] M fol.49va.
[32] Über den Begriff der Jurisdiktion bei den Dekretisten s. A. M. Stickler, Die Zweigliedrigkeit der Kirchengewalt bei Laurentius Hispanus: Ius sacrum 181–206. Dieser Beitrag in der Festschrift für K. Mörsdorf korrigiert teilweise die Arbeit von M. van de Kerckhove, La notion de juridiction dans la doctrine des Décrétistes et des premiers Décrétalistes de Gratien (1140) à Bernard de Bottone (1250): Études franciscaines 49 (1937) 420–455.

(D.63 pr.) v. nullo modo: „In electione tamen tria sunt necessaria: cleri electio ut Inno(centius) de causa possessionis et proprietatis Cum ecclesia (3 Comp. 2.5.1 = X. 2.12.3), infra e. Nosse (c.12), xxiii.di. In nomine (c.1), et religiosorum siue clerici sint siue laici consilium ut infra e. Vota (c.27), Obeuntibus (c.35), xxiii. In nomine (c.1), et consensus populi ut supra di.prox(ima) (D.62) c.i., supra lxi. Obitum (c.16), infra e. Nosse (c.12), Plebs (c.11), et si unum istorum defuerit, nulla est ipso iure electio arg. xxiii. c.i. et e. Obeuntibus (c.35) et arg. xxxviii. Que ipsis (c.5). Clericorum ergo est eligere, religiosorum non eligere, set eligentibus consulere, populi uero nec eligere nec consulere, set electioni facte uel – quod honestius est – faciende consentire; et hec uera sunt de iure. Consuetudines tamen uarie sunt in electionibus obseruande arg. in se(cunda) de iure patro(natus) Nobis fuit (2 Comp. 3.24.2 = X.3.38.25), xii.di. Nos consuetudinem (c.8). Quidam tamen dicunt quod populi consensus non requiritur ex necessitate, set ex honestate. Vnde sine consensu populi electio facta tenet et est canonica, quod uerum est."[33]

(D.62 c.1) v. a plebibus: „Requiritur ergo populi peticio ut hic, et requiritur ut consensus ut di.prox. Plebs (D.63 c.11), Nosse (D.63 c.12), uel saltem ut testimonium arg. xxiiii. Nullus clericus (c.2). Set quid si populus non consentit et alias canonice sit electus, numquid irritabitur electio? Non si ipsius consensus fuerit requisitus nec etiam si iurasset, quod eum numquam prelatum haberet ut Inno(centius) de electione Bone (3 Comp. 1.6.8 = X. 1.6.23), xxii. q.iiii. Qui sacramento (c.11) et ideo populus consentit ut honestius et facilius confirmetur arg. xxx. q.v. Nostrates (c.3)."[34]

(D.62 c.2) v. Docendus: „§ Cum clerici eligunt uel eligere uolunt canonice, si populus non consentit, dummodo nichil obiciat in persona electi uel eligendi, faciendum est, quod dicitur in hoc cap(itulo)."[35]

(D.62 c.2) v. Docendus etc.: „In episcopi electione ut infra di.prox. Nosse (D.63 c.12); aliter in electione plebani, ubi sequendus est ut Inno(centius) de elect(ione) Querelam (3 Comp. 1.6.9 = X. 1.6.24). Si tamen in persona electi uel eligendi aliquid obicit, auditur xxiii.di. Illud (c.5) uel etiam sine obiectu, si omnes uel maior pars populi contradicat ita quod flecti non possit ut lxi. Nullus (c.13), quia instar habet popularis actionis ut ff. de popularibus actionibus l.iiii. (Dig. 47.23.4)."[36]

---

[33] M fol.49va.
[34] M fol.49vb.
[35] M fol.49vb.
[36] M fol.49va.

(D.63 c.2) v. set silere et attendere: „Nisi in personam aliquid uelint obicere, hoc enim possunt ut xxiii. Illud (c.5), alias silere debent arg. v. q.iiii. In loco (c.3)."[37]

Die in der zweiten Rezension des Dekretapparates des Alanus geäußerte Meinung, daß der Konsens des Volkes wie die Stimmabgabe durch den Klerus und der Rat der Religiosen einen wesentlichen Bestandteil der Wahl darstellt, ohne den diese nichtig ist, wird auch hier referiert, ohne daß sich der Glossator ihr anschließt. Er hält vielmehr die Ansicht derer, die den Konsens des Volkes nicht für notwendig, sondern nur für angemessen halten, für die richtige. Dies bedeutet, daß die Zustimmung des Volkes oder wenigstens dessen Zeugnis über den Kandidaten eingeholt werden soll, daß die Wahl aber auch ohne eine solche Zustimmung gültig ist. Wenn jedoch gegen die Person des zu Wählenden oder des Gewählten ein Vorbehalt angemeldet wird oder wenn der größere Teil des Volkes sich hartnäckig widersetzt, ist ihm Gehör zu schenken. Ansonsten ist das Volk bei der Bischofswahl zu belehren, während ihm bei der Wahl eines Pfarrers („Leutpriesters") zu folgen ist.

2.8.3. Johannes Teutonicus[38]

benützt als Hauptquelle für seinen Apparat „Tractaturus Gratianus de iure canonico" (um 1215)[39], der als Glossa ordinaria zum Dekret Gratians anerkannt wurde, die Glossen des Laurentius Hispanus, greift teilweise aber auch auf früheres dekretistisches Material zurück und läßt im Wahlrecht vor allem einen Einfluß der französischen Glossenapparate erkennen, die in der Glossa Palatina noch keine Berücksichtigung fanden. Auf die französische Schule geht im Bischofswahlrecht die Frage nach der rechtlichen Möglichkeit eines Einspruchs von seiten des Volkes zurück:

(D.61 c.13) v. inuitis: „A principio; set si per negligentiam neminem elegissent, unde daretur eis inuitis ut lxxxix.di. Volumus (c.2); similiter

---

[37] M fol.50ra.
[38] Über Johannes Teutonicus s. S. Kuttner, Repertorium 93–99, 357, 370, 374 f; ders., Bernardus Compostellanus Antiquus: Tr 1 (1943) 291; A. Van Hove, Prolegomena 430; S. Kuttner, Johannes Teutonicus, das vierte Laterankonzil und die Compilatio quarta: Miscellanea A. Mercati V 608–634; S. Stelling-Michaud, Jean Le Teutonique: DDC VI 120 ff; J. Gründel, Johannes Zemecke (Semeca) Teutonicus: LThK V 1091 f; C. Lefèbvre, Histoire du Droit et des Institutions VII 299 f; K. Pennington, A ‚Consilium' of Johannes Teutonicus: Tr 26 (1970) 435 ff; M. Bertram, Some Additions: BMCL 4 (1974) 14; K. Pennington, The Manuscripts of Johannes Teutonicus' Apparatus to Compilatio tertia: Considerations on the Stemma: BMCL 4 (1974) 17–31.
[39] Hss. Bamberg Can.13, 2. Schicht (B); Vat.lat.1367 (V); Wien 2082 (W).

nisi minor pars contradicit nec habet iustam causam contradictionis; unde datur episcopus eis inuitis. Idem potest dici de laicis, quod eis inuitis non est dandus episcopus, si habent[a] iustam causam contradictionis ut lxiii.di. Si forte (c.36). De hoc notaui xxiii.di. c.Illud (c.5)."[40]

[a] habet W.

(D.23 c.2 § 3) v.et laicorum: „Set quare hic post examinationem requiritur consensus clericorum et laicorum? Qui eius[a] electioni consentit[b], postea electum[c] nichil obicere potest[d] viii. q.ii. Dilectissimi (c.2). Set dic quod[e] hic loquitur[f] de examinatione, que fit tempore consecrationis nec aliud hic[g] dicere uult[h], nisi[i] consecrari debet, si ita est, quod omnes consentiunt[k] in eum. Item patet hic, quod laici possunt contradicere[l] ut dicetur[m] infra e. Illud (c.5)."[41]

[a] eius] enim W; [b] consensit W; [c] electo W; [d] W *add.* ut; [e] dic quod] dicas W; [f] loqui W; [g] hic *om.* W; [h] uult dicere W; [i] W *add.* quod; [k] consenserunt W; [l] contradicere] consentire electioni W; [m] dicitur W.

(D.23 c.5) v. in eadem plebe: „§ Nota[a] quod laici admittuntur ad accusandum electum ut[b] supra e. Qui episcopus (c.2) in fine et extra i. de elec(tione) Plebs (1 Comp. 1.4.12(8)), nam episcopus habere debet[c] bonum testimonium ab hiis qui foris sunt[d] viii. q.i. Licet (c.15) et de con. di.i. Iubemus (c.60). Item quia interest ipsorum ut extra de testi(bus et attestationibus) De cetero etc. (1 Comp. 2.13.14 = X. 2.20.14)[e], Ex parte Ade (1 Comp. 2.13.23 = X. 2.20.7) et in authenticis de sanctissimis episcopis § Si quis autem (A. 9.15.2 = Nov. 123.2) et ar.[f] lxxxi.di. Maximianus (c.6), ar. contra xxviii.di. Consulendum (c.17), ubi etiam ad denuntiationes non admittuntur laici. Item si ideo dicis admittendos laicos, quia ipsorum interest. Ergo sint siue bone fame siue male admittuntur ad accusationem, quia[g] nullus remouetur ab accusatione, qui suam iniuriam prosequitur ut iiii. q.vi. Omnibus (c.2). Male ergo dicit decretum, quod laici infames non admittuntur ad accusationem clericorum ut[h] ii. q.vii. Accusatio (c.15). Potest ergo dici quod hic loquitur, cum ciuiliter agitur et in eo casu quilibet admittitur, etiam femina ut extra[i] de testibus Tam litteris (3 Comp. 2.12.6 = X. 2.20.33). Si queris, quare ergo tot episcopi uocantur cum ciuiliter agitur, respond. quia agitur de crimine licet non criminaliter, unde[k] etiam inscribet[l] ut extra de accusationibus Super hiis (3 Comp. 5.1.3 = X. 2.21.8) et ar.[f] iii. q.vi. Hec quippe (c.10), ubi xii. episcopi requiruntur et tamen ibi ciuiliter agitur ut uidetur. Jo.[m]"[42]

[a] W *add.* ar(gumentum); [b] ut] et W; [c] debet habere W; [d] W *add.* ut; [e] De cetero etc. *om.* W; [f] ar.] est ar. ad hoc W; [g] ipsorum interest . . . quia *om.* W; [h] W *add.* infra; [i] W *add.* iii.; [k] W *add.* oportet; [l] inscribi W; [m] Jo. *om.* W.

---

[40] B fol.38vb.
[41] B fol.13rb.
[42] B fol.13ra.

Johannes Teutonicus bezieht in den Grundsatz, einer Kirche nicht gegen ihren Willen einen Bischof zu geben, wie die Glosse in der Hs. Madrid B.Fund.Láz.Gald.440 auch die Laien ein, die vor der Konsekration eines Bischofs Einspruch gegen die Wahl erheben können, wenn dazu ein gerechter Grund besteht. Er kritisiert Gratian, der dieses Recht infamen Laien nicht zubilligt[43], und stellt demgegenüber fest, daß der Bischof auch von den Außenstehenden ein gutes Zeugnis haben soll und daß deshalb ein jeder, ob er in gutem oder schlechtem Rufe steht, Anklage erheben kann, zumal es sich nicht um ein Straf-, sondern um ein Streitverfahren handelt.

Neben diesem prozeßrechtlichen Weg in Form einer Einrede gegen die Person des Kandidaten konzediert die Glossa ordinaria aber nicht die Möglichkeit, eine Wahl nur deshalb rückgängig zu machen, weil das Volk nicht zugegen war und den Konsens nicht erteilt hat, der eigentlich gefordert ist[44]:

(C.8 q.1 c.15) v. retractatio: „§ Per hoc uidetur quod populus possit retractare electionem, que fit in eius absentia, cum excipere possit contra electum ut xxiii.di. Illud (c.5), cum eis inuitis non sit dandus episcopus[a] lxiii.di. c.ult.(c.36). Set hoc non concedo ut dixi lxii.[b]di. c.i."[45]

[a] W add. ut; [b] lxii.] lxiii. W.

(D.62 c.1) v. a plebibus: „§ Consensus plebis requiritur in electione[a] et eo ipso consentiunt, quod perhibent ei testimonium, quia testimonium plebis equiualet electioni ut xxiii.di. c.i. et lxvii. Reliqui (c.1). Set quid si aliquis est consecratus, qui non habuit consensum plebis? Numquid cassabitur consecratio? Videtur quod sic in odium consecrantium et eligentium ut xvi. q.vii. Decernimus (c.32), xxi. q.ii. c.i. et lxx.di. c.i.; nam semper consensus plebis est requirendus[b] ut viii. q.i. Licet (c.15). Item quia laicus potest excipere contra electum et dicere, quod eo inuito non est dandus episcopus ut infra prox. Si forte (D.63 c.36) et c.Adrianus (D.63 c.22). H(uguccio) dicit[c] si oritur scandalum ex hoc[c] cassanda sit electio et[d] consecratio. Set dico non ideo cassandam licet non affuerit consensus plebis[e] ar. xxx. q.v. Nostrates (c.3), quia huius[f] leuia omissa non uitiant rem ut ff. de uentre inspi(ciendo custodiendoque partu) l.i. in fine (Dig. 25.4.1,15). Eo ipso autem intelligitur laicus consentire, si non

---

[43] Über den Ausschluß der Infamen vom Recht der Anklage s. P. Landau, Die Entstehung des kanonischen Infamiebegriffs von Gratian bis zur Glossa ordinaria 102 ff.
[44] (D.63 c.10) v.subscripta relatio: „..Set cum Gra(tianus) intelligat h(oc) c(apitulum) quod consensus laicorum hic requirebatur..."; v. barbarica: „Propter hoc uerbum inducit magister c(apitulum), ut etiam laicorum consensus requiratur." (B fol.39vb)
[45] B fol.103va.

dissentit ut liiii. Si seruus (c.20), ff. soluto matrimonio l.ii. (Dig. 24.3.2),
extra iii. de arbitris c.ult. (3 Comp. 1.25.4 = X. 1.43.7)$^{g)}$."^{46}

$^{a)}$ electionibus V; $^{b)}$ inquirendus B; $^{c)}$ V *add.* quod, $^{d)}$ et] uel V; $^{e)}$ plebis *om.* V,W; $^{f)}$ huiusmodi W; $^{g)}$ extra iii. de arbitris c.ult. *om.* W.

(D.63 c.29) v. ad salutandum: „Argumentum eos consensisse electioni
ex quo interfuerunt$^{a)}$ et eum salutauerunt et non reclamauerunt sic extra
iii. de hiis que fiunt a maiori parte capituli Ex ore (3 Comp. 3.12.1 =
X. 3.11.3) in fine et extra iii. de priuilegiis Cum olim (3 Comp. 5.16.2 =
X. 5.33.12) in fine et extra de rescriptis c.ii. (3 Comp. 1.2.2 = X. 5.39.41),
et$^{b)}$ eo ipso quod quis salutat alium, uidetur consentire ei ut xxiiii. q.i
Omnis (c.24) sic ex eo quod aliquis$^{c)}$ non uult salutare alium, presumitur
inimicus ut extra iii. de officio iudicis delegati Cum super (3 Comp.
1.18.2 = X. 1.29.23), et eo ipso quod Stephanus dixit perlegatur, intelligitur consensisse ut xcvi. Bene (c.1) sic infra de con. di.ii. Pacem (c.9)."^{47}

$^{a)}$ interfuerant V; $^{b)}$ et *om.* W; $^{c)}$ quis V,W.

Den Konsens des Volkes hält Johannes Teutonicus bei Wahlen für
erforderlich. Er nimmt ihn für gegeben an, wenn das Volk dem Kandidaten ein gutes Zeugnis ausstellt, was einer Wahl gleichkommt. Die Frage,
ob eine Bischofsweihe, die ohne Zustimmung des Volkes erteilt worden
ist, für ungültig erklärt werden soll, scheint bejaht werden zu müssen, da
der Konsens des Volkes immer einzuholen ist und die Laien geltend
machen können, daß nicht gegen ihren Willen ein Bischof eingesetzt
werden darf. Johannes erwähnt die Meinung des Huguccio, eine Wahl
bzw. eine Konsekration sei dann für nichtig zu erklären, wenn wegen
Nichteinholens der Zustimmung des Volkes ein Ärgernis entstehe.
Er selbst teilt aber diese Ansicht nicht und stellt demgegenüber fest, daß
auch eine ohne Zustimmung des Volkes erfolgte Bischofswahl nicht zu
kassieren ist, weil die Unterlassung solcher Kleinigkeiten eine Handlung
nicht verungültigt. Außerdem ist die Tatsache, daß Laien nicht widersprechen, als Zustimmung zu werten, wie auch der Gruß als Zeichen der
Zustimmung gilt. Von Huguccio distanziert sich Johannes Teutonicus
auch in der Frage, wie weit Laien an der Bischofswahl teilnehmen dürfen:

(D.63 pr.) v. Laici: „...Est ergo hec ueritas, quod nullus laicus interesse debet electioni etiam in conuentuali ecclesia, nisi hoc habeat ex
consuetudine ut extra ii. de iure patronatus Nobis (2 Comp. 3.24.2 =
X. 3.38.25), licet H(uguccio) dixerit, quod etiam in conuentuali ibi patro-

---

^{46} B fol.39rb. Dieser Text steht auch als unsiglierte Marginalglosse in der Dekrethandschrift Pommersfelden 142 fol.46ra.
^{47} B fol.41rb.

nus bene potest^{a)} interesse ut xviii. q.ii. Abbatem (c.4) et hoc c(apitulum) dicit intelligi de non patronis. Equaliter autem est patronus, qui
minus dat sicut qui plus, quia unus potest supplere per operam, quod ei
deest in patrimonio ut ff. pro socio l.v. (Dig. 17.2.5)."[48]
a) etiam in conuentuali ibi patronus bene potest] ibi bene potest patronus V,W.

(D.63 c.2) v. inuitatur: „§ Hic inuitantur laici ad electionem, alibi ad
sermonem faciendum ut xxiii. Mulier (c.29), quandoque ad causas matrimoniales ut xxxv. q.v. Ad sedem (c.2), causas autem fidei intererunt
etiam non uocati ut xcvi. Vbinam (c.4). Set numquid laici subscribant?
Argumentum quod sic vii. q.i. Episcopus de loco (c.37)."[49]

Nach Johannes Teutonicus darf kein Laie an der Wahl teilnehmen,
auch nicht der Patron einer Konventskirche. Lediglich kraft eines
Gewohnheitsrechtes läßt er die Teilnahmeberechtigung eines Laien zu.
Außerdem kennt er den Fall, daß Laien zu einer Wahl eingeladen werden.
Die Zustimmung des Fürsten ist erst nach abgeschlossener Wahl einzuholen, es sei denn ein Skandal oder eine Gewohnheit legen etwas
anderes nahe.[50]

Wenn von den Klerikern als Wählern des Bischofs die Rede ist,
so kann man unter diesem Begriff in einschränkendem Sinn nur die
Kanoniker der Kathedrale verstehen.[51] Außer diesen soll an der Bischofswahl aber auch der gesamte Klerus der Stadt teilnehmen, dem das Recht
zu wählen nur auf Grund einer Gewohnheit zukommen kann.[52] Sonst
haben die übrigen Kleriker, die zur Wahl hinzuzuziehen sind, sowohl
eine beratende Funktion als auch die Aufgabe, ihre Zustimmung zu
geben. Werden sie nicht um Rat gefragt, ist die Wahl ungültig. Wird

---

[48] B fol.39rb.

[49] B fol.39va.

[50] (D.63 c.16) v.licentia: „Consensus principis est requirendus electione celebrata ut
extra iii. de electione^{a)} Quod sicut (3 Comp.1.6.13 = X.1.6.28), nisi aliud suadeat
scandalum ut extra ii. c.Quia (2 Comp.1.3.2) uel prescripta^{b)} consuetudo^{c)} ut extra
ii. de iure patronatus Nobis (2 Comp.3.24.2 = X.3.38.25)." (B fol.40rb)
a) electionibus B,V; b) scripta W; c) scandalum...consuetudo om. B.

[51] (D.63 DG p.c.34) v.matricis: „Sic^{a)} ergo nomen clericorum restringitur ad maioris
ecclesie canonicos ut x. q.i. Antiquos (c.8), viii. q.i. c.ii., extra iii. de uerborum significatione Cum clerici (3 Comp.5.23.3 = X.5.40.19); unde est in talibus seruanda con-
suetudo^{b)} ut extra iii. de causa possessionis Cum^{c)} ecclesia (3 Comp.2.5.1 = X.2.12.3)."
(B fol.41va)
a) Si W; b) consuetudo om. V; c) Cum om. W.

[52] (D.63 c.11) v.ex omnibus: „Ergo in electione episcopi totus clerus ciuitatis inter-
erit^{a)} ut hic et^{b)} e. Obeuntibus (c.35)^{c)}, viii. q.i. Licet (c.15). Set uerum est quod intererunt ad consentiendum^{d)}, uel intersunt, si est consuetudo extra iii. de causa possessionis Cum ecclesia (3 Comp.2.5.1 = X.2.12.3)." (B fol.40ra)
a) intererunt B; b) V,W add. infra; c) V,W add. et; d) V,W add. non ad eligendum.

dagegen zwar ihr Rat, nicht aber auch ihre Zustimmung eingeholt, so ist die Wahl dennoch gültig.[53] Ähnlich wie die Glossa Palatina hält auch Johannes Teutonicus die durch das 2. Laterankonzil angedrohten Strafen für einen Ausschluß der übrigen Kleriker durch gegenteilige Gewohnheit für außer Kraft gesetzt.[54] An der Wahl des Metropoliten nehmen die Bischöfe der Kirchenprovinz höchstens auf Grund eines Gewohnheits-rechtes teil.[55]

2.8.4. Die Excerpta „Abstinentia ciborum curat corpus"[56] (nach 1215),

die aus dem Dekret Gratians die wichtigsten Dicta epitomieren und diesen die Kommentierung der Glossa ordinaria hinzufügen, befassen sich in ihrem Wahltraktat ausschließlich mit dem Anteil der Laien an der Wahl:

---

[53] (D.63 c.35) v.consensu: „Videtur quod non tantum consilium religiosorum, set etiam consensus[a] querendus est, et ita uidetur, quod religiosorum persone facient partem in electione. Nam sequaces aliorum sunt[b] in electione ut lxxix.di. c.i. et c.Si quis pecunia (c.9) et xxiii.di. c.i. et satis potest dici, quod nisi consilium ipsorum fuerit[c] quesitum, quod nulla sit electio. Si tamen fuerit habitum consilium et non consensus, tenet ut extra iii. de arbitris Cum olim (3 Comp.1.25.4 = X.1.43.7) et est simile ff. de administratione (et periculo) tutorum Ita autem § Papianus[d] (Dig.26.7.5,8) et extra iii. de regularibus Licet (3 Comp.3.24.4 = X.3.31.18), C. de iure emphiteutico l.ult. (Cod.4.66.3) et expone consensu requisito non habito." (B fol.41vb)
[a] V,W add. ipsorum; [b] aliorum sunt] sunt aliorum V, sunt W; [c] fuerat W; [d] Ita autem § Papianus] Quidam decedens (Dig.26.7.5,7 in c) W.

[54] (D.63 c.35) v.excludant: „Dicit H(uguccio) tripliciter istos excludi: tunc proprie excluduntur cum non uocantur, uel si non audiuntur, uel si sponte ueniunt non[a] admittuntur, et credo hoc c(apitulum) non tenere de consuetudine; aliud enim obser-uatur[b], et religiosi hic uocantur clerici eiusdem ciuitatis uel prelati episcopatus argu-mentum lxxxix. Si quis pecunia (c.9)." (B fol. 41vb)
[a] audiuntur…non om. V; [b] obseruant W.

[55] (D.63 c.3) v.episcopos: „Ergo electioni metropolitani intererunt omnes episcopi conprouinciales[a] ut infra e. Quia igitur (c.9) et[b] e. Metropolitano (c.19) et lxvi.di. c.i. Set in his non attendo[c] nisi consuetudinem ut extra iii. de electione Cum ecclesia (3 Comp.1.6.16 = X.1.6.31) et extra iii. de postulatione Bone (3 Comp.1.4.4 = X. 1.5.4)." (B fol.39va)
[a] prouinciales W; [b] e. Quia igitur et om. V,W; [c] et lxvi…attendo om. W.

[56] Hs. Wien 2185 fol.1–193 (W); fol.1–177va enthalten den Text dieses dekretistischen Werkes, fol.178–193 das Inhaltsverzeichnis. Das Incipit lautet: „Abstinentia ciborum curat corpus sicut exercicium uirtutum curat animam. Vnde magister Gratianus…" (fol.1ra), das Explicit: „…Vbi autem humana subsidia defecerint, tunc opinantur diuini postulandam fauoris gratiam esse, quam nobis largiri dignetur Deus benedictus in secula seculorum. Amen." (fol.177va). Im Katalog der Österreichischen National-bibliothek heißt das Werk „Excerpta e Decreto Gratiani cum indice", woraus S. Kutt-ner auf eine Dekretabbreviation schließt (Repertorium 265). Darin kommt nicht zum Ausdruck, daß den Exzerpten aus dem Dekret Gratians jeweils die Glossa ordinaria in Auszügen beigefügt ist. – Die Hs. Wien 2185 enthält ferner laut Katalog (Bd. II

„De electione. Gratianus dicit: Electiones summorum pontificum atque aliorum infra presulum quondam imperatoribus representabantur sicut de electione beati Ambrosii et beati Gregorii legitur, quibus exemplis colligitur laicos non esse excludendos ab electione neque principes esse reiciendos ab ordinatione ecclesiarum, set quod populus iubetur electioni interesse ex multis auctoritatibus sanctorum; per hoc non precipitur uocari ad electionem faciendam, set ad consensum electioni adhibendum. Sacerdotum enim est eligere et fidelis populi est humiliter consentire. Desiderium ergo plebis requiritur, ut electioni clericorum concordet. Tunc enim in ecclesia dei rite preficitur antistes, cum populus pariter in eum acclamauerit, quem clerus communi uoto elegerit. Docendus enim est populus, non sequendus. Vnde in electione non debet preire, set subsequi. Et dicit glo(ssa): Consensus plebis requiritur in electione et eo ipso consentit plebs electioni, quod perhibet ei testimonium, et intellige plebs id est maiores de plebe, et est ratio, quia testimonium plebis equiualet electioni. Set si aliquis est consecratus, qui non habuit consensum plebis, numquid cassabitur consecratio? Videtur quod sic, quia laicus potest excipere contra electum et dicere, quod eo inuito non est dandus episcopus. Dic quod non ideo cassanda est electio uel consecratio, quia plebs non affuerit uel ille qui contra electum excipit, quia huiusmodi leuia obmissa non uiciant rem, ut dicunt leges imperatorum. Eo ipso etiam intelligitur laicus consentire in electionem, si non dissentit. Residuum queri infra de obedientia."[57]

Diese epitomierende Schrift faßt zunächst die wesentlichen Züge der Lehre Gratians über das Konsensrecht des Volkes bei der Wahl zusammen, indem sie die entscheidenden Dicta Gratiani aus der D.62 und der D.63 herausstreicht. Laien dürfen von der Bischofswahl nicht ausgeschlossen werden, sondern sollen daran teilnehmen, damit sie ihre Zustimmung geben. In der Kirche wird dann in rechter Weise ein Bischof bestellt, wenn das Volk einmütig demjenigen Beifall spendet, den der Klerus durch gemeinsame Willensäußerung erwählt hat. Bei der Wahl hat das Volk zu folgen. Welche Bedeutung der Konsens des Volkes für die Gültigkeit der Wahl hat, klärt der anonyme Autor mit Hilfe der Glossa ordinaria.

S. 25) folgende kleine Schriften: Bonifatius VIII., De reliquiis et veneratione sanctorum (fol.193v); Gregorius X., De immunitate ecclesiae in concilio Lugdunensi 1274 (fol.193v–194); De matrimonio (fol.194v–195); De affinitate (fol.195v); De cognatione (fol.196–197); De somniorum interpretatione (fol.197–198v); De peccato originali (fol.198v–199); De peccatis mortalibus (fol.199–203v); De poenitentia et satisfactione (fol.203v–207).
[57] W fol.26va/b.

Dadurch, daß das Volk dem Kandidaten ein gutes Zeugnis ausstellt oder nicht widerspricht, stimmt es der Wahl zu. Wenn es nicht hinzugezogen wird, ist die Wahl oder die Konsekration dennoch nicht zu kassieren, obgleich nicht gegen den Willen des Volkes ein Bischof eingesetzt werden soll und auch Laien gegen einen Erwählten in Form einer Einrede Widerspruch anmelden können. Unterlassungen solcher Art machen eine Sache nicht ungültig. Bezeichnenderweise verweist der Epitomator, um die Rolle des Volkes bei der Wahl zu charakterisieren, abschließend auf seinen Traktat über den Gehorsam!

2.8.5. Die (frühen) Dekretalisten,

die das Dekretalenrecht der Päpste nach den Sammlungen bis zum Liber Extra Gregors IX. (1234) erklären[58], befassen sich nur spärlich mit dem Wählerkreis des Bischofs und dem Anteil der Laien an der Wahl, da die päpstlichen Dekretalen zu dieser Frage keine bedeutsamen Aussagen machen.[59]

In ihren Kommentaren zu der in diesem Zusammenhang noch wichtigsten Dekretale *Cum ecclesia Sutrina*, die die Bischofswahl nach regulärem Recht ausschließlich den Kanonikern, gewohnheitsrechtlich die Teilnahme an der Wahl aber auch anderen Gruppen zuerkennt, erörtern die Glossatoren der Compilatio III. lediglich die Bedingungen, die für die Erlangung dieses Gewohnheitsrechtes erforderlich sind.[60]

Die Titelsummen der Dekretalisten aus der Zeit nach der Compilatio III., die in ihrem Aufbau an der Summa titulorum decretalium des Bernhard von Pavia[61] orientiert und teilweise auch inhaltlich von dieser

---

[58] A. M. Stickler, Kanonistik: LThK V 1290.

[59] K. Ganzer, Zur Beschränkung der Bischofswahl auf die Domkapitel: ZSavRGkan 57 (1971) 77.

[60] Vincentius Hispanus: „§ Hic collige quod si aliquis ter utitur aliquo iure, per hoc est in pos(sessione) iuris illius ar. C. de fidei commissariis l.i. (Cod. 7.4.1), ff. de usuris Cum de in rem uerso (Dig. 22.1.6)...Vinc." (Hs. Vat.lat.1377 fol.192va);
Laurentius Hispanus: „§ Non ergo tres uices consuetudinem faciunt nisi in criminibus xxv. Q.ii. Ita nos (c.25), ar. supra de pe(nitentia) di.ii. § E contrario (DG p.c.20). Si enim consuetudo esset ex tribus iudicibus iuuarentur hic set certe ut dixi supra de consuetu(dine) (3 Comp.1.3), secundum canones consuetudo non iuuat nisi prescripta sit, ut hic arguitur euidenter...lau." (Hs. Vat.lat.1377 fol.192vb);
Tankred: „§ Que iure communi preiudicat in hac parte ut supra de consuetudine c.ult. (3 Comp.1.3.7 = X.1.4.8) circa finem et infra de uerborum significatione Abbate sancti Siluani (3 Comp.5.23.10 = X.5.40.25), supra de iure patronatus Nobis fuit l.ii. (2 Comp.3.24.2 = X.3.38.25). t." (Hs. Vat.lat.1377 fol.192vb)

[61] Vgl. oben 2.6.1.

abhängig bleiben[62], erklären das Kollegium an Stiftskirchen, also auch an Bischofskirchen, zum einzigen Wahlgremium und erwähnen überhaupt nicht irgendeine Form der Beteiligung des Volkes an der Wahl. Ambrosius[63], dessen vor 1215 geschriebene, aber später noch einmal verbesserte Summe[64] „eine erweiternde Neubearbeitung der Summa Bernhards von Pavia unter Einbeziehung der Compilationes II. und III."[65] darstellt, liefert eine ausführliche Begründung für die Meinung, daß bei nur *einem* Kleriker an der Kirche dieser das Recht zu wählen besitzt. Falls kein einziger Kleriker mehr da ist, hat nach Ambrosius nicht der Patron, sondern der Metropolit bzw. der Papst den Bischof auszuwählen.[66] Damasus[67], dessen Werke eine außerordentlich weite Verbreitung

---

[62] S. Kuttner, Repertorium 389.

[63] Über Werk und Person des Ambrosius s. J. A. Martin Avedillo, La ‚Summa super titulis decretalium' del canonista Ambrosius: ZSavRGkan 54 (1968) 57–94; ders., Influjo del canonista Ambrosius en S. Raimundo de Peñafort: REDC 26 (1970) 329–355; ders., Estado actual de la investigacíon sobre el canonista Ambrosius: Proceedings of the Third International Congress of Medieval Canon Law 103–111.

[64] Hss. Roma B. Casanatense 1910 fol.39–72v (R); Fulda D.10 fol. 10–45v (Fb). Die Edition der Summe auf Grund der drei bisher entdeckten Hss. (R, Fb und Venezia B. Marciana lat.class.IV.25 (= 2321) fol.23–71v) besorgt J. A. Martin Avedillo und soll in den von der Biblioteca Apostolica Vaticana herausgegebenen Monumenta Iuris Canonici erscheinen.

[65] S. Kuttner, Repertorium 392.

[66] „Eligere autem in ecclesia[a] uel in[b] domo collegiata potest ipsum collegium tam episcopum, si est ecclesia cathedralis ut di.lxiii. Adrianus (c.2), Nosse (c.12), Vota (c.27) et[b] extra iii. de causa poss(essionis) et proprie(tatis) Cum ecclesia (3 Comp. 2.5.1 = X.2.12.3), quam abbatem uel alium prelatum ut extra iii. de consu(etudine) c.ult. (3 Comp.5.23.10 = X.5.40.25)[c] et xvi. q.ult. (q.7) Congregatio (c.43). Idem credo si uel[d] unum clericum habet, scilicet[b] quod ipsius[e] erit electio licet quidam contradicant et est ar. quod ipsius sit ff. quod cuiuscumque uniuersitatis Sicut (Dig. 3.4.7) et[b] di.lxv. c.ult.(c.9), quia ius uniuersitatis[f] retinetur in uno ut ibi dicitur ar. pro aliis ff. quemadmodum seruit(utes) l.ult. (Dig. 8.6.25), ubi dicitur[g] quod si ususfructus gregis legatus fuerit alicui una due superstante[h] de toto grege periit ususfructus, quia desiit esse grex. Set certe secus dicitur in legato proprietatis ut inst. de legatis § Si grex (Inst.2.20.18). Si uero duo sunt superstites, dubium non est, quin[i] ad eos spectet electio ut infra e. c.i. Si uero clericum non habet, dicunt quidam, quod patronus debet eligere[k] etiam si ecclesia fuerit collegiata. Set ego magis puto quod episcopus debet eligere uel archiepiscopus[l], si locus sit[m] ei subditus. Si uero delinquat[n], papa debet[o], non archiepiscopus ar. extra iii. de concessione pre(bende et dignitatis uel ecclesie) non ua(cantis) c.ult. (3 Comp.3.8.10 = X.3.8.13)." (R fol.40ra)
[a] ecclesia] persona Fb; [b] *om.* Fb; [c] Fb *add.* extra iii. de ver(borum) sig(nificatione) c.ult. (3 Comp.5.23. 10); [d] si uel] quis Fb; [e] illius Fb; [f] ius uniuersitatis *om.* Fb; [g] ar. pro. . dicitur *om.* Fb; [h] superstite Fb; [i] quod Fb; [k] debet eligere *om.* Fb; [l] uel archiepiscopus *om.* Fb; [m] sit locus Fb; [n] delinquat] sit episcopatus Fb; [o] Fb *add.* eligere.

[67] Über Damasus s. H. Kantorowicz, Damasus: ZSavRGkan 16 (1927) 332–341; S. Kuttner, Repertorium 394 Anm. 1; ders., Bernardus Compostellanus Antiquus: Tr 1 (1943) 335 Anm.18; A. M. Stickler, Decretisti bolognesi dimenticati: StG III 382; C. Lefèbvre, Damasus: DDC IV 1014–1019; M. Bertram, Some Additions: BMCL 4 (1974) 11 und 13.

gefunden haben, wie die reiche handschriftliche Überlieferung beweist[68], erklärt in seiner Summa decretalium[69] (nach 1215 abgeschlossen) zur Praxis seiner Zeit, daß nicht das gesamte Kapitel die Wahl vornimmt, sondern daß entsprechend der in c.quia propter[70] des 4. Laterankonzils anerkannten Form die Kanoniker bei Sedisvakanz zwei oder drei als Kompromissare einsetzen müssen, deren Wahl der gemeinsamen Zustimmung des Kapitels bedarf. Er weist auch darauf hin, daß eine nur durch das Kapitel vorgenommene Wahl gewohnheitsrechtlich unzureichend sein kann.[71] In den Brocarda[72] (1210/15) streift Damasus im größeren Zusammenhang einer Rechtsregel die Frage, ob die Teilnahme weiterer Kleriker an der Bischofswahl erforderlich ist. Er unterscheidet zwischen einer Präsenz, die per necessitatem und einer, die per honestatem gefordert ist. Im ersten Falle macht eine Abwesenheit die Handlung ungültig, im zweiten Falle nicht. Da Damasus die Vorschrift des 2. Laterankonzils, die die Teilnahme weiterer Kleriker an der Wahl vorsieht[73], sowohl in der ersten Allegationenreihe, die verschiedene Fälle einer notwendigen Teilnahme enthält, als auch in der zweiten Reihe mit Fällen einer nur aus Angemessenheitsgründen geforderten Teilnahme anführt, löst er die gestellte Frage nicht.[74]

---

[68] R. Weigand, Die bedingte Eheschließung 362 Anm.123.

[69] Hss. Wien 2080 fol.97–107v (W); Vat.Pal.lat.656 fol.159–174 (V); Roma B. Casanatense 1910 fol.75–90v (R).

[70] X.1.6.42. Diese Konstitution läßt drei kanonische Wahlformen zu: per scrutinium, per compromissum, quasi per inspirationem (s. oben 2.4 Anm.7).

[71] „Eligere in ecclesia collegiata debet ipsum collegium ut in extra[a] de causa possessionis et proprietatis c.i. 1.[b]iii. (3 Comp.2.5.1 = X.2.12.3) et extra de iure patronatus Nobis l.ii. (2 Comp.3.24.2 = X.3.38.25), lxiii.di. Adrianus (c.2) et c.Nosse (c.12),, xvi. q.ult.(q.7) Congregatio (c.43). In ecclesiis non[c] collegiatis presentat patronus ordinandum episcopo ut in[d] illa Nobis (2 Comp.3.24.2 = X.3.38.25)[e]. Hodie autem non eligit capitulum, set uacante ecclesia debent compromittere canonici in duos uel tres, qui eligant prelatum et eorum electio rata erit ita quod in maiori parte[f] capituli electio non teneat, nisi totum capitulum communiter consentiat, ut habetur in constitutione nouella que incipit Quia propter diuersas (Conc.Lat.IV. c.24 = X.1.6.42); quod autem dictum set capitulum debere eligere in ecclesiis collegiatis, de iure regulari est, ex consuetudine autem prescripta potest induci quod non sufficiat electio capituli ut in illa Cum ecclesia Sutrina (3 Comp.2.5.1 = X.2.12.3) " (W fol.97rb)
[a] in extra *om.* W; [b] l.] uel W,R; [c] non *om.* V; [d] in *om.* V,R; [e] W *add.* quod autem; [f] quod maioris partis V,R.

[72] Hss. Wien 2080 fol. 122rb–126v (W). (Die von J. F. v. Schulte übernommene Angabe der Folien dieser Handschrift durch S. Kuttner, Repertorium 419, ist unrichtig!); Vat.Borghes. lat.261 fol.45–52v (V); Fulda D.10 fol.72–78 (Fb); über die Brocarda des Damasus s. S. Kuttner, Repertorium 419–422.

[73] D.63 c.35.

[74] „Ar. ubi aliquorum presentia exigitur, in eorum absentia nichil agitur ut[a] infra[a] extra[b] de officio (et potestate iudicis) dele(gati) Causam l.i.[c] (1 Comp.1.21.21 =

190

In seinen Quaestionen[75] (1210/15) setzt er das Kathedralkapitel als allein wahlberechtigtes Gremium voraus[76] und berührt im Zusammenhang mit der Problematik einer zwiespältigen Wahl[77] auch die Teilnahme bzw. den Ausschluß der Laien beim Wahlgeschehen:

„.. Item ubi facta fuit a maiori parte capituli, secunda non ualet, quia dubium est, utrum competat eis solis ius eligendi, quia non ex hoc[a)] solo constat electionem ipso iure irritam esse quia factam esse a minori[b)] parte capituli constat, set[c)] hoc solo quod constat facta[d)] fuisse electio[e)] ab excommunicatis uel a laicis, constat nullam esse, et ita intelligitur[f)] illa Audiuimus (1 Comp. 5.18.3 = X. 5.22.3), et hoc cum successiue fiunt due electiones et due interponuntur appellationes; si uero in simul fiant, ualebit electio a saniori parte capituli[g)] facta, et sic intelligitur illa[h)] Bone memorie (3 Comp. 1.6.8 = X. 1.6. 23)."[78]

a)hoc *om.* V; b) minori] maiori K,W; c) W *add.* ex; d) factam W; e) electionem W; f) intelligimus W; g) capituli *om.* W; h) illa *om.* K.

Damasus unterscheidet zwei Formen einer zwiespältigen Wahl: wenn in einem einzigen Wahlakt die Stimmen sich auf zwei Kandidaten verteilen, gibt die pars sanior den Ausschlag; wenn nacheinander zwei Wahlen vorgenommen werden, ist die zweite Wahl, auch wenn sie durch

---

X.1.29.16), supra lxiii.di. Obeuntibus (c.35), infra[a)] extra[g)] de elec(tione) Quod sicut (3 Comp.1.6.13 = X.1.6.28) et c.Venerabilem l.iii.[d)] (3 Comp.1.6.19 = X.1.6.34), C.de testa(mentis) Si unus (Cod.6.23.12), ff. de re iudica(ta) Duo ex tribus (Dig.42.1.39); contra infra[a)] extra[b)] de elec(tione) Si archiepiscopus l.i.[c)] (1 Comp.1.4.9(5) = X.1.11.6), infra[a)] extra[g)] de elec(tione) Cum inter l.iii.[d)] (3 Comp.1.6.3 = X.1.6.18), supra lxiii.di. c.i[h)]., ii. et penult. (c.35), C. de postulando Velamento (Cod. 2.6.4), infra[a)] extra[b)] de matrimonio contracto contra interdictum ecclesie Videtur l.i.[c)] (1 Comp.4.17.1 = X.4.18.3). Solutio: presentia alicuius desideratur duobus modis: aut per necessitatem et sic est uera[e)] prima regula[f)] aut per[i)] honestatem et talis absentia non uitiat factum ut in contrariis et xxxii. q.ii. Honorantur (c.13)." (W fol.123rd)

a) *om.* V,Fb; b) Fb *add.* i.; c) l.i. *om.* Fb; d) l.iii. *om.* Fb; e) uera est V,Fb; f) regula] rubrica Fb; g) Fb *add.* iii.; h) i. *om.* Fb; i) per] propter Fb. Außerdem führt Fb die Allegationen in anderer Reihenfolge an!

[75] Hss. Klosterneuburg 656 fol.1–18 (K); Vat.Borghes.lat.261 fol.19–44v (V); Wien 2080 fol.107v–118v (W); über die Quaestiones veneriales, die originellste Arbeit des Damasus, s. S. Kuttner, Repertorium 426 ff; ders., Bernardus Compostellanus Antiquus: Tr 1 (1943) 323 Anm.16; C. Lefèbvre, Quaestiones: DDC VII 416.

[76] „Item queritur de illa decretali Considerauimus (1 Comp.1.4.22(19) = X.1.6.10), utrum post electionem factam illegitime ab una parte capituli, alia facta legitime, possit cassari eo solo pretextu quod secunda fuit post electionem facta." (K fol.3ra)

[77] Zur Problematik der zwiespältigen Wahl im Mittelalter s. K. Ganzer, Das Mehrheitsprinzip bei den kirchlichen Wahlen des Mittelalters: ThQ 147 (1967) 60–87.

[78] K fol.3ra.

die pars maior erfolgt, ungültig, da es zweifelhaft ist, ob der pars maior die endgültige Wahlentscheidung zukommt, und da nicht feststeht, daß die pars minor ipso iure unterlegen, ihre Wahl also nichtig ist. Die Nichtigkeit der Wahl steht nur für den Fall fest, wenn diese durch Exkommunizierte oder durch Laien (!) erfolgt ist. Damasus erklärt im Ringen um ein Prinzip, nach dem eine zwiespältige Wahl zu entscheiden ist, die Wahl durch Laien für ungültig.

Auch in Quaestionen anderer Dekretalisten, die das Wahlrecht betreffen, erscheint das Kathedralkapitel als einziges Gremium für die Bischofswahl. Die in mehreren Handschriften[79] erfaßten Quaestionensammlungen[80] enthalten eine Quaestio, die sich mit dem Problem befaßt, ob bei Abwesenheit einiger Kanoniker die Bischofswahl Gültigkeit hat, falls der größere Teil des Kapitels präsent ist.[81] Eine andere Quaestio, die Recht und Vollmacht zu wählen den Kanonikern zuspricht, untersucht, ob die Wahl gültig ist, wenn ein Kompromissar gewählt wird.[82] Schließlich vertritt eine Quaestio, die mit der Wahl des Archipresbyters befaßt ist[83], ihre Argumentation aber weitgehend aus dem Bischofswahl-

---

[79] Hss. Zwettl 162 fol.123–144v (Z); Wien 2163 fol.75–85ra; 91–95v (W); Bamberg Can. 45 fol.41–56v (B); Klosterneuburg 656 fol.19–33v (K); Fulda D.7 fol.25–92; 145v–155v (Fa); Fulda D.10 fol.59–68 (Fb).

[80] Über die Quaestionen der Kanonisten s. S. Kuttner, Repertorium 423–430; ders., Bernardus Compostellanus Antiquus: Tr 1 (1943) 322–327; G. Fransen, Les ‚questiones' des canonistes: Tr 12 (1956) 566–592; 13 (1957) 481–501; 19 (1963) 516–531; 20 (1964) 495–502; ders., Deux collections de ‚questiones': Tr 21 (1965) 492–510; ders., La structure des ‚Quaestiones disputatae' et leur classement: Tr 23 (1967) 516–534; M. Bertram, Some Additions: BMCL 4 (1974) 13. Unter den Quaestionen des Legisten Johannes Bassianus in der Hs. Wien 2077 fol. 83v–84v, von denen einige kanonistischen Inhalts sind (S. Kuttner, Repertorium 253), befindet sich keine, die die Bischofswahl betrifft!

[81] „Quibusdam canonicis absentibus, qui presentes[a] erant eligerunt[b] episcopum non requisitis absentibus. Queritur an teneat electio[c] cum maior pars sit presens." (Z fol. 123vb; W fol.75vb–76ra; B fol.56vb; Fa fol.37v–38; Fb fol.63vb–64ra; abgedruckt bei G. Fransen: Tr 19 (1963) 520)
[a] presentibus Fb; [b] eligunt Fa; [c] Fb add. maxime.

[82] „Defuncto episcopo omnes canonici ius et potestatem quod habebant in eligendo contulerunt in tres ex ipsis. Ipsi autem elegerunt unum ex eis. Queritur an ualeat electio." (Z fol. 124; W fol. 76rb–va; abgedruckt bei G. Fransen: Tr 19 (1963) 520 f)

[83] „Mortuo archipresbitero cuiusdam plebis contendunt cappellani[a] de subiectis[b] plebibus[c] cum clericis matricis ecclesie[d] quod debeant[e] electioni futuri archipresbiteri interesse[f]. Queritur an debeant interesse[g]." (Z fol.124rb–va; W fol.76v; K fol.20rb; B fol.42rb; Fa fol.31r–v und 147v; Fb fol.60ra–b; abgedruckt bei G. Fransen: Tr 19 (1963) 521)
[a] capellani Fa, Fb; [b] subiectis] subditis Fa; [c] plebibus] capellis Fb; [d] matricis eclesie om. Fb; [e] Fb add. interesse; [f] interesse om. Fb; [g] interesse] quod intersint Fa.

recht bezieht, die gleiche Position[84] und erwähnt, was in der Dekretalistik sehr selten vorkommt, auch das Konsensrecht des Volkes. Diese Quaestio weist zwei verschiedene Fassungen auf:[85]

„..Contrarium[a]: ad solos clericos[b] matricis ecclesie pertinet electio prelati. Omnes enim[c] expectare[d] debent[e], quousque[f] suscipiat finem electio a collegio[g] ecclesie ut[h] lxiii. Adrianus (c.2). Quamuis enim intersit laicorum bonum habere[i] prelatum, nemo tamen dicit eos interesse debere ut[h] lxiii. Cum Adrianus (c.29), di.xxiii. c.i. Item qualiter eliget in capitulo qui ibi locum non habet, certum est autem quod illi soli ibi[k] locum habent, quibus specialiter concessus[l] est ut extra de prebendis Relatum (1 Comp.3.5.7);

„.. Econtra ad solos canonicos matricis ecclesie pertinet electio, et omnes alii expectare debent, quousque electio finem suscipiat ut lxiii.d. Adrianus (c.2). Item isti non habent uocem in ecclesia illa neque locum ut extra de prebendis Relatum (1 Comp. 3.5.7) nec debet eorum requiri consensus in alienationibus ut x. q.ii. Hoc ius (c.2), ergo non habent uocem in electione nec eorum debet requiri consensus. Set dices interest istis habere bonum prelatum. Respondendo similiter et laicis nec tum debe (sic!) requiri ubi eorum con-

---

[84] Weitere Quaestionen, die ebenfalls das Kathedralkapitel als einziges Gremium bei der Bischofswahl voraussetzen, finden sich in anderen Quaestionensammlungen: a) in der Sammlung des Bernhard von Compostela (des Älteren) (Z fol. 173–178v; W fol. 86v–90v):
„Vacante sede episcopali quadam, de canonicis quidam alias bonus singulariter et separatim habuit omnium consensus. Cum essent postea in communi uoluerunt alium eligere. Queritur an possint isto contradicente. ber. dicit electionem nullam sic factam nisi sit alicuius cappelle ubi unus etiam solus possent eligere." (Z fol. 175; W fol. 88; abgedruckt bei G. Fransen: Tr 21 (1965) 497)
b) in der Collectio Zwettlensis 2 (Z fol. 139vb–144v; W fol. 95vb–99v, 85rb–86va):
„Omnes canonici unum in episcopum elegerunt. Ante confirmationem omnes moriuntur. Alii loco eorum substituuntur. Queritur utrum possint cum effectu contradicere." (Z fol. 142v; W fol. 98vb; abgedruckt bei G. Fransen: Tr 21 (1965) 505);
„Omnes canonici iurauerunt quod nullus suscipiat electionem de se factam nisi ab omnibus eligeretur, ita quod a quolibet, excluso termino illo quod a maiori parte sit ab omnibus; et cum consentiat in unum maior pars, utrum debeat ille consentire electioni de se facte, non forme uerborum inherendo." (Z fol. 142vb; W fol. 98vb; abgedruckt bei G. Fransen: Tr 21 (1965) 505)
[85] Während diese Quaestio in Z, W, K, B und Fa den gleichen Wortlaut hat, liegt in Fb eine erweiterte und deshalb wohl auch spätere Fassung vor, in der die Dekretale Innozenz III. vom 7.2.1200 über den Wählerkreis des Bischofs für die Beweisführung herangezogen und interessanterweise gleich zwei Mal unmittelbar nacheinander genannt wird: nach der Sammlung des Gilbert *(Dilecti)* und nach der Compilatio III. *(Cum ecclesia Sutrina).* Der Textabdruck erfolgt nach W, B, Fa einerseits sowie Fb anderseits.

ergo certum est alios eligere non debere.. Item constat quod cleri[m] electio ut vii. Q.i. Qualiter (c.1), clerum autem intelligere debemus collegium matricis[n] ecclesie ut xii. Q.ii. Concesso (c.26).."[86]

[a] contra nam B,Fa; [b] episcopos W; [c] eum Fa; [d] expetere Fa; [e] B,Fa *add.* et attendere; [f] quoadusque Fa; [g] a collegio] et collegium Fa; [h] Fa *add.* di.; [i] habere] habet W; [k] ibi locum...soli ibi] locum non habet certum in eo, ergo ad eos tantum pertinere uidetur, qui in eo certum Fa; [l] concessum B,Fa; [m] Fa *add.* tantum sit; B *add.* est; [n] debemus collegium intelligere maioris Fa.

sensus, quia clericorum est electio et laicorum consensus ut lxiii. Nosse tuam (c.12)..Item decretalis totam causam diffinit extra t. Dilecti filii (Comp. Gilb. App. 1 = X. 2.12.3), ubi dicitur quod quidam clerici[a] consueuerunt interesse electioni cuiusdam ciuitatis et quia non potuerunt obtinere per prescriptionem de iure communi, sententia tum fuit contra eos, item extra iii. de causa possessionis et proprietatis Cum ecclesia Sutrina (3 Comp. 2.5.1 = X. 2.12.3). Item laici et clerici uocandi sunt ut lxiii. Si in plebibus (c.20) et extra de iure patronatus Nobis fuit (2 Comp. 3.24.2 = X. 3.38.5). Item ecclesia que habet collegium, tantum ipsum collegium debet eligere, populus suus consentire extra de electione et electi potestate Nullus (1 Comp. 1.4.1 = X. 1.6.1).."[87]

[a] clerici] canonici Fb.

Zum Nachweis, daß bei der Bestellung des Archipresbyters die Kapläne nicht an der Wahl teilnehmen dürfen, greift der anonyme Autor auf das Bischofswahlrecht zurück. Nach Darlegung der positiven Gründe ist die Feststellung, daß die Wahl des Bischofs einzig und allein in die Kompetenz der Kanoniker der Kathedrale fällt und alle übrigen das Ergebnis der Wahl durch dieses Kollegium abwarten müssen, Ausgangspunkt der Argumentation im zweiten, entscheidenden Teil der Quaestio und gemeinsamer Textbestand in allen genannten Sammlungen. Der Überlegung, daß die Kapläne aber daran interessiert sind, einen guten Prälaten zu haben, begegnet die erste Fassung[88] mit dem Hinweis, daß dies auch

---

[86] W fol.76vb.
[87] Fb fol.60rb.
[88] Z, W, B, K, Fa.

von den Laien gelte und dennoch niemand ihnen ein Wahlrecht zuspreche, während der spätere Text in der Hs. Fulda. D.10 dazu bemerkt, daß auch den Laien, wo deren Zustimmung zur Wahl gefordert werde, kein Teilnahmerecht zukomme.

Die Notabilien der Dekretalisten[89], die ebenfalls nur das Kollegium der Kanoniker als Wahlkörper bei der Bischofswahl voraussetzen[90], bringen über die Rolle der Laien im Zusammenhang mit der Wahl zwar nur wenige, aber durchaus beachtenswerte Bemerkungen.

Die Notabilien zur Compilatio I. „Nota mulieribus"[91] sprechen dem Volk die Vollmacht zu, würdige Priester vorzuschlagen und unwürdige zu meiden:

(1 Comp. 1.4.12(8)) „Nota quod plebs ad sacrilegi sacerdotis sacramenta misceri non debet. Item potestas est plebi presentare dignos sacerdotes uel indignos uitare non presentando."[92]

In ähnlicher Weise äußern sich die Notabilien zu den Compilationes I.–III. „Potius uidendum est"[93], die außerdem die Rolle des Patrons und des Fürsten ansprechen:

„§ Plebs potest recusare indignum electum ut i. e. Plebs (1 Comp. 1.4.12(8))."[94]

„§ Cum causa subest, potest collegium significare patrono laico sedem uacare ut suo sensu procedant ad electionem ut ii. e. Quia (2 Comp. 1.3.2)."[95]

„§ Electores non debent aliquos nominare patrono laico, ut unum ex illis quem uelint assumant. Facta tamen electione eius assensus potest requiri ut ii. e. Quia (2 Comp. 1.3.2)."[96]

„§ Simplex nominatio non debet principi presentari, set sollempnis electio ut iii. e. Quod sicut (3 Comp. 1.6.13 = X. 1.6.28)."[97]

---

[89] S. Kuttner, Repertorium 408–415; M. Bertram, Some Additions: BMCL 4 (1974) 11.
[90] Aus den in dieser Untersuchung herangezogenen Notabilien seien nur einige Beispiele genannt:
(1 Comp. 1.4.1) „..Item ubi congregatio etiam in ecclesia electio prelati de iure ad eam pertinet ut xvi. q.ult.(q.7) c.ult.(c.43) et xviii. q.ii. Abbatem (c.4)." (W fol. 134vb)
„§ Si capitulum contulerit electionem in aliquem, non recipiet nominatum ab eo, nisi sit ydoneus ut i. e. Causam (1 Comp. 1.4.17(14) = X. 1.6.8)." (V fol. 111rb)
(3 Comp.1.6.15) „..Item totam potestatem eligendi potest capitulum transferre in aliquem uel aliquos.." (V fol. 81rb)
[91] Hs. Wien 2080 fol. 134v–138v (W); s. S. Kuttner, Repertorium 408 f.
[92] W fol. 134vb.
[93] Hs. Vat. Borghes. lat. 261 fol. 111–121v (V); s. S. Kuttner, Repertorium 410 f.
[94] V fol.111rb.
[95] V fol.111rb.
[96] V fol.111rb.
[97] V fol.111va.

Wenn ein Unwürdiger gewählt wird, kann das Volk ihn zurückweisen. Dem Laienpatron kann das Wahlkollegium bei Vorliegen eines Grundes die Sedisvakanz anzeigen, damit es in seinem Sinne zur Wahl schreitet; es kann auch nach der Wahl seine Zustimmung einholen. Aber die Wählenden brauchen dem Patron nicht einige zu benennen, damit er von diesen jemanden nimmt. Dem Fürsten ist nicht die einfache Abstimmung, sondern nur die feierliche Erwählung[98] vorzulegen.

Mit dem Einfluß der staatlichen Autorität auf die Bischofswahl befaßt sich auch Paulus Ungarus[99]. In seinen Notabilien zur Compilatio II. „Nota quod non possumus"[100] schreibt er:

(2 Comp. 1.3.2) „Nota quod excusantur canonici per decretalem istam, qui faciunt electionem cum assensu regis uel principum secularium.."[101]

(2 Comp. 1.3.6) „Nota quod consuetudo contra libertatem ecclesie non ualet, et est notandum contra principes, qui in ecclesia sibi multa uendicant propter consuetudinem.."[102]

Auf Grund der Dekretale Alexanders III. *„Quia requisistis"*[103] ist eine Wahl, die die Kanoniker nicht ohne Zustimmung des Königs und der weltlichen Fürsten vorzunehmen wagen, zu tolerieren. Es wird aber gegen die Fürsten, die in der Kirche sehr viel gewohnheitsrechtlich beanspruchen, vermerkt, daß eine Gewohnheit, die die Freiheit der Kirche verletzt, keine Gültigkeit besitzt. In seinen Notabilien zur Compilatio III. „Nota quod tituli decretalium"[104] verweist Paulus Ungarus auf das 4. Laterankonzil, das den Laien das Recht zu wählen abspricht:

(3 Comp. 1.6.19) „...Item nota notabiliter quod canon Lateranensis concilii habet locum in laicis, quia priuantur potestate eligendi.."[105]

---

[98] Zu der Unterscheidung von *nominatio* und *electio* als zwei verschiedenen Akten innerhalb des Wahlverfahrens s. A. v. Wretschko, Die Electio communis bei den kirchlichen Wahlen im Mittelalter: DZKR 11 (1902) 343–354.

[99] Über Paulus Ungarus s. S. Kuttner, Repertorium 412; F. Banfi, Paolo Dalmata detto Ungaro: Archivio storico per la Dalmazia 27 (1939) 43–61; 133–150; G.M. Dénes, I notabili di Paolo Ungaro canonista bolognese del secolo XIII, Roma 1944; R. Chabanne, Paulus Hungarus: DDC VI 1270–1276; J. Gründel, Paulus v. Ungarn: LThK VIII 234 (mit weiterer Literatur); M. Bertram, Some Additions: BMCL 4 (1974) 11.

[100] Hs. Vat.Borghes.lat.261 fol.76–80 (V); s. S. Kuttner, Repertorium 411 f.

[101] V fol.76ra.

[102] V fol.76ra.

[103] 2 Comp.1.3.2; s. auch Jaffé 13728.

[104] Hs. Vat.Borghes.lat.261 fol.80–90 (V); s. S. Kuttner, Repertorium 412 f.

[105] V fol.81rc; vgl. unten 2.8 Anm.119.

legt im Titel 33 des zweiten Teils seiner Summa iuris (1216/22)[107], die weder eine Dekret- noch eine Dekretalensumme darstellt, sondern nach einem eigenen Lehrsystem gearbeitet ist, einen vollständigen Wahltraktat vor, der vorher lediglich in der Summa de electione des Bernhard von Pavia[108] eine Parallele findet und sowohl den dekretistischen als auch den dekretalistischen Stand der Entwicklung des Wahlrechts nach dem 4. Laterankonzil systematisch erfaßt. Nach der in Anlehnung an die Dekretalisten vorgetragenen Definition des Wahlbegriffs[109] befaßt sich Raimund eingehend mit der Problematik des Wählerkreises, die er in drei Fragen untergliedert: a) wer das Recht hat zu wählen; b) ob der Konsens des Volkes oder des Patrons bei der Wahl verlangt wird; c) ob zur Bischofswahl die Zustimmung der Religiosen notwendig ist.

Zu a) stellt er fest, daß in einer Stiftskirche das Kollegium selbst zu wählen hat: sowohl den Bischof, wenn es sich um eine Kathedrale handelt, als auch den Abt oder einen anderen Prälaten, der einer Kirche vorsteht.[110]

---

[106] Über Raimund von Peñafort s. S. Kuttner, Repertorium 438–452; ders., Zur Entstehungsgeschichte der Summa de casibus poenitentiae des hl. Raymund von Penyafort: ZSavRGkan 39 (1953) 419–434; A. García y García, Valor y proyección historica, de la obra juridica de San Raimundo de Peñafort: REDC 18 (1963) 233–251; K. Weinzierl, Raimund v. Peñafort: LThK VIII 977 f; R. Naz, Raymond de Pennafort: DDC VII 461–464.

[107] Hs. Vat.Borghes.lat.261 fol.91–102v (V); Ausgabe: San Raimundo de Penyafort, Summa iuris, hrsg. v. J. Rius Serra, Barcelona 1945. Vorbehalte gegen diese Ausgabe macht S. Kuttner, The Barcelona Edition of St. Raymond's First Treatise on Canon Law: Seminar 8 (1950) 52–67. Das augenfälligste Versehen des Herausgebers im Wahltraktat besteht in der Auflösung der Sigle h., die ohne jeden Zweifel Huguccio meint, während J. Rius Serra darunter völlig abwegig Hostiensis (Heinrich von Segusia) versteht, der zwischen 1236 und 1244 in Paris das Dekretalrecht dozierte sowie Schriften zum Liber Extra Gregors IX. verfaßte und der deshalb zu den *späteren* Dekretalisten zählt (A. M. Stickler, Heinrich v. Segusia: LThK V 200).

[108] Vgl. oben 2.4.1.

[109] „Electio est alicuius persone ad dignitatem uel fraternam societatem[a] canonice facta uocatio." (V fol.100va; Ausg. Rius Serra 119)
[a] fraternam societatem] fraternitatem Ausg. Rius Serra.

[110] „...Si in collegiata, potest[a] et debet eligere ipsum collegium tam episcopum, si est ecclesia cathedralis di.lxi. Nullus (c.13)[b], di.lxiii. Nosse (c.12)[b], Vota (c.27)[b], extra iii. de causa possessionis[c] Cum ecclesia (3 Comp.2.5.1 = X.2.12.3)[b], quam abbatem uel alium prelatum, qui debet esse superior in illa ecclesia xvi. Q.ult.(q.7) Congregatio (c.43)[b], extra iii. de consuetudine c.ult. (3 Comp.1.3.7 = X.1.4.8)[b], extra iii. de uerborum significatione Abbate[d] (3 Comp.5.23.10 = X.5.40.25)[b], extra i. de electione c.i. (1 Comp.1.4.1 = X.1.6.1)[b]." (V fol.100va; Ausg. Rius Serra 119)
[a] Ausg. Rius Serra *add.* etiam; [b] Verifizierung fehlt in der Ausg. Rius Serra. [c] possessionis] postulationis Ausg. Rius Serra; [d] Abbate] Abbatem Ausg. Rius Serra.

Zu b) schreibt Raimund von Peñafort:

„Set numquid consensus plebis uel patroni requiritur[a)] in electione. Videtur quod sic lxii.d. Nulla ratio (c.1)[b)], xviii. q.ii. Abbatem ii. (c.4). Ad hoc dicit[c)] h. (= Huguccio)[d)] quod consensus patroni requirendus est etiam in ecclesia collegiata per c. preallegata et sic intelligit[e)] distinctio lxiii. Principali (c.15)[b)], Lectis (c.18)[b)]. Si obiciatur sibi lxiii.d. c.i. et sequentibus usque ad § Hiis omnibus (DG p.c.8)[b)], respondet[f)] illa esse intelligenda de laicis non patronis. Tu dicas melius quod nec patroni nec laicorum aliorum consensus requiritur necessario in electione episcopi uel alterius prelati collegiate d.lxii. Docendus (c.2), d.lxiii. c.i., ii., iii. et per totum usque ad[g)] § Hiis omnibus (DG p.c.8)[b)]. Fallit hoc in iiii. casibus: Unus quando timetur magnum scandalum extra ii. de electione Quia requisistis (2 Comp. 1.3.2)[b)], d.lxiii. Cum longe (c.25)[b)]; alius quando patronus optinet ex priuilegio speciali; tercius quando optinuit ex consuetudine prescripta extra ii. de iure patronatus Nobis (2 Comp. 3.24.2 = X. 3.38.25)[b)]. Quidam tamen istum tercium casum non admittunt, quia nulla eonsuetudo uel prescriptio iuuat laicum in iure spirituali extra i. de prescriptionibus[h)] c.ult. (1 Comp. 2.18.10 = X. 2.26.7)[b)] et de decimis Ad hec (1 Comp. 3.26.27 = X. 3.30.15)[b)]. Quartus casus est quando tempore fundationis retinuit hoc sibi patronus auctoritate superioris ar. xviii. q.ii. Eleutherius (c.30)[b)], extra iii. de sententia et re iudicata c.i. (3 Comp. 2.18.1)[b)]. Quidam similiter non admittunt hunc casum. Est etiam notandum, quod licet suo iure laici non possint interesse nisi in casibus, ut dictum est, possunt interesse si a clericis inuitentur di.lxiii. c.ii. in fine. Item licet laici etiam patroni non sint de iure uocandi ad electionem, tamen electio facta est et patrono et principi et etiam[g)] populo presentanda d.lxiii. Reatina (c.16)[b)], Lectis (c.18)[b)], Si forte (c.36)[b)], extra ii. de electione Cum terra (2 Comp. 1.3.6 = X. 1.6.14)[b)], extra iii. e. Quod sicut (3 Comp. 1.6.13 = X. 1.6.28)[b)], viii.[i)] q.i. Licet (c.15)[b)], et si aliquis uult obicere in personam electi, audiendus est ar. xxiii.d. Qui episcopus (c.2)[b)] in fine et c. Illud (c.5)[b)]. Pone quod aliquis est consecratus in episcopum non habito consensu plebis, numquid cassabitur consecratio? Videtur quod sic in odium consecrantium et eligentium lxx.d. c.i., xvi. q.vii. Decernimus (c.32)[b)], xxi. q.ii. c.i. Ad hoc dicit h. (= Huguccio)[k)] quod si oritur scandalum ex hoc, quod cassanda est electio et consecratio ar. d.lxii. c.i.; set dicas melius cum Laurentio et Iohanne quod non est cassanda, quia licet huiusmodi sollempnitates ommittantur, non uitiatur quod fiat xxx. q.v. Nostrates (c.3)[b)]; item quia huiusmodi leuia ommissa non uitiant rem ff. de uentre inspiciendo[l)] l.i. (Dig. 25.4.1)[b)]; item quia eo ipso intelligitur laicus consentire quod non

198

dissentit d.liiii. Si seruus (c.20)$^{b)}$, ff. soluto matrimonio l.ii.(Dig. 24. 3.2)$^{b)}$."^{111}

$^{a)}$ requiritur] requiratur Ausg.Rius Serra; $^{b)}$ Verifizierung fehlt in der Ausg.Rius Serra; $^{c)}$ dicit] dicitur Ausg.Rius Serra; $^{d)}$ h.(= Huguccio) *om.* Ausg.Rius Serra; $^{e)}$ intelligit] intelligitur Ausg.Rius Serra; $^{f)}$ respondet] respondetur Ausg.Rius Serra; $^{g)}$ *om.* Ausg.Rius Serra; $^{h)}$ prescriptione Ausg.Rius Serra; $^{i)}$ viiii. Ausg.Rius Serra; $^{k)}$ h.(= Huguccio)] Hostiensis (!) Ausg.Rius Serra; $^{l)}$ inspiciendo] in possessionem Ausg.Rius Serra.

Im Gegensatz zu Huguccio, der auch an einer Kapitelskirche die Zustimmung der Patrone bei der Wahl für notwendig hält und die Bestimmungen über den Ausschluß der Laien von der Wahl im Dekret Gratians auf Nicht-Patrone einschränkt, lehrt Raimund von Peñafort, daß weder die Zustimmung der Patrone noch der Konsens anderer Laien erforderlich ist. Bei diesem Grundsatz läßt er vier Ausnahmen zu: wenn ein großer Skandal zu befürchten ist, wenn der Patron im Einzelfall ein Sonderrecht besitzt, wenn er ein Gewohnheitsrecht erworben hat, und wenn er sich anläßlich der Stiftung ein solches Recht gesichert hat. Raimund macht aber darauf aufmerksam, daß der dritte und vierte Fall nicht von allen anerkannt werden. Zugleich verweist er darauf, daß außer den genannten Fällen Laien auch an der Wahl teilnehmen können, wenn sie von den Klerikern eingeladen werden. Außerdem ist die vollzogene Wahl dem Patron, dem Fürsten und auch dem Volk vorzulegen, obgleich Laien von Rechts wegen nicht zur Wahl zu rufen sind; und wenn jemand gegen die Person des Gewählten etwas einzuwenden hat, ist ihm Gehör zu schenken. Die Frage, ob die Konsekration eines Bischofs, die ohne Zustimmung des Volkes erfolgt ist, kassiert wird, beantwortet Raimund von Peñafort wiederum anders als Huguccio, der im Falle eines Aufruhrs unter dem Volk für Kassation plädiert. Indem Raimund die gegenteilige Ansicht vertritt, schließt er sich der Lehre des Laurentius Hispanus und des Johannes Teutonicus an und übernimmt von diesen auch die Argumentation: das Übergehen derartiger Förmlichkeiten, die nicht gewichtig sind, führt nicht zur Ungültigkeit einer Handlung; außerdem wird die Tatsache, daß ein Laie nicht widerspricht, als Zustimmung interpretiert.

Zur dritten Frage nach dem Konsensrecht der Religiosen nimmt Raimund von Peñafort in origineller Weise Stellung.^{112} Die Vorschrift

---

^{111} V fol.100va–b; Ausg. Rius Serra 119 f.

^{112} „Item numquid in electione episcopi est requirendus consensus religiosorum. Videtur quod sic adeo, quod alias irrita sit electio di.lxiii. Obeuntibus (c.35)$^{a)}$, d.lxxix. c.i. et c.Si quis pecunia (c.9)$^{a)}$ et xxiii.d. In nomine (c.1)$^{a)}$. Ad hoc dicas quod si casu aliquo religiosi essent presentes in capitulo, quando deberet celebrari electio, non deberent excludi, set deberet requiri consilium eorum, et si forte non consentiant cum canonicis, ualebit nichilominus electio, quia consensus eorum non facit partem in electione extra iii. de arbitris Cum olim (3 Comp.1.25.4 = X.1.43.7)$^{a)}$, extra iii. de

des 2. Laterankonzils[113] versteht er so, daß Religiose, die zufällig an einer Kapitelssitzung teilnehmen, wenn eine Wahl ansteht, nicht ausgeschlossen werden dürfen. Falls sie dann mit den Kanonikern nicht konform gehen, ist dies irrelevant, da sie keinen Anteil an der eigentlichen Wahl haben. Sind sie nicht zufällig im Kapitel anwesend, müssen sie nicht unbedingt gerufen werden, vorausgesetzt sie besitzen kein Gewohnheitsrecht.

2.8.9. Papst Gregor IX.[114]

Die päpstlichen Stellungnahmen zum Wählerkreis des Bischofs in der Epoche zwischen dem 2. u. 4. Laterankonzil[115], die vielfach die örtliche Entwicklung zugrunde legen und deshalb nicht immer einheitlich sind, fallen sehr spärlich aus und betreffen kaum den Anteil der Laien an der Wahl. Nach der Dekretale Innozenz III. „Cum ecclesia Sutrina" aus dem Jahre 1200[116], die neben dem Kathedralkapitel als dem eigentlichen Wahlkörper auch für andere Personengruppen – sowohl Kleriker als auch Laien – gewohnheitsrechtlich die Teilnahme an der Bischofswahl zuläßt[117], und nach dem 4. Laterankonzil von 1215, das ausschließlich vom Kathedralkapitel als dem Gremium der Bischofswahl spricht[118] und eine gegen die kanonische Freiheit durch Mißbrauch der weltlichen Macht vollzogene Wahl für ungültig erklärt[119], bedeutet eine Entschei-

---

regularibus Licet (3 Comp.3.24.4 = X.3.31.18)[a], ff. de administratione (et periculo) tutorum Ita tamen § Papianus (Dig.26.7.5,8), C.de iure emphiteutico l.ult. (Cod. 4.66.3) et in hoc casu intelligas c.Obeuntibus (D.63 c.35)[a] et expone id est consensu requisito licet non habito. Si uero non sunt presentes in capitulo, non sunt necessario uocandi, nisi sit consuetudo prescripta extra iii. de causa possessionis et proprietatis c.i. (3 Comp.2.5.1 = X.2.12.3)[a]." (V fol.100vb; Ausg. Rius Serra 120 f)
[a] Verifizierung fehlt in der Ausg. Rius Serra.
[113] D.63 c.35.
[114] Über Papst Gregor IX. s. F. X. Seppelt, Geschichte der Päpste III 411–452; O. Bonmann, Gregor IX.: LThK IV 1186 f.
[115] Beispiele päpstlicher Entscheidungen aus dieser Zeit über das Wahlgremium finden sich bei G. v.Below, Die Entstehung des ausschließlichen Wahlrechts der Domkapitel 11–14, und bei K. Ganzer, Zur Beschränkung der Bischofswahl auf die Domkapitel: ZSavRGkan 58 (1972) 167 ff.
[116] 3 Comp.2.5.1 = X.2.12.3.
[117] Vgl. oben 2.6.3.
[118] „..ut is collatione habita eligatur, in quem omnes uel maior et sanior pars capituli consentit.." (4 Comp.1.3.9 = X.1.6.42)
[119] „Quisquis electioni de se factae per saecularis potestatis abusum consentire praesumpserit contra canonicam libertatem, et electionis commodo careat, et ineligibilis fiat, nec absque dispensatione ad aliquam valeat eligi dignitatem. Qui electionem huiusmodi, quam ipso iure irritam esse censemus, praesumpserit celebrare, ab officiis et beneficiis penitus suspendatur per triennium, eligendi tunc potestate privati." (4 Comp. 1.3.10 = X.1.6.43)

dung Gregors IX. zwischen 1227 und 1234 eine einschneidende Maßnahme von weitreichender kirchengeschichtlicher Bedeutung. Während Gregor IX. in der Dekretale „Cumana ecclesia" im Jahre 1228 die Möglichkeit anerkennt, daß kraft Gewohnheitsrechts bestimmte geistliche Personen, die nicht dem Kapitel angehören, zusammen mit den Kanonikern an der Bischofswahl teilnehmen[120], untersagt er in der Dekretale „Massana ecclesia" die Teilnahme von Laien an der Wahl des Bischofs ein für alle Male:

„Massana ecclesia pastore vacante (Et infra): Edicto perpetuo prohibemus, ne per laicos cum canonicis pontificis electio praesumatur. Quae si forte praesumpta fuerit, nullam obtineat firmitatem, non obstante contraria consuetudine, quae dici debet potius corruptela."[121]

Gregor IX., der über das Konsensrecht des Volkes nichts verlauten läßt, verbietet die Teilnahme von Laien an der Bischofswahl absolut und erklärt eine Wahl widrigenfalls für ungültig. Eine gegenteilige Gewohnheit verwirft er ausdrücklich und bezeichnet sie als Korruptele.

Diese päpstliche Entscheidung, die auch Aufnahme in den Liber Extra Gregors IX. (1234)[122] gefunden hat, bildet den gesetzgeberischen Abschluß einer geschichtlichen Entwicklung im Bischofswahlrecht, die ihren Ursprung in der Reform Gregors VII. hat[123], die dann über das Wormser Konkordat und die vier Laterankonzilien, gestützt durch die päpstliche Dekretalengesetzgebung des 12. und des beginnenden 13. Jahrhunderts, ihr Ziel erreicht hat: den totalen Ausschluß der Laien von der Wahl. „So haben unverkennbar die aus dem Mißbrauch der fürstlichen Gewalt entstandenen Schwierigkeiten zur Abkehr von der alten Tradition geführt, nach der die Kirche bei der Gestaltung ihres Lebens

---

[120] „Cumana ecclesia pastoris solatio destituta, et congregatis die ad celebrandam electionem praefixa, qui praesentes erant de Cumanis canonicis, ac tribus abbatibus, (videlicet S. Abundii, S. Carpophari et S. Juliani Cumani) qui vocem in electione habere noscuntur, capellani et clerici civitatis, electioni se debere interesse dicentes, sub huiusmodi protestatione admissi fuerunt, quod vox eorum, qui non deberent interesse de iure vel consuetudine, non valeret.." (X.1.6.50)
[121] X.1.6.56.
[122] Über die von Raimund von Peñafort im Auftrag des Papstes besorgte Dekretalensammlung Gregors IX. s. J. F. v.Schulte, Die Geschichte der Quellen und Literatur II 3–15; A. M. Stickler, Historia Iuris Canonici Latini I 237–251; W. M. Plöchl, Geschichte des Kirchenrechts II 477 ff; C. Lefèbvre, Histoire du Droit et des Institutions VII 235–243; H. E. Feine, Kirchliche Rechtsgeschichte 287 (mit weiterer Literatur). Über das Bischofswahlrecht im Liber Extra s. K. Ganzer, Papsttum und Bistumsbesetzungen in der Zeit von Gregor IX. bis Bonifaz VIII. 9–27.
[123] P. Schmid, Der Begriff der kanonischen Wahl 94–199.

noch frei ihrem eigenen Geiste folgen und die ganze Gemeinschaft, jeden seiner Stellung entsprechend, noch an diesem Leben aktiv teilnehmen lassen konnte."[124]

2.8.8. Zusammenfassung.

Die Schule von Bologna zur Zeit des Laurentius Hispanus und des Johannes Teutonicus legt ihrer Lehre über den Kreis der Bischofswähler die Dekretale „Cum ecclesia Sutrina" Innozenz III. zugrunde, die häufig zitiert wird und die nach regulärem Recht allein den Kanonikern und nur gewohnheitsrechtlich auch anderen Gruppen die Wahl eines Bischofs zuerkennt. Einhellig vertreten die Kanonisten dieser Epoche die Ansicht, daß an Kapitelskirchen nur die Kleriker der betreffenden Kirche die Wahl vornehmen. Bei der Bischofswahl fordern Laurentius Hispanus und Johannes Teutonicus darüber hinaus die Teilnahme des Stadtklerus, allerdings nur zur Beratung. Raimund von Peñafort meint, falls außer den Kanonikern zufällig weitere Kleriker anwesend seien, so sollten sie nicht ausgeschlossen werden. Die Strafandrohung des 2. Laterankonzils für den Ausschluß von Nicht-Kanonikern gilt als durch gegenteilige Gewohnheit außer Kraft gesetzt. An der Wahl des Metropoliten nehmen höchstens noch gewohnheitsrechtlich die Bischöfe der Kirchenprovinz teil.

Laien besitzen in der Regel kein Wahlrecht. Das gilt mit Verweis auf die Dekretale *Nobis fuit* auch für die Patrone an den Kapitelskirchen. Von dieser Regel gibt es allerdings einige Ausnahmen: Nach Laurentius Hispanus können Patrone auf Grund der Jurisdiktion und der Gewohnheit ein Wahlrecht haben; nach Johannes Teutonicus können Laien gewohnheitsrechtlich teilnehmen, nach Raimund von Peñafort auch auf Grund eines Sonderrechtes und wenn ein Skandal droht. Außerdem kann das Teilnahmerecht an der Wahl Laien von den Klerikern verliehen werden. Den theologischen Grund für diese Lehre sieht der Glossator des Dekrets in der Hs. Madrid B. Fund. Láz. Gald. 440 in der Tatsache, daß es sich beim Wahlrecht nicht um ein rein geistliches Amtsrecht handelt. Der Dekretalist Damasus erklärt im Ringen um ein Prinzip nach dem eine zwiespältige Wahl zu entscheiden ist, die Wahl durch Laien für ungültig.

Dem Fürsten ist erst nach erfolgter Wahl das Ergebnis zur Zustimmung vorzulegen. Paulus Ungarus erklärt, daß ein Gewohnheitsrecht, welches die Freiheit der Wahl beeinträchtigt, diese ungültig macht.

---

[124] Y. Congar, Der Laie 392 Anm.50.

Das Konsensrecht des Volkes wird allgemein aufrechterhalten, wie auch in der Glossa ordinaria zum Dekret der Grundsatz, einer Kirche nicht gegen den Willen des Volkes einen Bischof zu geben, weiterhin vertreten wird. Allerdings gilt die Zustimmung schon als gegeben, wenn das Volk dem Kandidaten ein gutes Zeugnis ausstellt, wenn es den Gewählten grüßt, oder wenn es der Wahl nicht widerspricht. Bis zur Konsekration kann gegen die Person des Gewählten in Form einer Einrede, die als Streitverfahren gilt, Einspruch erhoben werden. Falls die Zustimmung des Volkes nicht gegeben ist, bleibt die Wahl dennoch gültig, weil die Unterlassung einer solchen Geringfügigkeit die Gültigkeit einer Handlung nicht tangiert.

Literarhistorisch läßt sich zu der Lehre der klassischen Kanonisten über den Anteil des Volkes an der Bischofswahl das Gleiche feststellen, was A. M. Stickler allgemein über die Lehrentwicklung bei den Glossatoren sagt: „Jeder übernimmt die Lehren der Schule in ihren einzelnen Vertretern, stellt sie dar, beurteilt sie, erweitert sie durch mehr oder weniger neue Bestandteile, die entweder auf die gleichzeitige Gesetzgebung oder auf entwickeltere Lehrmeinungen zurückgehen."[125]

Gregor IX. schließlich, der außer den Kanonikern weiterhin auch anderen Klerikern auf Grund einer Gewohnheit die Teilnahme an der Bischofswahl zugesteht, schließt die Laien von der Wahl total aus und erklärt widrigenfalls die Bischofswahl für ungültig. Die vor allem in der Praxis der Bischofsbestellung begründete Entwicklung zu diesem Gesetz, das in den folgenden Jahrhunderten seine Geltung behält und auch im Codex Iuris Canonici (1917/18) seinen Niederschlag gefunden hat, ist durch das Dekret Gratians mitbeeinflußt und durch die Lehre der Dekretisten und frühen Dekretalisten gefördert worden.[126]

---

[125] A. M. Stickler, Die Zweigliedrigkeit der Kirchengewalt bei Laurentius Hispanus: Ius sacrum 204.
[126] H. E. Feine, Kirchliche Rechtsgeschichte 380 f.

ABSCHLIEßENDER TEIL

3. DIE BISCHOFSWAHL IM IUS CONDENDUM

3.1. Ergebnis der rechtsgeschichtlichen Untersuchung

Die Untersuchung der dekretistischen und frühen dekretalistischen Literatur über den Anteil der Laien an der Bischofswahl dient nicht nur der Erforschung dieser Epoche der klassischen Kanonistik und dem Verständnis der geschichtlichen Entwicklung des Bischofswahlrechts, bei dem allerdings gerade um die Wende vom 12. zum 13. Jahrhundert wissenschaftliche Theorie und tatsächlich geübte Praxis bisweilen weit auseinanderklaffen, sondern läßt auch einige Überlegungen zur Bischofsbestellung im Hinblick auf das ius condendum zu. „Ist doch der Ort, an dem die Rechtsgeschichte ihre Aufgabe erfüllt, nicht das einsame Gegenüber des Forschers mit seinem historischen Gegenstande und auch nicht das geistige Kontinuum gelehrter Beschäftigung mit ihm, sondern die Realität des Rechtsstudiums unter den gesellschaftlichen Bedingungen unserer Tage und vor dem Hintergrund der praktischen Aufgaben, die zu erfüllen sind."[1] Deshalb soll zunächst das thematische Ergebnis der rechtsgeschichtlichen Untersuchung zusammenfassend herausgestellt und der ekklesiologische Gehalt des kanonistischen Befundes erhoben werden, um daraus dann unter veränderten ekklesiologischen und juristischen Voraussetzungen einige Erwägungen im Hinblick auf eine Revision der Bischofsbestellung in der lateinischen Kirche ableiten zu können.

3.1.1. Kanonistischer Befund.

a) Die kanonistische Literatur von Gratian bis Gregor IX. steht in der Frage der Bischofsbestellung unter dem Einfluß der gregorianischen Reform, nach der die Auswahl des Kandidaten nicht mehr vom König ausgehen soll, sondern von Klerus und Volk der Diözese im Zusammen-

---

[1] K. Kroeschell, Haus und Herrschaft im frühen deutschen Recht 61. Vgl. auch Thomas von Aquin: „Man muß die Ansicht der Alten, wer immer sie auch seien, hören. Das hat einen doppelten Nutzen: erstens gewinnen wir eine Stütze in dem, was sie Richtiges sagten, und zweitens vermeiden wir, was sie irrig dargelegt haben." (De anima 1, 2)

wirken mit den Bischöfen der Provinz. Gratian und im Anschluß an ihn die Dekretisten erklären die früheren Ernennungsrechte der staatlichen Autorität, wie immer sie auch entstanden sind, generell für erloschen: sei es weil die Machthaber von sich aus darauf verzichtet haben, sei es weil sie ihre Privilegien mißbraucht haben, sei es weil die Ursachen, die zur Gewährung der Sonderrechte führten, hinfällig geworden und infolgedessen auch diese erloschen sind, sei es weil sie durch spätere Dekrete abgeschafft wurden, sei es weil es sich um persönliche Privilegien handelte, die mit dem Tode des jeweiligen Fürsten endeten. Diese in den Werken der Dekretisten ständig wiederkehrenden Erklärungen dienen nur dem einen Ziel, der staatlichen Autorität jede weitere wirksame Einflußnahme auf die Besetzung der Bischofsstühle abzusprechen. Allerdings bereitet die Durchsetzung dieses Prinzips im 12. Jahrhundert große Schwierigkeiten, die sich auch in der Gesetzgebung und in der Lehre niederschlagen. Alexander III. toleriert in der Dekretale „Quia requisistis", daß eine Wahl nicht ohne Zustimmung der Fürsten vorgenommen wurde. Die französisch-rheinische Dekretistenschule zur Zeit des Sighard von Cremona gesteht dem Fürsten weiterhin Sonderrechte, vor allem ein Konsensrecht, zu, was offensichtlich durch die örtliche Praxis bedingt ist. Diesen Grund nennt Johannes von Tynemouth ausdrücklich für die auch noch gegen Ende des 12. Jahrhunderts in der anglo-normannischen Schule vertretene Sentenz, daß die Wahl eines Bischofs der Zustimmung des Fürsten bedürfe. Nach Johannes Teutonicus ist den Fürsten aber erst nach erfolgter Wahl das Ergebnis zur Zustimmung vorzulegen; er läßt jedoch auch eine andere Gewohnheit zu. Der Dekretalist Paulus Ungarus erklärt mit Berufung auf das 4. Laterankonzil, daß ein Gewohnheitsrecht, welches die Freiheit der Wahl beeinträchtigt, diese ungültig macht. Um die Freiheit kirchlicher Wahlen endgültig zu sichern und den Einfluß weltlicher Machthaber total auszuschließen, erklärt Gregor IX. in der Dekretale „Massana ecclesia" eine Bischofswahl unter Beteiligung von Laien(!) für ungültig. Ziel dieser gesetzgeberischen Maßnahme ist die Freiheit der Kirche von staatlichen Einflüssen bei der Besetzung des Bischofsamtes.[2]

b) Die von den Gregorianern geforderte und im Wormser Konkordat erreichte „kanonische Wahl", die nach alter kirchlicher Tradition durch Klerus und Volk geschieht, nach Gratian aber in Abhängigkeit von

---

[2] Vgl. Y. Congar, Der Laie 391 f Anm. 50: „Und in der Sicherung der Unabhängigkeit der kirchlichen Ordnung gegen die Bedrängung durch die Fürsten machte die Kirche die Ernennung der Bischöfe zu einer rein klerikalen Angelegenheit."

Schule von Bologna zwar am Konsens des Volkes als Komponente der Bischofswahl fest, messen ihm aber auch keinen entscheidenden Einfluß zu, sondern verstehen ihn als nachträgliche Zustimmung zur Wahl und als gehorsame Unterwerfung unter die getroffene Entscheidung. Das Fragmentum Wigorniense[8] und die Dekretsumme des Stephan von Tournai[9] erklären unmißverständlich, daß der Konsens zur Wahl keinerlei Autorität hinzufügt. Nach Rufin[10] und Johannes von Faenza[11] darf die Wahl allerdings nicht ohne die Stellungnahme des Adels stattfinden, die sie vom allgemeinen Konsens des Volkes abheben. In den meisten Werken der französisch-rheinischen Schule im 12. Jahrhundert, die den Wahlbegriff in den Quellentexten nicht wie Gratian äquivok, sondern univok erklären und das Wahlrecht der Laien für erloschen halten, so daß ihnen folgerichtig überhaupt kein Anteil an der Bestellung des Bischofs verbleibt, wird ein solcher auch überhaupt nicht erwähnt. Eine Ausnahme bildet hier lediglich Sighard von Cremona[12], der den Konsens des Volkes für erforderlich hält. Ähnlich äußern sich einige anonyme Dekretglossen aus den siebziger und achtziger Jahren.[13] Der Glossenapparat „Ordinaturus magister"[14] vertritt den Standpunkt, daß ein Vorgesetzter von allen Untergebenen gutgeheißen werden muß! Zu Beginn des 13. Jahrhunderts bringen die Dekretisten der französischen Schule die Bedeutung des Volkskonsenses bei der Wahl auf die Formel: „non ad iuris necessitatem, sed ad honestatem". Die Bologneser Schule dieser Zeit erklärt die Zustimmung der Laien für notwendig, hält sie aber für eine solche Geringfügigkeit, daß ihr Fehlen die Gültigkeit der Wahl nicht tangiert. Die Zustimmung gilt schon als gegeben, wenn das Volk dem Kandidaten ein gutes Zeugnis ausstellt, wenn es den Gewählten grüßt oder der Wahl nicht widerspricht, so daß auch einer Wahl die Legitimität kaum abgesprochen werden kann, falls der Konsens nicht eingeholt wird. Eine in der Dekretistik einmalige Position bezieht in dieser Frage Alanus Anglicus, der in der ersten Rezension seines Dekretapparates[15] den Konsens des Volkes lediglich für angemessen hält, ihn in der zweiten Rezension seines Werkes[16] jedoch nach einer gründlichen

---

[8] Vgl. 2.2.9.
[9] Vgl. 2.2.11.
[10] Vgl. 2.2.10.
[11] Vgl. 2.2.12.
[12] Vgl. 2.3.7.
[13] Vgl. 2.4.7.
[14] Vgl. 2.4.6.
[15] Vgl. 2.6.2.
[16] Vgl. 2.6.4.

Erörterung neben der Abstimmung durch die Kleriker und dem Rat der Religiosen (Kleriker und Laien) als konstitutives Element anführt, ohne das eine Wahl ipso iure nichtig ist, wenn sie nicht auf Grund entgegenstehender lokaler Gewohnheit rechtswirksam wird. Für diesen Fall bezeichnet Alanus eine Wahl mit Zustimmung des Volkes als „magis canonica". Den Grundsatz, einer Kirche nicht gegen ihren Willen einen Bischof aufzuzwingen, der in der Dekretistik zumeist auf die wahlberechtigten Kleriker eingeschränkt wird, wollen so herausragende Kanonisten wie Huguccio[17], Alanus[18] und Johannes Teutonicus[19] auch auf die Laien angewandt wissen. Die Frage, was bei einem Widerspruch des Volkes zu geschehen hat, findet in der Dekretistik eine grundsätzliche Antwort durch die Zitierung Cölestins I.: „Docendus est populus, non sequendus."[20] Es wird jedoch verlangt, begründeten Bedenken, die gegen die Person des Gewählten vorgebracht werden, Beachtung zu schenken. Zahlreiche Bologneser Dekretisten des 12. Jahrhunderts plädieren für Nachgiebigkeit gegenüber dem Volk, wenn dieses einen Kandidaten ablehnt, und fordern, von einem strengen Vorgehen abzugehen, falls ein öffentlicher Skandal droht. Die französische Schule des beginnenden 13. Jahrhunderts, die durch verstärkte Heranziehung des römischen Rechts eine wissenschaftliche Profilierung erfährt, erkennt dem Volk vor der Konsekration des Gewählten das Rechtsmittel der Einrede in Form eines Streitverfahrens zu.[21] Diese juristische Möglichkeit wird anschließend auch in Bologna vertreten und findet Eingang in die Glossa ordinaria zum Dekret.[22] Die anglo-normannische Schule stellt die Frage nach den Konsequenzen aus einem möglichen Widerspruch des Volkes nicht, da sie das vorhergehende Ersuchen (petitio) um einen Kandidaten von seiten des Volkes besonders hervorhebt und dadurch dem Problem einer möglichen Ablehnung die Brisanz nimmt.[23]

In der päpstlichen Gesetzgebung zur Bischofswahl von Alexander III. bis Gregor IX. finden sich über das Konsensrecht der Gläubigen keine nennenswerten Aussagen, so daß dieses Thema in der frühen Dekretalistik keine Rolle spielt.[24]

---

[17] Vgl. 2.4.9.
[18] Vgl. 2.6.4.
[19] Vgl. 2.8.3.
[20] Vgl. Decretum Gratiani D.62 c.2: Ausg. E. Friedberg, Corpus Iuris Canonici I 234.
[21] Vgl. 2.7.6.
[22] Vgl. 2.8.3.
[23] Vgl. 2.5.10.
[24] Vgl. 2.6.1 und 2.8.7.

3.1.2. *Ekklesiologischer Gehalt.*

Der dekretistische Befund ergibt, daß das Laienelement, soweit darunter die staatliche Autorität verstanden wird, von der Bischofswahl auszuschließen und die Freiheit der Kirche in der Besetzung ihrer Ämter zu gewährleisten ist.[25] Die Bezeichnung der Person für die Besetzung des Bischofsamtes geschieht durch Wahl, die zwar den Klerikern, vornehmlich den Kanonikern, vorbehalten ist, an der aber nach dekretistischer Lehre auch Laien auf Grund lokaler Gewohnheit oder speziellen Indultes teilnehmen können. Der spezifische Anteil, der dem gläubigen Volk an der Bischofsbestellung zuerkannt wird, findet in den Begriffen petitio, testimonium, consensus seinen Ausdruck.[26] Ihm kommt nach dem Verständnis der Dekretisten – mit Ausnahme von Alanus Anglicus – zwar keine konstitutive Bedeutung für die Bischofswahl zu, d. h. die Rechtsgültigkeit der Wahl wird nicht erst durch den Konsens konstituiert, sondern ist auch ohne ihn gegeben, aber es wird in der Dekretistik eine Wahl, bei der Ansinnen und Zustimmung des Volkes nicht eingeholt werden, als schlecht vollzogen betrachtet, und am Konsensrecht des Volkes wird doch grundsätzlich festgehalten, sei es daß die Zustimmung für angemessen, sei es daß sie für notwendig erachtet wird. Sollte die behauptete Notwendigkeit auf eine rechtliche Vorschrift zurückgehen, wie Huguccio meint, wäre der Konsens für die Legitimität der Bischofsbestellung erforderlich.[27] Das lokale Gewohnheitsrecht, das bei den kirchlichen

---

[25] Die Ernennung der Bischöfe durch profane Machthaber bezeichnet A. Rosmini im 19. Jahrhundert als eine „Wunde der Kirche" (Die fünf Wunden der Kirche 93–180). Sein Vorstoß verfolgt das Ziel, diese Wunde zu heilen und die Besetzung des Bischofsamtes als ureigene kirchliche Angelegenheit von außerkirchlichen Einflüssen zu befreien. (Vgl. a.a.O. 288 Anm.1).
[26] In einem Brief an den Kanoniker J. Gatti, in dem A. Rosmini seinen Vorschlag bezüglich Wiedereinführung der Bischofswahl durch Klerus und Volk verdeutlicht, beschreibt er den Anteil des Volkes „als die Möglichkeit hinsichtlich der Bewerber seinen Wunsch zum Ausdruck zu bringen, ihnen ein gutes Zeugnis auszustellen und den Erwählten seines Vertrauens anzuerkennen." (A.a.O. 216; s. auch a.a.O. 259 f)
[27] Dieser Ansicht kommt A. Rosmini nahe, wenn er auf Grund einer ausführlichen geschichtlichen Dokumentation (a.a.O. 222–232) die Mitwirkung des gläubigen Volkes an der Bischofswahl als göttliches Rechtes bezeichnet (a.a.O. 216 und 232), insofern sie sich auf apostolischen Ursprung zurückführen läßt (a.a.O. 235 und 237), und zwar nicht im Sinne eines „konstitutiven", sondern im Sinne eines „moralischen" göttlichen Rechtes (a.a.O. 216). Man kann daraus, „daß das Volk bei den Bischofswahlen ein Recht ausübte, das sich auf göttliche Einsetzung zurückführt, nicht schließen, . . daß die Kirche diese Form der Wahl nicht ändern könne, oder daß eine solche Änderung zu verurteilen sei, falls sie dazu durch schwerwiegende Gründe bewogen würde. ." (a.a.O. 216), sondern der Kirche wird die Vollmacht zuerkannt, „von der Beratung

Wahlen in dieser Epoche vor dem gesatzten Recht den Vorrang hat, erkennt ihm jedoch nach dem Zeugnis der Dekretisten nicht diese juristische Qualität zu. Daß an vielen Orten die Zustimmung des Volkes zur Wahl überhaupt nicht eingeholt wird, bezeichnen die Dekretisten nicht als illegitim, sondern die meisten stellen es ohne rechtliche Wertung fest. Da der Konsens auch in der päpstlichen Gesetzgebung keine Rolle spielt, stellt sich die Frage, welchen Sinn und welche Bedeutung die dekretistische Lehre über das Konsensrecht des Volkes denn überhaupt hat. Wenn die Zustimmung der Gemeinde der vollzogenen Wahl weder die Rechtsverbindlichkeit noch die Legitimität – so jedenfalls nach der sententia communis der Dekretisten – verleiht, scheint sie juristisch bedeutungslos zu sein, was durch das Vorgehen in der Praxis nur bestätigt wird, und so stimmt Y. Congar[28] der Ansicht R. Sohms[29] zu, daß Konsens und Rezeption *rechtlich* sehr unbefriedigende Vorgänge sind. Dies bedeutet aber nicht, daß ihnen auch jeder substantiell-ekklesiologische Wert abzusprechen ist. Wie die Rezeption eines Konzils[30], die

---

durch das Volk bei den Bischofswahlen zu dispensieren, wenn sich diese Notwendigkeit zur Vermeidung eines größeren Übels ergeben sollte, wie wohl die genannte Beteiligung göttlichen Rechtes ist." (A.a.O. 237)

[28] Y. Congar, Die Rezeption als ekklesiologische Realität: Concilium 8 (1972) 510.

[29] „Die Entscheidung der gesamten Christenheit ist an keine Form gebunden, und darum an keiner Form erkennbar. Es gibt wie für die Tradition so für die Rezeption in der altkatholischen Kirche keine bestimmte Handlung, mit welcher sie vollzogen wäre, durch welche sie zugleich bindend würde, keine Machtstelle, die von Rechts wegen über die Tradition, über die Rezeption (Dispensation) zu entscheiden vermöchte. Daher die Unsicherheit wie der Tradition so der Rezeption. Das Handeln der unorganisierten Ekklesia ist unsichtbar und niemals vollkommen abgeschlossen." (R. Sohm, Das altkatholische Kirchenrecht und das Dekret Gratians 134). Diese Ansicht ergibt sich bei R. Sohm aus seinem charismatischen Verständnis der Kirche, mit dem ein Kirchenrecht unvereinbar ist, und aus seiner Interpretation der frühen Kirche, der er eine rechtliche Struktur abspricht: „Was im Urchristentum für jede geistliche Handlung galt – es gab kein kanonisches Recht: über die Gültigkeit einer jeden der Ekklesia zugehörigen Handlung entschied ihre tatsächliche Durchsetzung in der Christenheit, d.h. die Rezeption..., das gilt im Altkatholizismus unverändert für die außerkanonische Handlung." (Kirchenrecht II 131). Auf die Tatsache, „daß Sohm den Begriff der receptio außerrechtlich verstanden hat", macht H. Dombois aufmerksam (Das Recht der Gnade 826). Die Auseinandersetzung von katholischer Seite mit R. Sohm ist zusammenfassend dargestellt von A. M. Rouco-Varela, Die katholische Reaktion auf das „Kirchenrecht I" Rudolf Sohms: Ius sacrum 15–52.

[30] Zu dieser für die ökumenische Theologie bedeutsamen Frage s. A. Grillmeier, Konzil und Rezeption: ThPh 45 (1970) 321–352. A. Grillmeier verfolgt das Ziel, die Rezeption nach dem Modell der deutschen Rechtshistoriker, die unter Rezeption den Prozeß der Aufnahme römischen Rechts in Deutschland verstehen (s. W. Trusen, Anfänge des gelehrten Rechts in Deutschland, Wiesbaden 1962; G. Dahm, Deutsches Recht 91–107; F. Wieacker, Privatrechtsgeschichte der Neuzeit 97–248; F. Merzbacher, Römisches Recht und Romanistik im Mittelalter: HJ 89 (1969) 1–32), als

Zustimmung zu einer Lehrentscheidung[31] und die Akzeptation eines Gesetzes[32] betreffen Zustimmung zur Wahl und Annahme des Gewählten

---

bereichernde Annahme eines geistigen Gutes darzustellen, „ein Annehmen freilich, das auch als „Prozeß" der Verwirklichung zu verstehen ist, das sich über Jahrhunderte hinziehen kann und in jeder Generation der Kirche jeweils neu zu vollziehen ist." (Ebd. 329). Auch der altkatholische Theologe W. Küppers versteht Konzilsrezeption wesentlich immer als einen geschichtlichen Prozeß: „Rezeption gehört nicht ins Konzil und auch nicht zum Konzil als dem in der Kirche von einem bestimmten Kreis ihrer Amtsträger mit bestimmtem Auftrag für bestimmte Fälle vollzogenen Akt. Sie gehört vielmehr wesentlich zu den einen solchen Akt begleitenden, manchmal vorbereitenden, manchmal ihn tragenden oder ihm nachfolgenden kirchen- und dogmengeschichtlichen Prozeß." (Rezeption: Konzile und die ökumenische Bewegung 84). Der orthodoxe Theologe L. Stan dagegen sieht in der Rezeption eines Konzils „die praktische Prüfung der Ökumenizität, das heißt der Übereinstimmung der von einer als höchstes kollegiales Organ der Kirche versammelten Synode zum Ausdruck gebrachten Glaubenslehre und der Lehre der ökumenischen Kirche, also der Kirche, die durch die Macht des Heiligen Geistes wirkt und die immer zusammen mit dem Heiligen Geist in Glaubensangelegenheiten entscheidet." (L. Stan, Über die Rezeption der Beschlüsse der ökumenischen Konzile seitens der Kirche: Konzile und die Ökumenische Bewegung 76).

[31] Zu dieser Problematik s. Kirchliche Lehre – Skepsis der Gläubigen, Freiburg–Basel–Wien 1970; K. Rahner, Ist Kircheneinigung dogmatisch möglich?: ThQ 153 (1973) 103–118, und die Entgegnung von G. May, „Normative Kraft des faktischen Glaubens" als Weg zur Einheitskirche der Zukunft?: AkathKR 142 (1973) 3–16. Das Konsensproblem liegt auch der Unfehlbarkeitsdebatte („ex sese, non autem ex consensu ecclesiae") zugrunde: H. Küng, Unfehlbar? 75–86; Zum Problem Unfehlbarkeit, hrsg. v. K. Rahner, Freiburg–Basel–Wien 1971; Fehlbar?, hrsg. v. H. Küng, Zürich–Einsiedeln–Köln 1973; A. Kolping, Antworten auf provokatorische Fragen einer „Bilanz": MThZ 25 (1974) 235–259. Beachtung verdienen in diesem Zusammenhang die Überlegungen von W. Kasper über die Funktion des kirchlichen Lehramtes jenseits autoritärem Totalitarismus und liberalem laisser faire, das sich als Dienst am Kommunikationsgeschehen innerhalb der kirchlichen Gemeinschaft und als institutionelle Garantie des für die innerkirchliche Wahrheitsfindung notwendigen Freiheitsraumes zu verstehen hat, ohne daß ihm die Kompetenz bestritten wird, in Notsituationen ein letztes entscheidendes Wort zu sprechen. (Zum Problem der Rechtgläubigkeit in der Kirche von morgen: Kirchliche Lehre – Skepsis der Gläubigen 62–65; Einführung in den Glauben 128–133). Der Problematik bezüglich Einmütigkeit des Bekenntnisses in der evangelischen Kirche geht E. Lessing nach, indem er Grundzüge einer kirchlichen Consensus-Theorie entwickelt (Konsensus in der Kirche 11–37) und einige der gewonnenen Ergebnisse am Beispiel der Leuenberger Konkordie konkretisiert (ebd. 38–74). Zu prüfen wäre, wie weit weitere Ergebnisse empirischer Sozialforschung und ihrer soziologischen Analyse für den Gegenstandsbereich der Interaktionstheorie (s. J. Siegrist, Das Consensus-Modell, Stuttgart 1970) in diesen Fragenkomplex einzubeziehen und zur Erklärung des Konsenses in der Kirche zu berücksichtigen ist.

[32] Vgl. c.8 § 1 CIC: „Leges instituuntur, cum promulgantur." Unter formalem Aspekt bedarf ein Gesetz als obrigkeitlich gesetzte Norm „zu seiner Existenz und Verpflichtung keiner Annahme durch die Gemeinschaft. Doch ist die Aufnahme, welche die Gemeinschaft einem Gesetz zuteil werden läßt, von rechtlicher Bedeutung für die Beobachtung des Gesetzes und damit auch für dessen Bestand. Ein menschliches Gesetz, das von

zwar nicht den formellen Aspekt des Aktes, wohl aber dessen Inhalt[33], der seinen Wert in sich selbst hat. „Die receptio geht immer auf eine verpflichtende Tatsache, welche dem Annehmenden vorgegeben ist. Diese Verpflichtung wird also durch die Rezeption nicht konstitutiv geschaffen. Andererseits ist Rezeption mehr als deklaratorisch[34], weil ja diese Verpflichtung nunmehr öffentlich sichtbar, unbestreitbar, wenn man so will „objektiv" in Kraft gesetzt und bekräftigt wird. Receptio

---

der Gemeinschaft oder ihrer Mehrheit…von Anfang an nicht aufgenommen oder später nicht mehr befolgt wird, verliert seine verpflichtende Kraft und verfällt.." (K. Mörsdorf, Lehrbuch des Kirchenrechts I 86 f). Das Dictum Gratians: „Leges instituuntur, cum promulgantur, firmantur, cum moribus utentium approbantur" (D.4 DG p.c.3), das nicht über die formale Seite des Gesetzes eine Aussage macht, sondern über dessen Inhalt, will entsprechend seiner von der Antike beeinflußten Vorstellung von der engen Zusammengehörigkeit von Gesetz und Gewohnheit (C. G. Fürst, Zur Rechtslehre Gratians: ZSavRGkan 57 (1971) 276–284; ders., Kirchenrecht oder Kirchenordnung?: Ius et salus animarum 53 f) zum Ausdruck bringen, wie tief die Gesetze hineinverflochten sind in die tatsächliche Beobachtung durch die Gemeinschaft, und wie sie an Effektivität einbüßen können, wenn sie an den konkreten Gegebenheiten des Lebens vorbeizielen (L. De Luca, L'accettazione popolare della legge canonica nel pensiero di Graziano e dei suoi interpreti: StG III 268–276). Von der communis opinio canonistarum, nach der ein Gesetz durch Promulgation von seiten des Gesetzgebers Gültigkeit erlangt, weichen im Spätmittelalter Matthaeus Romanus (14. Jht.) und Nikolaus von Kues (in seiner Concordantia Catholica von 1433/34) ab, die die Annahme durch die Allgemeinheit zu den konstitutiven Elementen beim Zustandekommen eines Gesetzes zählen (K. Ganzer, Päpstliche Gesetzgebungsgewalt und kirchlicher Konsens: Von Konstanz nach Trient 172–175 und 183). Dominicus de S. Geminiano (+1436) ist der Meinung, daß ein Gesetz immer nur unter der Bedingung erlassen wird, daß die Untergebenen es nicht zurückweisen (K. Ganzer, a.a.O. 184 f), eine Variante der Akzeptationstheorie, die in ihrer extremen Form („Populus non peccat, etiamsi absque ulla causa non recipiat legem a principe promulgatam") von Alexander VII. verurteilt worden ist (DS 2048). Über den rechtlichen Aspekt hinaus gehen die Überlegungen der Gallikaner, nach denen ein Gesetz der Auferbauung (2 Kor. 13,10) dienen muß und durch das Wohl der Kirche bedingt und bemessen ist (Y. Congar, Die Rezeption als ekklesiologische Realität: Concilium 8 (1972) 507).

[33] Vgl. Y. Congar, La „réception" comme réalité ecclésiologique: RSPhTh 56 (1972) 399; H. Müller, Rezeption und Konsens in der Kirche: ÖAKR 27 (1976) 17 f. Da der christliche Gebrauch des Wortes „consensus" den Einfluß profaner Traditionen aufweist, ist es nicht uninteressant zu sehen, daß „consensus" in der späten römischen Republik und in der Kaiserzeit in rein juristischen Formen wie Verträgen und Verordnungen nicht vorkommt, sondern lediglich in Widmungen und Ehrungen als Unterstreichung eines Aktes, dem eine spezielle Bedeutung zuerkannt wird. Wenn der römische Kaiser, etwa Augustus, sich auf den „consensus universorum" beruft, will er nicht ein rechtliches Moment herausstellen, sondern betonen, daß er von Kräften getragen wird, die ihn entscheidend stützen (H. Instinsky, Consensus universorum: Hermes 75 (1940) 265–278).

[34] Anders P. Hinschius: „Die Rezeption ist also kein Akt, dessen Wirkung die Rechtsgültigkeit zur Folge hat und sie erst konstituiert; sie deklariert nur, daß die Beschlüsse von Anfang rechtsgültig waren." (System des katholischen Kirchenrechts III/1 349)

hat zwischen diesen beiden für sie unzulänglichen Begriffen medialen Charakter. Das ganze Rechtsleben ist von Entscheidungen der Anerkennung oder Nichtanerkennung durchzogen. Es gibt kein Lebensgebiet des Rechtes, auf welchem sie nicht auftritt, und sie hat ihre vorzüglichste Bedeutung im Kirchenrecht."[35] Die Zustimmung zur Wahl und die Rezeption des Gewählten stellen demnach keine verfassungsrechtliche Kategorie dar, wie im 18. Jahrhundert M. Cappellari, der spätere Papst Gregor XVI., die Rezeptionsidee mißverstanden hat, um sie unter Verkennung der geschichtlichen Gegebenheiten auf polemische Weise zurückzuweisen[36], oder wie im 19. Jahrhundert A. Pichler den Hinweis J. Döllingers auf die Rezeption dadurch ins Unrecht zu setzen suchte, daß er gegen sie die Unmöglichkeit eines rezeptiven Rechtsaktes ausspielte[37], sondern sie beinhalten eine ekklesiologische Realität, die nicht so sehr als Gegensatz zum Juridischen, als vielmehr zum rein Jurisdiktionellen zu verstehen ist, und die P. Fransen als „organisch" bezeichnet.[38] Bei Konsens und Rezeption handelt es sich also nicht um ein Element des jurisdiktionellen Aktes, sondern um einen Prozeß der „Aneignung" durch die Gemeinschaft. Die Rezeption „bestätigt"[39] den Gewählten – nicht im rechtstechnischen, sondern im ekklesiologisch-moralischen Sinne; sie verleiht ihm eine größere moralische Autorität und schafft einen günstigeren Ausgangspunkt für seine Amtsführung.[40] Die Nichtrezeption hingegen bedeutet nicht, daß die Wahlentscheidung unter formal-juridischem Aspekt unzulänglich gewesen wäre, sondern daß sie keine Lebenskraft weckt[41] und zur Verachtung oder gar zum Haß gegen den Bischof führen kann, wie die Dekretisten in Anlehnung an ein Wort Leos des Großen wiederholt betonen. In einem solchen Falle ist die Bischofswahl nichtsdestoweniger als gültig zu betrachten. Aber anstatt der Auferbauung der Gemeinde zu dienen, stellt sie ein Hindernis für die Entfaltung geistlich-kirchlichen Lebens dar, weshalb Innozenz III.

---

[35] H. Dombois, Das Recht der Gnade 827.
[36] M. Cappellari, Il Trionfo della Santa Sede e della Chiesa 334–344.
[37] A. Pichler, Die wahren Hindernisse und die Grundbedingungen einer durchgreifenden Reform der katholischen Kirche 327 ff.
[38] P. Fransen, L'autorité des conciles: Problèmes de l'autorité 85.
[39] Vgl. Albert d. Gr.: „Duplex est confirmatio: per ratificationem et haec est auctoritas et pertinet ad maiores. Alia est per approbationem et consensum, et haec pertinet ad minores." (zit. nach Y. Congar, a.a.O.: Concilium 8 (1972) 514 Anm. 92)
[40] Die Einheit der Kirche in der Dynamik des Zweiten Vatikanums: Orientierung 33 (1969) 106; J. G. Gerhartz, Demokratisierung in der Kirche: Theologische Akademie VI 105 f; A. Weiler, Nikolaus von Kues (1440) über Wahl, Zustimmung und Annahme als Forderungen für die Kirchenreform: Concilium 8 (1972) 531.
[41] H. Bacht, Vom Lehramt der Kirche und in der Kirche: Catholica 25 (1971) 157 f.

in einer Dekretale vom 1.3.1206 Haß bzw. große Abneigung des Volkes gegen den Bischof zu den rechtlich hinreichenden Gründen für einen bischöflichen Amtsverzicht zählt.[42]

Welcher Stellenwert dem angedeuteten ekklesiologischen Gehalt von Konsens bzw. von Rezeption in der Kirche zukommt, hängt in erster Linie vom Kirchenverständnis der jeweiligen Epoche ab. Seit dem 12. Jahrhundert dominiert „ein ganz pyramidal gestuftes Bild der Kirche... als einer Masse, die völlig von ihrem Gipfel bestimmt wird"[43], wo der Heilige Geist außer im Bereich einer intimen Spiritualität nur als Garant für die Unfehlbarkeit der Hierarchie erscheint, mit der die Kirche so gut wie identisch ist. „Denn alles, was in ihr ist und geschieht: der Ursprung, das Dasein, das Leben, die Erziehung und Bildung des Volkes, der Gemeinschaft der Glaubenden, wird der Hierarchie und dem Klerus verdankt, von ihnen bestimmt und geleitet. Die Stellung und Einschätzung der Laien, der ‚weltlichen Menschen', wird an diesem Maßstab gemessen. Sie sind die Untertanen der Hierarchie."[44] In einem solchen, am Imperium orientierten Kirchenbild[45], in dem die formelle rechtliche Autorität ungeachtet des Inhalts ihrer Entscheide den ganzen Platz einnimmt[46], ist die Rezeption ihrer Substanz beraubt[47] und bedeutet Konsens demütige Unterwerfung unter die getroffene Entscheidung, wie der Konsens bei der Wahl von Gratian und den ersten Kommentatoren seines Dekrets in Bologna weithin verstanden wird. Konsens meint hier nichts anderes als Gehorsam im Sinne der Scholastik: einen Akt, worin der Untergebene seinen Willen und sein Verhalten nach der rechtmäßigen Vorschrift eines Vorgesetzten richtet aus Respekt vor dessen Autorität.[48] In späteren Werken der Dekretistik gegen Ende des 12. und zu Beginn des 13. Jahrhunderts, in denen es als angemessen oder sogar als notwendig erachtet wird, den Konsens einzuholen, in denen weiterhin das Prinzip vertreten wird, einer Gemeinde nicht gegen ihren Willen einen Bischof

---

[42] Vgl. Potthast 2698 = X.1.9.10; s. auch W. M. Plöchl, Geschichte des Kirchenrechts II 205.

[43] Y. Congar, Die Rezeption als ekklesiologische Realität: Concilium 8 (1972) 508.

[44] H. Fries, Wandel des Kirchenbildes und dogmengeschichtliche Entfaltung: Mysterium Salutis IV/1 244.

[45] A. Mayer-Pfannholz, Der Wandel des Kirchenbildes in der Geschichte: ThGL 33 (1941) 25 ff.

[46] Y. Congar, Die Rezeption als ekklesiologische Realität: Concilium 8 (1972) 511.

[47] H. Dombois, Das Recht der Gnade 827.

[48] Thomas v. Aquin: „Et ideo ad actum obedientiae sufficit promptitudo voluntatis subiecta praecipienti quae est proprium et per se obiectum obedientiae." (S. th. 2–2 q.2 a.5 ad 3)

zu geben, und in denen dafür plädiert wird, einem Einspruch des Volkes bei der Wahl Beachtung zu schenken, zielt der Konsens nicht einfachhin nur auf die Verwirklichung der Beziehung „secundum sub et supra", sondern enthält einen eigenen Beitrag an Urteil und Stellungnahme, worin sich das Leben einer Gemeinschaft äußert, die ihre ureigenen Geisteskräfte zum Zuge kommen läßt. Es wirkt hier *in der dekretistischen Lehre* um die Wende vom 12. zum 13. Jahrhundert offensichtlich etwas von dem nach, was die Begriffe petitio, testimonium, consensus in den Quellen bedeuten, denen sie entnommen sind. War die Verwendung dieser Termini im Zusammenhang mit der Wahl auch in der frühen Kirche einigermaßen unscharf und im Laufe der Jahrhunderte einem Bedeutungswandel unterworfen[49], so läßt sich doch sagen, „daß das, was den christlichen Sprachgebrauch auf dem Wortfeld von Wahl – Konsens – Rezeption charakterisiert, wesentlich im Zusammenhang mit der Beziehung zwischen Gott und dem Menschen steht, die vorwiegend auf die freie, ungeschuldete Initiative Gottes zurückgeführt wird – auf eine Initiative, die darauf abzielt, eine nicht bloß episodenhafte oder erzwungene Beziehung herzustellen, sondern eine solche Verbindung, die eine neue Situation, eine fruchtbare Lebensgemeinschaft herbeiführen soll, worin die Menschen wirklich am göttlichen Leben teilhaben. Es ist auch aufschlußreich, daß in allen diesen Aspekten der religiösen Beziehung diese vorzüglich auf gemeinschaftlicher und nicht individueller Ebene liegt und nicht die Beziehung Christi zum Einzelmenschen, sondern zu den Menschen als Kollektivität, als Volk im Auge hat."[50] Diese geistliche Dimension von Konsens und Rezeption im Zusammenhang mit der Wahl setzt eine Sicht von Kirche voraus, wie sie im ersten Jahrtausend vorherrschte und – nicht ohne Wegbereitung durch die Theologie[51] – im Zweiten Vatikanischen Konzil, das unter mancherlei Rücksicht einen ekklesiologischen Wendepunkt darstellt[52], wiederentdeckt worden ist: die Kirche als Com-

---

[49] G. Bartelink, „Electio" und „consensus" im christlichen Sprachgebrauch (bis etwa 600): Concilium 8 (1972) 556–559.
[50] G. Alberigo, Wahl–Konsens–Rezeption im christlichen Leben: Concilium 8 (1972) 479.
[51] Wegbereiter für die Lehre des Zweiten Vatikanischen Konzils über die Kirche sind im 19. Jahrhundert vor allem J. A. Möhler (Die Einheit in der Kirche oder das Prinzip des Katholizismus, Tübingen² 1843, hrsg. v. J. R. Geiselmann, Köln–Olten 1957) und H. Schell (s. J. Hasenfuß, Das Kirchenbild von der Theologia Wirceburgensis bis H. Schell: Ortskirche-Weltkirche 222–229; K. Mühleck, Dynamische Gemeinschaft, München–Paderborn–Wien 1973).
[52] Y. Congar, Die Lehre von der Kirche 123–126; H. Fries, Wandel des Kirchenbildes und dogmengeschichtliche Entfaltung: Mysterium Salutis IV/1 275–278.

munio[53], die von einer tiefen Konziliarität aller durchwirkt und von einer im Sakramentalen gegründeten Brüderlichkeit[54] und fundamentalen Gleichheit ihrer Glieder bestimmt ist[55], die der besonderen Sendung des kirchlichen Amtes, das als Dienst für das Gottesvolk begriffen wird, theologisch vorausliegt.[56] In dieses vom Zweiten Vatikanum gezeichnete Kirchenbild soll für die Frage der Bischofsbestellung der ekklesiologische Gehalt dessen eingebracht werden, was der dekretistische Befund über den Anteil der Laien an der Wahl zu Tage gefördert hat, um ihn für die anstehende Reform des in der lateinischen Kirche geltenden Rechts auszuwerten.

3.2. Revision des Codex Iuris Canonici

Die von Johannes XXIII. am 25.1.1959 zusammen mit der Ankündigung eines Ökumenischen Konzils in Aussicht gestellte[1] und durch Gründung der „Pontificia Commissio Codici Iuris Canonici recognoscendo" am 28.3.1963 eingeleitete Revision des Kirchlichen Gesetzbuches aus dem Jahre 1917[2], die nach einem Wort Pauls VI. die Gesichtszüge des Zweiten Vatikanums tragen soll[3], hat außer den einer jeden Gesetzgebung gestellten formalen Problemen der systematischen Anordnung[4] und der

---

[53] Vgl. z. B. „Unitatis Redintegratio" 2b: „Spiritus Sanctus, qui credentes inhabitat totamque replet atque regit Ecclesiam, miram illam communionem fidelium efficit et tam intime omnes in Christo coniungit, ut Ecclesiae unitatis sit Principium." Obgleich „Communio" im II. Vatikanum nur an dieser Stelle als Synonym für „Kirche" gebraucht wird (vgl. X. Ochoa, Index verborum 90 f), ist der Gedanke der Gemeinschaft (der Gläubigen untereinander und zugleich mit Gott) für die Lehre des Konzils über die Kirche zentral, wie die rechtsbegriffliche Untersuchung von O. Saier,„Communio" in der Lehre des Zweiten Vatikanischen Konzils, München 1973, aufzeigt; s. auch W. Aymans, „Volk Gottes" und „Leib Christi" in der Communio-Struktur der Kirche: TThZ 81 (1972) 321–334; aus der Zeit vor dem Konzil s. vor allem J. Hamer, L'Église est une communion, Paris 1962.
[54] J. Ratzinger, Fraternité: DSAM V 1141–1167; A. Grillmeier, Kommentar zum 2. Kapitel der Kirchenkonstitution: LThK Das Zweite Vatikanische Konzil I 176–207.
[55] Vgl. „Lumen Gentium", 2. Kapitel (AAS 57 (1965) 12–22).
[56] Vgl. „Lumen Gentium", 3. Kapitel (AAS 57 (1965) 22–36).
[1] Vgl. AAS 51 (1959) 68 f.
[2] Vgl. Annuario Pontificio per l'anno 1969, S.1471; Communicationes 1 (1969) 5. Zur Reform des Ostkirchenrechts hat Paul VI. am 10.6. 1972 anstelle der „Pontificia Commissio ad Codicem Iuris Canonici Orientalis redigendum" die „Pontificia Commissio Codici Iuris Canonici Orientalis recognoscendo" eingesetzt. (Communicationes 4 (1972) 177)
[3] Vgl. AAS 57 (1965) 985–989.
[4] Vgl. H. Schmitz, Die Gesetzessystematik des Codex Iuris Canonici Liber I–III 2–9.

sprachlichen Gestalt[5] sowie zahlreichen inhaltlichen Einzelfragen die grundlegende Schwierigkeit zu überwinden, die durch den Wandel des Kirchenbildes durch das Zweite Vatikanum entstanden ist.[6] Das Selbstverständnis der Kirche als Communio, wie es im Zweiten Vatikanischen Konzil lehramtlich dargestellt wird und dem künftigen Recht zugrunde liegen muß[7], damit dieses wirklich ein Abbild des theologischen Selbstverständnisses der Kirche ist, steht zu dem seit dem 12. Jahrhundert vorherrschenden Kirchenverständnis zwar nicht unbedingt in einem Gegensatz, wohl aber in einer solch immensen Spannung[8], daß sich die Frage erhebt, ob nicht eine grundlegende Reform des Kirchenrechts geboten ist, die nicht in Adaptationen, Modifikationen und Korrekturen innerhalb der bestehenden Struktur stecken bleibt, sondern die in der theologischen Wissenschaft und im Zweiten Vatikanum erfolgte Abkehr vom Kirchenbild des Codex Iuris Canonici konsequent nachvollzieht und deshalb über eine Revision des im Jahre 1917 unter anderen ekklesiologischen und zeitgeschichtlichen Voraussetzungen[9] promulgierten Gesetzbuches weit hinausgehen muß.[10]

---

[5] Vgl. K. Mörsdorf, Die Rechtssprache des Codex Iuris Canonici 17 ff.

[6] Dieses für die Codexrevision fundamentale Problem ist in der Diskussion des Entwurfs für ein Grundgesetz der Kirche von neuem sichtbar geworden (s. den zusammenfassenden Bericht des Relators der Codexkommission über die Stellungnahmen des Weltepiskopats zum Entwurf: Communicationes 4 (1972) 122–160, besonders 132–136). Vgl. auch die Überlegungen von Kardinal Felici in seiner Communicatio auf der römischen Bischofssynode 1974 (Communicationes 6 (1974) 156 f).

[7] Vgl. die zehn Prinzipien der römischen Bischofssynode 1967 für die Kirchenrechtsreform (Communicationes 1 (1969) 77–85).

[8] Vgl. auch H. J. Pottmeyer, Unfehlbarkeit und Souveränität 14. B. Löbmann spricht sogar von einem gegensätzlichen Prinzip und vertritt die Meinung, „daß sich hier zwei Strukturauffassungen von der Kirche gegenüberstehen, die sich nicht auf einen gemeinsamen Nenner bringen lassen." (Die Bedeutung des Zweiten Vatikanischen Konzils für die Reform des Kirchenrechts: Ius sacrum 87). Behutsamer formuliert W. Bertrams: „Zunächst kann und muß hier wohl von einer neuen Auffassung die Rede sein, insofern als... in der Entwicklung der letzten Jahrhunderte eine gewisse Einseitigkeit nicht zu übersehen ist. Aber, gerade weil es sich darum handelt, diese Einseitigkeit zu korrigieren, ist das „Neue" die uralte, ursprüngliche Auffassung der Kirche." (Die Bedeutung des 2. Vatikanischen Konzils für das Kirchenrecht: ÖAKR 23 (1972) 152).

[9] Vgl. F. Elsener, Der Codex Iuris Canonici im Rahmen der europäischen Kodifikationsgeschichte: Vom Kirchenrecht zur Kirchenordnung? 27–53.

[10] Vgl. J. Neumann, Eine Verfassung für die Freiheit: Wort und Wahrheit 23 (1968) 388 f und 393–396; H. Heimerl, Das Kirchenrecht im neuen Kirchenbild: Ecclesia et Ius 1–24; B. Löbmann, Die Bedeutung des Zweiten Vatikanischen Konzils für die Reform des Kirchenrechts: Ius sacrum 98; H. Herrmann, Überlegungen zum Auftrag einer nachkonziliaren Codexrevision: Diaconia et Ius 277–280

Die im I. Vatikanischen Konzil zusammen mit der päpstlichen Unfehlbarkeit in Kathedralentscheidungen von Glaubens- und Sittenfragen definierte Lehre über den Jurisdiktionsprimat des römischen Pontifex[11], die im Gesetzbuch von 1917/18 ihren rechtlichen Ausdruck gefunden und sich auf alle Bereiche der Rechtsordnung ausgewirkt hat, ist auch auf die gemeinrechtliche Regelung der Bischofsbestellung nicht ohne Einfluß geblieben.[12] Bis zum Inkrafttreten des CIC stand nach gemeinem kanonischem Recht den Domkapiteln für die Besetzung eines Bischofsstuhles das Wahlrecht zu[13], das jedoch nur noch in Deutschland (außer Bayern), in einigen Schweizer Diözesen sowie in Salzburg und Olmütz[14] in Übung war[15] und hier nach der generellen Reservation der Besetzung aller vakanten Patriarchal-, Metropolitan- und Bischofssitze am 4.8.1363 durch Urban V.[16] nicht mehr als originäres Recht aufgefaßt wurde[17], sondern ähnlich wie die Zugeständnisse an Landesfürsten[18] den Charakter eines Privilegs trug.[19] Der Codex bestimmt nun, daß die Bischöfe frei vom Papst ernannt werden: „Eos libere nominat Romanus Pontifex."[20] Die Ernennung erfolgt entweder direkt und unmittelbar oder aber auf Empfehlung.[21] Zu diesem Zweck ist ein Listenverfahren eingeführt worden, das den Bischöfen und zuweilen auch den Domkapiteln die Möglichkeit bietet, periodisch oder bei Sedisvakanz geeignete Kandidaten

---

[11] DS 3060.
[12] Vgl. F. X. Wernz – P. Vidal, Ius Canonicum II 311 f; B. Kötting, Bischofsamt und Bischofswahl: Fragen der Kirche heute 119.
[13] P. Gasparri schreibt in der Praefatio zum CIC: „...in iure communi decernebatur Episcopos a canonicorum ordine esse deligendos, et capita fere omnia tituli De Electionibus ad hanc eligendi rationem pertinent, quamquam ea hodie non obtinet nisi in paucis Germaniae et Helvetiorum dioecesibus.." (S. XXX).
[14] G. Phillips, Lehrbuch des Kirchenrechts I 373; U. Stutz, Der Geist des CIC 243 Anm. 6; K. Mörsdorf, Lehrbuch des Kirchenrechts I 410.
[15] U. Stutz hat darauf hingewiesen, daß diese Rechte einzelner Domkapitel nicht auf das Wormser Konkordat zurückgehen, sondern eine Neuschöpfung des vorigen Jahrhunderts sind, die ihre Entstehung einer Reihe von Vereinbarungen zwischen dem Apostolischen Stuhl und den betreffenden Staatsregierungen verdankt. (Der neueste Stand des deutschen Bischofswahlrechtes 3 f).
[16] K. Ganzer, Papsttum und Bistumsbesetzungen in der Zeit von Gregor IX. bis Bonifaz VIII. 89.
[17] So noch bei Gratian, in der Dekretistik und in der frühen Dekretalistik (s. oben 2).
[18] Vgl. A. Kindermann, Das landesfürstliche Ernennungsrecht 35–39.
[19] K. Mörsdorf, Das neue Besetzungsrecht der bischöflichen Stühle 69.
[20] C.329 § 2 CIC.
[21] A. Vermeersch – I. Creusen, Epitome Iuris Canonici I 385.

zu nennen, ohne daß der Apostolische Stuhl an diese Listen gebunden ist. Eine Ausnahme bildet nur Bayern, wo eine solche Bindung besteht.[22] Neben der freien päpstlichen Ernennung aller Bischöfe, die die Regel bildet, kennt das Gesetzbuch für die lateinische Kirche als Ausnahme auch die „gebundene" Verleihung durch kanonische Wahl.[23] Indem es bestimmt, daß immer dann, wenn einem Kollegium das Bischofswahlrecht zugestanden ist, nur derjenige gewählt ist, der gemäß c.321 CIC wenigstens die absolute Mehrheit der abgegebenen Stimmen erhält[24], kennzeichnet es das Wahlrecht als ein Zugeständnis von seiten der höchsten kirchlichen Autorität.[25] Damit ist das Prinzip des alten kirchlichen Wahlrechts „ad subditos eligere, ad praelatos confirmare pertinet"[26], wie es sich etwa bei Bernhard von Pavia findet und wie es der Geschichte der Bischofswahlen bis zu den päpstlichen Reservationen im 13. und 14. Jahrhundert entspricht, auf den Kopf gestellt. Aber der Codex verlangt in bezug auf das Wahlrecht nicht das Gleiche, was er hinsichtlich des Präsentationsrechtes (der Patrone) zum Ausdruck bringt[27], daß nämlich die Inhaber solcher Rechte von sich aus auf ihre Befugnisse verzichten sollen[28] und daß ein derartiges Recht nicht neu begründet werden kann[29], sondern läßt zumindest grundsätzlich keine wahlrechtsfeindliche Tendenz erkennen.[30] Was die Mitwirkung von Laien betrifft, gilt für die Bischofswahl, was c.166 CIC im Hinblick auf alle kirchlichen Wahlen festlegt, daß nämlich eine Wahl, in die sich Laien in einer gegen die kanonische Wahlfreiheit verstoßenden Weise

---

[22] K. Mörsdorf, Lehrbuch des Kirchenrechts I 409; ders., Diözese: Sacramentum Mundi I 892 f. Zur Neuregelung des Listenverfahrens nach dem II. Vaticanum durch den Erlaß des Rates für die öffentlichen kirchlichen Angelegenheiten vom 25.3.1972 (AAS 64 (1972) 386–391) s. unten 3.2.1.
[23] E. F. Regatillo, Institutiones Iuris Canonici I 340 f; A. Vermeersch – I. Creusen, Epitome Iuris Canonici I 385; K. Mörsdorf, Lehrbuch des Kirchenrechts I 409. Die in einigen Ländern bestehende gebundene Verleihung durch Nomination oder Präsentation von seiten der Staatsregierung findet im CIC selbst keine Erwähnung.
[24] C.329 § 3 CIC: „Si cui collegio concessum sit ius eligendi Episcopum, servetur praescriptum can. 321."
[25] B. Kötting, Bischofsamt und Bischofswahl: Fragen der Kirche heute 119. Vgl. auch G. May, Demokratisierung der Kirche 29.
[26] Vgl. oben 2.4.1.
[27] J. Neumann, Wahl und Amtszeitbegrenzung nach kanonischem Recht: ThQ 149 (1969) 123.
[28] Vgl. c.1451 § 1 CIC.
[29] Vgl. c.1450 CIC.
[30] J. Neumann, Wahl und Amtszeitbegrenzung nach kanonischem Recht: ThQ 149 (1969) 124.

einmischen, ungültig ist[31], womit in erster Linie ein Übergriff der staatlichen Autorität vereitelt werden soll, wie aus den zu c.166 angegebenen Quellen[32] hervorgeht, womit aber gleichzeitig alle übrigen Laien ausgeschlossen sind. C.109 CIC schließlich bestimmt, daß bei der Aufnahme in den hierarchischen Dienst der Kirche weder das Volk noch die staatliche Macht ein Zustimmungs- oder Berufungsrecht besitzen.[33]

In den katholischen Ostkirchen[34] sieht das am 2.6.1957 promulgierte und am 25.3.1958 in Kraft getretene Personenrecht[35] als Regel die Wahl der einem Patriarchen unterstellten Bischöfe vor[36], die der Bestätigung durch den Papst bedarf.[37] Wahlberechtigt ist die Wahlsynode des Patriarchats, deren Einberufung unterschiedlich geregelt ist, je nach dem ob die Wahl eines Patriarchen, eines Großerzbischofs oder eines Bischofs ansteht[38], deren Zusammensetzung aber in den drei genannten Fällen gleich ist: ihr gehören alle Residenzial- und Titularbischöfe des Patriarchats an, auch die nach rechtmäßiger Wahl bestätigten, aber noch nicht konsekrierten Bischöfe, während die übrigen Kleriker (also auch die Ortsordinarien in bischofsgleicher Stellung) ohne Bischofsweihe von der

---

[31] C.166 CIC: „Si laici contra canonicam libertatem electioni ecclesiasticae quoquo modo sese immiscuerint, electio ipso iure invalida est." Vgl. U. Mosiek, Verfassungsrecht der Lateinischen Kirche I 125.

[32] X. 1.6.43 und 56.

[33] C.109 CIC: „Qui in ecclesiasticam hierarchiam cooptantur non ex populi vel potestatis saecularis consensu aut vocatione adleguntur.."

[34] Zum Folgenden s. J. T. Finnegan, The Present Canonical Practice in the Catholic Church: The Choosing of Bishops 93 ff.

[35] Pius XII, Motu proprio „Cleri sanctitati" (AAS 49 (1957) 433–603); s. dazu V. J. Pospishil, The Law on Persons, Philadelphia 1960. – Das vor dem Motu proprio „Cleri sanctitati" in den einzelnen katholischen Ostkirchen (in der armenischen, chaldäischen, rumänischen, melchitischen, maronitischen, syrischen, koptischen und ukrainischen Kirche) geltende Bischofswahlrecht hat M. M. Wojnar dargestellt (The Participation of the Clergy and Laity: The Choosing of Bishops 61–73).

[36] Cc. 221 und 251 IOpers. In c.392 § 2 IOpers erscheinen päpstliche Ernennung (für die dem Apostolischen Stuhl direkt unterstellten Bischöfe) und legitime Wahl (mit anschließender Bestätigung durch den Papst) als gleichberechtigt nebeneinander: „Eos (episcopos) Romanus Pontifex libere nominat, aut legitime electos confirmat."

[37] Cc. 235 § 3, 253 und 392 § 2 IOpers. Das Zweite Vatikanische Konzil bestätigt das Recht in den orientalischen Patriarchaten auf die Bestellung der Bischöfe: „Die Patriarchen bilden mit ihren Synoden die Oberbehörde für alle Angelegenheiten des Patriarchates; nicht ausgenommen ist das Recht zur Errichtung neuer Eparchien und zur Ernennung von Bischöfen ihres Ritus innerhalb der Grenzen des Patriarchalgebietes, unbeschadet des Rechtes des Bischofs von Rom, in Einzelfällen einzugreifen." (OE 9d)

[38] W. Aymans, Das synodale Element in der Kirchenverfassung 80–85.

Wahlsynode ausgeschlossen sind.[39] Der Patriarch kann aber vor der Wahl eines Bischofs, wenn er es für angebracht hält, die Priester der vakanten Eparchie einzeln hören und sie nach einem geeigneten Kandidaten befragen.[40] Eine Einmischung von Laien oder eine Empfehlung von ihrer Seite ist dagegen untersagt.[41] Falls sich Laien dennoch in einer gegen die Freiheit der Wahl verstoßenden Weise einschalten, ist die Wahl – wie in der lateinischen Kirche – nichtig.[42]

Die für die lateinische Kirche im CIC und für die katholischen Ostkirchen im Motu proprio „Cleri sanctitati" gemeinrechtlich festgelegte Form der Bischofsbestellung ist nach der Einberufung des Zweiten Vatikanischen Konzils Ausgangspunkt einiger Vorschläge, die aus der Reihe der künftigen Konzilsteilnehmer hinsichtlich der Bischofsernennung für die Kirchenversammlung gemacht worden sind. Von den 2099, die der Aufforderung des Kardinalstaatssekretärs gefolgt sind und der Commissio Antepraeparatoria ein Votum zu der auf dem Konzil zu behandelnden Materie zugesandt haben[43], ist nur eine kleine Minderheit von etwa 40 Bischöfen und Ordensoberen auf dieses Thema eingegangen[44], so daß es in der Vorbereitung der Kirchenversammlung zwar keine größere Rolle gespielt hat, aber es ist dennoch aufschlußreich, welche Tendenz in den Stellungnahmen verfolgt wird. Die sehr unterschiedlichen Vorschläge lassen sich wie folgt zusammenfassen:

a) Oberste Forderung für die Ernennung der Bischöfe sind Freiheit der Kirche und Ausschaltung der unheilvollen Einmischung staatlicher Autoritäten. Die in einigen Nationen den Machthabern gewährten Privilegien in bezug auf die Bischofswahl sind stufenweise abzubauen.[45]

---

[39] C.224 IOpers: „§ 1. In electione Patriarchae voce activa fruuntur omnes et soli eiusdem patriarchatus episcopi, etiam titulares, legitime electi atque confirmati, etsi episcopali charactere non aucti, iis exclusis qui in can. 109, § 1 recensentur.
§ 2. A Synodo prorsus excluduntur clerici episcopali dignitate carentes, salvo can. 228, §§ 1,2.
§ 3. Laici cuiusvis gradus et auctoritatis Patriarchae electioni neque interventu in Synodum neque candidatorum commendatione neque quovis alio modo semet immiscere valent, reprobata contraria consuetudine et revocato quolibet contrario privilegio."
[40] C.252 § 1 n.2 IOpers.
[41] C.252 § 1 n.2 IOpers.
[42] C.108 IOpers.
[43] H. Müller, Zum Verhältnis zwischen Episkopat und Presbyterat im Zweiten Vatikanischen Konzil 64–67.
[44] Acta et Documenta I, App.II, I 407–411.
[45] Acta et Documenta I, App.II, I 407 ff.

b) Die Bischöfe sollen durch Klerus und Volk gewählt werden. Nur die Einsetzung ins Bischofsamt bleibt dem Apostolischen Stuhl vorbehalten. Vertreter von Klerus und Volk der Diözese sollen wenigstens gehört werden.[46]

c) Der Bischof ist vom Klerus zu wählen, dem er vorzustehen hat. Zumindest müssen die Presbyter ein Mitspracherecht haben.[47]

d) Der Bischof soll von den Kanonikern der Kathedralkirche aus einem Dreiervorschlag der zuständigen römischen Kongregation ausgewählt werden.[48]

e) Die Bischofswahl soll in den Händen der Bischöfe unter der Leitung des Patriarchen liegen.[49]

f) In einem Votum schließlich wird dafür plädiert, ohne Rücksicht auf die Praxis der ersten Jahrhunderte feierlich einzuschärfen, daß das Recht, neue Bischöfe zu ernennen und einzusetzen, einzig und allein dem Nachfolger Petri zukomme.[50]

Zu diesen, aus verschiedenen Teilen der Welt eingegangenen Wünschen und Anregungen bemerkt die römische Konsistorialkongregation in ihrer Stellungnahme vor dem Konzil, daß die geäußerten Vorstellungen über die Wahl der Bischöfe, so wünschenswert der Ausschluß einer jeden staatlichen Intervention zweifellos sei, nur wenig den realen Gegebenheiten Rechnung trage, denen sich die Kirche in den einzelnen Nationen auf Grund geschichtlicher Bedingtheiten ausgesetzt sehe. Im übrigen treffe die höchste Autorität der Kirche die

---

[46] Acta et Documenta I, App.II, I 409 f; z. B. Bischof Ferreira Gomes, Porto (Portugal): „De Episcopatu quum ius divinum definiendum ac declarandum tum ecclesiasticum circa modum creationis, constantiae ac decessus stabiliendum. In iure hoc concinnando circa omnia et singula positiva valde desideranda disciplinae unitas in universo catholico orbe; quo faventius accipiendus concursus catholicorum quum in Clero tum in Laicatu existentium eo magis civilium potestatum influxus ab hoc toto negotio removendus." (Acta et Documenta I,II,II 606)

[47] Acta et Documenta I, App. II, I 409 f; z. B. Apostolischer Vikar Rodgers, Polynesien: „Utrum melius sit si omnes Ordinarii loci, sive Episcopi sive Praelati minoris gradus, eligantur in munus suum per modum electionis ab utroque clero." (Acta et Documenta I,II,VII 661); Apostolischer Delegat Carboni, Sydney (Australien): „Ut, iuxta veterem consuetudinem, Sacerdotes Dioecesis vocem habeant cum res agatur de Episcopo eligendo." (Acta et Documenta I,II,VII 617); Bischof De Morais Penido, Juiz de Fora (Brasilien): „Episcopus eligatur e clero dioeceseos cui praeesse debet." (Acta et Documenta I, II, VII 201); Bischof Enrique y Tarancón, Solsona (Spanien): „Aliquis presbyterorum interventus in electione Episcoporum residentialium." (Acta et Documenta I,II,II 334)

[48] Acta et Documenta I, App.II, I 409.

[49] Acta et Documenta I, App.II, I 408.

[50] Acta et Documenta I, App.II, I 408.

Auswahl der Kandidaten mit allergrößter Sorgfalt, so daß es nicht opportun erscheine, die Frage der Bischofsernennungen dem Ökumenischen Konzil zur Behandlung vorzulegen.[51] Entsprechend dieser kurialen Stellungnahme haben die Vorschläge der künftigen Konzilsteilnehmer in den Entwürfen der Vorbereitungskommissionen keine Berücksichtigung gefunden. Das Schema decreti de episcopis ac de dioeceseon regimine aus dem Jahre 1962[52], das den Konzilsteilnehmern nicht zugestellt wurde[53], und das darauf folgende Schema decreti de episcopis ac de dioecesium regimine vom 22.4.1963[54], sprechen die Frage der Bischofsbestellung überhaupt nicht an. Im Verlauf der zweiten Sitzungsperiode des Konzils haben mehrere Redner in der Aula auf dieses Manko aufmerksam gemacht. Im Zusammenhang mit der Kollegialität des Episkopats schlug Bischof Rupp, Monaco, vor, den Bischöfen des gleichen Landes oder wenigstens denen der Kirchenprovinz ein Mitspracherecht bei Bischofsernennungen einzuräumen.[55] Titularbischof González Moralejo, Valencia (Spanien), verlangte allgemeine Normen, nach denen der Papst das ihm als oberstem Hirten der Kirche und Haupt des Bischofskollegiums zustehende Recht der Bischofsernennung ausübt und über die Eignung der Kandidaten befindet unbeschadet der legitimen Traditionen in den orientalischen Kirchen und in der lateinischen Kirche sowie der unterschiedlichen Verhältnisse in den einzelnen Nationen.[56] Auch Bischof Méndez Arceo, Cuernavaca (Mexiko), wünschte, in aller Offenheit das Problem der Bischofswahl zu behandeln, bei der alle überlebten Formen der Einmischung durch politische Gewalten ausgeschaltet und die Kollegialität der Bischöfe praktisch zum Zuge gebracht werden müsse.[57] Erzbischof Attipetty, Verapoly (Indien), der seine Verwunderung über das Schweigen des Dokuments bezüglich der Bischofsernennungen mit Vehemenz zum Ausdruck brachte, schlug im einzelnen vor: a) als grundlegendes Prinzip die Vollmacht des Papstes herauszustellen, die Bischöfe frei auszuwählen unbeschadet der Rechte der

---

[51] Acta et Documenta I, III 41 f.
[52] Schemata constitutionum et decretorum ex quibus argumenta in Concilio disceptanda seligentur. Series tertia, Typ.Pol.Vat.1962, 67–90.
[53] Acta Synodalia Sacrosancti Concilii Oecumenici Vaticani Secundi II, IV 364.
[54] Acta Synodalia Sacrosancti Concilii Oecumenici Vaticani Secundi II, IV 364–392.
[55] Intervention in der 60.Generalkongregation am 5.11.1963; s. Acta Synodalia Sacrosancti Concilii Oecumenici Vaticani Secundi II,IV 456.
[56] Intervention in der 61.Generalkongregation am 6.11.1963; s. Acta Synodalia Sacrosancti Concilii Oecumenici Vaticani Secundi II, IV 506 f.
[57] Intervention in der 62.Generalkongregation am 7.11.1963; s. Acta Synodalia Sacrosancti Concilii Oecumenici Vaticani Secundi II, IV 585.

orientalischen Kirchen; b) den Wunsch zu äußern, allen Benennungs-
und Präsentationsrechten ein Ende zu setzen; c) die Verantwortlichen
der in Frage kommenden Nationen aufzufordern, auf ihre diesbezüglichen Privilegien von sich aus zu verzichten.[58] Vor diesen Konzilsrednern
war Patriarch Maximos IV. Saigh, Antiochien (Syrien), auf das Thema
der Bischofsbestellung, das in der Aula insgesamt gesehen nur vereinzelt
angeschnitten wurde[59], bereits bei der Diskussion des Kirchenschemas
über die Kollegialität des Episkopats zu sprechen gekommen: „Es muß
deutlich werden, daß weder die Ernennung von Bischöfen noch ihre
kanonische Sendung auf Grund göttlichen Rechtes allein dem römischen
Bischof vorbehalten sind. Man darf nicht das, was eine zufällige Tatsache
des christlichen Westens ist, auf den universellen Bereich der Gesamtkirche und den Bereich der Lehre übertragen."[60] In einer schriftlichen
Eingabe zum Bischofsschema hielt Bischof Devoto, Goya (Argentinien),
es für angebracht, die Auswahl eines neuen Mitglieds des Bischofskollegiums in Übereinstimmung mit dieser Kollegialität vorzunehmen. Er
wollte deshalb folgende Aussagen in den Entwurf aufgenommen wissen:
a) Unbeschadet des freien päpstlichen Ernennungsrechtes sollten die
übrigen Bischöfe der Nation bzw. der Region zu den Kandidaten gehört
werden. b) Jedes Recht einer staatlichen Gewalt auf Einflußnahme bei
den Bistumsbesetzungen sollte abrogiert werden. c) Neben der kanonischen und pastoralen Eignung im allgemeinen müßte auch die „relative"
Eignung für eine bestimmte Diözese gegeben sein. Deshalb sollte in
irgendeiner Form der Ortsklerus konsultiert werden.[61]

Trotz solcher Interventionen während der zweiten Konzilssession
fand das Thema „Bischofsbestellung" im Schema decreti de pastorali
episcoporum munere in ecclesia vom 27.4.1964[62] zunächst noch keine
Erwähnung, wurde dann aber nachträglich am 16.9.1964 doch berücksichtigt[63] und als Artikel 18c in den Entwurf aufgenommen: „Cum
apostolicum Episcoporum officium sit a Christo Domino institutum
atque spiritualem et supernaturalem finem prosequatur, Sacrosancta
Oecumenica Synodus declarat ius nominandi et instituendi Episcopos esse

---

[58] Intervention in der 62.Generalkongregation am 7.11.1963; s. Acta Synodalia
Sacrosancti Concilii Oecumenici Vaticani Secundi II, IV 601 f.
[59] K. Mörsdorf: LThK Das Zweite Vatikanische Konzil II 134.
[60] Intervention in der 42.Generalkongregation am 7.10.1963; s. Acta Synodalia
Sacrosancti Concilii Oecumenici Vaticani Secundi II, II 240.
[61] Acta Synodalia Sacrosancti Concilii Oecumenici Vaticani Secundi III, III 545.
[62] Acta Synodalia Sacrosancti Concilii Oecumenici Vaticani Secundi III, II 22-44.
[63] H. Schmitz, Plädoyer für Bischofs- und Pfarrerwahl: TThZ 79 (1970) 234.

competenti Auctoritati ecclesiasticae proprium, peculiare et per se exclusivum. Quapropter ad Ecclesiae libertatem rite tuendam et ad christifidelium bonum aptius et expeditius promovendum in votis est Patrum ut in posterum nulla amplius laicis concedantur iura aut privilegia electionis, nominationis, praesentationis vel designationis ad Episcopatus officium et ut ii quibus hucusque concessa sunt iisdem libenter renuntient."[64] Die Einfügung dieses Textes begründete Erzbischofkoadjutor Veuillot, Paris, als Relator der Kommission damit, daß die Bischöfe bei der Übernahme ihres geistlichen Amtes frei und unabhängig von jeder Zivilgewalt und ihre Ernennung ausschließlich Sache der kirchlichen Autorität sein müsse.[65] Bischof Pildáin y Zapiáin, Kanarische Inseln, war von dem vorgelegten Text „begeistert" und „feierte" ihn in der Aula als eine Weisung von geschichtlicher Bedeutung: „Die Ernennung und die Würde des Bischofsamtes verlangen gebieterisch, daß die Ernennung der Bischöfe in vollkommener Freiheit und Unabhängigkeit von irgendwelchen Staaten oder sonstigen Laienautoritäten ausschließlich der zuständigen kirchlichen Autorität vorbehalten bleibt. Wenn heute auch der unbedeutendste Staat sich jede Einmischung, etwa in der Ernennung seiner Minister, verbittet, ist es völlig untragbar, daß sich die weltweite übernatürliche Gesellschaft der katholischen Kirche in die Ernennung ihrer Bischöfe von außerkirchlichen Autoritäten hineinreden läßt. Der Tag, an dem das Konzil diese Norm beschließt, wird in der Kirchengeschichte ein ebenso bedeutender Tag sein wie jener, an dem der hl. Papst Pius X. das Veto politischer Mächte bei der Wahl eines Papstes beseitigt hat."[66] Auch Titularbischof González Moralejo begrüßte die Aussage des Textes über die Freiheit der Kirche gegenüber jeder staatlichen Gewalt, gab sich jedoch mit der Vorlage noch nicht zufrieden, sondern forderte außerdem eine Reform der Bischofsbestellung, die der Verfaßtheit der Kirche entspricht, und schlug vor, die Ernennung der Bischöfe so zu gestalten, daß die zuständige Bischofskonferenz beteiligt, das Presbyterium der verwaisten Diözese gehört und auch die Meinung der Laien eingeholt wird.[67] Dieser Vorschlag wurde von zahlreichen Bischöfen während der dritten Konzilssession in schriftlichen Stellung-

---

[64] Acta Synodalia Sacrosancti Concilii Oecumenici Vaticani Secundi III, II 64.
[65] Relatio in der 83. Generalkongregation am 18.9.1964; s. Acta Synodalia Sacrosancti Concilii Oecumenici Vaticani Secundi III, II 63.
[66] Intervention in der 83. Generalkongregation am 18.9.1964; s. Acta Synodalia Sacrosancti Concilii Oecumenici Vaticani Secundi III, II 76 ff.
[67] Intervention in der 86. Generalkongregation am 23.9.1964; s. Acta Synodalia Sacrosancti Concilii Oecumenici Vaticani Secundi III, II 294 f.

nahmen unterstützt. Im Namen von 33 Konzilsvätern aus Mittel- und Südamerika sprach sich Erzbischof Silva Henriquez, Santiago de Chile, für eine Beteiligung der Bischofskonferenz, des diözesanen Presbyteriums und religiös qualifizierter Laien an der Bischofsbestellung aus.[68] Auch acht argentinische Bischöfe beriefen sich in ihrer Eingabe auf Titularbischof González Moralejo und schlugen vor: a) das Recht, einen neuen Bischof zu wählen, der Bischofskonferenz zuzuerkennen; b) vor dieser Wahl die Konsultation der Presbyter, der Ordensgemeinschaften und der Laienvertretung der vakanten Diözese vorzuschreiben; c) die den Staatsregierungen hinsichtlich der Bistumsbesetzungen konzedierten Privilegien zurückzuziehen; d) auf internationaler Ebene das Recht zu beanspruchen, daß die Mitglieder jedweder religiösen Gemeinschaft nach ihren eigenen Gesetzen ihre Führer frei wählen können ohne staatliche Intervention.[69] Hinzu kamen acht Mitglieder der Bischofskonferenz von Paraguay, die sich ebenfalls der Intervention von Titularbischof González Moralejo anschlossen und bei der Ernennung eines Residenzial-, eines Koadjutor- sowie eines Auxiliarbischofs die Beteiligung der nationalen Bischofskonferenz, einsichtiger Mitglieder des Presbyteriums und Vertreter der Gläubigen anregten.[70]

Mehrere Väter des Konzils forderten, den Text des Entwurfs dahin gehend zu ändern, daß nicht die Beteiligung von *Laien* an der Bischofswahl, wie es der Wortlaut des Schemas vorsah, sondern die Mitwirkung *staatlicher Autoritäten* ausgeschlossen werde. Für seinen diesbezüglichen Antrag führte Kardinal Döpfner, München und Freising, folgenden Grund an: „Die Freiheit in der Bischofsernennung, über die an dieser Stelle gehandelt wird, bezieht sich auf Machthaber, die außerhalb der Kirche stehen, keinesfalls jedoch auf hierarchische Beziehungen in der Kirche selbst. Um die kanonistische Terminologie zu säubern, ist es notwendig, daß der Begriff „Laie" bei seinem Gebrauch nicht mehr mit dem Wort „staatlich" verwechselt wird. Man hüte sich also davor, durch Verwendung des Begriffs „Laie" jene Gewohnheit auszuschließen, die in der alten Kirche in Geltung war und die unter gewissen Bedingungen vielleicht wieder einmal aufleben könnte, daß an der Berufung eines Bischofs auch das Presbyterium und das christliche Volk der Diözese in irgendeiner Form teilnehmen."[71] 28 Konzilsväter aus Frankreich be-

---

[68] Acta Synodalia Sacrosancti Concilii Oecumenici Vaticani Secundi III, II 387.
[69] Acta Synodalia Sacrosancti Concilii Oecumenici Vaticani Secundi III, II 401 und III, III 620.
[70] Acta Synodalia Sacrosancti Concilii Oecumenici Vaticani Secundi III, II 462.
[71] Acta Synodalia Sacrosancti Concilii Oecumenici Vaticani Secundi III, II 385.

merkten unter Hinweis auf die Rede von Titularbischof González Morajelo zu dem Entwurf, daß die im Text vorgesehene Ausschaltung der Laien nicht den Eindruck erwecken dürfe, als habe die Konsultation von *Laien* (nicht die der öffentlichen Gewalt!) in der heutigen Kirche keinen Sinn mehr.[72] Abt Butler, Präses der englischen Benediktinerkongregation, bedauerte außerordentlich, daß den Laien das Bischofswahlrecht abgesprochen werden sollte. „Laien als solche sind ordentliche Glieder des Gottesvolkes und haben auf ihre Weise freilich teil am Priestertum Christi. Sie besitzen ein großes Interesse an der Wahl ihres Bischofs. Und in der alten Kirche erfolgte die Auswahl des Bischofs durch Wahl des christlichen Volkes unter Beteiligung des Ortsklerus. Diese Gewohnheit sollte heute, wie mir scheint, auch wiederhergestellt werden, zumal dieses Konzil erfreulicherweise die Absicht hat, den Laien ihre aktive Rolle in der Kirche zurückzugeben."[73]

Diesem Ansinnen trug die Konzilskommission wenigstens teilweise Rechnung und änderte den Text wie folgt: „Um daher die Freiheit der Kirche in rechter Weise zu schützen und das Wohl der Gläubigen besser und ungehinderter zu fördern, äußert das Heilige Konzil den Wunsch, daß in Zukunft *staatlichen Obrigkeiten* keine Rechte oder Privilegien mehr eingeräumt werden, Bischöfe zu wählen[74], zu ernennen, vorzuschlagen oder zu benennen."[75] In der Begründung dieser Textänderung machte sich die Konzilskommission die Argumentation Kardinal Döpfners zueigen: es solle nicht ausgeschlossen werden, daß die früher bestehende Gewohnheit, bei der Berufung der Bischöfe das christliche Volk zu befragen, vielleicht wiederum eingeführt werden könne.[76] Der Antrag eines Konzilsvaters, die genannte Möglichkeit durch das Zweite

---

[72] Acta Synodalia Sacrosancti Concilii Oecumenici Vaticani Secundi III, II 461.
[73] Acta Synodalia Sacrosancti Concilii Oecumenici Vaticani Secundi III, II 398.
[74] K. Mörsdorf weist darauf hin, daß die Anführung des Wahlrechts eigenartig berührt, weil Bischofswahlen, soweit sie noch bestehen, nicht in der Hand des Staates, sondern eines kirchlichen Wahlkörpers liegen (LThK Das Zweite Vatikanische Konzil II 186 Anm. 12). A. Dordett zieht aus der Dekretstelle den Schluß, die Bischofswahlen sollten abgeschafft und alle konkordatär verankerten Rechte im Einvernehmen mit dem Staat geändert werden (Kirche zwischen Hierarchie und Demokratie 38 f). Diese Interpretation wird weder dem ursprünglichen, in das Schema vom 27.4.1964 eingefügten Text über die Bischofsernennungen gerecht, noch dem endgültigen, der die Textänderung von „Laien" in „staatliche Obrigkeiten", bei der allerdings versäumt wurde, gleichzeitig das (keinem Staat gewährte) Wahlrecht in der Aufzählung der Privilegien zu streichen, enthält. Der Bericht von W. Onclin über den Stand der Neukodifikation erwähnt in diesem Zusammenhang das Wahlrecht konsequenterweise nicht mehr (Communicationes 5 (1973) 218).
[75] „Christus Dominus" 20b.
[76] Acta Synodalia Sacrosancti Concilii Oecumenici Vaticani Secundi III, VI 169.

18

Vatikanum zu eröffnen und in den Text die Bestimmung einzufügen, daß die Laien bei der Bischofsernennung gehört werden, wurde jedoch abgelehnt mit der Begründung, er betreffe nicht Artikel 20, da über diese Frage hier nicht gehandelt werde.[77]

Der Werdegang von Artikel 20 im Bischofsdekret ist demnach für die Frage nach der Beteiligung der Laien an der Bischofsbestellung höchst aufschlußreich: Aus der Erklärung des Relators zur Einfügung des Konzilstextes über die Bestellung der Bischöfe in das Dekret „Christus Dominus", aus der Änderung des ersten Entwurfs und deren Begründung und schließlich aus dem für die Ablehnung des letzten Antrags in dieser Thematik genannten Grund ergibt sich, daß es dem Konzil im Dekret „Christus Dominus" ausschließlich um die uneingeschränkte Freiheit der Kirche bei der Besetzung des Bischofsamtes und um die totale Ausschaltung außerkirchlicher Einflüsse geht. Dieses Anliegen hat das Konzil in Form eines Wunsches zum Ausdruck gebracht, der sich einerseits an die Adresse des Apostolischen Stuhles, anderseits an die betroffenen Staatsregierungen richtet. Vom Apostolischen Stuhl wird erwartet, daß er künftig den Regierungen kein Mitwirkungsrecht bei der Besetzung der Bischofsstühle mehr gewährt, von den Regierungen, die noch solche Rechte besitzen, daß sie darauf freiwillig verzichten.[78] Die Weisung des Konzils in Artikel 20 des Dekrets „Christus Dominus" will aber nicht die Beteiligung des Volkes an der Ernennung seines Bischofs ausschließen[79], im Gegenteil: die Kommission hat eigens aus diesem Grunde den Text geändert und eine Formulierung gewählt, die bewußt die Möglichkeit einer künftigen Mitwirkung der Laien an der Bestellung des Bischofs offenhält, obgleich ein Hinweis auf die Bischofswahl im endgültigen Text nicht gegeben wird und die allgemeine Tendenz des Konzils, wie A. Dordett unverblümt feststellt[80], nicht unbedingt auf eine Öffnung der Tore für das Wahlrecht zielt.

Nach dem Zweiten Vatikanischen Konzil sind im Motu proprio

---

[77] Schema decreti de pastorali episcoporum munere in ecclesia. Textus recognitus et modi, Typ.Pol.Vat.1965, 74.
[78] Wie Erzbischofkoadjutor Veuillot in der Relatio bemerkte, bezieht sich die Forderung des Konzils nicht auf das den Staatsregierungen (in Konkordaten oder gelegentlich auch ohne konkordatäre Grundlage) gewährte privilegium praenotificationis officiosae, auf Grund dessen bei den Regierungen nach etwaigen politischen Bedenken gegen den in Aussicht genommenen Kandidaten angefragt wird (Acta Synodalia Sacrosancti Concilii Oecumenici Vaticani Secundi III, II 63).
[79] H. Schmitz, Plädoyer für Bischofs- und Pfarrerwahl: TThZ 79 (1970) 234.
[80] A. Dordett, Kirche zwischen Hierarchie und Demokratie 38 f.

„Ecclesiae Sanctae" vom 6.8.1966[81] Ausführungsbestimmungen zu vier Konzilsdekreten – u.a. auch zum Dekret „Christus Dominus" – erlassen worden, die eine Bestimmung über Bischofsernennungen enthalten: „Unter Wahrung des Rechtes des römischen Papstes, die Bischöfe frei zu ernennen und einzusetzen, und unbeschadet der Ordnung der orientalischen Kirchen sollen die Bischofskonferenzen nach Richtlinien, die vom Apostolischen Stuhl aufgestellt sind oder noch aufgestellt werden, jährlich in kluger und geheimer Besprechung über Geistliche, die in ihrem eigenen Lande zu Bischöfen erhoben werden könnten, beraten und die Namen der Kandidaten dem Apostolischen Stuhl vorlegen."[82] Wenn hier auch die Praxis der orientalischen Kirchen erwähnt und nicht angetastet wird, so bleibt doch das freie Verleihungsrecht des Papstes oberstes Prinzip. Es erfährt aber eine Ergänzung durch die vorgesehene Konsultation der Bischofskonferenzen in Form eines weithin schon gebräuchlichen „absoluten" Listenverfahrens, das durch dieses Dokument eine gemeinrechtliche Grundlage erhalten hat und nun für die Universalkirche rechtsverbindlich ist[83], während das in zahlreichen Ländern ebenfalls übliche „relative" Listensystem, das sich auf einen bestimmten (verwaisten) Bischofssitz bezieht, keine Erwähnung findet. Konsultationsberechtigt sind nach dem Motu proprio die Bischofskonferenzen. Woher diese ihre Informationen beziehen sollen, ob und ggf. wie weit sie auch Laien einschalten müssen bzw. dürfen, wird nicht gesagt. Diese und andere offene Fragen werden in den vom Motu proprio „Ecclesiae Sanctae" bereits angekündigten und schließlich am 25.3.1972 vom Rat für die öffentlichen Angelegenheiten der Kirche erlassenen Richtlinien, nach denen nunmehr die Benennung der Bischofskandidaten in der lateinischen Kirche erfolgen soll[84], angesprochen. Das am 21.5.1972 in Kraft getretene Dokument „Episcoporum delectum", das die für verschiedene Länder erlassenen partikularen Dekrete aufhebt[85], die rechtmäßig gewährten oder erworbenen Privilegien und die besonderen vom Apostolischen Stuhl im Rahmen eines Vertrages oder auf andere Weise gebilligten Verfahrensweisen jedoch nicht abrogiert oder obrogiert[86],

---

[81] AAS 58 (1966) 757–782.
[82] „Ecclesiae Sanctae" I 10.
[83] K. Mörsdorf: LThK Das Zweite Vatikanische Konzil II 186.
[84] AAS 64 (1972) 386–391.
[85] De promovendis ad episcopatum in ecclesia latina: AAS 64 (1972) 386.
[86] Normae de promovendis ad episcopale ministerium in ecclesia latina, Art.XV. Zu der zwischen den beiden Abrogationsaussagen bestehenden Divergenz s. H. Schmitz, Die Neuordnung der Kandidatenauswahl für den bischöflichen Dienst in der Lateinischen Kirche: Kleriker- und Weiherecht 117.

geht sowohl auf die „absolute" oder generelle Konsultation ein, die in regelmäßigen Zeitabständen (jährlich) erfolgen[87] und die Angabe enthalten soll, für was für eine Diözese oder für welches Amt sich der jeweilige Kandidat am besten eignet[88], als auch auf die „relative" Konsultation, die für den konkreten Fall einer Bischofsbestellung fällig wird. Um für die Aufstellung der Listen, die in der Regel auf der Ebene der Kirchenprovinz vorgesehen ist, in besonderen Fällen aber auch nach vorheriger Benachrichtigung des Apostolischen Stuhles regional oder national erfolgen kann[89], in verantwortlicher Weise Kandidaten benennen zu können, sind die Ortordinarien – ausgenommen die Generalvikare – verpflichtet, die erforderlichen Informationen einzuholen. Dabei *können* sie innerhalb ihres Jurisdiktionsbezirkes Mitglieder des Presbyteriums (vorzugsweise des Domkapitels und Presbyter-Rates) sowie Laien zu Rate ziehen, allerdings nur einzeln, niemals in einer Versammlung.[90] Ein Beratungs*recht* besteht nicht. Die diözesanen Gremien als solche sind ausdrücklich von der Beratung ausgeschlossen.[91] Wenn es dagegen um die konkrete Bestellung eines Bischofs (Diözesanbischofs oder Koadjutors, der nach geltendem Recht zum Generalvikar zu ernennen und nachfolgeberechtigt ist[92],) geht, *können* die kanonisch errichteten Gremien wie auch einzelne Kleriker und Laien aufgefordert werden, sich über die Situation und die Bedürfnisse der Diözese zusätzlich zum Bericht des Kapitularvikars, des Apostolischen Administrators oder des Diözesanbischofs zu äußern.[93] Bezüglich des dem Apostolischen Stuhl[94] vorzulegenden Dreiervorschlags *kann* der päpstliche Legat, dem auf Grund des Motu proprio „Sollicitudo omnium Ecclesiarum" vom 24.6. 1969[95] und des Erlasses „Episcoporum delectum" vom 25.3.1972 bei der

---

[87] Normae, Art.IV.
[88] Normae, Art.VII 2.
[89] Normae, Art.II 2.
[90] Normae, Art.I 2.
[91] Normae, Art.I 2.
[92] „Christus Dominus" 26d.
[93] Normae, Art.XIII 1.
[94] Zuständig für Bischofsernennungen ist an der römischen Kurie die Bischofskongregation („Regimini Ecclesiae universae" 49 § 1); soweit Verhandlungen mit Staatsregierungen und Kontakte mit den päpstlichen Legaten anfallen, werden diese vom Rat für die öffentlichen Angelegenheiten der Kirche durchgeführt („Regimini Ecclesiae universae" 28); für die Ernennung von Bischöfen oder anderen Ortsoberhirten in bischofsgleicher Stellung ist in den Missionsgebieten die Kongregation für die Verkündigung des Evangeliums unter den Völkern („Regimini Ecclesiae universae" 82) und in den katholischen Ostkirchen die Kongregation für die orientalischen Kirchen kompetent („Regimini Ecclesiae universae" 44).
[5] AAS 61 (1969) 473–484.

Ernennung von Bischöfen eine Schlüsselstellung zukommt[96], einzelne Mitglieder des Domkapitels oder des (bei Sedisvakanz nicht mehr bestehenden!) Presbyter-Rates befragen. Die Konsultation von Laien ist in diesem „relativen" Listenverfahren nicht vorgesehen. Sie werden aber beim Informativprozeß, der die Eignung der vorgeschlagenen Kandidaten im einzelnen zu prüfen hat, erwähnt, insofern der päpstliche Legat die Fragebogen, die für Bischöfe, Presbyter und Religiose bestimmt sind, auch klugen und erprobten Laien vorlegen *kann*, die über den Kandidaten nützliche Informationen besitzen.[97]

Auf Grund dieser Neuregelung der Auswahl der Bischofskandidaten kann zwar nicht mehr von einem totalen und absoluten Ausschluß der Laien von der Bischofsbestellung gesprochen werden, da sie beim generellen Listenverfahren und im Informativprozeß zu Rate gezogen sowie bei der konkreten Neubesetzung eines Bischofsstuhls – auch innerhalb eines Gremiums – nach den Bedürfnissen der Diözese befragt werden *können*, aber es handelt sich nur um eine minimale *Möglichkeit* der Mitwirkung, die keinerlei Recht beinhaltet und deren Aktualisierung ganz und gar in das Belieben der zuständigen Autorität gestellt ist. Überdies ist die gesamte Konsultation, die für die Universalkirche vorgeschrieben und demnach durchzuführen ist, juristisch insofern unverbindlich, als sie nicht die Freiheit des Papstes beschränkt, auch von anderswoher („aliunde") benannte Kandidaten einzusetzen.[98] Oberster Grundsatz für die Besetzung der Bischofsstühle bleibt nach wie vor das *ungebundene* Ernennungsrecht des Papstes!

3.2.2. Überlegungen zu einer Reform des Bischofswahlrechts in der lateinischen Kirche.

Die Neuordnung der Kandidatenauswahl für das Bischofsamt in der lateinischen Kirche durch den Rat für die öffentlichen Angelegenheiten im Jahre 1972 ist wie die übrige nachkonziliare Gesetzgebung auch in

---

[96] Kritisch äußern sich zum Einfluß des päpstlichen Legaten auf die Kandidatenbenennung H. Schmitz, Kommentar zu dem Motuproprio über die Päpstlichen Gesandten: Motuproprio über die Aufgaben der Legaten des römischen Papstes 29 f; J. Neumann, Unitatis vincula: Diakonia / Der Seelsorger 1 (1970) 141; H. Herrmann, Die Neuordnung der Bischofswahl: eine weitere Surrogatlösung: Diakonia 3 (1972) 418 f; F. Klostermann, Gemeinde – Kirche der Zukunft I 306 f; H. Schmitz, Die Neuordnung der Kandidatenauswahl für den bischöflichen Dienst in der Lateinischen Kirche: Kleriker- und Weiherecht 130 f; A. Hollerbach, Neuere Entwicklungen des katholischen Kirchenrechts 25 f; H. Socha, „Helfer und Schützer der Bischöfe": ThGl 65 (1975) 70.
[97] Normae, Art.XII 2.
[98] Normae, Art.XI 2.

Hinblick auf die Revision des Codex Iuris Canonici erfolgt, obgleich dies in dem genannten Erlaß im Unterschied zu zahlreichen anderen neuen Gesetzen nicht ausdrücklich gesagt ist. Die für die Reform des Verfassungsrechtes zuständige Kommission hat die Neuordnung bei der Kodifikation berücksichtigt und sieht nach dem derzeitigen Stand der Arbeiten in bezug auf die Bezeichnung der Person des Bischofs, die von der Übertragung des bischöflichen Amtes wohl zu unterscheiden ist, vor, daß entsprechend der Weisung des Konzilsdekretes „Christus Dominus" staatlichen Autoritäten künftig keine Nominations-, Präsentations- oder Designationsrechte mehr gewährt werden. Sie kann nach dem Vorschlag der Kommission erfolgen: „a) libera nominatione a Romano Pontifice, habita quidem praevia consultatione: haec est forma iuris communis; b) electione legitima, et confirmatione a Romano Pontifice."[99] Wie im CIC und im geltenden Ostkirchenrecht werden zwei Formen genannt, um die Person des Bischofs zu bezeichnen: die freie Ernennung durch den Papst sowie die rechtmäßige Wahl, die der päpstlichen Bestätigung bedarf. Für den Fall der freien Ernennung durch den Papst ist vorherige Konsultation der Ortskirche in Form eines „absoluten" und eines „relativen" Listenverfahrens vorgeschrieben, bei der Laien allerdings nur nach den Bedürfnissen der neu zu besetzenden Diözese befragt werden *können*.[100] Das Recht, den Bischof zu wählen, wird zwar nicht mehr wie

---

[99] Communicationes 5 (1973) 218.
[100] Communicationes 5 (1973) 218: „a) Pro omnibus episcopis imprimis haec datur regula. Quotannis elenchum virorum ecclesiasticorum sui territorii, quos aptiores ad Episcopatus officium aestimant, Sedi Apostolicae mittant singulae Episcoporum Conferentiae regionum ecclesiasticarum, inspecto elencho nominum ab Episcopis dioecesanis singularum provinciarum ecclesiasticarum regionis proposito; illum elenchum etiam componant Episcoporum Conferentiae provinciarum ecclesiasticarum, quae alicui regioni non sunt adscriptae; praeterea, ubi adiuncta id suadeant, de licentia Apostolicae Sedis, eundem elenchum component, non Episcoporum Conferentiae regionum, sed Episcopi dioecesani provinciae in qua sita est dioecesis de qua agitur. b) Ad nominationem Episcoporum dioecesanorum aut coadiutorum quod spectat, haec altera proponitur regula. Nisi aliter pro certis regionibus legitime provisum fuerit, quoties nominandus est Episcopus dioecesanus aut coadiutor, Episcopi dioecesani provinciae ecclesiasticae in qua sita est dioecesis de qua agitur elenchum trium saltem virorum ecclesiasticorum qui ad officium episcopale magis idonei videantur Sedi Apostolicae mittant. Hunc vero elenchum ut componant, iidem Episcopi secreto sententiam exquirere possunt certorum presbyterorum vel etiam laicorum sapientia praestantium; haec vero sententia tantummodo agere potest de necessitatibus dioecesis et de dotibus specialibus personae ad officium episcopale in eadem dioecesi implendum requisitis. c) Ad nominationem Episcoporum auxiliarium quod attinet, et nisi aliter provisum fuerit, Episcopus dioecesanus Sanctae Sedi proponat elenchum trium saltem presbyterorum ad hoc officium aptiorum, atque, si hic elenchus alia complectatur nomina quam ea quae ab Episcoporum Conferentia probata sunt, addatur sententia ceterorum Episcoporum dioecesanorum provinciae ecclesiasticae."

im CIC als Konzession bezeichnet, steht aber keinesfalls wie im Ost-kirchenrecht an erster Stelle oder gleichrangig neben dem freien päpst-lichen Ernennungsrecht, sondern bildet weiterhin die Ausnahme, in-sofern vom päpstlichen Ernennungsrecht ausdrücklich gesagt ist, daß es die gemeinrechtliche Form zur Bezeichnung der Person des Bischofs darstellt.[101]

Es fragt sich, ob hier nicht weiterhin Regel und Ausnahme – gemessen an der Geschichte – auf den Kopf gestellt sind, wobei die Geschichte nicht die Vergangenheit in goldenem, verklärendem Licht erscheinen läßt, sondern Einsichten vermittelt, die den Kanon gültiger Selbstver-ständlichkeiten in der Gegenwart durchbrechen und zum Postulat für künftige Reformen werden.[102] Mit dem Blick auf die geschichtliche Entwicklung muß das Recht auf Wahl des Bischofs als originär bezeichnet werden, insofern es im Westen bis ins späte Mittelalter und im Osten bis auf den heutigen Tag die gemeinrechtliche Regel bildet[103], während das päpstliche Ernennungsrecht eindeutig auf Reservation zurückgeht.[104] Es ist bezeichnend, daß die kanonistische Epoche der Dekretistik und frühen Dekretalistik (1140–1234), die die Bestrebungen um eine Stärkung der kirchlichen Zentralgewalt kräftig unterstützt, als einzige Form zur Bezeichnung des Bischofskandidaten die Wahl kennt und keinen Anhalts-punkt für päpstliche Ansprüche auf direkte Ernennung bietet. Nach der Lehre der Dekretisten und frühen Dekretalisten erfolgt die Bestimmung der Person für das Bischofsamt ausschließlich durch Wahl „von unten",

---

[101] Communicationes 5 (1973) 218.
[102] Vgl. K. Lehmann, Wandlungen der neuen „politischen Theologie": IKZ Com-munio 2 (1973) 390 ff.
[103] Vgl. K. Mörsdorf: LThK Das Zweite Vatikanische Konzil II 185 Anm. 11.
[104] Vgl. K. Ganzer, Papsttum und Bistumsbesetzungen in der Zeit von Gregor IX. bis Bonifaz VIII. 39–51 und 95–415. Der Würzburger Kanonist J. C. Barthel (1697–1771), ein Schüler des römischen Rechtsgelehrten P. Lambertini, des späteren Papstes Benedikt XIV., zählt die päpstlichen Reservationen hinsichtlich der Ämterverleihung nicht zu den iura essentialia der päpstlichen Jurisdiktion, sondern zu den iura acces-soria, die nicht zum Wesensbestand des Primats gehören, sondern nach Ausweis der Geschichte dem Papst erst nachträglich auf Grund der isidorischen Fälschungen und der Geschichtsunkenntnis der Kurialisten zugewachsen sind, so z. B. die Bestätigung der Bischofswahl, die Translation auf einen anderen Bischofssitz und die Annahme der Resignation eines Bischofs (V. Klingel, Die päpstliche Autorität nach Johann Caspar Barthel 72 f). Zu den Anschauungen dieses vom Febronianismus beeinflußten Kanonisten des 18. Jahrhunderts über die Bischofswahl s. H. Raab, Johann Kaspar Barthels Stellung in der Diskussion um die Concordata Nationis Germanicae: Herbi-polis iubilans 613 f. Auch die josephinischen Kirchenrechtler in der zweiten Hälfte des 18. Jahrhunderts bezeichnen das Recht des Papstes auf Bestätigung einer Bischofs-wahl als ein „erworbenes" oder „zufälliges" Recht. (K. Walf, Das bischöfliche Amt in der Sicht josephinischer Kirchenrechtler 61 ff)

die der Bestätigung durch die höhere kirchliche Instanz bedarf, so daß auf diese Weise bei der Bischofsbestellung sowohl Aspekte der Ortskirche als auch solche der größeren kirchlichen Einheit eingebracht werden können, wie es dem Bischofamt in seiner Doppelfunktion als Dienst für die Partikularkirche und für die Universalkirche entspricht.[105] Denn gerade bei der Bischofsbestellung, will sie den ekklesiologischen Gegebenheiten gerecht werden, wird die durch die Polarität von Orts- und Gesamtkirche gegebene Spannung relevant.

Nach einer fast tausendjährigen Epoche kirchlicher Zentralisierung im Abendland, die in der gregorianischen Reform wirkungsvoll einsetzte und die im I. Vatikanum ihren lehrmäßigen sowie im Codex Iuris Canonici ihren gesetzgeberischen Höhepunkt erreichte, hat das Zweite Vatikanische Konzil die theologische Bedeutung der Einzelkirche neu hervorgehoben, indem es in Artikel 23 der dogmatischen Konstitution „Lumen Gentium" lehrt, daß die Teilkirchen, *in* denen und *aus* denen die eine und einzige katholische Kirche besteht, nach dem Bild der Gesamtkirche gestaltet sind.[106] Die konziliare Kurzformel „in quibus et ex quibus", in der das eigentümlich gespannte Verhältnis zwischen Teilkirche und Gesamtkirche seinen terminologischen Ausdruck findet, läßt den theologischen Stellenwert der Teilkirche neu sehen und ist geeignet, zwei irrige Auffassungen von der Kirche zurückzuweisen: Wer nur sagt, die Kirche bestehe *in* den Teilkirchen, der löst die Gesamtkirche in die Teilkirchen hinein auf und verflüchtigt sie in dieser exklusiven Sicht zu einer bloßen Idee. Wer lediglich sagt, die Kirche bestehe *aus* den Teilkirchen, berücksichtigt ausschließlich soziologische Fakten und übersieht die mystische Wirklichkeit, mit der in der Teilkirche die Gesamtkirche in Erscheinung tritt. In solch exklusiver Sicht wird die Teilkirche in die Gesamtkirche hinein aufgelöst.[107] Die Einzelkirche ist in der Tat nicht nur ein Verwaltungsbezirk der Universalkirche, sie entsteht nicht durch eine atomisierende Teilung des Weltraumes der Gesamtkirche, sondern durch Konzentration der Kirche in ihre eigene Ereignishaftigkeit hinein.[108] Im Herzen jeder (Einzel-)Kirche ist grundsätzlich die ganze (universale) Kirche gegenwärtig.[109] Jede ist qualitativ die Kirche, aber so, daß sie offen ist durch das Band der Communio und daß sie durch diese Offenheit, durch das Hineinverflochtensein in das Kommunionnetz der

---

[105] „Lumen Gentium" 23a.
[106] „Lumen Gentium" 23a.
[107] W. Aymans, Das synodale Element in der Kirchenverfassung 321 f.
[108] K. Rahner (– J. Ratzinger), Episkopat und Primat 25.
[109] H. de Lubac, Quellen kirchlicher Einheit 49.

Kirche ihr Kirchesein bewahrt. Geschlossenheit der Ortskirche bedeutet nicht Abgeschlossenheit, sondern verwirklicht sich in der Communio der einen ganzen Kirche.[110] Diese Lehre über die Kirche hat die Konstitution „Lumen Gentium" in Artikel 26 weiter entfaltet[111]: „Diese Kirche Christi ist wahrhaft in allen rechtmäßigen Ortsgemeinschaften der Gläubigen anwesend, die in der Verbundenheit mit ihren Hirten im Neuen Testament auch selbst Hirten heißen. Sie sind nämlich je an ihrem Ort, im Heiligen Geist und mit großer Zuversicht (vgl. 1 Thess 1,5), das von Gott gerufene neue Volk. In ihnen werden durch die Verkündigung der Frohbotschaft Christi die Gläubigen versammelt, in ihnen wird das Mysterium des Herrenmahls begangen, ‚auf daß durch Speise und Blut des Herrn die ganze Bruderschaft verbunden werde'."[112] Dies ist das Bemerkenswerte: die Einzelkirchen sind nicht nur Teile der Gesamtkirche, sondern nach dem Neuen Testament ist in der Einzelkirche die „Kirche Gottes" präsent. In der Kirche am Ort tritt das Gottesvolk jeweils in Erscheinung. Die Einzelgemeinde ist Präsentation der Gesamtkirche am Ort.[113]

Diese im Zweiten Vatikanischen Konzil wieder ans Licht gehobene Theologie der Ortskirche kann wegen ihrer notwendigen rechtlichen und pastoralen Implikationen nicht reine Theorie bleiben, sondern muß sich zwangsläufig auch auf den Vollzug des kirchlichen Lebens in der

---

[110] J. Ratzinger, Das neue Volk Gottes 206.
[111] K. Rahner: LThK Das Zweite Vatikanische Konzil I 229 f.
[112] „Lumen Gentium" 26a.
[113] H. Schlier, Die Einheit der Kirche nach dem Neuen Testament: Besinnung auf das Neue Testament 185. Eine Untersuchung nur der paulinischen Ekklesiologie, die in der Entwicklung der Kirchenverfassung sich nicht zu behaupten vermochte, kommt zu dem Ergebnis, daß Paulus nicht von der Gesamtkirche spricht, sondern den Begriff ekklesia nur auf die Lokalgemeinde anwendet (vgl. auch H. Merklein, Das kirchliche Amt nach dem Epheserbrief 246 Anm. 60). „Während Jerusalem sich als Repräsentantin der einen eschatologischen ekklesia tou theou verstanden zu haben scheint, entwickelt Paulus einen konkurrierenden ekklesia-Begriff, der sich – wohl auf dem Hintergrund der hellenistischen ekklesiai – an den konkreten Gemeindeversammlungen orientiert. Für ihn ist die einzelne Gemeinde nicht Teil und Darstellung einer in Jerusalem repräsentierten Gesamtkirche, sondern jede Gemeinde ist als versammelte – und immer wieder sich versammelnde – eine ekklesia tou theou, gleichviel ob sie als ganze oder in Teilen, z. B. in Hausekklesien, zusammenkommt. ‚Kirche' ist für Paulus mithin – modern gesprochen – zunächst das Ereignis des sich ‚zu Kirche' oder ‚als Kirche' versammelnden Gemeinde. Doch sind geschichtliches und eschatologisches Moment dabei nicht zu trennen: die sich geschichtlich versammelnde Gemeinde ist ihrem Wesen nach zugleich die eschatologische Sammlung Gottes: ekklesia tou theou... Festzuhalten ist, daß Paulus alle diese Aussagen nur von den konkreten Gemeinden macht, nicht von einer abstrakten ‚Kirche'." (J. Hainz, Ekklesia 361). Vgl. auch R. Schnackenburg, Ortsgemeinde und „Kirche Gottes" im ersten Korintherbrief: Ortskirche–Weltkirche 32–47.

Zuordnung von Partikular- und Universalkirche auswirken, sollen Theorie und Praxis, Doktrin und Disziplin nicht im Widerspruch zueinander stehen. Die in der Ekklesiologie des Zweiten Vatikanums grundgelegte Autonomie der Einzelkirche[114] gestattet es nicht länger, in der Rechtsordnung der Kirche einerseits nur die Gesamtkirche – zusammen mit ihrer Leitung – (als persona moralis)[115] und anderseits nur den einzelnen Gläubigen – entsprechend seiner „personalen Prägung"[116] mit unterschiedlichen Rechten und Pflichten – (als persona physica)[117] auf Grund göttlicher Einsetzung als Rechtspersönlichkeit gelten zu lassen, sondern verlangt vielmehr, daß auch die Einzelkirche diese rechtliche Anerkennung findet[118]: „daß die Kirche als solche, konkret als jeweilige Gemeinde, Rechtsträger, ja, das eigentliche Subjekt ist, worauf sich alles andere bezieht."[119] Im Zusammenhang mit der Bischofsbestellung hat der Subjektcharakter der Einzelkirchen bis weit ins Mittelalter hinein seinen selbstverständlichen Ausdruck gefunden in der Wahl des Bischofs durch die einzelne Ekklesia, zu der die Bestätigung durch den Metropoliten und durch die Konprovinzialbischöfe hinzukam, da die Einzelkirche ihren Subjektcharakter nur dann in rechter Weise ausübt, wenn sie in der Communio mit den übrigen Kirchen, letztlich in der Einheit der Gesamtkirche steht. Wenn nun im künftigen Gesetzbuch der lateinischen Kirche weiterhin die Ernennung der Bischöfe durch den Papst – nach vorheriger Konsultation, deren Ergebnis den Papst aber nicht bindet – die gemeinrechtliche Form zur Bezeichnung des Kandidaten darstellen soll, wie es der gegenwärtige Stand der Arbeiten entsprechend dem zur Zeit geltenden ius commune vorsieht, dann wirkt sich der Subjektcharakter der Einzelkirche nur minimal, im Extremfall, wenn der Papst einen eigenen Kandi-

---

[114] K. Mörsdorf, L'autonomia della chiesa locale: La Chiesa dopo il Concilio I 163–185; Communicationes 5 (1973) 208 Anm. 2; s. auch die Interventionen der afrikanischen und asiatischen Bischöfe auf der römischen Bischofssynode 1974: HerKorr 28 (1974) 591–597 und 649–656.

[115] Vgl. c.100 § 1 CIC.

[116] K. Mörsdorf, Das eine Volk Gottes und die Teilhabe der Laien an der Sendung der Kirche: Ecclesia et Ius 99–105.

[117] Vgl. c.87 CIC.

[118] Während die mit der Revision des allgemeinen Personenrechts beauftragte Kommission in ihrem Bericht nicht durchblicken läßt, ob sie mit dieser Frage bisher befaßt worden ist (Communicationes 6 (1974) 93–103), hat die für den Entwurf eines Grundgesetzes der Kirche zuständige Kommission die von seiten einiger Bischöfe erhobene Forderung, der Teilkirche auch den Status einer persona iuridica zuzugestehen (Communicationes 4 (1972) 141), anerkannt und mitgeteilt, daß der verbesserte Text diesem Vorschlag Rechnung trägt (Communicationes 5 (1973) 208 Anm.2).

[119] J. Ratzinger, Demokratisierung der Kirche? 39; s. auch G. Thils, La communauté ecclésiale sujet d'action et sujet de droit: RThL 4 (1973) 443–468.

daten ernennt, sogar überhaupt nicht aus. Es ist rechtlich nicht sichergestellt, daß das der Kirche eigentümliche, die Polarität von Partikular-
und Universalkirche bestimmende Strukturprinzip bei der Bischofsbestellung in jedem Fall zum Zuge kommt. J. Ratzinger hat die Forderung
erhoben: „Amtsbestellungen sollten diesem Prinzip gemäß nie *nur* von
oben erfolgen – hier muß an der seit dem 13. Jahrhundert zum Sieg
kommenden Entwicklung entschieden Kritik geübt werden. Andererseits
kann Amtsbestellung nie nur von unten, von der Einzelgemeinde her
erfolgen, sondern muß immer *auch* den gesamtkirchlichen Faktor in sich
bergen: Das Zueinander beider scheint mir für eine rechte Kirchenordnung konstitutiv zu sein."[120] Auch M. Kaiser ist der Ansicht, daß die
Benennung der Person des Bischofs allein durch den Papst nicht der
Gliederung der Kirche entspricht.[121] Es ist deshalb abschließend zu
erwägen, auf welche Weise die Person des Bischofs bestimmt und das
künftige Recht der Bischofsbestellung in der lateinischen Kirche[122]
gestaltet werden soll.

Die unterschiedliche Praxis in den einzelnen Nationen, die nicht selten
durch konkordatäre Abmachungen bedingt und deshalb relativ fest-
geschrieben ist, und die unterschiedlichen Voraussetzungen, die in den
verschiedenen Ländern allgemein für die Bischofsbestellung bestehen,
lassen eine bis ins Detail gehende einheitliche Regelung in der lateinischen
Kirche als utopisch und auch als nicht notwendig, ja vielleicht sogar
nicht einmal als wünschenswert erscheinen, so daß sich wie in anderen
Bereichen des nachkonziliaren Kirchenrechts[123] so auch in dieser Materie
unter formaljuristischem Aspekt ein Rahmengesetz, das der Konkretisie-
rung und inhaltlichen Ausfüllung durch die Bischofskonferenzen

---

[120] J. Ratzinger, Demokratisierung der Kirche? 41.
[121] M. Kaiser, Kann die Kirche demokratisiert werden?: Lebendiges Zeugnis Heft 1
(1969) 19.
[122] Da in den orientalischen Kirchen sowohl die Tradition als auch die geltende
Rechtslage in bezug auf die Bischofsbestellung von den Gegebenheiten in der lateinischen Kirche verschieden sind und die Mitwirkung von Laien an der Wahl im größeren
Zusammenhang einer stärkeren Beteiligung des gesamten Gottesvolkes am Vollzug
des kirchlichen Lebens auch in anderen Bereichen (Liturgie, Apostolat usw.) zu sehen
ist, beziehen sich die folgenden Überlegungen zur Reform der Bischofsbestellung nicht
auf die unierten Ostkirchen mit ihrer anders gearteten Problematik, sondern bleiben
auf die Kirche des lateinischen Ritus begrenzt.
[123] Vgl. z. B. das Motu proprio Pauls VI. „Matrimonia mixta" vom 31.3.1970 (AAS 62
(1970) 257–263), das in der Erkenntnis, „daß die Mischehengesetzgebung nicht einheitlich sein kann, sondern den verschiedenen Verhältnissen angepaßt sein muß"
(ebd.), den Bischofskonferenzen in entscheidenden Punkten dieser Materie eine weitreichende Gesetzgebungskompetenz (Ausführungsbestimmungen) überläßt.

bedarf[124], als gesetzgeberische Lösung für die Bestimmung des Bischofskandidaten anbietet. Aus den vorhergehenden Darlegungen ergibt sich
für ein solches universalkirchliches Gesetz folgender Vorschlag als
Diskussionsbeitrag in der Phase der Neukodifikation des kanonischen
Rechts:

a) Die Kirche beansprucht völlige Freiheit in der Ernennung ihrer
Bischöfe und konzediert außerkirchlichen Instanzen keinerlei Recht auf
Einflußnahme. Das schließt die Gewährung des privilegium praenotifica-
tionis officiosae an Staatsregierungen nicht aus.

b) Die kanonische Regelung der designatio personae episcopi muß die
juristischen Voraussetzungen enthalten, daß sowohl die berechtigten
Belange der Einzelkirche als auch die notwendigen Interessen der Gesamtkirche angemessen berücksichtigt werden. Die Wahl ihres Bischofs
sollte gemeinrechtlich wieder der legitime Ausdruck des Subjektcharak-
ters der Einzelkirche werden. Auf die gelegentlich geäußerte Frage:
„Warum ausgerechnet die Wahl als Form der Mitwirkung?" drängt
sich aus historischen, ekklesiologischen und kanonistischen Gründen als
Antwort die Gegenfrage auf[125]: Warum eigentlich *nicht* die Wahl, wenn
diese die ursprüngliche, auch heute im Osten und in einigen Diözesen
des Westens übliche Form zur Bezeichnung des Bischofskandidaten ist
und überdies sich die Wahl auch sonst in kirchlichen und nicht-kirch-
lichen Bereichen als unangefochtener, gängiger Ausdruck einer kolle-
gialen Willensbildung und Beschlußfassung für die Personenauslese bei
der Besetzung eines Amtes erweist?[126] Daß die von der Einzelkirche zu
bildende Wahlsynode nicht nur Vertreter des diözesanen Presbyteriums,
sondern grundsätzlich auch Laien umfaßt, legt die Lehre des II. Vatikanums über die Teilhabe aller Gläubigen am dreifachen Amt Christi

---

[124] H. Heimerl, Einige formale Probleme des postkonziliaren Rechtes: ÖAKR 24
(1973) 139 ff; ders., Grundordnung und Normengefüge im Katholischen Kirchenrecht:
ÖAKR 25 (1974) 215.
[125] Vgl. H. Schmitz, Plädoyer für Bischofs- und Pfarrerwahl: TThZ 79 (1970) 239.
[126] Vgl. H. Peters, Wahlen: StL VIII 398–406; M. Kaiser, Wahl: LThK X 910;
R. Naz, Élection: DDC VI 237–248; W. Aymans, Kollegium und kollegialer Akt im
kanonischen Recht 55 f und 92 f. In der ersten Auflage des Kirchenlexikons von
H. J. Wetzer–B. Welte schreibt F. M. Permaneder in seinem Artikel über die Wahl:
„Die Wahl ist die ursprüngliche und regelmäßige Weise der Besetzung der höheren
Kirchenämter.." (Kirchenlexikon XI 765), und P. Schneider beginnt den betreffenden
Artikel in der zweiten, von F. Kaulen 1901 herausgegebenen Auflage des Kirchen-
lexikons: „Wahl..ist die gemeinrechtliche Besetzungsart für die höheren Beneficien
und Kirchenämter, so besonders für den päpstlichen Stuhl, für die Erzbisthümer und
Bisthümer.." (Kirchenlexikon² XII 1145).

und über die Sendung aller Getauften und ihre fundamentale Gleichheit in der Kirche nahe.[127] Ein Ausschluß der Laien würde, zumal das Konzil das kirchliche Amt *als Dienst für* die Brüder[128] und *nicht als Herrschaft über* Untergebene[129] darstellt, theologisch nicht leicht zu rechtfertigen sein.[130]

c) Das Wohl der Gesamtkirche ist durch die Autorität des Papstes[131] zu garantieren. Nur die nachträgliche Bestätigung einer ansonsten ohne jede päpstliche Mitwirkung verlaufenen Bischofswahl dürfte heutigen Erfordernissen von seiten der Universalkirche nicht genügen, zumal bei der Besetzung des Bischofsamtes auch außertheologische Faktoren rechtlicher, politischer und gesellschaftlicher Art eine nicht geringe Rolle spielen.[132] Unter Einbeziehung und gleichzeitiger Modifizierung des universalkirchlich geltenden absoluten und relativen Listensystems sollte dem Papst die Aufgabe zukommen: die von der jeweiligen Bischofskonferenz für Bischofswahlen in ihrem Gebiet zu erlassenden Normen (betr. Wahlsynode, Wahlverfahren usw.) zu approbieren; aus den ihm vorzulegenden Vorschlägen, die aus der Konsultation des Gottesvolkes erwachsen und für den Papst verbindlich sein müßten, die endgültige Wahlliste zu erstellen und der Wahlsynode vorzulegen, nachdem die

---

[127] N. Greinacher, Der Vollzug der Kirche im Bistum: HPTh III 107; H. Schmitz, Plädoyer für Bischofs- und Pfarrerwahl: TThZ 79 (1970) 237; F. Nikolasch, Bischofswahl durch alle 40–47.

[128] „Lumen Gentium" 18a und 32c; s. dazu M. Löhrer, Die Hierarchie im Dienst des christlichen Volkes: De Ecclesia II 9–23; J. Ratzinger, Zur Frage nach dem Sinn des priesterlichen Dienstes: GuL 41 (1968) 370 f; W. Breuning, Zum Verständnis des Priesteramtes vom „Dienen" her: Lebendiges Zeugnis Heft 1 (1969) 24–40; H. Müller, Zum Verhältnis zwischen Episkopat und Presbyterat im Zweiten Vatikanischen Konzil 270 ff; P. J. Cordes, Sendung zum Dienst 113 ff; H. de Lubac, Quellen kirchlicher Einheit 161 ff.

[129] Vgl. auch c.2214 § 2 CIC: „.. ut non in eis dominentur.."!

[130] Vgl. H. Küng, Mitentscheidung der Laien in der Kirchenleitung und bei kirchlichen Wahlen: ThQ 149 (1969) 152 ff; R. P. McBrien, A Preliminary Ecclesiological Statement: The Choosing of Bishops 19 f.

[131] B. Kötting sieht die Aufgabe des Papstes, im Hinblick auf die Bischofswahl die Gesamtkirche zu vertreten, am besten in seiner Funktion als Patriarch der lateinischen Kirche verankert (Bischofsamt und Bischofswahl: Fragen der Kirche heute 121). In der mit der Vorbereitung der Lex Ecclesiae Fundamentalis befaßten Kommission ist von einem Konsultor der Vorschlag gemacht worden, im künftigen Grundgesetz der Kirche auch das Amt des Patriarchen der lateinischen Kirche zur Darstellung zu bringen (Communicationes 5 (1973) 205). Auch J. Ratzinger plädiert dafür, „das eigentliche Amt des Petrusnachfolgers und das patriarchale Amt wieder deutlicher zu unterscheiden.." (Das neue Volk Gottes 142).

[132] G. Hoffmann, Wahlen und Ämterbesetzung in der Kirche: Festschrift für E. Ruppel 196.

kanonische Eignung der Kandidaten festgestellt ist; schließlich den Gewählten zu bestätigen.[133]

In der Bundesrepublik Deutschland ist die Frage der Bischofsbestellung auf der gemeinsamen Synode aller Diözesen nur am Rande aufgetaucht. In der Vorlage „Verantwortung des ganzen Gottesvolkes für die Sendung der Kirche" sah die Sachkommission VIII die Mitwirkung sowohl des Presbyter-Rates als auch des diözesanen Pastoralrates „bei der Bestellung des Bischofs und der Weihbischöfe im Rahmen des geltenden Rechts" vor.[134] Hierzu erklärte die Deutsche Bischofskonferenz: „Die Frage der Mitwirkung bei der Ämterbesetzung ist an zwei Stellen angesprochen, und zwar einmal bei den Aufgaben des Priesterrates und zum anderen bei den Aufgaben des Diözesanpastoralrates. In beiden Fällen bestehen gegen die vorgesehene Behandlung von Personalfragen in den Räten als solchen starke Bedenken. Sie widerspricht dem ausdrücklichen Wortlaut von N.8 Abs.3 des Rundschreibens der Congregatio pro Clericis über die Priesterräte vom 11. April 1970. Dort heißt es, daß es nicht Aufgabe des Rates sei, „Fragen zu behandeln, die ihrer Natur nach Diskretion verlangen, wie etwa Stellenbesetzung". Dieser Grundsatz muß selbstverständlich auch für den Diözesanpastoralrat gelten. Nicht ausgeschlossen ist die Mitwirkung von einzelnen Mitgliedern der in Betracht stehenden Räte im Rahmen des geltenden Rechts."[135] Ohne daß der Hinweis auf das Rundschreiben der Kleruskongregation als Begründung für den Ausschluß von einer Mitwirkung bei der Bischofsbestellung unbedingt überzeugt, da das Rundschreiben noch nicht endgültiges Recht geschaffen hat und überdies lediglich eine Mitwirkung des Presbyter-Rates bei der innerdiözesanen Stellenbesetzung durch den Bischof ausschließt, nicht aber die Besetzung des Bischofsstuhles selbst im Auge hat, steht das geltende Recht einer Beteiligung der Ratsgremien in der Tat im Wege. Der Erlaß über die Kandidatenauswahl vom 25.3.1972[136] hat die Kollegien als solche ausdrücklich von der Beratung bei der Auswahl der

---

[133] Vgl. auch den in einer von der Canon Law Society of America veranlaßten Studie zur Reform der Bischofsbestellung unterbreiteten konkreten Vorschlag, über den F. Klostermann berichtet (Gemeinde – Kirche der Zukunft I 309).
[134] SYNODE 7 (1973) 14.
[135] SYNODE 3 (1974) 90. In der Erläuterung dieser Stellungnahme auf der 5. Vollversammlung heißt es: „Der notwendigen Diskretion braucht es dagegen nicht zu schaden, wenn einzelne Mitglieder der betreffenden Räte an vertraulichen Vorgängen beteiligt werden. Darum wird diese Mitwirkung in der Stellungnahme der Bischöfe nicht ausgeschlossen." (PROTOKOLL 192)
[136] AAS 64 (1972) 386–391.

Bischofskandidaten ausgeschlossen[137] und lediglich gestattet, die nach kanonischen Normen eingesetzten repräsentativen Organe nach der „Lage und den besonderen Bedürfnissen der Diözese" zu befragen.[138] Um das ursprüngliche Anliegen der zuständigen Synodenkommission[139] weiter zu verfolgen (und eine Regelung anzustreben, die etwa dem oben unterbreiteten universalkirchlichen Vorschlag nahe kommt), hätte es nur die Möglichkeit gegeben, in zweifacher Richtung einen Vorstoß zu unternehmen: a) im Hinblick auf das universalkirchlich geltende Recht durch ein Votum den Papst zu bitten, die kirchenamtlichen diözesanen Räte in die Konsultation für die Kandidatenbenennung einzubeziehen und sich bei der endgültigen Aufstellung der Kandidatenliste für die Bischofswahl an die eingereichten Vorschläge zu binden; sowie b) im Hinblick auf die bestehenden konkordatären Abmachungen zu prüfen, ob unter vertretbaren Bedingungen eine Änderung wenigstens in der Form zu erreichen wäre, daß die Domkapitel als Wahlkörper bei der Bischofswahl[140] nach dem Prinzip der Kooptation[141] ergänzt würden durch Vertreter der Presbyter- und der Pastoralräte. Einen ähnlichen Versuch hat die Synode aber nicht mehr unternommen, sondern eine Beteiligung von Presbyter- und Diözesanpastoralrat „bei der Besetzung wichtiger Ämter nur nach Maßgabe des jeweils geltenden Rechts vorgesehen"[142] und nach erneuter Intervention der Bischofskonferenz[143] schließlich die Mitwirkung der beiden Gremien „im Verfahren für die Bestellung des Bischofs und der Weihbischöfe im Rahmen des jeweils geltenden Rechts"[144] beschlossen. Dies bedeutet: Insofern die erwähnte

---

[137] Normae, Art. I 2. Vgl. auf der 5. Vollversammlung der Synode den Berichterstatter der Sachkommission VIII: „Für die Mitwirkung bei der Besetzung der Bischofs- und Weihbischofsstellen hat die Sachkommission diese korporative Anhörung ohnehin ausschließen wollen durch eine Mitwirkung dieses Gremiums gemäß dem jeweils geltenden Recht, das zur Zeit bekanntlich nur eine Anhörung von Einzelpersonen vorsieht." (PROTOKOLL 188)

[138] Normae, Art. XIII 1.

[139] Eine Einschränkung der Mitwirkung auf den durch das geltende Recht begrenzten Spielraum war in der ursprünglichen Fassung der Vorlage noch nicht enthalten (SYNODE 2 (1972) 27).

[140] Für Bayern müßte zuvor das Recht erwirkt werden, aus einer Dreierliste des Papstes wie in den übrigen deutschen Diözesen den Bischof wählen zu können.

[141] Vgl. G. May, Demokratisierung der Kirche 63.

[142] SYNODE 1 (1975) 35; s. auch SYNODE 1 (1975) 26 ff; SYNODE 3 (1975) 12.

[143] Vgl. SYNODE 3 (1975) 12.

[144] SYNODE 1 (1976) 60 f. Zur endgültigen Formulierung hat der Berichterstatter der Sachkommission VIII auf der 7. Vollversammlung folgendes festgestellt: „Bei der Bestellung des Bischofs und der Weihbischöfe ist die Beteiligung im Rahmen des geltenden Rechts erhalten geblieben. Mehreren Anträgen, die einen besonderen Hinweis auf die Notwendigkeit, das geltende Recht fortzuentwickeln, anstrebten, ist in der

Mitwirkung zum Aufgabenkatalog sowohl der Presbyter- als auch der Diözesanpastoralräte gehört und diese Bestimmung nicht nur eine Empfehlung, sondern eine Anordnung der Synode darstellt[145], hat das bisher geltende Recht der Bischofsbestellung eine partikularrechtliche Ergänzung erfahren. Vor Erstellung sowohl der absoluten als auch der relativen Vorschlagsliste sind einzelne Mitglieder[146] der Presbyter- und Pastoralräte in den Diözesen der Bundesrepublik Deutschland in die Konsultation einzubeziehen. Außerdem sind diese Gremien (als solche) vor der Bestellung eines Diözesanbischofs oder eines Koadjutors in bezug auf die Situation und die Erfordernisse der Diözese zu befragen. Mit der ordnungsgemäßen Promulgation des Synodenbeschlusses „Verantwortung des ganzen Gottesvolkes für die Sendung der Kirche" ist eine solche Form der Beteiligung an der Auswahl der Bischofskandidaten in den Bistümern der Bundesrepublik Deutschland geltendes Recht geworden.

Weise entsprochen worden, daß die Formulierung gewählt worden ist: „*im Rahmen des jeweils geltenden Rechts*", womit die Veränderbarkeit der derzeitigen Bestimmungen deutlich gemacht werden soll." (PROTOKOLL 154)
[145] SYNODE (1976) 60 und 62.
[146] Vgl. SYNODE 3 (1974) 90.

SCHLUSS

Die Frage der Bischofsbestellung – wie überhaupt die Frage der kirchlichen Ämterbesetzung – mag nicht das wichtigste Anliegen in der katholischen Kirche der Gegenwart und nahen Zukunft sein[1], und es kommt ihr möglicherweise für die nachkonziliare Reform der Kirche auch nicht jener Stellenwert zu, den ihr im 15. Jahrhundert ein Nikolaus von Kues[2] und im 19. Jahrhundert ein A. Rosmini[3] zugeschrieben haben. Aber es besteht dennoch kein Zweifel, daß diese Frage wegen des „hervorragenden Platzes"[4], den das Bischofsamt in der Kirche einnimmt, für das Volk Gottes und die Entfaltung kirchlichen Lebens von weitreichender Bedeutung ist. Sie entbehrt auch nicht einer gewissen „heiklen" Note; denn wie kaum ein anderes Problem der kirchlichen Rechtsordnung ist die Besetzung des Bischofsamtes dem Zusammenspiel sehr unterschiedlicher Faktoren theologischer und politisch-gesellschaftlicher Natur ausgesetzt[5], so daß bei ihrer rechtlichen Ausgestaltung Behutsamkeit und Gewissenhaftigkeit am Platze sind. Das gebotene Bestreben, alle außerkirchlichen Einflüsse auszuschalten, darf jedoch nicht dazu führen, die ekklesiologischen Gesetzmäßigkeiten hintanzusetzen und die im Zweiten Vatikanischen Konzil wiederentdeckte Theologie der Einzelkirche, die die Zuordnung von Universal- und Partikularkirche in neuem Licht erscheinen läßt[6], zu ignorieren. Gerade weil in der Besetzung des

---

[1] G. Biemer, Die Bischofswahl als neues Desiderat kirchlicher Praxis: ThQ 149 (1969) 184.
[2] A. Weiler, Nikolaus von Kues (1440) über Wahl, Zustimmung und Annahme als Forderungen für die Kirchenreform: Concilium 8 (1972) 529.
[3] A. Rosmini, Die fünf Wunden der Kirche 93–180.
[4] „Lumen Gentium" 20b.
[5] G. Hoffmann, Wahlen und Ämterbesetzung in der Kirche: Festschrift für E. Ruppel 196.
[6] Vgl. oben 3.2.2.

Bischofsamtes das Wesensverständnis der Kirche mitberührt wird, muß dieses bei der Designation der Person des Bischofs mitbedacht und durch Setzung bestimmender Akzente mitberücksichtigt werden.[7] Bis ins hohe Mittelalter hat die Autonomie der Einzelkirche auch im Westen ihren selbstverständlichen Ausdruck im Recht der einzelnen Ekklesia gefunden, ihren Bischof selbst wählen zu können, ein Recht, das sogar in der durch päpstlichen Zentralismus geprägten Epoche der Dekretistik und frühen Dekretalistik nicht bestritten wurde. Zwar zielte im 12. Jahrhundert auf Grund der unheilvollen Zuordnung der Laien ausschließlich zum Staat sowie der Kleriker ausschließlich zur Kirche die Tendenz auf Ausschaltung der Laien von der Wahl, doch hielten die Dekretisten in ihrer Wahlrechts*lehre*, obgleich die tatsächliche Praxis längst andere Wege ging, grundsätzlich an einer Mitwirkung des gläubigen Volkes in Form der Bitte um einen bestimmten Bewerber, des Zeugnisses über seine Geistbegabung und Dienstbefähigung sowie der Zustimmung zu dem Erwählten fest. Dieser *in der kanonistischen Doktrin* des hohen Mittelalters enthaltene „Anteil" des Volkes an der Bischofswahl findet in einer Neuordnung der Bischofsbestellung unter veränderten ekklesiologischen Bedingungen seinen zeitgemäßen[8] Ausdruck sinnvollerweise in einer gesetzlich verankerten Beteiligung von Laien an der Kandidatenauswahl sowohl im Stadium der Konsultation als auch beim eigentlichen Wahlgeschehen. Nach der liturgischen Ordnung der Bischofskonsekration tritt zu Beginn der Weihehandlung der Sprecher der Ortskirche vor den Konsekrator und bittet ihn im Namen der Ortskirche, den Erwählten „zu ihrem Bischof zu weihen."[9] Soll dieses Wort der erneuerten Weiheliturgie kein Anachronismus und infolgedessen keine inhaltsleere, unwahrhaftige Phrase sein, sondern feierlicher Ausdruck einer lebendigen Wirklichkeit[10], in der die gemeindlich-kommunitäre Dimension des

---

[7] G. Hoffmann, Wahlen und Ämterbesetzung in der Kirche: Festschrift für E. Ruppel 164.
[8] Nach der Rechtslehre des Isidor von Sevilla, die von Gratian und der klassischen Kanonistik übernommen und allgemein von der Kirchenrechtswissenschaft vertreten wird, gehört zu einem Gesetz, daß es auch der jeweiligen Zeit entspricht: „Erit autem lex honesta, iusta, possibilis, secundum naturam, secundum consuetudinem patriae, loco t e m p o r i q u e c o n u e n i e n s, utilis, manifesta quoque, ne aliquid per obscuritatem inconueniens contineat, nullo priuato commodo, sed pro communi utilitate ciuium conscripta." (D.4 c.2: Ausg. E. Friedberg, Corpus Iuris Canonici I 5)
[9] Pontificale Romanum: De ordinatione episcopi 16.
[10] Vgl. B. D. Dupuy: „Wenn auch die Wahl des Erwählten und seine Prüfung in der Liturgie nur Ausdruck von Akten sind, die in Wirklichkeit schon vorher stattgefunden

Bischofsamtes sichtbar wird[11], dann kann dem Gottesvolk der einzelnen Kirche eine wirksame Beteiligung an der Auswahl der Kandidaten für den bischöflichen Dienst nicht verwehrt werden.[12] Es geht dabei nicht um die Übernahme eines Modells aus dem bürgerlich-politischen Bereich, so sehr das Recht auf Mitsprache und Mitbestimmung dem demokratischen Empfinden der heutigen Gesellschaft entspricht[13], sondern um einen Rückgriff auf die Idee der frühen Kirche, die die Wahl des Bischofs durch Klerus und Volk als ein *geistliches* Ereignis verstanden hat, bei dem das Volk Gottes als eine Gemeinschaft der in der Taufe mit Heiligem Geist Beschenkten zusammenkommt und unter Eingebung eben dieses Geistes tätig ist.[14] Deshalb wird die Wahl der Amtsträger als Zustimmung zum Willen Gottes und als Ausfluß des Wirkens des Heiligen Geistes begriffen. Die geforderte Einmütigkeit (nicht Einstimmigkeit!) der Wahl gilt als Zeichen göttlicher Entscheidung für den neuen Amtsträger und als Wirkung des Gottesgeistes[15], dessen Walten bei der Bischofsbestellung nicht erst in der Konsekration einsetzt, sondern schon in der Erwählung der Person des künftigen Bischofs.[16] Alle Überlegungen und Anstrengungen, einen (wenn schon nicht perfekten, so doch wenig-

---

haben, so macht doch die im Ritus vorgesehene Befragung der Gemeinde packend darauf aufmerksam, daß der Ordinand in ihrem Schoß und zu ihrem Dienst sein Amt empfangen und auszuüben hat. Das Leben der Kirche ist eine „Ordnung lebendigen Einverständnisses". Normalerweise ist es die Gemeinde, die wählt und ernennt." (Theologie der kirchlichen Ämter: Mysterium Salutis IV/2 510)

[11] Vgl. P. Hünermann: „Ordination ist wesentlich ekklesiologisches Geschehen, in dem die Gemeinde ihren unaufgebbaren Platz hat. Sie bringt in ihrer Mitte geistbegabte Menschen hervor, die zu solchem Dienst bereit sind. Sie muß gerade aus ihrem Glaubensverlangen das Bedürfnis nach jenen Diensten entwickeln, die sie tiefer mit dem Leben des erhöhten Herrn und der Menschen vermitteln. Die konkrete Art des Dienstes wird wesentlich durch ihre Initiative mitbestimmt. Wegen dieser unaufgebbaren Rolle der Gemeinde war die Ordination eines Bischofs ohne die Befragung und Zustimmung im Altertum ungültig. Deswegen bat das Volk nach der Ordinationsordnung des Hippolyt bei der Bischofsweihe einen der anwesenden Bischöfe, doch dem auserwählten Kandidaten die Hände aufzulegen und über ihn zu beten. Die Amtskrise der heutigen Kirche kann nicht ohne eine neue Entdeckung und verantwortliche Übernahme dieser Initiativfunktion der Gemeinde gelöst werden." (Diakonat: Dokumentation DIACONIA XP 9 (1974) Heft 1, S. 25 f)
[12] Vgl. B. Kleinheyer, Konsens im Gottesdienst: Concilium 8 (1972) 493.
[13] R. Kottje (– H. T. Risse), Wahlrecht für das Gottesvolk? 89; H.-M. Legrand, Der theologische Sinn der Bischofswahl: Concilium 8 (1972) 499.
[14] R. Kottje (– H. T. Risse), Wahlrecht für das Gottesvolk? 75 f.
[15] R. Kottje, Die Wahl der kirchlichen Amtsträger: Concilium 7 (1971) 197.
[16] H.-M. Legrand, Der theologische Sinn der Bischofswahl: Concilium 8 (1972) 497.

stens) besseren Weg[17] zur Bezeichnung der Person des Bischofs zu finden, haben letztlich diesem Ziel zu dienen, damit in einem durch menschliche Normen festgelegten Verfahren die Person desjenigen für das Bischofsamt benannt wird, den der Herr der Kirche als „Ausspender göttlicher Geheimnisse"[18] und als „Diener der Freude"[19] sendet.[20]

---

[17] Vgl. H. Schmitz, Plädoyer für Bischofs- und Pfarrerwahl: TThZ 79 (1970) 249; W. W. Basset, Preface: The Choosing of Bishops 5.
[18] 1 Kor 4,1.
[19] 2 Kor 1,24.
[20] Vgl. H. de Lubac, Quellen kirchlicher Einheit 164 f.

REGISTER

SACHREGISTER

(Die Lemmata *Bischof*, *Bischofsbestellung*, *Bischofswahl*, *Kleriker*, *Laien*, *Volk* wurden wegen allzu häufigen Vorkommens nicht aufgenommen.)

Abt 111, 135, 140, 149, 160, 197.
Adel: s. honorati.
Administrator 234.
Akklamation 29, 33 f, 55, 100, 210.
Altes Testament 84.
Amt(s)
– als Dienst 220, 243.
– besetzung 5, 11, 213, 242, 244, 247.
– niederes A. 70.
– verzicht 218.
Anathem 22, 32, 85, 88, 96, 160 (s.a. Exkommunikation).
Apostolischer Stuhl 3, 222 ff, 226, 232 ff.
arbitrium 30, 45 f, 49, 51, 59, 92, 102, 104, 115, 121.
Archidiakon 68 f, 84.
Archipresbyter 69, 84, 192, 194.
Auxiliarbischof 245.

Bann: s. Anathem, Exkommunikation.
Beispruchsrecht 45.
Beratung: s. consilium.
Bischofskandidat 55, 97 f, 106, 113 f, 117, 119, 122, 136, 141, 143, 153, 155, 157, 164, 167, 172, 176, 181, 183 f, 188, 191, 203, 207, 209, 211 f, 222, 225, 227 f, 232–235, 242, 244 ff, 248 f.
Bischofskirche 50 f, 63, 65, 67, 71, 75, 77, 102, 104, 108, 110, 113, 122, 126 f, 130, 132, 137, 144, 163, 171, 177, 189, 209.
Bischofskonferenz 229 f, 233, 241, 243 ff.
Bischofsstadt 80, 99, 110, 119, 167.
Bistum: s. Diözese.

Codex Iuris Canonici: s. Kirchenrecht — lateinisches K.
consensus
– Begriff 33, 43, 216.
– der Bischöfe 13, 15.
– der Fürsten 30, 37, 76 f, 125 ff, 131 f, 137, 185, 196, 202, 208.
– der Gemeinde 11, 19, 212 f, 219.
– der Laien 33, 35, 49, 56 f, 59, 67, 86, 114, 119, 122 f, 129, 133, 157, 171, 187, 195, 199, 211.
– des Volkes 22, 26 f, 29 ff, 33 f, 44–48, 50 f, 62, 70 f, 75 ff, 79–82, 96, 99, 102, 106, 110, 114, 116 f, 121, 123, 127, 131, 136, 139, 141, 144 f, 150, 153 ff, 159, 163, 165, 167, 171 f, 175 f, 179, 181, 183 f, 187, 193, 197, 199, 201, 203, 210–214, 248.
– von Klerus und Volk 17, 19 f, 37, 73.
Consensus-Theorie 215.
consilium 45 f, 49, 51, 59, 88, 92, 96, 103, 115, 119, 122, 126, 128, 136 ff, 140, 145, 157, 172, 174, 177, 181, 185 f.

Degradation 50.
Demokratie 13, 249.
desiderium 29 f.
designatio personae 14 f, 209, 213, 236 f, 240 ff, 248 ff.
Diakon 98.
Dignitär 135.
Diözese 14, 19 f, 174, 207, 226, 229, 234, 236, 245 f (s.a. Kirche — Partikulark.).
Dispens 147, 155, 214.
Domkapitel: s. Kathedralkapitel.

Eigenkirche 19.
Einrede 167, 170, 172, 183, 188, 203, 212.
electio
– communis 6, 196.

253

Schisma 30, 68, 92.
Sedisvakanz 190, 196, 222, 235.
Staat 18, 21, 30 f, 40, 53, 92, 106, 137, 208, 213, 224 f, 229–232, 236.
Stifter (einer Kirche) 50f f, 55, 72, 92, 104 132, 137, 199, 209.
Stiftskirche: s. Kollegiatkirche, Konventualkirche.
Strafe 86, 118, 160, 169, 172 (s.a. Anathem, Exkommunikation).
Suffragan 46, 121, 161, 163.
suffragium 13, 55.
Superior 111, 160.

testimonium 11, 13, 30, 44 f, 67, 97, 100, 113, 119, 121 f, 128, 136 f, 141, 153, 157, 164, 170, 172, 181, 183 f, 188, 203, 210 f, 213, 219, 248.
Tradition 214.
Translation 237.

Verfahren
– Strafv. 167, 172, 183.
– Streitv. 167, 172, 183, 203, 212.
Visitator 98, 150.
Volk Gottes 6, 7, 9, 220, 231, 241, 243 247, 249.
Vornehme: s. honorati.

Wahl
– begriff 6, 33, 45, 51, 62, 64, 67, 71, 74, 76, 78, 95, 101, 110, 120 f, 127 f, 131, 163, 169, 197, 197, 209, 211.
– bestätigung 15, 18 f, 36, 45, 51, 57, 62, 64, 76 ff, 80, 82 f, 96, 102, 110, 118, 121, 125, 127, 131, 146 f, 154, 167, 179, 209, 224, 236 ff, 240, 244.
– durch Kleriker 22, 27, 29, 31, 33 f, 36, 44 ff, 48, 56, 62, 65, 71, 76 f, 102, 121, 123, 125, 127, 131, 135, 145, 147, 157, 163, 170, 181, 187, 209 f, 212, 226.

– durch Klerus und Volk 16–20, 55, 207 f, 210, 213, 226, 231, 249.
– durch Laien 51.
– durch Untergebene 84, 99, 109, 139, 171, 209, 211, 223, 238.
– einmütige W. 56, 249.
– form 79, 81.
– Geschichte der W. 10–22.
– gremium 22, 55, 63, 72, 76 f, 143, 155, 163, 170 f, 174, 177, 189, 191 ff, 195 f, 200, 224 f, 231, 235, 242 f, 245.
– kanonische W. 21, 27, 31, 67, 81, 84, 141, 145, 208, 223.
– kirchliche W. 38, 43, 57, 60, 86, 208, 223.
– körper: s. Wahlgremium.
– synode: s. Wahlgremium.
– traktat 78 f, 135, 139, 155, 186, 197.
– Unterschrift bei der W. 81 ff, 86, 88, 159.
– verfahren 6, 20, 33, 35, 78 f, 147, 243.
– vorschlag 13, 16, 18, 172, 243 (s.a. Präsentation).
– zwiespältige W. 32, 55, 191 f, 202.
Wahlbitte 171.
Weihbischof: s. Auxiliarbischof.
Weihe: s. Konsekration.
Widerspruch (von seiten des Volkes) 38, 48 f, 51, 56, 60, 71, 77, 81 f, 89, 108, 114, 119, 123, 137, 143, 151, 155, 160, 167, 171 f, 179, 181, 183 f, 196, 211 f, 219 (s.a. Nullus invitis detur episcopus).
Wohltäter (einer Kirche) 50 f, 104, 132, 137, 209.
Wormser Konkordat 21, 31 f, 201, 208, 222.

Zeugnis: s. testimonium.
Zustimmung: s. consensus.

256

NAMENSREGISTER

A Zedelgem, A. 64.
Abbreviatio decreti „Exceptiones evangelicarum" 40, 50.
Abraham 65.
Alanus Anglicus 139–148, 151, 154 f, 157, 162, 168, 176 f, 179, 181, 211 ff.
Alberigo, G. 219.
Albert der Große 217.
Alexander III. 38, 85, 93, 108, 196, 208, 212.
Alexander VII. 216.
Ambrosius (Bischof von Mailand) 16 f, 34, 107.
Ambrosius (Dekretalist) 189.
Antonianus 13.
Argnani, J. 48.
Arianos 14.
Athanasius 14.
Attipetty, J. 227.
Augustus 216.
Aymans, W. 220, 224, 238, 242.

Bacht, H. 217.
Banfi, F. 196.
Barraclough, G. 42.
Bartelink, G. 33, 219.
Barthel, J. C. 237.
Bartholomäus von Brescia 149, 168.
Basilides 13.
Basset, W. W. 250.
Bazianus 94, 146, 154.
Below, G. von 25, 33, 79, 200.
Benedikt XIV. 237.
Benencasa von Arezzo 147 f, 155.
Benson, R. L. 6, 25, 29, 33 f, 42, 44 f, 61 f, 78 f, 109, 135.
Bernard de Bottone 179.
Bernhard von Clairvaux 69 f.

Bernhard von Compostela der Ältere 35 f, 48, 78, 87 f, 94, 121, 130, 139, 142, 146–151, 155, 157, 162, 168, 173, 181, 189, 191 ff.
Bernhard von Pavia 78–84, 118 f, 135, 138 f, 148, 151, 188 f, 197, 223.
Bernheim, E. 28.
Bertram, M. 39, 41, 44, 133, 149, 157, 181, 189, 192, 195 f.
Bertram von Metz 54.
Bertrams, W. 46, 221.
Beyer, J. 9.
Bidagor, R. 173.
Biemer, G. 3, 247.
Bonifaz VIII. 6, 79, 187, 201, 222, 237.
Bonmann, O. 200.
Botte, B. 12.
Breuning, W. 243.
Brocchieri, E. 66.
Brück, H. 4.
Bruggaier, L. 5.
Bultmann, R. 10.
Butler, C. 231.

Calixt II. 21.
Camelot, P.-T. 13.
Canivez, J.-M. 69.
Cantelar Rodriguez, F. 73, 78, 176.
Cappellari, M. 217.
Carboni, R. 226.
Cardinalis 98 f.
Catalano, G. 109.
Chabanne, R. 196.
Chlothar II. 19.
Claude, D. 14 f, 18 f.
Clavadetscher, O. P. 20.
Cölestin I. 17, 26 f, 29, 38, 55 f, 212.
Cölestin III. 209.

HANDSCHRIFTENREGISTER

(+ Handschriften, die nicht im Original
eingesehen, sondern anhand eines
Mikrofilms benutzt wurden.
– Handschriften, die zitiert sind, ohne
daß sie konsultiert wurden.)

ADMONT, Stiftsbibliothek
23: 102.
48: 102, 106 f.
ALENÇON, Bibliothèque Municipale
+ 134 (133): 37, 46.
AMIENS, Bibliothèque Municipale
+ 377: 78.
ANTWERPEN, Musée Plantin-Moretus
+ M.13: 127, 129, 137.
ARRAS, Bibliothèque Municipale
+ 271 (1064): 65, 85, 89.
+ 500 (592): 50, 94, 173.
AUGSBURG, Kreis- und Stadtbibliothek
+ I: 87.

BAMBERG, Staatliche Bibliothek
Can.13: 88, 93, 105, 181.
Can.15: 31.
Can.17: 64 f, 73, 125.
+ Can.20: 134.
– Can.36: 52.
Can.37: 48.
Can.38: 87 f.
Can.39: 54.
Can.42: 162.
Can.45: 130, 192.
Can.48: 39.
BERLIN, Staatsbibliothek
+ Phillips 1742: 49, 87 f, 101, 104 f.
BERNKASTEL-KUES, Sankt-Nikolaus-
Hospital
+ 223: 93, 97, 162.
BIBERACH, Spitalarchiv
+ B 3515: 87 ff, 101–104.

BRUXELLES, Bibliothèque Royale
+ 1407-9: 139.

CAMBRIDGE, Gonville and Caius Col-
lege
+ 676 (283): 131.
CITTÀ DEL VATICANO, Biblioteca
Apostolica Vaticana
Arch.Cap.Bas.S.Pietro C.110: 90.
Arch.Cap.Bas.S.Pietro C.114: 109.
Borghes.lat.71: 48.
Borghes.lat.162: 48, 50.
Borghes.lat.261: 190 f, 195 ff.
Borghes.lat.272: 109.
Chis.E. VII 206: 103, 106.
Pal.lat.653: 66.
Pal.lat.656: 190.
Pal.lat.658: 173.
Pal.lat.678: 58 f.
Pal.lat.696: 134.
Reg.lat.977: 173.
Reg.lat.1061: 116.
Ross.lat.595: 93, 95, 145 f.
Vat.lat.1365: 149.
Vat.lat.1366: 149.
Vat.lat.1367: 181.
Vat.lat.1377: 188.
Vat.lat.2280: 109.
Vat.lat.2494: 50, 101, 104, 107.
Vat.lat.2495: 50.
Vat.lat.2691: 134, 138.

DOUAI, Bibliothèque Municipale
– 590: 173.
+ 592: 168.
+ 649: 155, 170.
DURHAM, Cathedral Library
– C III 8: 173.

ERFURT, Wissenschaftliche Allgemein-
bibliothek der Stadt
+ Amplon.quart.117: 75.
ERLANGEN, Universitätsbibliothek
342: 50, 93, 95.
FIRENZE, Biblioteca Medicea Lauren-
ziana
− S.Croce IV sin:1: 94.
−, Biblioteca Nazionale
+ Conv.soppr.G IV 1736: 36.
FREIBURG IM BREISGAU, Universi-
tätsbibliothek
− 169: 31.
FULDA, Hessische Landesbibliothek
D.7: 192.
D.10: 108, 189 f, 192, 195.
GNIEZNO, Biblioteka Katedralna
+ 28: 49 f, 94, 98, 101, 148.
GÖTTINGEN, Niedersächsische Staats-
und Universitätsbibliothek
+ Iur. 159: 58.

HALLE/SAALE, Universitäts- und Lan-
desbibliothek Sachsen-Anhalt
+ Ye 52: 73, 125, 134.
HAMBURG, Staats- und Universitäts-
bibliothek
− Cod.jur.2231: 157.
HEILIGENKREUZ, Stiftsbibliothek
43: 106.
44: 102, 105 f.
IVREA, Biblioteca del Capitolo Catte-
drale
+ VIII (67): 78.
KLOSTERNEUBURG, Stiftsbibliothek
656: 191 f.
KÖLN, Stadtarchiv
W f.248: 41.
KREMSMÜNSTER, Stiftsbibliothek
168: 39.

LAON, Bibliothèque Municipale
+ 371bis: 125.
LEIDEN, Bibliotheek der Rijksuniversi-
teit
+ Vulc.48: 64.
LEIPZIG, Universitätsbibliothek
+ 986: 121.
+ Haenel 18: 88.
LIÈGE, Bibliothèque de l'Université
+ 127 E: 162.
−, Bibliothèque du Gran Sémi-
naire
+ 6 N.15: 72.

LONDON, British Library
− Cotton.Vitell. A III: 54.
− Royal 10 A III: 88.
+ Royal 11 D.II: 135.
+ Stowe 378: 50, 102, 104 ff.
−, Lambeth Palace Library
+ 139: 120.
LUXEMBOURG, Bibliothèque Natio-
nale
+ 135: 155.

MADRID, Biblioteca de la Fundación
Lázaro Galdiano
+ 440: 102, 142, 176, 183, 202.
−, Biblioteca Nacional
+ 251: 116.
MAINZ, Stadtbibliothek
− 477: 58.
MILANO, Biblioteca Ambrosiana
+ H.94 sup.: 36.
MONTECASSINO, Biblioteca Abba-
ziale
+ 396: 116, 133.
MÜNCHEN,Bayerische Staatsbibliothek
lat.4555: 66.
lat.10244: 88, 93 ff.
lat.14005: 149.
lat.14024: 50.
lat.16083: 130, 134.
lat.16084: 53, 61, 64 f.
lat.27337: 93, 95.
lat.28174: 94, 104 f, 173.
lat.28175: 49 f, 101, 103, 105 ff,
119.

NEW YORK, Pierpont Morgan Library
− 446: 88.

OXFORD, Bodleian Library
+ Oriel College 53: 125.

PARIS, Bibliothèque Mazarine
+ 1318: 143.
−, Bibliothèque Nationale
+ lat.1566: 78.
+ lat.3886: 41.
+ lat.3888: 50, 98, 102.
+ lat.3905 B: 128, 137.
+ lat.3909: 139.
+ lat.3934 A: 87.
+ lat.14997: 54.
+ lat.15393: 143, 147, 173.
+ lat.15994: 71.

KANONISTISCHE STUDIEN UND TEXTE

Begründet von Prof. Dr. A. M. Koeniger†

1. GOTTLOB, Th. – Der abendländische Chorepiskopat. Bonn 1928. XVI, 149 pp. Leinen. Nachdruck Amsterdam 1963.

2. HAAS, A. – Das Interdikt nach geltendem Recht mit einem geschichtlichen Ueberblick. Bonn/Köln 1929. XII, 136 pp. Leinen. Nachdruck Amsterdam 1963.

3. AICHER, G. – Der Prozess Jesu. Bonn/Köln 1929. 102 pp. Leinen. Nachdruck Amsterdam 1963.

4. FUCHS, V. – Der Ordinationstitel von seiner Entstehung bis auf Innozenz III. Eine Untersuchung zur kirchlichen Rechtsgeschichte mit besonderer Berücksichtigung der Anschauungen Rudolph Sohms. Bonn/Köln 1930. XXIV, 291 pp. Leinen. Nachdruck Amsterdam 1963.

5/6. BARION, H. – Das fränkisch-deutsche Synodalrecht des Frühmittelalters. Bonn/Köln 1931. XVI, 407 pp. Leinen. Nachdruck Amsterdam 1963.

7. KOENIGER, A. M. – Die neuen deutschen Konkordate und Kirchenverträge mit der preussischen Zirkumskriptionsbulle. Bonn 1932. VIII, 263 pp. u. 1 Uebersichtskarte. Leinen. Nachdruck Amsterdam 1963.

8. STORZ, H. – Staat und katholische Kirche in Deutschland im Lichte der Würzburger Bischofsdenkschrift von 1848. Bonn 1934. XVI, 163 pp. Leinen. Nachdruck Amsterdam 1963.

9. GOTTLOB, Th. – Der kirchliche Amtseid der Bischöfe. Bonn 1936. XVII, 188 pp. Leinen. Nachdruck Amsterdam 1963.

10. SCHEBLER, A. – Die Reordinationen in der „altkatholischen" Kirche unter besonderer Berücksichtigung der Anschauungen Rudolph Sohms. Bonn 1936. XVI, 307 pp. Leinen. Nachdruck Amsterdam 1963.

11. KOENIGER, A. M. – Die Eheprozessordnung für die Diözesangerichte. Text mit Uebersetzung und Erläuterungen. Bonn 1937. VIII, 194 pp. Leinen. Nachdruck Amsterdam 1964.

12. HECK, P. – Der Eheverteidiger im kanonischen Eheprozess. Eine rechtsgeschichtliche und rechtsdogmatische Studie. Bonn/Köln 1937. XVI, 120 pp. Leinen. Nachdruck Amsterdam 1964.

13. HOFMEISTER, P. – Der Ordensrat. Bonn 1937. X, 117 pp. Leinen. Nachdruck Amsterdam 1964.

14. LINDEN, P. – Der Tod des Benefiziaten in Rom. Eine Studie zu Geschichte und Recht der päpstlichen Reservationen. Bonn 1938. XVI, 284 pp. Leinen. Nachdruck Amsterdam 1964.

15. KOENIGER, A. M. – Die Erneuerung des Sendgerichts in der Diözese Fulda 1835. Ein Beitrag zur Geschichte des Verhältnisses zwischen Kirche und Staat. Bonn 1938. XI, 87 pp. Leinen. Nachdruck Amsterdam 1964.

16. WURM, H. – Studien und Texte zur Dekretalensammlung des Dionysius Exiguus. Bonn 1939. XX, 304 pp. Leinen. Nachdruck Amsterdam 1964.

17. KRADEPOHL, A. – Stellvertretung und kanonisches Eherecht. Bonn 1939. XVI, 186 pp. Leinen. Nachdruck Amsterdam 1964.

18/19. LINK, L. – Die Besetzung der kirchlichen Aemter in den Konkordaten Papst Pius' XI. Bonn 1942. XXVII, 624 pp. Leinen. Nachdruck Amsterdam 1964.

20. VOLK, P. – Urkunden zur Geschichte der Bursfelder Kongregation. Bonn 1951. XII, 182 pp. Leinen.

21. FLATTEN, H. – Der Häresieverdacht im Codex Iuris Canonici. 338 pp. Leinen. Amsterdam 1963.

22. ASTRATH, W. – Die Vita Communis der Weltpriester. 262 pp. Leinen. Amsterdam 1967.

23. FROITZHEIM, D. – Staatskirchenrecht im ehemaligen Grossherzogtum Berg. 156 pp. Leinen. Amsterdam 1967.

24. HERRMANN, H. – Ecclesia Supplet. Das Rechtsinstitut der kirchlichen Suppletion nach c. 209 CIC. XLII, 362 pp. Leinen. Amsterdam 1968.

25. HEINRICHSMEIER, Cl. – Das kanonische Veräusserungsverbot im Recht der Bundesrepublik Deutschland. XXVI, 161 pp. Leinen. Amsterdam 1970.

26. HERRMANN, H. – Die Stellung unehelicher Kinder nach kanonischem Recht. XXII, 224 pp. Leinen. Amsterdam 1971.

27. MAY, G.–Seelsorge an Mischehen in der Diözese Mainz unter Bischof Ludwig Colmar. Ein Beitrag zum Kirchenrecht und Staatskirchenrecht im Rheinland unter französischer Herrschaft. 172 pp. Leinen. Amsterdam 1974.

28. MAY, G.–Mit Katholiken zu besetzende Professuren an der Universität Tübingen von 1817 bis 1945. Ein Beitrag zur Ausbildung der Studierenden katholischer Theologie, zur Verwirklichung der Parität an der württembergischen Landesuniversität und zur Katholischen Bewegung. 708 pp. Leinen. Amsterdam 1975.

Alle Bände lieferbar